Gesa Schöneberg

Contemporary Architecture in Arabia

Deutsche Projekte auf der Arabischen Halbinsel

Die Deutsche Bibliothek verzeichnet diese Publikation in der Deutschen Nationalbibliografie. Detaillierte bibliografische Daten sind im Internet über http://dnd.ddb.de abrufbar.

The Deutsche Bibliothek lists this publication in the Deutsche Nationalbibliografie; detailed bibliographic data is available on the internet http://dnb.ddb.de.

ISBN 978-3-938666-32-6

Abbildungsnachweise | *Picture credits*

Seite 9, 10, 385, 386: Gesa Schöneberg; Seite 14: SL-Rasch GmbH; Seite 17, 18, 380: Philipp Meuser; Seite 25: GIS Center Dubai Municipality; Seite 26, 27, 378, 379: Nakheel Dubai.

Lektorat | *Editors*

Dörte Becker, Uta Keil

Englische Übersetzung | *English translation*

Paul Skidmore

Arabische Übersetzung und arabischer Satz |
Arab translation and typesetting

Orient-X-Press, Berlin; Stephan Trudewind und Raid Albash

Grafikdesign und Layout | *Graphic design and layout*

Gesa Schöneberg

Covergestaltung | *Cover design*

DOM publishers

DOM publishers

Steelcase®

Gesa Schöneberg

Contemporary Architecture in Arabia

Deutsche Projekte auf der Arabischen Halbinsel

Gesa Schöneberg

Bauen im Sand

»Sand turns to gold.« Diese Verheißung entstammt nicht den Geschichten aus *Tausendundeiner Nacht*, sondern säumt als Werbeslogan die Baustellenzäune Dubais. Das Emirat gilt derzeit als das Bau-Wunderland Arabiens, denn fast nirgendwo wird so viel, so groß und so teuer gebaut wie an diesem Ort am Arabisch-Persischen Golf. Doch es ist nicht allein Dubai, auf das die Welt staunend blickt. Der Reichtum der gesamten Region und ihr Eifer nach spektakulären Bauprojekten lockt Menschen aus aller Welt, die ihr eigenes Glück im arabischen Wüstensand suchen.

Dabei galt die Region der Arabischen Halbinsel lange Zeit als karges, dünn besiedeltes Wüstengebiet, das keinen Anziehungspunkt für Investoren, Architekten oder Glücksritter der Baubranche darstellte. Historisch gesehen gehört diese Gegend nicht unbedingt zu den Vorreitern islamischer Baukunst. Zwar befinden sich die heiligsten Städte des Islam, Mekka und Medina, auf arabischem Boden und ihre Bedeutung für die islamische Welt kann gar nicht hoch genug eingeschätzt werden; doch die kulturellen Hochburgen des islamischen Mittelalters, wie Damaskus, Konstantinopel, Bagdad oder Kairo, lagen allesamt außerhalb der Region. Es gab nur wenige größere Städte auf der Arabischen Halbinsel und die waren in der Regel in den Küstengebieten zu finden. Eine Sonderstellung nahmen die Siedlungsgebiete im heutigen Jemen ein. Hier, in *Arabia Felix*, dem *Glücklichen Arabien*, gab es schon lange vor Christi Geburt Hochkulturen, die nicht nur beeindruckende Städte, sondern auch kilometerlange Staudämme zur Bewässerung des Landes bauten. Die Blütezeit des südlichen Arabien war aber weniger einer ertragreichen Landwirtschaft geschuldet – in einigen Bergregionen fällt ungefähr doppelt so viel Niederschlag pro Jahr wie etwa in Hamburg – als vielmehr einer der ältesten und bedeutendsten Handelsrouten der Welt, der *Weihrauchstraße*. Dieser Fernhandelsweg galt in der Antike als eine nahezu mystische Route, auf der Luxusgüter wie Weihrauch, Gold oder Myrrhe transportiert wurden. Nachdem die *Weihrauchstraße* gegen Ende des ersten Jahrhunderts vor Christus ihre Geltung verloren hatte – der Gütertransport wurde auf das Rote Meer verlagert – wurden auch die großen Königreiche im Südwesten der Halbinsel und mit ihnen die großen Städte bedeutungsloser. Heute existieren hier nur noch wenige alte Siedlungen. Im Lauf der Jahrhunderte haben sie sich erheblich gewandelt, insbesondere nach der Islamisierung der Region. Streift man jedoch heute durch die Altstadt von Sanaa, lässt sich der alte Orient noch hautnah erleben. Hier findet man noch am ehesten typische Charakteristika einer orientalischen Stadt, wie Quartiersstruktur und Sackgassengrundriss.[1] Allerdings gibt es in Sanaa keine der großen Innenhofhäuser, wie in vielen anderen orientalischen

Construction in the Sand

Sand turns to gold. This promise is not to be found in the tales from the thousand and one nights but as an advertising slogan which lines construction site hoardings in Dubai. The Emirate is considered currently to be the construction wonderland of Arabia. Hardly anywhere else are the construction projects so numerous, so grand and so expensive as at this location on the Arabian/Persian Gulf. But the world marvels not only at developments in Dubai. The wealth of the whole region and its eagerness for spectacular building projects attract individuals from all over the world to try their own luck in the sands of the Arabian desert.

For many years the Arabian Peninsula was considered to be a barren, sparsely-populated desert region unattractive to investors, architects or other construction industry crusaders. In historical terms, these countries were not exactly at the forefront of Islamic construction. Although Islam's holiest cities, Mecca and Madinah, are to be found on Arabian soil and their importance to the Islamic world cannot be estimated highly enough, the cultural strongholds of Islam in the Middle Ages, such as Damascus, Constantinople, Baghdad or Cairo, all lay outside the region. The few great cities on the Arabian Peninsula were generally to be found in the coastal regions. In that context, the settlements in what is present day Yemen occupied an exceptional position. Here, in Arabia Felix, or fortunate Arabia, long before the birth of Christ advanced civilisations constructed not only impressive cities but also mile-long dams for irrigation purposes. Southern Arabia owed its heyday, however, less to fertile agriculture – in some mountain regions rainfall is twice as high as in Hamburg – than it did to the Incense Road, an important trade route of antiquity. That long-distance trading route for luxury goods such as incense, gold or myrrh possessed almost a mystical significance in the ancient world. By the end of the first century B. C. the Incense Road had ceased to be important, as trade had now switched to using the Red Sea. Accordingly, the great kingdoms in the south-west of the peninsula and thus also their great cities ceased to be important. Today, only a few old settlements remain. Although these have changed considerably across the centuries, in particular following the arrival of Islam, on wandering through the old city of Sana'a the Arabia of antiquity can still be experienced first hand. Within its walls, the typical features of Arabian cities, such as the neighbourhood structure and the cul-de-sac street plan are at their most clearly visible.[1] Large houses with internal courtyards, as found in many other old Arabian cities, are not, however, in evidence. Instead, the prevailing construction consists of several storey clay-brick buildings, adapted to take account of the region's hot climate.[2]

Altstädten, sondern mehrgeschossige, aus Lehmziegeln hergestellte Gebäude, die dem heißen Klima der Region angepasst sind.[2]

Was und wo gebaut wird, hängt aber nicht allein vom Klima, sondern von einer Vielzahl weiterer Faktoren ab, wie zum Beispiel vom Baumaterial. So wie in Sanaa waren in nur wenigen Gebieten der Arabischen Halbinsel ausreichend Steine zum Bauen verfügbar. Die meisten Häuser der vernakularen Architektur entstanden aus getrockneten oder gebrannten Lehmziegeln. In vielen Küstenregionen, vor allem in den großen Oasen mit ihren Dattelpalmen, wurden Gebäude in der Regel aus Palmwedeln gebaut. Die Größe der Siedlungen stand meist in Korrelation zu ihren Handelsverbindungen. Hafenstädte wie Maskat oder Aden hingen von ihrer florierenden Flotte ab, die Siedlungen an der *Trucial Coast* (heute Vereinigte Arabische Emirate) von ihren Freibeutern, später vom Handel mit Perlen, Jeddah von den Pilgerströmen, die nach Mekka und Medina wollten. Entsprechend entwickelten sich diese Ortschaften. Das Landesinnere hingegen war meist so unwirtlich, nicht nur sehr heiß, sondern auch sehr trocken, dass es für menschliche Ansiedlungen nicht in Betracht kam. Leben konnten hier in aller Regel nur Beduinenstämme.[3] Ihr nomadisches Leben war eng mit der Haltung von Kamelen, die als Transportmittel und notfalls Nahrungsquelle dienten, verbunden. Die typische Beduinenbehausung ist ein schwarzes Zelt aus gewebten Ziegenhaarplanen. Auf arabisch heißt es *bet sha'ar*, Haarhaus. Es ist wasserfest, winddicht, aber dennoch klimatisierbar und in der Raumaufteilung leicht umzubauen. Die Zeltkultur der Beduinen lebt noch heute in vielen Gegenden Arabiens fort, zum Teil traditionell, zum Teil als nostalgische Adaptation oder futuristische Transformation in modernen Gebäuden.

Die größte Veränderung auf der Arabischen Halbinsel – ökonomisch und infolgedessen auch die Siedlungs- und Baukultur betreffend – brachte die Entdeckung riesiger Erdölfelder. Heutigen Schätzungen zufolge befinden sich über ein Viertel der weltweiten Erdölreserven unter arabischem Boden. Die einzelnen Staaten können dabei auf unterschiedlich große Vorkommen zurückgreifen. Insgesamt lässt sich sagen, dass zumindest die sechs Staaten, die sich 1981 im Golfkooperationsrat zusammengeschlossen haben, seit der Entdeckung des »schwarzen Goldes« einen enormen Entwicklungsschub bekommen haben. Allerdings wurden die Petrodollars bis in die Neunzigerjahre hinein von den Herrschenden meist genutzt, um gigantische Reichtümer anzuhäufen. Das westliche Klischee des »reichen Ölscheichs«, der sich viele Autos, Frauen und Paläste leistet, ist weit verbreitet. Doch dieses Bild hat sich spätestens seit Beginn des neuen

The nature and siting of construction depends not only on climate but on many other factors such as, for example, construction materials. As in Sana'a, only in very few regions of the Arabian Peninsula was stone available in sufficient quantities for construction purposes. Most buildings constructed in accordance with vernacular architecture are of either dried or fired clay-brick. In many coastal regions, especially at the large oases with their date-palms, buildings were generally constructed of palm branches. The size of a settlement generally corresponded with the volume of its trade links. Port cities such as Muscat or Aden depended on their prosperous fleets, the settlements on the Trucial Coast (the modern United Arab Emirates) on their buccaneers and, later, on the trade in pearls, and Jeddah on the tide of pilgrims making their way to Mecca and Madinah. Those cities developed accordingly. By way of contrast, inland regions were mostly so unwelcoming, not only extremely hot but also very arid, that they were not considered fit for human settlement. By and large, only bedouin tribes[3] were capable of living there. As nomadic people they were mobile and their lives were closely connected to the keeping of camels, which served as a means of transport and in the worst case as sustenance. The typical Bedouin dwelling is a black tent of woven goathair canvas. This is known in Arabic as 'bet sha'ar', house of hair. The tent is both water and windproof. Notwithstanding those qualities, it is also amenable to being cooled and its internal division can be easily rearranged. The Bedouin tent tradition lives on in many regions of Arabia today, sometimes in its original form, at other times subject to nostalgic adaptation or futuristic transformation in contemporary building design.

The greatest change on the Arabian Peninsula in economic terms – and as a consequence also for settlement and construction patterns – has been brought about by the discovery of vast oilfields. According to current estimates, over a quarter of worldwide oil reserves lie beneath Arabian soil, although the reserves available to each individual State differ in size. All in all, since the discovery of 'black gold', the six States which joined forces in 1981 to found the Gulf Cooperation Council, and possibly others, can be said to have enjoyed a major growth spurt. Well into the 1990s, however, petrodollars mainly served the ruling elite in their accumulation of extreme fortunes. The Western cliche of a 'rich oil sheikh', dripping in cars, women and palaces is sufficiently commonplace. With the dawn of the new century, however, that image has begun to change. Although oil magnates are still unimaginably rich, they are now applying their wealth (also) to alternative uses and have recently be-

Jahrtausends gewandelt. Unvorstellbar reich sind die arabischen Ölmagnaten immer noch, doch das Vermögen wird mittlerweile (auch) anders verwertet und neuerdings in den eigenen Staat investiert. Davon profitiert die Baubranche, die seitdem einen unglaublichen Boom auf der Arabischen Halbinsel erlebt. Dieser Aufschwung ist allerdings nicht überall gleich stark spürbar, denn nicht alle Staaten verfügen über einen gleich großen Reichtum an Öl und Gas. Um diesem Umstand gerecht zu werden, wird im Folgenden – entsprechend der Gliederung der Projekte im Buch – die neueste bauliche Entwicklung länderspezifisch kurz umschrieben.

Bahrain

Das Königreich Bahrain ist der kleinste unter den Staaten der Arabischen Halbinsel. Seine Fläche, etwa ein Viertel kleiner als Berlin, setzt sich aus einer Gruppe von 33 Inseln in einer Bucht des Arabisch-Persischen Golfs, dem Golf von Bahrain, zusammen. Bis 2002 war Bahrain ein Emirat, einem Fürstentum vergleichbar, dessen Erbfolge an die Dynastie der Al Khalifa gebunden war. Heute ist es eine konstitutionelle Monarchie. 1932 begann im Süden die Ölförderung, die erste überhaupt in der Region. Im Vergleich zu seinen direkten Nachbarn ist die Ölgewinnung heute jedoch relativ gering. Die Bedeutung der ölverarbeitenden Industrie wird stetig kleiner, zumal es dem Königreich gelungen ist, sich als internationales Finanzzentrum und als Tourismusstandort zu etablieren. Neben der 2004 in Betrieb genommenen Formel-Eins-Strecke, die jährlich internationales Publikum anlockt, soll eine Reihe von Großbauprojekten die Attraktivität des Landes für Touristen steigern. Unter anderem plant Bahrain, wie auch andere Staaten der Region, künstliche Inselwelten: die Amwaj-Inseln sowie die *Durrat Al Bahrain* aus 13 atoll- oder blattförmigen Inseln, die gemeinsam einen Halbmond abbilden. Ein weiteres touristisches Großprojekt ist das *Al Areen* im Süden des Landes, ein Badeort mit einer Vielzahl von Hotels, Freizeit- und Erholungseinrichtungen sowie einigen Wohnsiedlungen. Des Weiteren soll mit dem *Bahrain Financial Harbour*, dem *Bahrain World Trade Centre* sowie der *Bahrain Bay* der Ausbau des Finanzzentrums vorangetrieben werden.

gun to invest in their own countries. This has been of benefit to the construction industry which has subsequently enjoyed an incredible boom on the Arabian Peninsula. However, since not all States are equally rich in oil and gas, that expansion has not been experienced to the same extent everywhere. Taking that into account, the following paragraphs briefly describe the most recent construction developments in each individual State adopting the same order as is used with the projects in the book.

Bahrain

The Kingdom of Bahrain is the smallest of the States on the Arabian Peninsula. It comprises an archipelago of 33 islands with a total area of some 688 square metres (three-quarters the size of Berlin) situated in the Gulf of Bahrain, an inlet on the Arabian/Persian Gulf. Until 2002 Bahrain was an emirate, similar to a principality, whose succession lay in the hands of the Al Khalifa dynasty. Today it is a constitutional monarchy. Oil production began in the south of the country in 1932, the very first production in the whole region. Compared to its immediate neighbours, however, oil is nowadays produced in relatively small quantities. Likewise, the importance of the oil refining industry continues to diminish, in particular thanks to the Kingdom's success in establishing itself as a centre for international finance and as a tourist destination. In addition to the Formula One circuit, opened in 2004, which draws international visitors on an annual basis, a series of large construction projects aims to improve the country's attractiveness to tourists. In common with many other States in the region, Bahrain's plans include the development of man-made island groups, for example, the Amwaj Islands or Durrat Al Bahrain, composed of thirteen islands shaped like an atoll or leaf and which combine in crescent-like form. A further large-scale tourist project is Al Areen in the south of Bahrain, a seaside resort projected to command numerous hotels, leisure and recreation facilities and residential developments. In addition, expansion of the financial centre is to be encouraged through construction of Bahrain Financial Harbour, the Bahrain World Trade Centre and Bahrain Bay.

oben und unten: Altstadt Sanaa 2006 | above and below: Old City of Sana'a 2006

Altstadt Sanaa 2006 | Old City of Sana'a 2006

Jemen

Einst das *Glückliche Arabien*, ist der Jemen heute, zumindest wirtschaftlich, weit hinter den Mitgliederländern des Golfkooperationsrats, dem er als einziger Staat der Arabischen Halbinsel nicht angehört, abgeschlagen. Zunächst geteilt in die sozialistische Demokratische Volksrepublik im Süden und die sich an traditionellen islamischen Strukturen orientierende Arabische Republik im Norden, schlossen sich beide Landesteile 1990 zur Jemenitischen Republik zusammen. Im Gegensatz zu seinen Nachbarn gehört der Jemen zu den ärmsten Ländern der Welt. Zwar gaben auch hier Erölfunde Hoffnung auf wirtschaftliches Wachstum, aber die Ausweisung von über einer Million jemenitischen Gastarbeitern aus Saudi-Arabien und den anderen Golfstaaten aufgrund der jemenitischen Haltung im Zweiten Golfkrieg (1990/91)[4] verschärfte die wirtschaftliche Misere, von der sich das Land bisher noch nicht erholt hat.

Dies gilt auch für die Tourismusbranche im Jemen. Obwohl durch seine Kulturschätze ein Land der klassischen Bildungsreise, haben der Sezessionskrieg im Jahr 1994 sowie eine hohe Zahl von Touristenentführungen in den letzten Jahren die Besucherzahlen stark schrumpfen lassen. Sollte sich dies ändern, wäre sicherlich eine Vielzahl von Neu- und Umbauten nötig. Zu hoffen ist, dass dabei die alte Bausubstanz nicht zu Schaden kommt. Die Altstädte von Sanaa und Shibam gelten als UNESCO-Weltkulturerbe, sie sind in höchstem Maße schützenswert. Doch die meisten anderen Städte und Bauwerke sind dem Verfall oder Raubbau hilflos ausgeliefert. Sie werden durch die rege Bautätigkeit der Bevölkerung, die massenhaft billigen Wohnraum aus Betonsteinen schafft, zerstört. In der Baubranche gibt es zurzeit keine international ausgeschriebenen Großprojekte. Lediglich einzelne Hotels und Moscheen wurden errichtet oder sind in Planung. Die weitere Entwicklung hängt vom wirtschaftlichen Wachstum sowie der politischen Stabilität des Landes ab. Es bleibt zu hoffen, dass sich der Jemen seinen riesigen Schatz an historischen Kulturbauten bewahren kann.

Yemen

Once fortunate Arabia, Yemen today, the only State of the Arabian Peninsula not to belong to the Gulf Cooperation Council, lags far behind, at least in economic terms, the progress achieved by the Council's Member States. Formerly divided into the communist 'People's Democratic Republic' in the South and the 'Arab Republic', organised along traditional Islamic lines in the North, the two halves of the country reunified in 1990 to form the Republic of Yemen. In contrast to its neighbours, the country is one of the poorest in the world. Although the discovery of oil on Yemeni soil also allowed hopes for economic growth to develop, the expulsion of over a million Yemeni migrant labourers from Saudi Arabia and the other Gulf States resulting from the stance taken by Yemen in the Second Gulf War (1990/91),[4] led to a worsening of the economic situation, from which the country has not yet recovered.

Likewise, nor could the tourism industry in Yemen recover to a level commensurate with its abundance of cultural treasures. The civil war of 1994 and a high number of tourist kidnappings has greatly limited the volume of visitors. Should this situation change, it is highly likely that many new buildings and reconstruction projects will be necessary. If that happens, it must be hoped the ancient building fabric comes to no harm. The old cities of Sana'a and Shibam count as UNESCO world heritage sites. Accordingly, they are extremely worthy of preservation. Most other cities and buildings remain helpless, however, in the face of ruin and plunder. Their destruction is assured through the brisk construction activities of the local population engaged in large numbers in the erection of low-quality concrete block housing. In the construction sector there are currently no large projects open for international tender. Merely individual hotels and mosques have been built or are planned. Further developments are dependent on economic growth and the country's political stability. It remains to be hoped that Yemen is able to retain its enormous treasure of buildings of earlier cultures.

Katar

Der seit 1971 unabhängige Staat Katar, ein Emirat, dessen Thronfolge nach der Verfassung erblich an die Familiendynastie der Al Thani gebunden ist, gehört nach Weltbankkriterien zu den zehn reichsten Ländern der Welt. Seine nachgewiesenen Erdölreserven werden bei

Qatar

The State of Qatar, independent since 1971, an Emirate whose constitution accords the right of succession to the Al Thani family dynasty, is one of the ten richest countries in the world according to World Bank criteria. Assuming production levels remain the same,

gleichbleibender Förderung noch über 50 Jahre reichen. Der zukünftige Reichtum des Landes liegt jedoch anderswo: mit dem so genannten *North Field* verfügt Katar über das größte zusammenhängende Erdgasvorkommen der Welt.

Nur etwa ein Viertel der 920.000 in Katar lebenden Menschen sind katarische Staatsbürger. Sie genießen eine Reihe von Privilegien; so sind zum Beispiel für sie – sowie für die Staatsbürger aus den fünf anderen Staaten des Golfkooperationsrats – Krankenfürsorge, Elektrizität und das aufwendig durch Meerwasserentsalzung gewonnene Wasser kostenlos. Auch die Privilegien einheimischer Geschäftsleute werden durch eine Vielzahl von Gesetzen gesichert und machen es ausländischen Konkurrenten schwer. Im Jahr 2000 wurde allerdings ein Gesetz verabschiedet, das Ausländern erstmalig in einigen Bereichen, wie Tourismus, Landwirtschaft, Gesundheit und Erziehung, ein einhundertprozentiges Eigentum an Unternehmen ermöglicht. Auch erlaubt ein Erlass des Emirs Ausländern neuerdings den Erwerb von Grundeigentum als *leasehold* auf speziell ausgewiesenen Flächen in Doha.

Trotz des stetig wachsenden Einkommens aufgrund der Ölpreisentwicklung sowie der wachsenden Erdgasexporte ist die Regierung Katars bemüht, die Volkswirtschaft auch in andere Bereiche auszuweiten. So werden unter anderem hohe Summen in den Bausektor investiert. Größtenteils fließen die Subventionen in neue Industrieanlagen, aber auch in die Infrastruktur und in Bauprojekte. So wurden zum Beispiel im Jahr 2006 für die Asienspiele, nach den Olympischen Spielen das zweitgrößte Sportereignis weltweit, Bauinvestitionen von etwa zwei Milliarden US-Dollar getätigt. In Planung ist derzeit der *New Doha International Airport*, dem unter anderen eine Freihandelszone angegliedert werden soll. Große städtebauliche Projekte sind des Weiteren das *Lusail Development*, eine neue Küstenstadt mit Wohn- und Büroräumen, Hotels und Freizeiteinrichtungen, in deren Zentrum sich Energieunternehmen ansiedeln sollen, oder die *Education City* an der Stadtgrenze von Doha. Daneben wird eine Vielzahl von Einzelprojekten gebaut, darunter einige spektakuläre Wolkenkratzer wie zum Beispiel der dreihundert Meter hohe *Sports City Tower*, der tornadoförmige *QIPCO Tower* oder der *Dubai Towers Doha*, der mit 445 Metern das höchste Gebäude des Landes werden soll. Zudem plant auch Katar seine künstliche Inselwelt: *The Pearl*. Hier werden etwa 8.000 Strandvillen, Stadthäuser und Appartements für ungefähr 30.000 Menschen geplant sowie Luxushotels, Freizeiteinrichtungen und Schulen. Zudem soll mit Kulturbauten international renommierter Architekten

its proven oil reserves will last for over 50 years. However, the country's future wealth is to be found elsewhere. Within its North Field Qatar has the largest source of natural gas to be found in a single gas deposit anywhere in the world.

Only around a quarter of the 920,000 inhabitants are Qatari citizens. This latter group benefit from a series of privileges. For example, in common with residents from the five other Gulf Cooperation Council States, they are entitled to free provision of healthcare, electricity and drinking water – laboriously obtained through desalination of sea water. Numerous laws ensure that domestic businesses also enjoy a privileged position, making life difficult for foreign competitors. However, legislation introduced in 2000 entitles foreigners for the first time to take a 100 % stake in firms operating in certain sectors such as tourism, agriculture, health and education. A recent Emiral decree also allows foreigners now to acquire real property on a 'leasehold' basis on certain specified plots in Doha.

Notwithstanding its constantly increasing income as a result of developments in the price of crude oil and its increasing exports of natural gas the Qatari Government is making efforts to expand the economy also in other sectors. Such efforts include substantial investments in the construction sector. Subsidies flow mainly towards new industrial projects, although infrastructure and construction also stand to benefit. For example, some two billion US dollars were invested in construction projects in 2006 in connection with the Asian Games, the second biggest worldwide sporting event after the Olympic Games. Currently at the planning stage is New Doha International Airport, a development whose facilities are intended to include a free-trade zone. A large urban project is the Lusail Development, a new coastal city with residential and office accommodation, hotels and leisure facilities and whose central zone is earmarked for companies operating in the energy sector. Education City is planned for a site on Doha's city limits. In addition, numerous individual projects are under construction including several spectacular skyscrapers such as the 300 metre tall Sports City Tower, the tornado-like QIPCO Tower or Dubai Towers Doha, which at a projected height of 445 metres will be the tallest building in the country. Moreover, Qatar is also planning a development of man-made islands: The Pearl. It is projected that these will be home to some 8,000 beach villas, town houses and apartments housing around 30,000 individuals and, in addition, will include luxury hotels, leisure facilities and schools. Furthermore, Doha wishes to enhance its attractiveness through the construction of buildings housing cultural institutions

die Attraktivität der Stadt Doha gesteigert werden. Zurzeit werden unter anderem die *Qatar National Library* von Arata Isozaki, das *Qatar Photography Museum* von Santiago Calatrava und das von Ieoh Ming Pei entworfene *Museum of Islamic Arts* gebaut.

as created by internationally acclaimed architects. Buildings currently under construction include the Qatar National Library by Arata Isozaki, the Qatar Photography Museum by Santiago Calatrava and the Museum of Islamic Arts designed by Ieoh Ming Pei.

Kuwait

Das seit 1961 unabhängige Emirat Kuwait, eine Monarchie mit parlamentarischer Beteiligung, gehört wie seine Nachbarn zu den großen erdölexportierenden Staaten der Welt. Im Zweiten Golfkrieg waren die Volkswirtschaft und die Infrastruktur des Landes weitestgehend zerstört worden. Die irakischen Invasoren hatten beim Abzug ihrer Truppen wichtige Gebäude verwüstet, Güter verschleppt und über 700 Ölquellen in Brand gesetzt.[5] Nach Kriegsende ist der Wiederaufbau des Landes schnell vorangetrieben worden, das heißt die brennenden Ölquellen wurden gelöscht, Straßen gebaut sowie Industrieanlagen und Gebäude wiedererrichtet.

Noch immer liegt der Schwerpunkt in der Modernisierung des Erdölsektors. Daneben bemüht sich aber auch Kuwait um die Planung und Realisierung baulicher Großprojekte. Schon in den letzten Jahren wurde zum Beispiel das Stadtbild durch den Neubau zahlreicher 50-geschossiger Gebäude verändert, Siebziggeschosser sollen in Zukunft folgen. Es sind zudem neue Städte geplant, wie das *Arifjan Residential Project* oder die *Khairan Residential City*, Stadtteile wie *Fahaheel*, eine *Medical City* oder das Failaka-Tourismuszentrum an der Küste sowie das Hafen- und Logistikzentrum *Bubiyan Island*.

Kuwait

The Emirate of Kuwait, independent since 1961, a parliamentary constitutional monarchy, is – like its neighbours – one of the largest oil exporting States in the world. Its economy was virtually destroyed as a result of the Second Gulf War of 1990–91. On withdrawing their troops, the Iraqi invaders almost completely demolished the country's infrastructure. They wracked important buildings, expropriated property and set fire to over 700 oilwells.[5] Swift renewal followed the end of the war. Burning oilwells were extinguished, roads were built and the urban and industrial fabric was reconstructed.

Large-scale construction projects still tend to concentrate on modernisation of the oil industry. Kuwait is making efforts, however, also to plan and develop other large-scale construction projects. For example, the city's skyline has changed in recent years with the addition of numerous 50-storey buildings. These are to be followed in the future with 70-storey buildings. New cities such as the Arifjan Residential Project or Khairan Residential City, neighbourhoods such as Fahaheel, a Medical City, the Failaka Tourist Centre on the coast and the port and logistics complex of Bubiyan Island are also planned.

Oman

Das Sultanat Oman, das von Sultan Qaboos bin Said Al-Said absolut regiert wird, gehört nicht zu den bedeutenden Ölförderstaaten der Arabischen Halbinsel. Dennoch ist bislang auch die Wirtschaft Omans an das Erdöl gekoppelt und ihre Entwicklung hängt maßgeblich von dessen Preis und der Fördermenge ab. Der Staat ist aber bemüht, die wirtschaftliche Abhängigkeit vom Öl zu senken. Die Infrastruktur ist weit entwickelt und neben der Ansiedlung neuer Industrien wird insbesondere der Tourismussektor ausgebaut. Die Hotelkapazität soll in den nächsten Jahren mindestens verdoppelt werden und prestigeprächtige Großprojekte sollen weitere

Oman

The Sultanate of Oman, with Sultan Qaboos bin Said Al Said as its absolute ruler, does not constitute one of the important oil-producing States on the Arabian Peninsula. Nonetheless the economy of Oman also continues to be linked to oil and its development is significantly dependent on the price of oil and production volumes. The State is making efforts, however, to reduce its dependence on oil. Infrastructure is already well-developed. Alongside the establishment of new industries, there are plans, in particular, to expand the tourism sector. Hotel capacity is to be at least doubled in the coming years and prestigious large-scale developments should encourage

Innenhof der Moschee des Propheten in Medina | Inner courtyard of the Prophet's Holy Mosque in Madinah

internationale Touristen locken. Große touristische Anlagen wie *The Wave* oder das *Shangri-La's Barr Al-Jissah Resort & Spa* bieten Hotels und Erholungsbereiche. Das derweil größte Projekt im Sultanat ist die *Blue City Oman*. Dieses Stadtentwicklungsprojekt, das an der Küste, etwa 100 Kilometer von Maskat entfernt liegt, soll bis zum Jahr 2020 auf einer Fläche von 35 Quadratkilometern neben touristischen Anlagen auch mehrere ökonomische Zentren sowie Wohnraum für über 200.000 Menschen erhalten.

Saudi-Arabien

Der größte und mächtigste Staat auf der Arabischen Halbinsel ist Saudi-Arabien. Es ist das konservativste aller arabischen Länder, eine absolute Monarchie, deren Herrscherfamilie Al Saud dem sunnitisch-wahhabitischen Islam verpflichtet ist. Unter dem saudischen Wüstensand befindet sich ein Großteil der weltweiten Erdölreserven. Als weltgrößter Erdölproduzent ist das Land stark von der Entwicklung des Ölmarktes abhängig, denn etwa 90 Prozent der Staatseinnahmen werden aus dem Verkauf von Erdöl und petrochemischen Produkten erzielt.

Im Jahr 2006 erwirtschaftete Saudi-Arabien seinen bislang größten Haushaltsüberschuss von über 70 Milliarden US-Dollar. Hiermit soll unter anderem eine Reihe von Entwicklungsprojekten finanziert werden. Zwar gab es schon in den Siebziger- und Achtzigerjahren einen Bauboom, insbesondere in der Hauptstadt Riad[6], an dem auch internationale Architekten beteiligt waren. Neben zahlreichen Ministerien, Universitäten und Wohngebäuden wurden schon damals komplette Stadtquartiere geplant, so zum Beispiel auch das *Diplomatic Quarter*, das vom deutschen Büro Albert Speer & Partner entworfen worden war. In den kommenden Jahren kann mit einem noch größeren Boom der Baubranche in Saudi-Arabien gerechnet werden. Aufgrund des hohen Bevölkerungswachstums werden bis zu zwei Millionen neue Wohneinheiten in den nächsten Jahren benötigt.[7] Darüber hinaus soll die Infrastruktur modernisiert und es sollen neue Industriezentren und Wirtschaftsstädte wie die *King Abdullah Economic City* bei Riad, die *Prince Abdul Aziz bin Mosaed Economic City* oder die *Knowledge Economic City* bei Medina gebaut werden. Damit will Saudi-Arabien den Anschluss an die Entwicklung der Region gewinnen und möglichen Investoren lohnende Ziele vorgeben. Zudem ist am nördlichen Rand von Riad die Errichtung eines riesigen Finanzdistrikts geplant, der in Konkurrenz zu anderen großen Handelszentren der Welt treten soll. Des Weiteren sind große Stadtentwicklungsprojekte

more international tourists to stay. Large tourist complexes such as The Wave or the Shangri-La's Barr Al-Jissah Resort & Spa already offer hotel and recreation facilities. Currently the largest project in the Sultanate is Blue City Oman. The aim of this urban development project, encompassing an area of 35 square kilometres at a coastal site some 100 kilometres from Muscat, is the construction of tourist facilities, several economic centres and housing for over 200,000 people to be completed by the year 2020.

Saudi Arabia

The largest and most powerful State on the Arabian Peninsula is Saudi Arabia. It is the most conservative of all Arabic countries, an absolute monarchy, whose ruling Al Saud family adheres to the Sunni/Wahhabi traditions of Islam. A large proportion of the world's crude oil reserves lies beneath its desert sands. As the worldwide largest producer of oil the country is heavily dependent on oil market developments. Around ninety percent of national income is derived from the sale of oil and petrochemical products.

In 2006 Saudi Arabia achieved its largest ever budget surplus, a sum in excess of 70 billion US dollars. Those funds are to be put to various uses including a series of development projects. Admittedly, the country – in particular the capital, Riyadh,[6] – already underwent a construction boom in the 1970s and 1980s involving the participation of international architects. Planned were not only numerous ministries, universities and residential buildings but also whole new neighbourhoods such as the Diplomatic Quarter, designed by the German firm of Albert Speer & Partner. In the coming years, however, an even greater construction boom in Saudi Arabia can be expected. Up to two million new housing units will be needed to accommodate the rapidly growing population.[7] In addition, the country's infrastructure is to be modernised with the construction of new industrial centres and economics cities, such as the King Abdullah Economic City near to Riyadh, the Prince Abdul Aziz bin Mosaed Economic City or the Knowledge Economic City near to Madinah. In adopting such measures, Saudi Arabia aims both to secure its position in the region and, at the same time, to create worthwhile objectives for investors. Moreover, construction of an extensive financial district is planned on the northern edge of Riyadh, intended to stand in competition with the world's other leading trading centres. In addition, in order to cope with the ever-increasing stream of pilgrims who visit in their

in Mekka und Medina in Vorbereitung, um den stetig zunehmenden Strom der Pilger zu den heiligen Städten zu bewältigen. Gegenwärtig werden 25 Projekte im Zentrum Mekkas realisiert, darunter einige Hochhauskomplexe in der Nähe der Kaaba, dem zentralen Heiligtum des Islam.[8] Mit einer Höhe von 485 Metern soll der *Abraj Al-Bait Tower* das höchste Gebäude Saudi-Arabiens werden.

Vereinigte Arabische Emirate

1971 haben sich sieben Scheichtümer zu den Vereinigten Arabischen Emiraten (VAE) zusammengeschlossen, angeführt vom reichen Emirat Abu Dhabi, das die kleineren Partner Sharjah, Fudschaira, Ras Al-Chaima, Umm al-Qaiwain und Adschman alimentierte und bis heute großzügig mit seinen Petrodollars unterstützt. Selbst Dubai soll bis vor Kurzem mit großzügigen Öllieferungen subventioniert worden sein. Die Regierung besteht aus dem Rat der Herrscher der sieben Emirate, deren Präsident gemäß der Verfassung immer der Emir von Abu Dhabi ist, sein Stellvertreter und Ministerpräsident ist der Emir von Dubai. Sie sind nicht nur Lenker der Politik, sondern stellen auch die wirtschaftlichen Weichen in ihren Emiraten, die städtebaulichen Entwicklungen ihrer Hauptstädte eingeschlossen. Befördert durch die Rekord-Ölpreise und auf Kurs gehalten durch schrittweise Liberalisierung, befinden sich fast alle wirtschaftlichen Indikatoren in den Vereinigten Arabischen Emiraten auf Rekordniveau. Die Modernisierung und Diversifizierung des Landes wird konsequent vorangetrieben. Für die Stadtentwicklung nicht unbedeutend ist dabei die Änderung der Eigentumsregelungen. Trotz einiger Unschärfen kann Besitz durch Ausländer in Abu Dhabi erstmals überhaupt und seit 2003 in Dubai mittlerweile vollständig erworben werden.[9] Dies hat sich im Immobilienmarkt rasch bemerkbar gemacht, auf dem sich nun vermehrt ausländische Investoren engagieren.

Die Vereinigten Arabischen Emirate haben es geschafft, in kurzer Zeit neben China das Land mit der größten Entwicklung im Bausektor zu werden. Allerdings wird hier nicht für eine Bevölkerung von über einer Milliarde Menschen gebaut, sondern lediglich für 3,4 Millionen Einwohner, von denen 80 Prozent Ausländer sind, die nach Wünschen der Herrscher nicht in den Staat integriert werden sollen.[10]

Die Schwerpunkte des Baubooms liegen eindeutig in den Emiraten Abu Dhabi und Dubai. Während Abu Dhabi sich zwar noch auf lange Sicht auf seine Ölvorräte verlassen kann, wird zusätzlich auf die

millions the holy cities of Mecca and Madinah, large urban development projects are planned for those cities. Twenty-five projects are currently under construction in central Mecca, including several high-rise complexes near to the Kaaba, the holiest of Islamic places.[8] The Abraj Al-Bait Tower with a height of 485 metres is set to become Saudi Arabia's tallest building.

United Arab Emirates

In 1971 seven sheikhdoms took the decision to unify and became the United Arab Emirates. The country is headed by the wealthy Emirate of Abu Dhabi, which previously maintained the smaller partners Sharjah, Fujairah, Ras Al-Khaimah, Um al-Quwain and Ajman and continues to provide generous support today by way of petrodollars. Even the Emirate of Dubai was said to have been subsidised until recently in the form of large-scale oil supplies. The country is governed by the Supreme Council which consists of the rulers of the seven emirates. Under its constitution, the Emir of Abu Dhabi is always president. Vice-president and prime minister is always the Emir of Dubai. However, the Emirs not only hold the reins of politics, they also determine each emirate's economic course including the urban development of its capital city. Having been set in motion by record oil prices and kept on target by a process of ongoing liberalisation almost all economic indicators for the United Arab Emirates are now showing record levels. The country is rigorous in pursuing the aims of modernisation and diversification. As regards urban development, an impulse not without significance was an amendment to the rules on property ownership. Despite certain ambiguities, foreigners in Abu Dhabi may now for the first time obtain a stake in property and in Dubai they can purchase outright (since 2003).[9] The effects of these changes were rapidly noticeable in the property market where foreign investors are now increasingly present.

Within a short period the United Arab Emirates has managed – alongside China – to become the country where construction sector development is at its greatest. However, this is not a country building for a population of over a billion, but one which has merely some 3.4 million residents, of whom 80 percent are foreigners and where, according to its rulers, their integration into the State is not desired.[10]

The construction boom is clearly concentrated in the Emirates of Abu Dhabi and Dubai. Although Abu Dhabi will still be able to rely on oil over the longer-term, the Emirate is seeking in addition to

Hauptstraße in Dubai 2006 | Main road in Dubai 2006

Villen auf der Insel Palm Jumeirah; unten: Baustellenschild in Dubai | Villas on the island Palm Jumeirah; below: construction site hoarding in Dubai

Entwicklung von Schwer- und Leichtindustrie gesetzt. Zukünftig will sich Abu Dhabi als Kulturstandort der Emirate präsentieren. Dubai hingegen setzt konsequent auf seine Entwicklung zum internationalen Dienstleistungs-, Finanz- und Tourismuszentrum.

Bis in die Sechzigerjahre lebten in Abu Dhabi kaum mehr als 5.000 Menschen, meist in Palmblatthütten, ohne Elektrizität und Kanalisation. Dies änderte sich erst mit dem Beginn der Ölförderung, der sowohl zahlreiche Emiratis als auch Ausländer in die Stadt zog. Abu Dhabi hat sich bis heute zu einer Stadt mit etwa 1,5 Millionen Einwohnern entwickelt. Mit dem Glamour Dubais kann sie jedoch noch nicht mithalten – was sich künftig aber ändern soll. Die Planungen der nächsten Jahre sehen für die Hauptstadt eine Reihe von Großprojekten vor. Die spektakulärsten werden das *Al Raha Beach Development Project* sowie *Reem Island* sein; Quartiersentwicklungen mit einer Mischnutzung aus Tourismus, Büro und Wohnen, die für 120.000 beziehungsweise 100.000 Menschen Wohnraum schaffen sollen. Für weltweit großes Aufsehen sorgten die Investitionen Abu Dhabis in den Bau von Hochschulen und des weltweit größten Kulturdistrikts. Die Pariser Sorbonne hat Ende 2006 einen Ableger in der Stadt bekommen und bis zum Jahr 2018 sollen vier Kunsthäuser auf *Saadiyat Island*, der Insel des Glücks, entstehen: ein *Guggenheim Museum Abu Dhabi* von Frank O. Gehry, ein *Maritim Museum* von Tadao Ando, ein Museum für Klassische Kunst von Jean Nouvel sowie ein *Performing Arts Centre* von Zaha Hadid.

Dubai. Selten ist es einer Stadt gelungen, sich in so kurzer Zeit vom Wüstendorf zu einer schillernden Metropole aufzuschwingen. 1956 wurde das erste Gebäude aus Beton gebaut, 50 Jahre später sind über 300 Wolkenkratzer parallel in Planung. Kein Immobilienmarkt der Welt ist derzeit so heiß gelaufen. Seit einiger Zeit wirbt das Emirat, dessen Ölvorräte im Vergleich zu seinem großen Nachbarn Abu Dhabi verhältnismäßig gering sind, mit einem für die Region seltenen weltoffenen Image und lockt mit seinen Freihandelszonen Geschäftsleute aus aller Welt an. Das erste Bauprojekt, das in den Sand von Dubai gesetzt wurde, war das 1999 fertig gestellte spektakuläre Hotel *Burj al Arab*. Es wird nach Ansicht von Experten selbst bei vollständiger Auslastung erst in 50 Jahren profitabel sein, für die Stadt aber hat es sich längst als Werbemaßnahme rentiert. *Burj al Arab* hat den Grundstein für das Image Dubais gelegt: Hier ist alles möglich! Und so werden in Dubai zurzeit die aberwitzigsten Pläne angekündigt und kurz darauf heben Bagger die erste Baugrube aus. Oder schütten sie auf. Denn als ganz groß gelten hier Landgewinnungsprojekte: Zunächst werden fantasievolle Inseln im Meer geschaffen, auf denen dann von

develop both light and heavy industry and to become a cultural centre for the Emirates. The approach taken by Dubai, in contrast, is to pursue systematically its development as an international centre for business services, finance and tourism.

Even in the 1960s, Abu Dhabi's inhabitants hardly exceeded 5,000 in number, most of whom lived in palm-frond huts without access to electricity or sewerage system. That situation only began to change with the advent of oil production, attracting numerous Emiratis and foreigners to the city. Abu Dhabi has since developed into a city numbering about 1.5 million residents. In the glamour stakes, however, the city was never able to compete with Dubai, although this is all set to change with a series of developments planned over the next few years. The capital is to become home to numerous large-scale projects, the most spectacular of which are the Al Raha Beach Development Project and Reem Island. These proposed mixed-use neighbourhoods, incorporating tourist facilities, office space and residential accommodation, are set to create new homes for 120,000 and 100,000 individuals respectively. Abu Dhabi's investment in the construction of universities and the world's largest cultural district has attracted considerable worldwide attention. The Paris-based Sorbonne opened a new campus in the city at the end of 2006 and four new arts complexes, the Guggenheim Abu Dhabi by Frank O. Gehry, the Maritime Museum by Tadao Ando, the Museum of Classical Art by Jean Nouvel and the Performing Arts Centre by Zaha Hadid are due to be completed on Saadiyat Island, the Island of Happiness, by 2018.

Dubai – rarely in such a short period has the transformation from desert village to glittering metropolis been accomplished so successfully. In 1956 its first concrete building was constructed, some 50 years later, simultaneous planning of over 300 skyscrapers is the order of the day. No property market in the world is currently soaring as much as Dubai's. The Emirate, whose oil reserves are relatively limited in comparison those of its great neighbour Abu Dhabi, over many years marketed itself as a liberal-minded place – a rare strategy in the region – and was successful in attracting businesses from around the world to its free trade zones. The first construction project to be set in the sands of Dubai was the spectacular Hotel Burj al Arab, completed in 1999. According to experts, whilst the hotel will take at least 50 years to pay for itself, fully booked, as an advertising symbol, however, it has already generated substantial dividends for the city. With its message that the possibilities in Dubai are limitless, the founding-stone for the city's image was laid. As a result, in Dubai the craziest of plans are currently being announced with bulldozers moving in a short time later

Villenkolonien bis hin zu Superwolkenkratzern alles platziert werden kann. Das erste Projekt dieser Art ist die Insel *Palm Jumeirah*[11], die mittlerweile fertig gestellt worden ist. Es folgen die Inseln *The Palm Jebel Ali* und *The Palm Deira*. Daneben entsteht zurzeit die Inselgruppe *The World*, deren 300 Inseln eine Weltkarte darstellen sollen. Sogar ein Vers des Emirs von Dubai, Scheich Mohammed bin Raschid Al-Maktum, wird in Inseln gegossen (»Nicht jeder, der auf einem Pferd reitet, ist ein Jockey.«) und soll, wie auch all die anderen Inselprojekte, für die exklusiven Zuschauer aus dem Weltraum gut zu erkennen sein. Doch die Inseln sind nur einige von den vielen Superlativen in Dubai: der höchste Wolkenkratzer, die größte Shoppingmall, die erste Skipiste in der Wüste; hier sind es keine Utopien, sondern sie wurden beziehungsweise werden zurzeit schlicht gebaut. Zudem erwartet man in Dubai die Realisierung von weiteren Großprojekten wie dem Tourismus- und Freizeitzentrum *Bawadi*, das die Hotelkapazität der Stadt verdoppeln würde, oder dem Entwicklungsprojekt *Dubai Waterfront*, das die Infrastruktur für eine Stadt mit bis zu 750.000 Einwohnern bereitstellen soll. Zentrum dieses Viertels soll die *Madinat Al Arab* werden, wo unter anderem in zehn Jahren das höchste Gebäude der Welt entstehen soll, das *Al Burj*. Dieser Turm würde mit seinen geplanten 900 Metern Höhe das derzeit im Bau befindliche, über 700 Meter hohe *Burj Dubai* zum lediglich zweithöchsten Bauwerk degradieren. Ein weiteres Großentwicklungsprojekt Dubais ist *Dubailand*, das sich in etwa 45 Großbauvorhaben und weitere 200 Subprojekte teilt. Dazu gehören die *Dubai Sports City* mit Sportstätten, Stadien, Wohnhäusern sowie Schulen und Krankenhäusern, *Aqua Dunya* mit einem Hafendistrikt und traditionell anmutendem Souq sowie die *Falconcity of Wonders* mit einer Reihe von Imitaten antiker Bauwerke.

Während die *Dubai Business Bay* neben Wohneinheiten insbesondere Büroräume für das internationale Bankenwesen bereitstellen wird, soll in der *Festival City* am Abend für Unterhaltung gesorgt werden. *Jebel Ali Airport City* setzt sich aus einzelnen Quartieren, einem neuen Flughafen sowie zwei angeschlossenen Industriezonen zusammen und soll in etwa 20 Jahren das größte See-Luft-Logistikzentrum der Welt darstellen. Auch die Häfen der Stadt werden zu den größten der Region umgebaut.

to start excavating the site. This being Dubai, however, bulldozers are just as likely to throw up the site as a land reclamation project, currently all the rage. First, imaginative coastal islands are created. On these the construction then follows of everything from villa complexes to superskyscrapers. The first development of this kind was the island of Palm Jumeirah,[11] *now completed. The islands Palm Jebel Ali and Palm Deira are next in line. On an adjacent site the island group The World – 300 islands in the shape of a world map – is currently under construction. Even a saying of the Emir of Dubai, Sheikh Mohammed bin Rashid Al-Maktoum, 'Horse riding is more than merely sitting on a horse's back.', is to be poured into island form and, as with all the other island projects, the aim is for it be clearly recognisable to exclusive spectators on looking down from space. If truth be told, the islands are in fact only one of many superlatives in Dubai. The tallest skyscraper, the largest shopping mall and the first desert ski-run have been or are currently being constructed. Utopias are turning to reality. Expectations in Dubai are also running high as regards further large-scale projects such as the tourism and leisure complex Bawadi, which would result in a doubling of the city's hotel capacity or the development project Dubai Waterfront, creating the infrastructure for a city of up to 750,000 residents. At the heart of this development is the district of Madinat Al Arab, with plans for the tallest building in the world, Al Burj, to be constructed within a ten-year period. That tower, at a planned height of 900 metres would downgrade the Burj Dubai, at a height of over 700 metres, currently under construction, to only the second tallest building. A further large-scale development project in Dubai is Dubailand, which encompasses around 45 large-scale construction projects and a further 200 subprojects. These include Dubai Sports City with sporting facilities, stadia, residential buildings, schools and hospitals, Aqua Dunya with a harbour district and traditional-style souk and Falconcity of Wonders with a series of buildings reproducing ancient constructions.*

Whilst Dubai Business Bay will, in addition to residential units, in particular, provide office space for the international finance industry, Festival City is set to deliver the nightly entertainment programme. Jebel Ali Airport City is composed also of several individual districts, a new airport and two adjacent industrial zones. Projections over a twenty-year period foresee its development as the world's largest sea/air logistics complex. Extensions also to the city's ports will transform them into the largest in the region.

Fazit

Zu Beginn des 21. Jahrhunderts liegen auf der Arabischen Halbinsel Vergangenheit und Zukunft, Traum und Wirklichkeit eng beieinander – sowohl im Allgemeinen als auch im Besonderen in der Baukunst. Beeindruckend hierbei sind vor allem die real werdenden Stadtvisionen reicher Ölmagnaten, allen voran das Wachstumswunder Dubai. Die Stadt aus dem »Übermorgenland« fasziniert die meisten – schreckt in ihrer Gigantomanie zunehmend aber auch viele ab. Keine Frage: Die Masse an Wolkenkratzern, Kunstwelten und »Best of«-Zitaten der Weltarchitektur imponiert, das Tempo, in dem sie entstehen, noch mehr.

Doch wie weit wird das Konzept der schnell hochgezogenen Gigantenarchitektur tragen, dieses zu Beton gewordene Märchen aus *Tausendundeiner Nacht*? Denn sowohl aus stadtplanerischer wie auch aus hochbautechnischer Sicht ist es nicht unproblematisch. Die städtebauliche Idee ist visionär allein in ihrer Größe. Doch Größe steht nicht unbedingt für Fortschritt. So erinnert Dubai den Stadtsoziologen Mike Davis eher an einen Alptraum der Vergangenheit, in dem sich nationalsozialistische Monumentalarchitektur mit künstlicher Disneyarchitektur vereint.[12] Nachhaltige Stadtplanungskonzepte, die normalerweise an mangelnden Finanzen und einer unkontrollierbar expandierenden Bevölkerung scheitern, sind politisch hier nicht gewollt. Die Barackensiedlungen der asiatischen Bauarbeiter, die zu Hunderttausenden unter extrem schlechten Bedingungen im Lande arbeiten und leben[13], werden nicht als Problem angesehen. Schließlich sollen sie nach getaner Arbeit schnell wieder verschwinden und möglichst keine Spuren in Stadt und Land hinterlassen.

Doch nicht nur die städtebauliche (Nicht-)Planung scheint noch auf dem Stand der Sechzigerjahre des letzten Jahrhunderts zu sein, auch die meisten Gebäude sind technisch nicht im neuen Jahrtausend angekommenn.[14] Zudem gibt es, gemessen am Bauvolumen und den Möglichkeiten, nur wenige inspirierte Entwürfe und vielfach wird die mangelhafte Güte der Bauausführung beklagt.

Fraglich ist zudem, inwieweit es sinnvoll sein kann – insbesondere in Anbetracht der aktuellen Klimaerwärmung – ausgerechnet in einem Land, wo im Sommer Swimmingpools gekühlt werden, massenhaft Glastürme, in der Regel ohne Klimafassade, zu errichten. Neben ihrer Größe beziehungsweise Höhe imponieren diese Gebäude vor allem durch ihren Energieverbrauch. Ganz zu schweigen von der Energie-

Conclusion

On the Arabian Peninsula at the start of the 21st century, there is close juxtaposition both of past with future and dreams with reality. Nowhere can this be seen more clearly than in contemporary architecture. Particularly impressive are the urban visions of oil magnates as they gradually materialise in built form, above all in the shape of the economic wonder that is Dubai. Most people seem to be fascinated by this city from beyond tomorrow – yet its megalomaniac tendencies increasingly frighten more and more away. Without question, the sheer mass of skyscrapers, man-made environments and 'best of' collections inspired by world architecture is truly impressive, even more so the speed of construction.

And yet, this gigantesque architectural concept, erected at break-neck speed, this tale from the thousand and one nights turned to concrete, just how far will it hold? From the perspective both of urban planning and of high-rise construction the concept is not without its problems. In urban planning terms the idea is visionary only as regards its size, a feature not necessarily synonymous with progress. For the urban sociologist, Mike Davis, Dubai is like a nightmare from the past in which the monumental style of the Nazis has been architecturally combined with the artificial world of Disney.[12] Concepts for sustainable urban development, which usually fail for a lack of resources or uncontrollable population growth, are not seen as politically desirable. The shanty towns housing the Asian construction labourers, living and working in these countries in their hundreds and thousands under extremely miserable conditions,[13] are not regarded as problematic. Ultimately, once their work is done, they are expected rapidly to disappear, ideally leaving no trace behind anywhere in the city or country.

Not only the (non-existent) urban planning appears to be of a 1960s standard, also in technical terms most of buildings have not arrived in the 21st century.[14] Moreover, relative to the construction volume and the possibilities available, there are but few inspired designs and complaints as to the poor quality of the construction work can be heard from many quarters.

In addition, can it be regarded as sensible – in particular having regard to current global warming – of all places in a country in which swimming-pools are cooled in summer, to engage in the mass construction of glass towers, in most cases devoid of climate façade? In addition to their height and size, these buildings stand out above all for their energy consumption. This is not even to mention the

bilanz der Indoor-Skipisten und sonstiger geplanter arktischer Wüstenvergnügungen. Doch die Mehrheit kann sich dem Glamour und der Dynamik des inflationären Immobilienbooms nicht entziehen. Begeistert wird spekuliert und somit wird Dubai vorerst rasant weiterwachsen. Der Stadtplaner George Katodrytis hält die Stadt sogar für einen globalen Trendsetter: »Dubai ist der Prototyp einer neuen postglobalen Stadt, die Begierden schürt, aber keine Probleme löst. Wenn Rom die ‚ewige Stadt' und Manhattan der Höhepunkt verdichteten Städtebaus war, dann kann Dubai als Vorreiter eines Stadttyps im 21. Jahrhundert gelten: prothesenartige, nomadische Oasen als isolierte Städte, die sich über Land und Wasser gleichermaßen erstrecken.«[15]

Tatsächlich folgen viele Städte dem Beispiel Dubais und der Bauboom hat andere Regionen der Arabischen Halbinsel längst erfasst. Für Architekten ergeben sich bei aller Kritik hiermit Chancen, ihre Visionen in reale Bauvorhaben umsetzen zu können.

energy requirements for indoor ski-runs and other arctic entertainment facilities planned for the desert region. Nonetheless, the majority of people cannot tear themselves away from the glamour and dynamism of the ever-growing property boom. The enthusiasm of speculators will continue to fuel the city's rapid growth for a while yet. The urban planner, George Katodrytis, even considers the city a global trendsetter. He writes: 'If Rome was the Eternal City and New York's Manhattan the apotheosis of 20th century congested urbanism, then Dubai may be considered the emerging prototype for the 21st century: prosthetic and nomadic oases presented as isolated cities that extend out over the land and the sea'.[15]

In practice, many cities are following Dubai's example and the construction boom has long since reached other regions of the Arabian Peninsula. The resulting situation – notwithstanding the criticism – constitutes a distinct opportunity for architects seeking to transform their visions into material constructions.

Zum Buch

Die folgenden 50 Projekte deutscher Architekturbüros sind im Kontext der Megaprojekte innerhalb des dynamischen Immobilienmarktes der Golfstaaten zu sehen. In der Gesamtschau erscheinen sie noch relativ bescheiden, denn bisher haben sich die Kollegen aus angelsächsischen Ländern weit besser in der Region profilieren und etablieren können. Deutsche Architekten haben bisher meist nach China oder Russland geschaut und entdecken erst allmählich den – nicht immer leichten – Markt der arabischen Länder für sich. Doch dies ändert sich zurzeit, und zwar so, wie es sich für die Region gehört: rasant.

Die vorliegende Auswahl soll und kann nur einen ersten Eindruck vom derzeitigen Schaffen deutscher Baumeister vermitteln. Sie ist keinesfalls abschließend, denn vieles konnte aus den unterschiedlichsten Gründen nicht in diese Publikation aufgenommen werden. Oft erlaubte der Entwicklungstand der Bauvorhaben seitens der Bauherren noch keine Veröffentlichung. Auch die meisten der hier vorgestellten Projekte befinden sich in der Realisierungsphase oder harren ihrer Entdeckung durch einen großzügigen Bauherrn. Wie die Bauvorhaben auf der Arabischen Halbinsel insgesamt, so könnten auch die deutschen Projekte unterschiedlicher kaum sein: westlicher oder orientalischer Tradition verpflichtetet, fantastisch oder sachlich, dekadent

The Book

The dynamic property market of the Gulf States, characterised by megaprojects, provides the context within which the following 50 projects designed by German architectural practices must be viewed. As a whole, those German contributions to the region are relatively modest. Thus far, their colleagues from English-speaking countries have been far more successful in building up their profile and establishing themselves in this area. German architects previously tended to look mostly towards China or Russia and only gradually have begun to explore the (not always straightforward) Arabic market. That situation is currently shifting and, as is typical for the region, the pace of change is rapid.

The following selection cannot convey more than an initial impression of current German construction creativity. The selection claims in no way to be exhaustive as for a variety of reasons many projects could not be included in the present publication. In many cases the projects were at a stage of development too early for the clients to consent to publication. Moreover, the vast majority of the projects presented are still under construction or await discovery by a generous developer. As is true for construction on the Arabian Peninsula in general, so too, the range of German projects could not be more diverse: whether adhering to western or Arabic traditions, fantasy-like or functional, decadent or sustainable, they are rarely modest

oder nachhaltig, bescheiden nur selten, interessant aber allemal. Auch wenn nicht alles, was glänzt, am Ende Gold ist, so wird sich in jedem Fall ein Blick hinter die Bauzäune lohnen.

and without a doubt highly compelling. Even if, ultimately, all that glistens is not gold, clearly it must be worth taking a look behind the construction hoardings.

Anmerkungen

1 Umfassend zum Thema vgl. Eugen Wirth: Die orientalische Stadt im islamischen Vorderasien und Nordafrika, 2 Bde., Mainz 2000.

2 Das so genannte »Manhattan der Wüste«, die Stadt Shibam, liegt allerdings einige hundert Kilometer entfernt in der Wüste im Wadi Hadramaut.

3 Das Wort Beduine hat seinen Ursprung im arabischen *badawi*, (pl. *badw* - nicht sesshaft, nomadisch), das die Bewohner der Wüste, *badiya*, bezeichnet.

4 Jemen stellte sich als einziger Staat der Arabischen Halbinsel auf die Seite des Kuwait besetzenden Irak.

5 Lediglich die Sprengung der *Kuwait Towers*, der zentralen Wasserversorgung des Landes, misslang.

6 So wurde Riad damals von *Newsweek* als »the biggest construction site in human history« bezeichnet. Zwischen 1977 und 1986 wurden in der Stadt jährlich rund 11.500 Baugenehmigungen erlassen, vgl. Saleh al-Hathloul in *Riyadh Architecture in One Hundred Years*, siehe unter http://www.csbe.org/e_publications/riyadh_architecture/index.htm (aufgesucht am 28. Juni 2007).

7 Die Einwohnerzahl von Riad ist von 14.000 im Jahr 1902 über 667.000 im Jahr 1974 und 2,8 Millionen im Jahr 1992 auf über fünf Millionen im Jahr 2006 angestiegen.

8 Nach Angaben der Arabisch-Deutschen Vereinigung für Handel und Industrie e. V. sind die Grundstückspreise rund um die Kaaba die mit Abstand teuersten weltweit. Die Preise liegen teilweise bei etwa 90.000 US-Dollar pro Quadratmeter. Zum Vergleich: Quadratmeterpreis in Mayfair/London: etwa 37.500 US-Dollar, Manhattan/New York: 19.000 US Dollar.

9 In Abu Dhabi allerdings nur auf Pachtbasis und ohne Grunderwerb, auch in Dubai noch mit praktischen Einschränkungen.

10 Eine Einbürgerung ist nahezu unmöglich; es sei denn, man kann es sich leisten, Eigentum in den Vereinigten Arabischen Emiraten zu erwerben, da dieses zugleich eine unbeschränkte Aufenthaltserlaubnis sichert. Hiermit wird quasi ein einbürgerungsähnlicher Status erreicht, denn westliche Staats- und Bürgerrechte sucht man in der Region in der Regel meist vergeblich.

11 Wer auf *Palm Jumeirah* ein Haus erworben hatte, konnte dieses meist mit weit über 100 Prozent Gewinn weiter veräußern.

12 Vgl. Mike Davis: Gier und Luxus in Dubai, in: *Lettre International*, Nr. 75, Winter 2006, S. 16-21.

13 Vgl. Building Towers, Cheating Workers, Human Rights Watch, Nr. 8, November 2006.

14 Vgl. beispielsweise Thomas Michael Krüger: Looking Rich. Ein Reisebericht aus Dubai, in: Baunetzwoche Nr. 20 vom 9. März 2007, S. 4–11 (www.baunetz.de/arch/woche/). Nach Aussagen eines Bauleiters des *Burj Dubai* sei dieser Turm »Technologisch [...] auf dem Stand der Sechzigerjahre; nachhaltige, ressourcenschonende Bauweise oder intelligente Klimakonzepte sucht man vergeblich«.

15 George Katodrytis: Metropolitan Dubai and the Rise of Architectural Fantasy, in *Bidoun*, Nr. 4, Frühjahr 2005.

Explanatory notes

1 For a comprehensive account see Eugen Wirth, Die orientalische Stadt im islamischen Vorderasien und Nordafrika, 2 Vols., Mainz 2000.

2 However, the 'Manhattan of the desert', the city of Shibam, lies several hundred kilometres away in the desert in the wadi Hadramaut.

3 The word 'bedouin' is derived from the Arabic badawi, pl. badw, meaning a dweller of the desert (badiya in Arabic).

4 Yemen was the only State on the Arabian Peninsula to support Iraq in its occupation of Kuwait.

5 Only in their attempted detonation of Kuwait Towers, housing the country's central water supply, were they unsuccessful.

6 Newsweek magazine crowned Riyadh 'the biggest construction site in human history'. Between 1977 and 1986 around 11,500 building permits annually were issued by the city. See Saleh Al-Hathloul in 'Riyadh Architecture in One Hundred Years', http://www.csbe.org/e_publications/riyadh_architecture/index.htm (28/07/07).

7 The population of Riyadh was 14,000 in 1902, 667,000 in 1974, 2.8 million in 1992,rising to over 5 million by 2006.

8 According to the Arabisch-Deutsche Vereinigung für Handel und Industrie e. V. (Arab-German Chamber of Commerce) prices for property around the Kaaba are by far and away the world's most expensive with a square metre in places costing around 90,000 US dollars. In comparison, a square metre in London's Mayfair costs around 37,500 US dollars, and in New York's Manhattan district around 19,000 US dollars.

9 The rules in Abu Dhabi only permit leasehold ownership, however, excluding the possibility of acquiring the land. In Dubai, too, there are still practical restrictions hindering ownership.

10 Citizenship by naturalisation is almost impossible - unless, that is, an individual has sufficient wealth to acquire property in the United Arab Emirates. With such a purchase comes unlimited residency, a status which in practical terms has similar benefits to citizenship, as in that region the civil and political rights associated with citizenship as known in western countries are rarely to be found.

11 Anyone who bought a house on Palm Jumeirah was able in most cases to resell it at a profit of over 100 %.

12 See Mike Davis, Gier und Luxus in Dubai, in: Lettre International, No 75, Winter 2006, p. 16-21.

13 See Building Towers, Cheating Workers, Human Rights Watch, Vol. 18, No 8, November 2006.

14 Thomas Michael Krüger, Looking Rich. Ein Reisebericht aus Dubai, in: Baunetzwoche, No 20, 09/03/2007, p. 4-11 (www.baunetz.de/arch/woche/). He cites a construction engineer working on the Burj Dubai, who views the tower in technical terms as conforming to 1960s standards, noting the fruitlessness of any search for sustainable construction methods with sympathetic use of resources or intelligent climate systems.

15 George Katodrytis, Metropolitan Dubai and the Rise of Architectural Fantasy, in Bidoun, No 4, Spring 2005.

Dubai Water Front
The Palm
Jebel Ali
The Palm
Jumeirah
Hydropolis
Hotel
Dubai Water Front
Quay 4-5
The Gardens
Hill Side
MRTP
Sheikh Mohammed
Bin Rashid
Technology Park
Dubai Aid City
International Media
Production Zone
Gulf Estates
Dubai
Sport City
Outdoor
Sports (D.D.L.A)
Jebel Ali
Business
Centre
Gulf City
Medium Income
Residences
SAMACOM
Al Mankhool
Towers
Bur Juman
Centre
Expansion
Old Dubai
Transformation
Etisalat
HeadQuarters
Al Falasi
Building
Third Bridge
Creek side
Reef Mall
Hotel Park
DWTC
Residence
Za Abeel Park
Emirates Central
Cooling System
Cooperative
(EMPOWER)
Crystal
Dome
Hexagon
Emirates Central
Cooling System
Cooperative
(EMPOWER)
Mohd. Bin Rashid
Est for Young
Business Leaders
Emirates Central
Cooling System
Cooperative
(EMPOWER)
Wafi
City
Complex
Dubai
Healthcare
City
Dubai
Flower
Centre
Dubai
Cargo
Village
Expansion
BUR DUBAI
DEIRA
AL SATWA
AL KARAMA
AL MURQABAT
HOR AL ANZ
AL KHABEESI
ZAABEEL FIRST

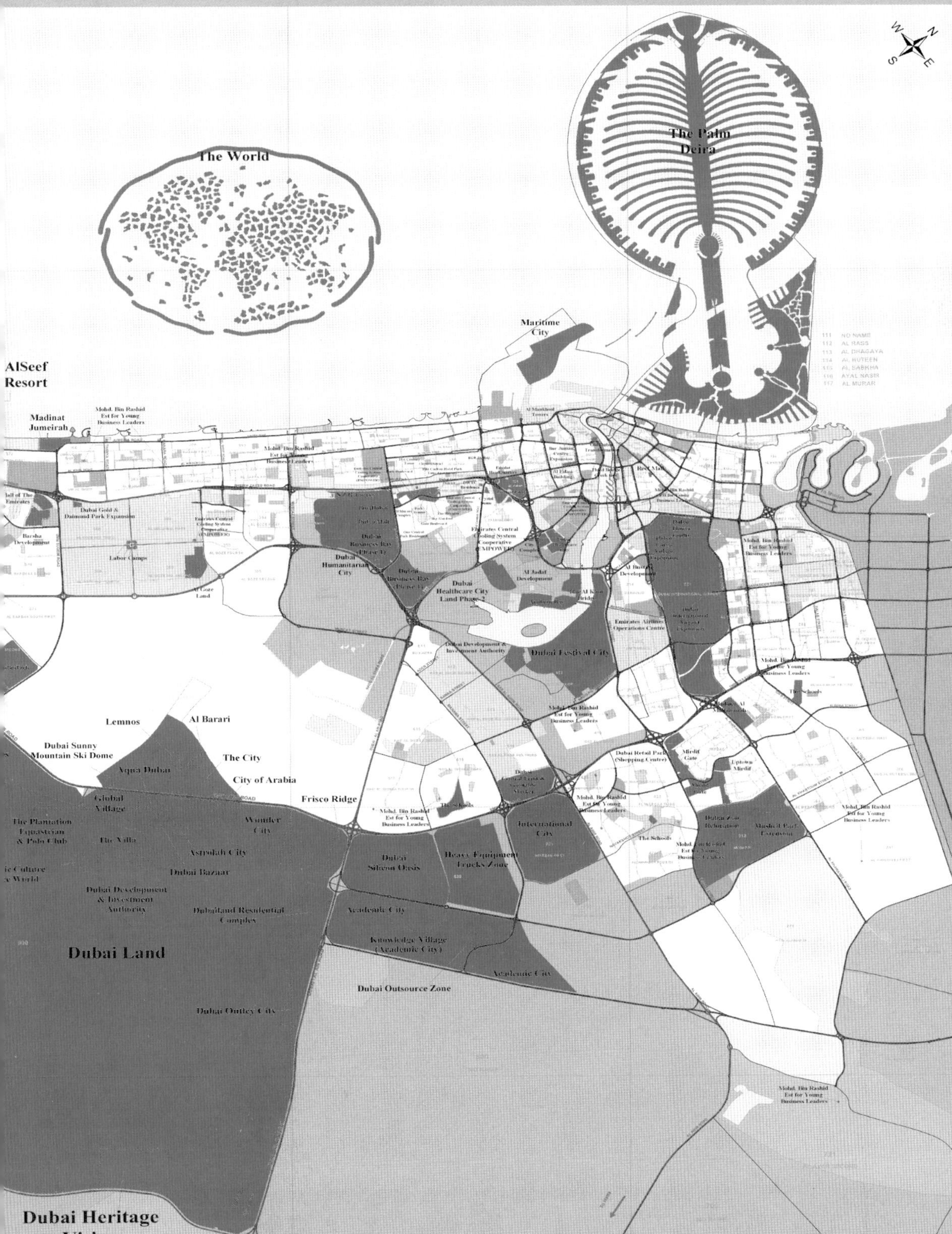

Großprojekte in Dubai (2007) | Main projects in Dubai (2007)

Inselprojekt The World | Project The World

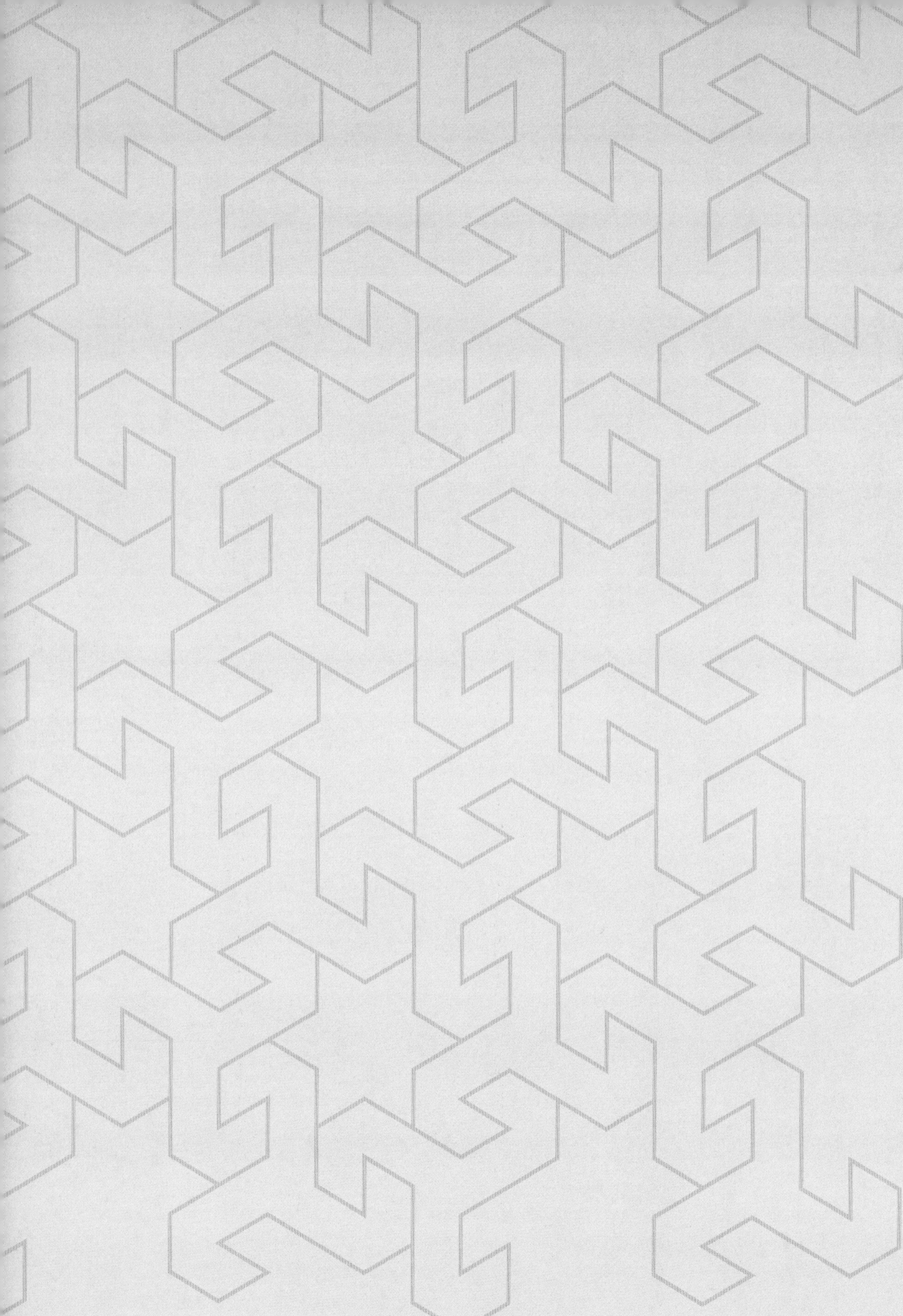

Bahrain Bahrain

Manama

Sakhir

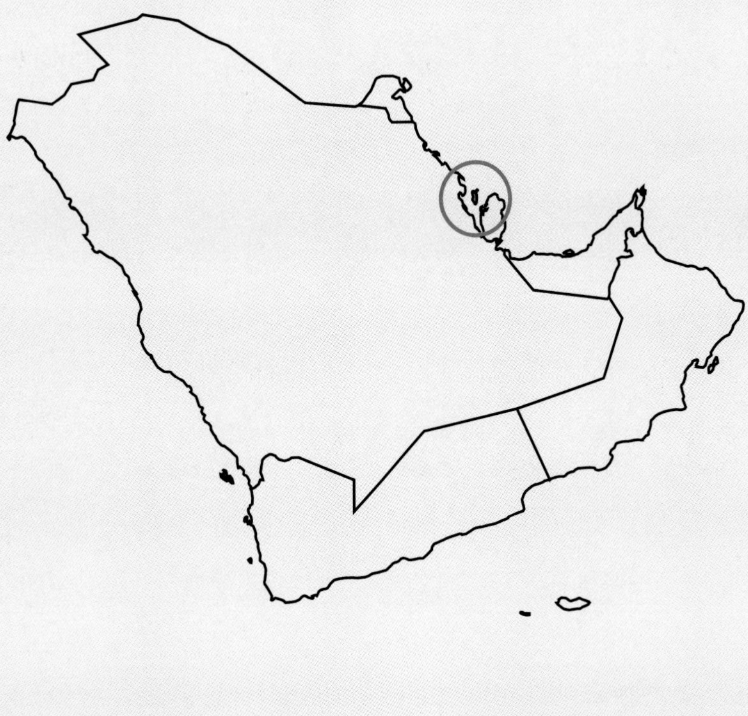

Euro University

Architekten
Obermeyer Planen + Beraten, München

Bauherr
Königreich Bahrain

Fläche
etwa 9.060 m² BGF

Um ihre Energiereserven müssen sich die Länder der Golfregion bekanntlich nicht sorgen. Zu gigantisch sind die Öl- und Gasvorkommen der meisten Golfstaaten. Entsprechend gering war bisher der Drang, sich um alternative Energieformen zu bemühen. Zunehmend gibt es jedoch auch in dieser Region Überlegungen, sich zukünftig nicht allein auf fossile Brennstoffe zu stützen, sondern zum Schutz späterer Generationen vermehrt umweltfreundliche Technologien nutzen zu wollen. Eine Institution, die diesen Gedanken mit verbreiten möchte, ist die im Aufbau befindliche *Euro University Bahrain*. Sie ist die erste Universität, die sich im Nahen Osten auf Umweltwissenschaften spezialisieren will. Um diesem Anspruch Rechnung zu tragen, orientiert sich auch der Entwurf für den Uni-Campus an einem umfassenden Umweltkonzept. Neben einer weitreichenden Abwasserreinigung in den angrenzenden Feuchtgebieten sorgen Fotovoltaik-Anlagen für eine umweltschonende Energieversorgung. Diese Technologien waren gleichzeitig Leitlinien des baulichen Entwurfs, der sie nicht nur integriert, sondern vielmehr als Grundlage der Architektur selbst benutzt; sowohl in der Gestaltung der Landschaft als auch in der Ausformung der Gebäude. Eine besondere Rolle spielt dabei die Vermeidung eines zu hohen Energieverbrauchs, um die Gebäude dem heißen Klima entsprechend zu kühlen. Aus diesem Grund wurden die Baukörper so angeordnet, dass sie optimal verschattet werden. Ihre kompakte und massive Bauweise verhindert zusätzlich eine zu schnelle Aufheizung. Zudem hat man sich das in der traditionellen islamischen Architektur bewährte Prinzip eines durch einen Mittelkanal wehenden Luftzugs zunutze gemacht. Dieser sorgt für eine zusätzliche Gebäudekühlung. Insgesamt steht der Entwurf sowohl für einen schonenden Umgang mit Ressourcen als auch für die Entwicklung moderner und umweltfreundlicher Technologien. Die erste Bauphase des Uni-Campus wurde Ende 2007 abgeschlossen.

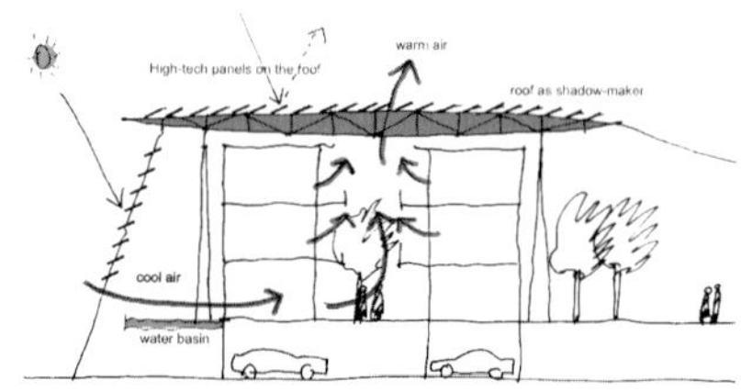

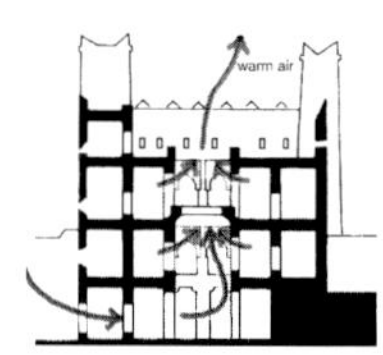

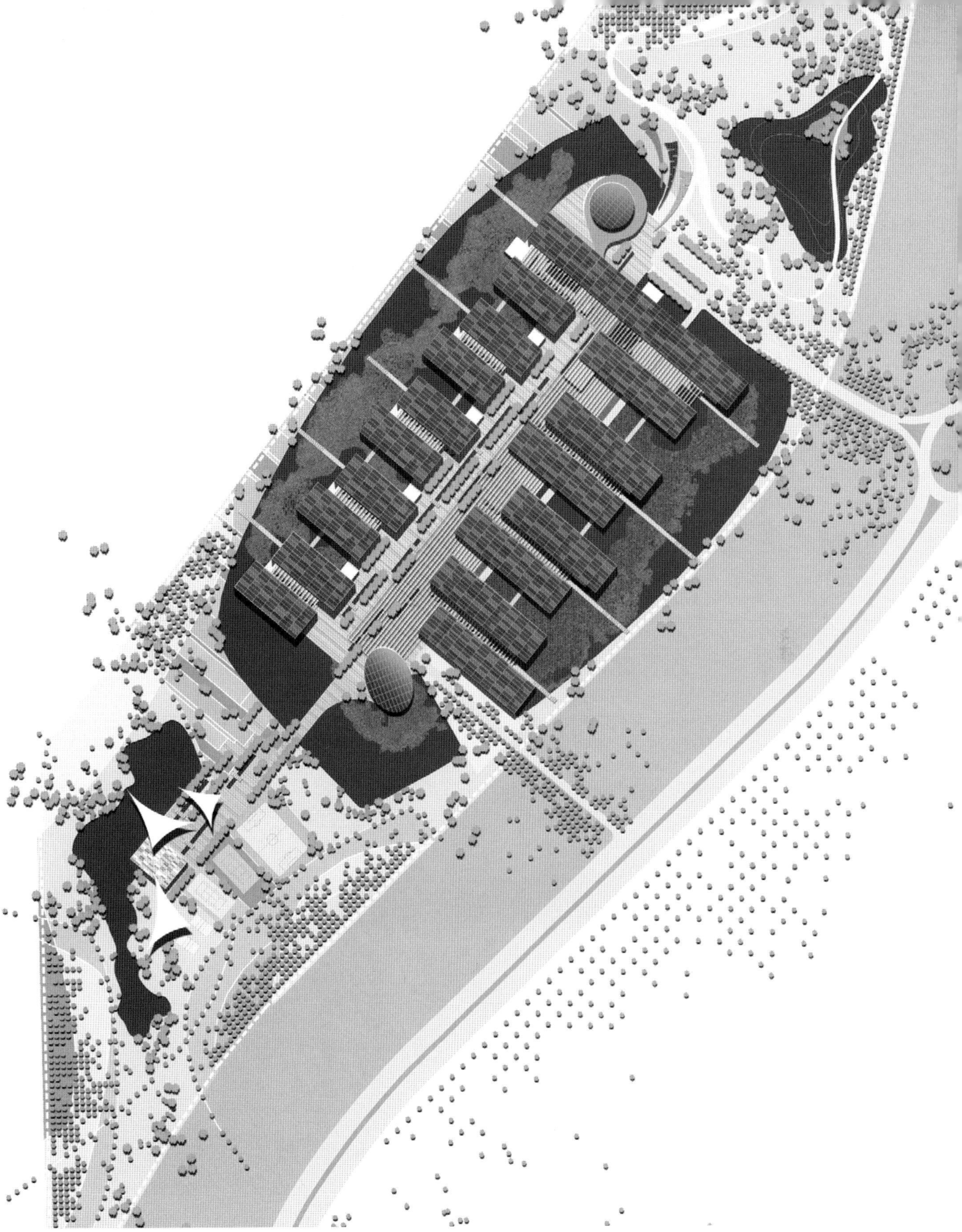

Umgebungsplan | Site plan

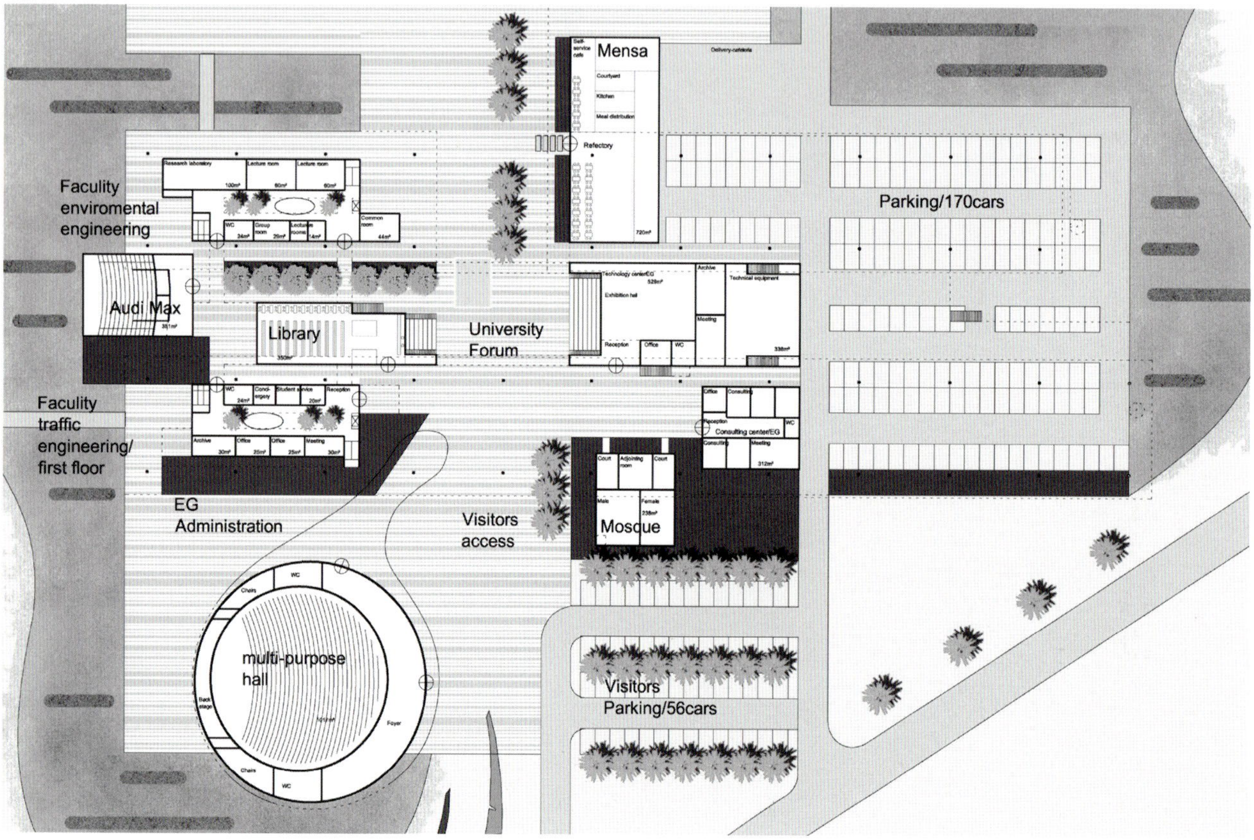

Grundriss | Floor plan

The Gulf States with their vast oil and gas reserves generally do not have to worry about energy resources. With future generations in mind, increased use of environmentally-friendly technology is, however, under consideration. An institution to encourage this approach is the Euro University Bahrain, the first university in the Middle East to specialise in environmental issues. Campus design is centred on environmental principles. Alongside a waste water treatment scheme set in adjacent wetlands, the university will be powered by environmentally-responsible solar energy. Particular emphasis has been placed on avoiding excessive energy consumption in cooling the buildings. Accordingly, they are aligned to benefit from optimal shading. Likewise, to reduce the speed at which the buildings heat up they are of a compact and solid construction. A traditional principle of Islamic architecture – a cooling breeze drifting along the central waterway – has also been incorporated into the design.

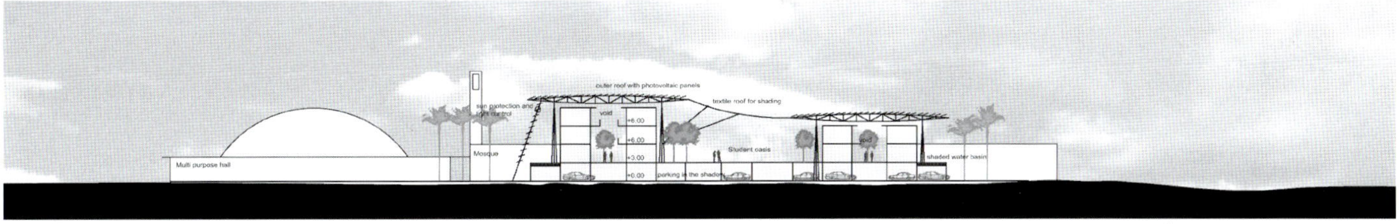

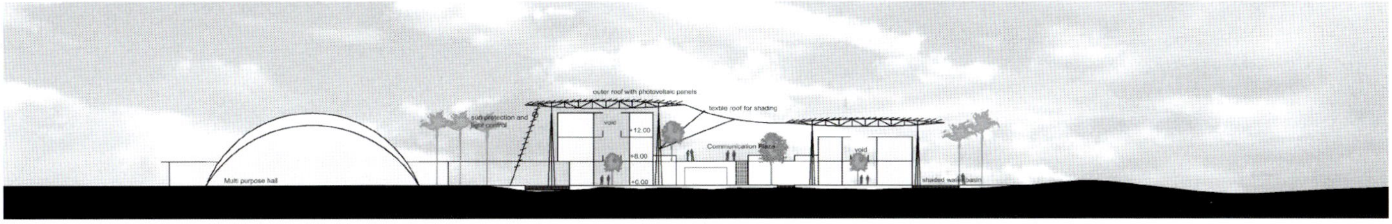

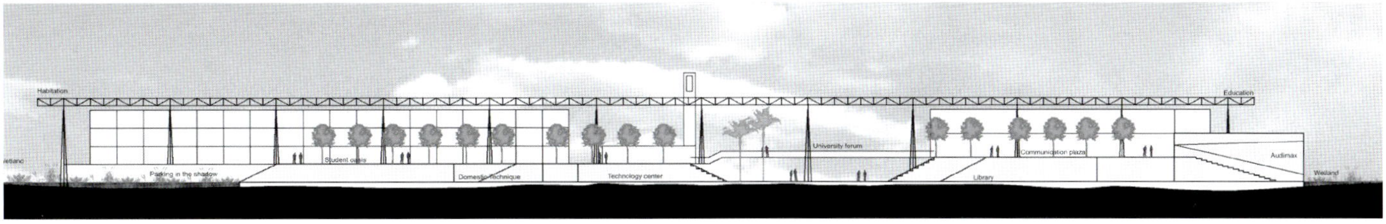

Schnitte | Sections

Vogelperspektive | Bird's eye view

Eingang | Entrance

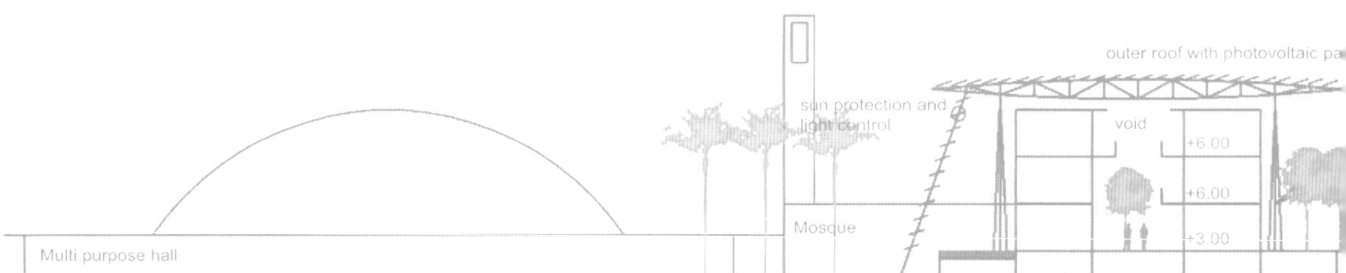

الجامعة الأوروبية

المهندسون
أوبرماير للاستشارات الهندسية، ميونخ

صاحب المشروع
مملكة البحرين

المساحة
حوالي ٩٠٦٠ متر مربع مساحة إجمالية لأرض المشروع

من المعروف أن الدول الواقعة في منطقة الخليج العربي ليست في حاجة إلى القلق على احتياطاتها من الطاقة، إذ أن النفط والغاز موجودان في معظم دول الخليج بكميات كبيرة جدًا. بناءً على ذلك كانت الحاجة إلى الاهتمام بأشكال بديلة للطاقة حتى الآن أمرًا غير مهم في هذه المنطقة. لكن دول هذه المنطقة صارت تفكّر بشكل متزايد أيضًا في الاعتماد في المستقبل ليس فقط على الوقود الأحفوري، بل كذلك أصبحت تسعى إلى زيادة استخدام التقنيات التي لا تضر البيئة بغية حماية الأجيال القادمة. تعتبر جامعة البحرين الأوروبية التي يجري بناؤها في البحرين صرحًا علميًا سوف يساهم في نشر هذه الأفكار. هذه الجامعة هي الأولى من نوعها في الشرق الأوسط التي ستختص في العلوم البيئية. وقد اعتمد تصميم حرم الجامعة أيضًا على مخطط بيئي شامل وذلك من أجل مراعاة هذا المطلب. تقوم منشآت كهروضوئية إلى جانب محطة كبيرة لتنقية المياه العادمة تقع في المناطق الرطبة المتاخمة بتوفير الطاقة الكهربائية بطرق تحافظ على البيئة. شكّلت هاتان التقنيتان معًا خطوط البناء لهذا المشروع المعماري الذي لا يدمجهما فقط، بل يستخدمهما كأساسين في هذا المعمار بالذات: في كل من تنظيم المساحات الطبيعة وكذلك تصميم شكل المباني. وفي ذلك يلعب تجنُّب الاستهلاك العالي للطاقة دورًا هامًا من أجل تبريد حرارة المباني بما يتلاءم مع حرارة الجو الحارة. لهذا السبب خُطّطت المباني على نحو يجعلها تكون في أفضل موضع يغطيه الظل. بالإضافة إلى ذلك يعمل أسلوب بنائها المتماسك والضخم على تجنُّب التسخين السريع جدًا. عدا ذلك تم الانتفاع من مبدأ التهوية بواسطة تيار هوائي يجري من خلال مجرى متوسط. هذا المبدأ الذي حُفظ في فن العمارة الإسلامية القديمة. يوفر هذا المبدأ تبريدًا إضافيًا للمباني. يضمن المشروع في جملته التعامل مع المصادر بشكل يحافظ على البيئة وكذلك تطوير تقنيات حديثة لا تضر البيئة. تم إنجاز المرحلة الأولى من بناء الحرم الجامعي في نهاية عام ٢٠٠٧.

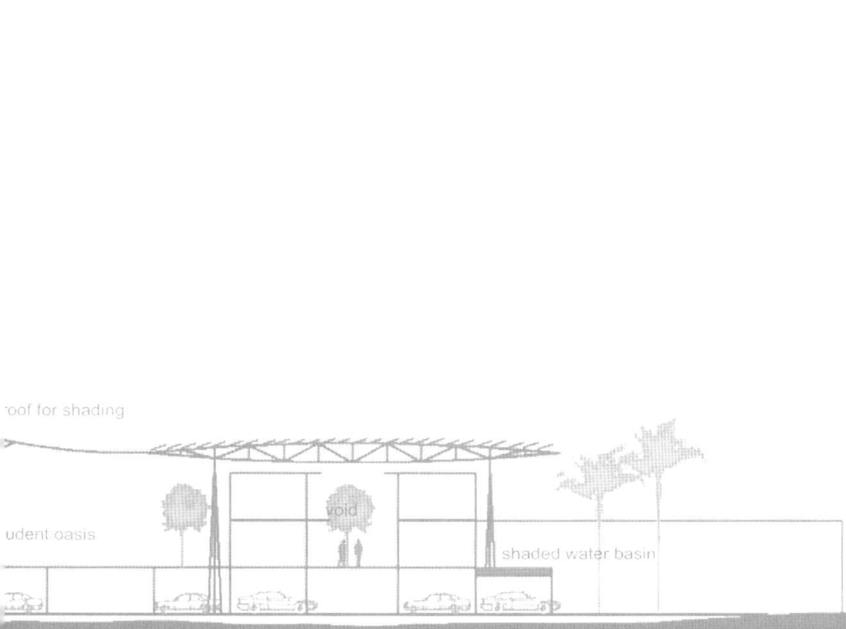

New Qatar Embassy in Bahrain

Architekten
Hascher Jehle Architektur, Berlin

Kooperation
Farry Kazerooni Consultants, Manama

Wettbewerb
2006/2007

Bauherr
Ministry of Foreign Affairs, Qatar

Botschaftsneubauten können mehr sein als räumliche Hüllen diplomatischer Auslandsvertretungen. Sie schaffen zusätzlich die Möglichkeit, einen ersten visuellen Eindruck des vertretenen Landes zu vermitteln. Diese Chance nutzt auch der Entwurf für eine neue Botschaft Katars im Königreich Bahrain, der vom Büro Hascher Jehle Architektur innerhalb eines internationalen Wettbewerbs entwickelt worden ist. Das Gebäudeensemble besticht durch seine nahezu skulpturale Form: segelförmige Hightech-Fassaden, die sowohl einen technisch aufstrebenden Staat versinnbildlichen, als auch dessen Nähe zum Meer sowie die baulichen Wurzeln in der arabischen Zeltarchitektur andeuten. Insgesamt besteht der Diplomatenbau aus einem viergeschossigen Botschafts- sowie einem dreigeschossigen Konsulatsgebäude. Die entwurfsbestimmenden Fassadensegel beider Bauten, die Höhen zwischen 30 und 46 Metern erreichen, sind aus einer Stahlkonstruktion gefertigt, die mit doppelt gekrümmten, zum Teil bedruckten Glaspaneelen bestückt ist. Die innere Stahlbetonkonstruktion sieht für alle Gebäude vier Meter hohe Geschossdecken vor. Jede Ebene öffnet sich zum Frontfassadensegel und formt damit einen vertikalen Raum, der sich offen über alle Ebenen streckt. Parallel verlaufende Galerien machen diesen Raum erlebbar und können zudem als Ausgang genutzt werden. Das Botschafts- und das Konsulatsgebäude besitzen daneben Terrassen, die sich zum Garten hin öffnen und bei zu starker Hitze mit Aluminiumpaneelen beschattet werden können. Die Außenbereiche werden von großen Wasserflächen bestimmt, die das Design der Fassadensegel verstärken und zudem zur Absenkung des Mikroklimas beitragen.

Embassy buildings are more than a shell for diplomatic representation. They constitute a first visual impression of the State represented. The design for a new Qatari Embassy in the Kingdom of Bahrain takes this fact to heart. The buildings complex, a four-storey embassy and a three-storey consulate, adopts an almost sculptural form. Sail-like high-tech façades symbolise both a technologically ambitious State and proximity to the sea, and, in addition, hint at architectural roots in Arabic tent design. The characteristic façades, attaining heights of between 30 and 46 metres, are of a steel construction with round glass inserts. The internal reinforced concrete structure permits a room height of four metres throughout. Each level opens out to the façade's sail, creating a vertical linking space brought to life by walkways arranged in parallel to the façade. Terraces open out onto gardens which can be shaded with aluminium panels. Extensive water features characterise exterior areas, helping cool the microclimate.

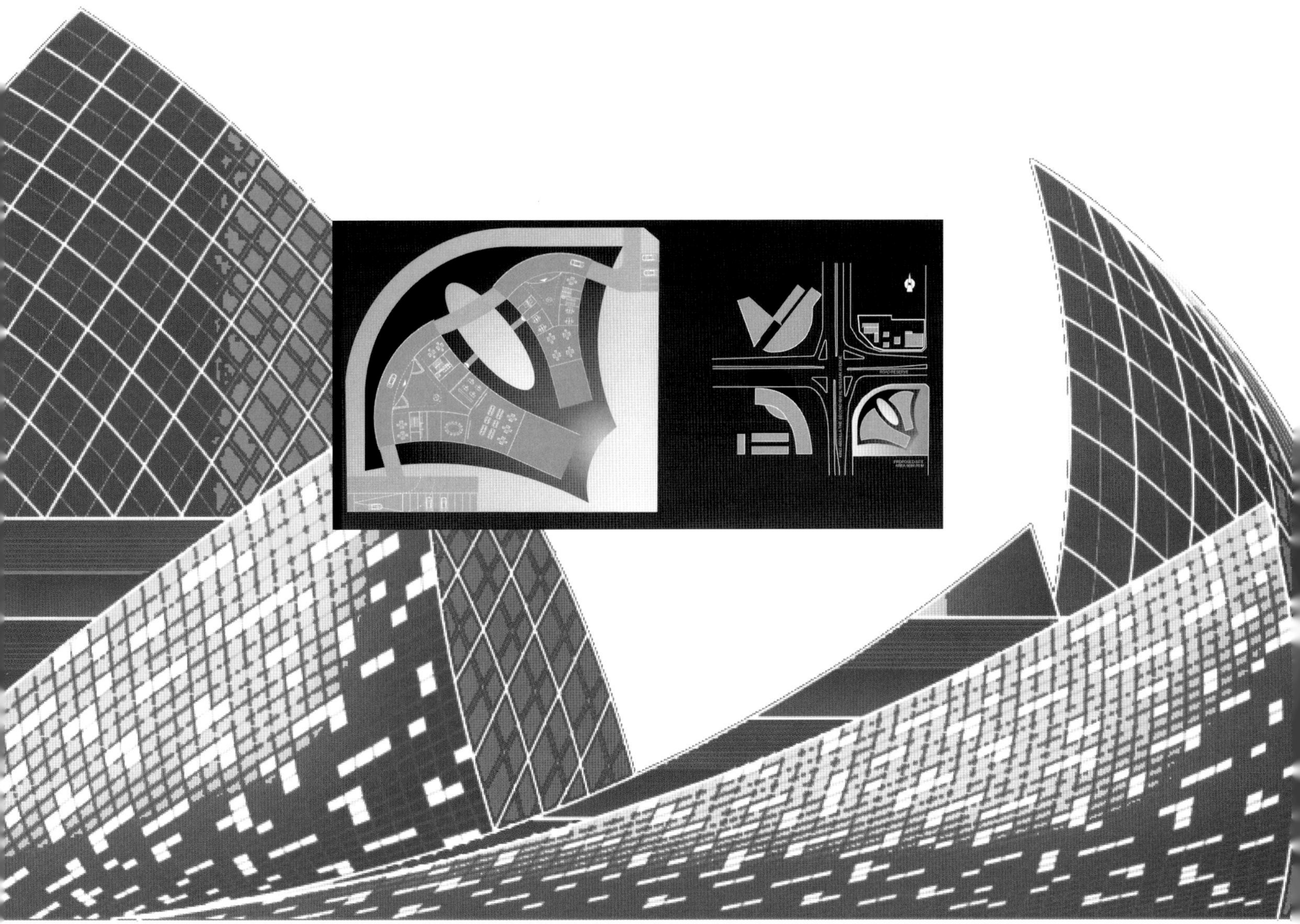

Umgebungsplan | Site plan

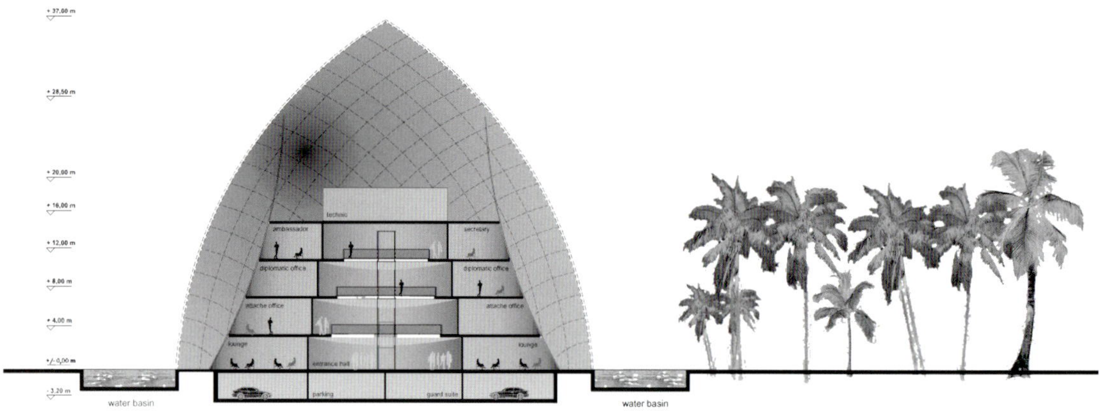

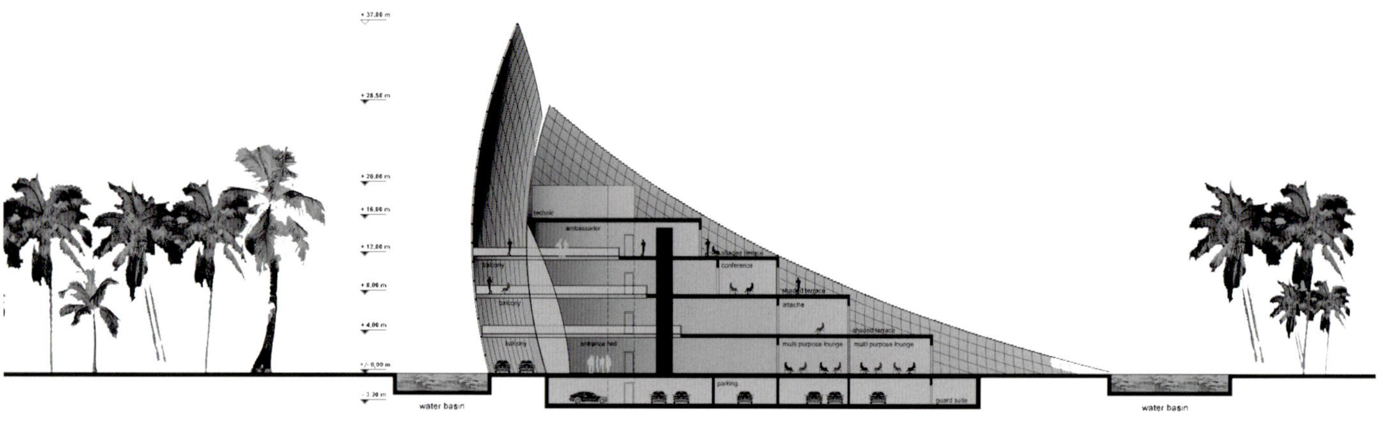

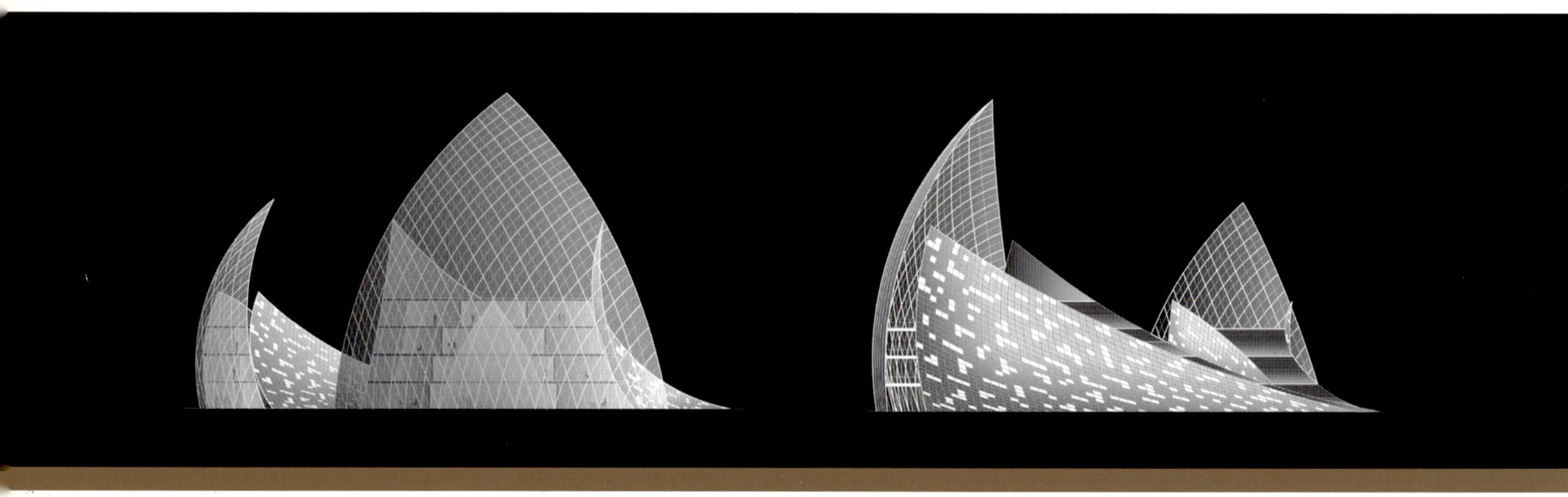

Schnitte; unten: Fassadenabwicklung | Sections; below: façade studies

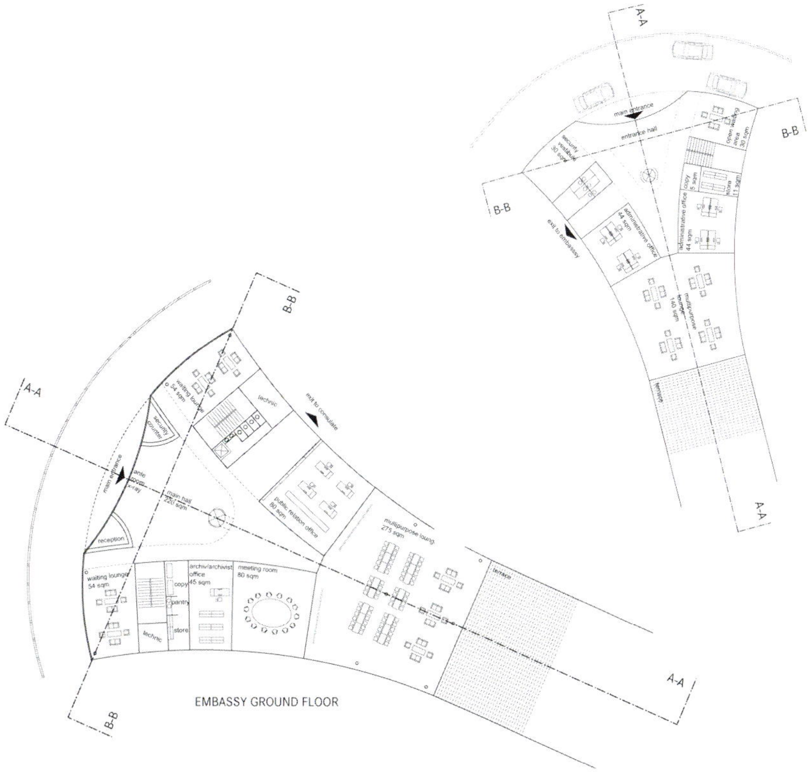

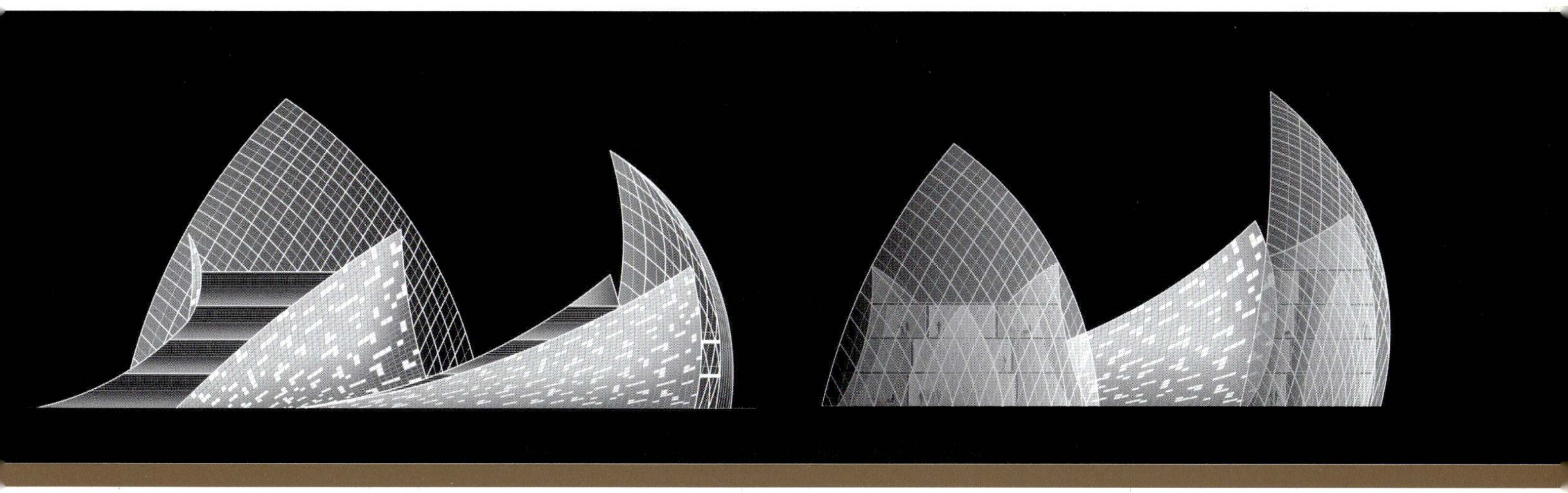

Grundriss; unten: Fassadenabwicklung | Ground floor plan; below: façade studies

Perspektive | Perspective

سفارة قطر الجديدة في البحرين

المهندسون
هاشر يله للاستشارات الهندسية، برلين

بالتعاون مع
فري كازروني للاستشارات الهندسية، المنامة

المسابقة
٢٠٠٦/٢٠٠٧

صاحب المشروع
وزارة الخارجية، قطر

من الممكن لبنايات السفارات الجديدة أن تكون أكثر من مجرد دور تحتضن ممثليّات دبلوماسية أجنبية. فهي توفر بالإضافة إلى ذلك الفرصة لإعطاء أول انطباع نظري عن البلد الممثَّل. لقد استُغلّت هذه الفرصة في تصميم سفارة قطر الجديدة في مملكة البحرين: هذا التصميم الذي تم تطويره من قبل مكتب هاشر يله الهندسي في مسابقة عالمية. تجتذب مجموعة المباني الناظر إليها من خلال شكلها الأشبه بتمثال: واجهات ذات تقنية عالية شراعية الشكل، ترمز إلى دولة تسعى إلى التطوّر التقني وكذلك إلى قرب هذه الدولة من البحر بالإضافة إلى أنها تشير إلى الجذور المعمارية في فنّ بناء الخيمة العربية. يتكوّن هذا البناء الدبلوماسي بكامله من مبنى سفارة مكوّن من أربعة طوابق ومبنى قنصلية مكوّن من ثلاثة طوابق. تتكّون الواجهات الشراعية التي تحدد شكل البناءين اللذين يتراوح ارتفاعهما ما بين ٣٠ و٤٦ مترًا من هيكل فولاذي تغطيه جزئيًا ألواح زجاجية مطعّمة. يبلغ ارتفاع أسقف الطوابق في البناء الداخلي الخرساني المسلح في كلا المبنيين أربعة أمتار. يطل كل طابق على الواجهة الشراعية الأمامية ويشكّل بذلك فضاءً عموديًا يمتد منفتحًا على كل الطوابق. يُلاحظ هذا الفضاء من خلال أروقة تمتد بشكل متواز ويمكن علاوة على ذلك استخدامها كمخارج. توجد في كل من مبنى السفارة ومبنى القنصلية بالإضافة إلى ذلك شرفات تشرف على الحديقة ومن الممكن تظليلها بألواح ألمنيوم عندما يكون الحر شديدًا جدًا. يتميز محيط السفارة الخارجي بمساحات مائية كبيرة تدعم تصميم الواجهة الشراعية وتسهم في خفض حرارة الجو المحلية.

Bahrain International Circuit

Architekten
Tilke GmbH & Co. KG,
Aachen

Bauherr
Kingdom of Bahrain,
Ministry of Works

Fläche
169 ha gesamt
etwa 74.000 m²

GP-Streckenlänge
5,412 km

Fertigstellung
2004

In Bahrain wurde im April 2004 der erste Rundkurs der Formel 1 im Nahen Osten eröffnet, der Bahrain International Circuit. Seitdem trifft sich hier einmal jährlich die globale Rennelite zum Bahrain Grand Prix, begleitet unter anderem vom Kronprinzen von Bahrain, Scheich Salman bin Hamad al Khalifa, der dem Motorsport eng verbunden und zugleich Präsident der Bahrain Motor Federation ist. Die Rennanlage entwickelt sich auf einer Wüstenfläche von etwa 169 Hektar im Südwesten der Hauptinsel Bahrains, etwa 30 Kilometer vor der saudischen Ostküste. Neben dem einzigartigen Charakter einer Wüstenstrecke erhält die Anlage ihren besonderen Charme durch die Mischung traditioneller bahrainischer und moderner Architektur, die mit Hightech-Elementen der Formel 1 kombiniert worden ist. Insbesondere der neungeschossige VIP-Tower mit seinen umlaufenden Balkonen und dem zeltartigen Dach verbindet diese Elemente sehr geschickt miteinander – mittlerweile ist er das Wahrzeichen der Rennstrecke. Auch die weißen Membrandächer der Nebengebäude und Tribünen zeigen diese elegante Mischung. Die Anlage bietet Raum für etwa 62.000 Zuschauer, wovon 10.500 auf der Haupttribüne Platz finden. Dem aufmerksamen Beobachter bietet sich von hier nicht nur ein eindrucksvoller Blick auf schnelle Autos, sondern auch eine bemerkenswerte Szenerie – der Blick schweift mit den Fahrern hinaus in die Wüste und wieder zurück in die Oase des Infields.

Umgebungsplan | Site plan

Blick auf die Zielgerade | Home stretch

THIS CIRCUIT, THE FIRST FORMULA 1 TRACK IN THE MIDDLE EAST, OPENED IN APRIL 2004, IS WHERE THE CREAM OF MOTOR SPORT MEETS ON AN ANNUAL BASIS FOR THE BAHRAIN GRAND PRIX. THE RACING CIRCUIT IS LOCATED AT A DESERT SITE OF SOME 169 HECTARES IN THE MAIN ISLAND'S SOUTH-WEST REGION. ITS PARTICULAR CHARM DERIVES NOT ONLY FROM ITS UNIQUE DESERT LOCATION BUT ALSO FROM ITS COMBINATION OF TRADITIONAL BAHRAINI AND MODERN ARCHITECTURE, ENHANCED BY THE HIGH-TECH FEATURES OF FORMULA 1. IN PARTICULAR, THE NINE-STOREY VIP TOWER, THE ICON OF THIS CIRCUIT, CLEVERLY COMBINES THESE ELEMENTS WITH ITS CIRCULAR BALCONIES AND TENT-LIKE ROOF. A SIMILAR EFFECT IS CREATED BY THE WHITE MEMBRANE-LIKE ROOFS OF THE GRANDSTANDS AND ANCILLARY BUILDINGS. FROM THE MAIN STAND THE GAZE OF THE ATTENTIVE OBSERVER IS NOT ONLY DRAWN TO THE IMPRESSIVE SIGHT OF SPEEDING CARS BUT CAN ENJOY THE REMARKABLE EXPERIENCE OF DRIFTING OUT INTO THE DESERT WITH THE DRIVERS ONLY TO RETURN, MOMENTS LATER, TO THE OASIS OF THE INFIELD.

Vogelperspektive | Bird's eye view

VIP-Turm | VIP Tower

حلبة البحرين الدولية لسباق السيارات

المهندسون
تيلكي للاستشارات الهندسية، آخن

صاحب المشروع
مملكة البحرين
وزارة العمل

المساحة
الإجمالية ١٦٩ هكتار
المساحة الإجمالية المبنية حوالي ٧٤ ألف متر مربع

طول المضمار
٥،٤١٢ كيلومتر

موعد الانجاز
٢٠٠٤

افتُتحت في البحرين في شهر نيسان/أبريل ٢٠٠٤ أول حلبة لسباق الدرجة الأولى في الشرق الأوسط، حلبة البحرين الدولية. تلتقي هنا نخبة المتسابقين العالميين منذ ذلك الحين في سباق البحرين الذي يُقام مرة في السنة، بإشراف شخصيات منها ولي عهد مملكة البحرين الشيخ سلمان بن حمد آل خليفة الذي تربطه علاقة وطيدة مع رياضة سباق السيارات ويعتبر في نفس الوقت الرئيس الفخري للاتحاد البحريني للسيارات. أُقيمت حلبة السباق على مساحة تبلغ حوالي ١٦٩ هكتارًا جنوب غرب الجزيرة الرئيسية لمملكة البحرين على نحو ٣٠ كيلومترًا عن الساحل السعودي. حصلت الحلبة على جاذبيّتها الخاصة من خلال طبيعة الطريق الصحراوية الفريدة من نوعها بالإضافة إلى الجمع ما بين العمارة البحرينية التقليدية والعمارة الحديثة التي وُضِعَت فيها عناصر التقنية المتطورة التي تستخدم في سباقات المرحلة الأولى. تتوحد هذه العناصر بمهارة فائقة خاصة في البرج الدائري VIP-Tower المخصص للشخصيات المهمة جدًا والمؤلف من تسعة طوابق والذي صار علامة مميّزة لهذه الحلبة مع شرفاته الدائرية ومع السقف المشيّد على شكل خيمة. كذلك في الأسقف الغشائية البيضاء التي تغطي العمارات الجانبية والمدرّجات. تتسع الحلبة لحوالي ٦٢ ألف متفرج. أما المدرّج الرئيسي فيتسع لعشرة آلاف وخمسمائة متفرّج. يتمتّع المتفرّج المنتبه من على هذا المدرّج ليس فقط بمنظر رائع على السيارات السريعة، بل كذلك بمشهد جدير بالملاحظة - يتموّج البصر مع المتسابقين إلى الصحراء خارج الحلبة ويعود إلى داخل واحة هذا المضمار.

البحرين

المنامة

الصخير

Jemen Yemen

Sanaa

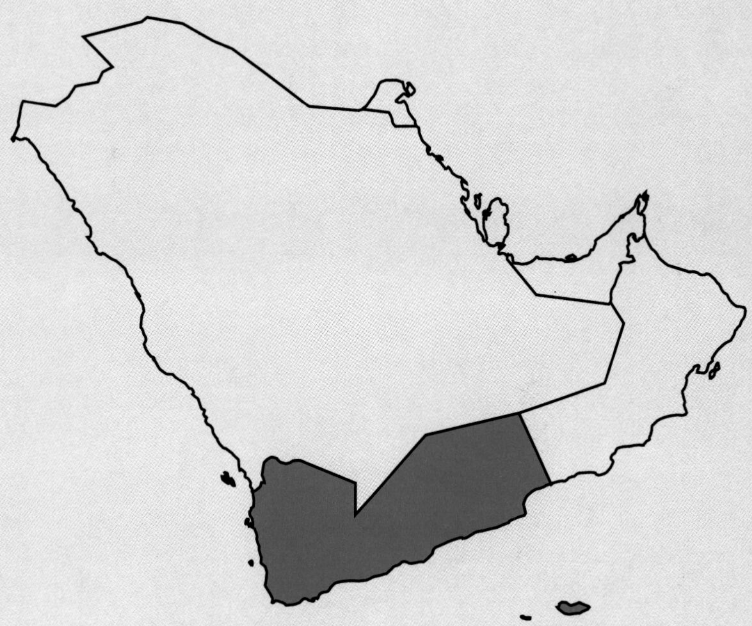

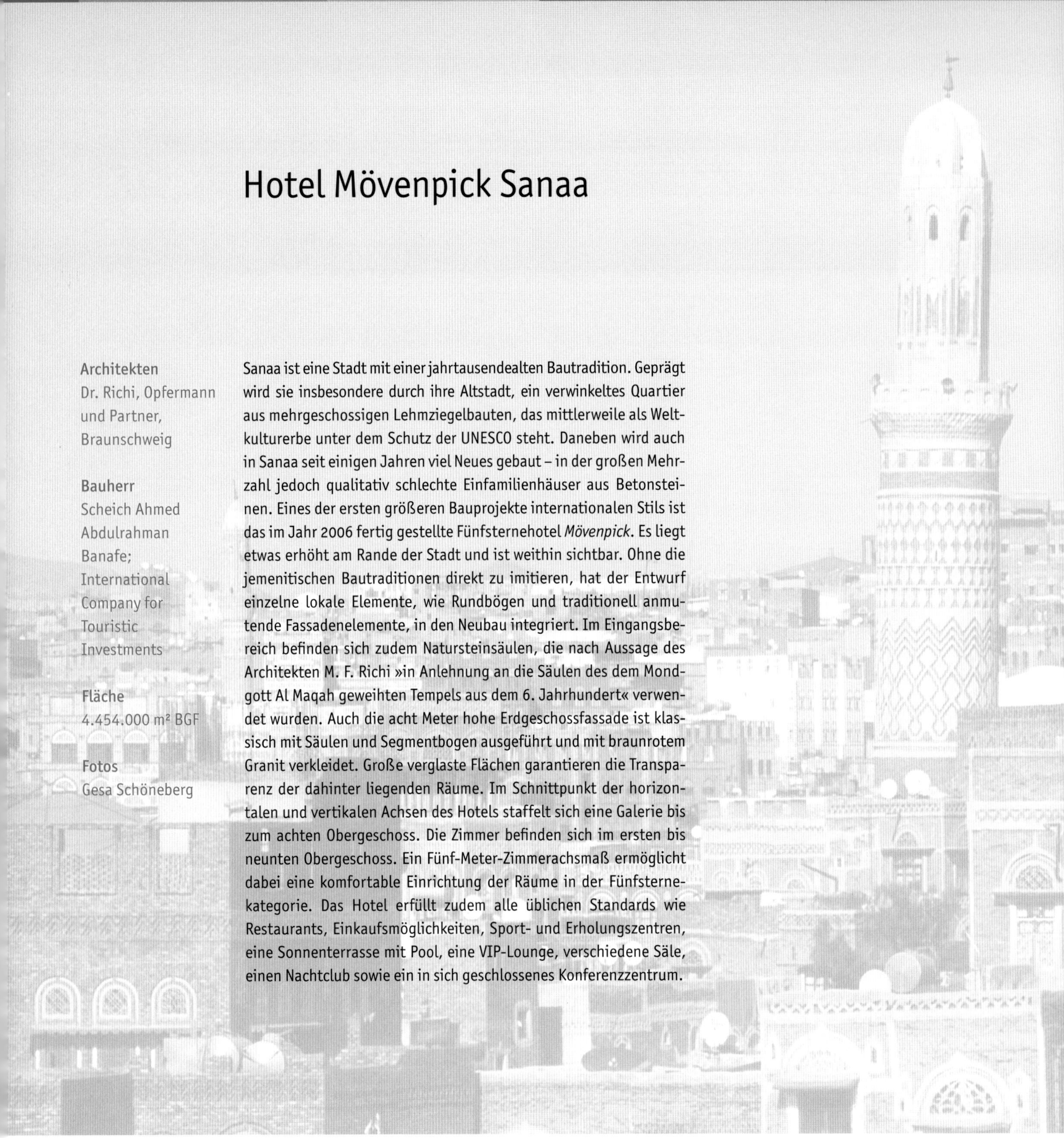

Hotel Mövenpick Sanaa

Architekten
Dr. Richi, Opfermann und Partner, Braunschweig

Bauherr
Scheich Ahmed Abdulrahman Banafe; International Company for Touristic Investments

Fläche
4.454.000 m² BGF

Fotos
Gesa Schöneberg

Sanaa ist eine Stadt mit einer jahrtausendealten Bautradition. Geprägt wird sie insbesondere durch ihre Altstadt, ein verwinkeltes Quartier aus mehrgeschossigen Lehmziegelbauten, das mittlerweile als Weltkulturerbe unter dem Schutz der UNESCO steht. Daneben wird auch in Sanaa seit einigen Jahren viel Neues gebaut – in der großen Mehrzahl jedoch qualitativ schlechte Einfamilienhäuser aus Betonsteinen. Eines der ersten größeren Bauprojekte internationalen Stils ist das im Jahr 2006 fertig gestellte Fünfsternehotel *Mövenpick*. Es liegt etwas erhöht am Rande der Stadt und ist weithin sichtbar. Ohne die jemenitischen Bautraditionen direkt zu imitieren, hat der Entwurf einzelne lokale Elemente, wie Rundbögen und traditionell anmutende Fassadenelemente, in den Neubau integriert. Im Eingangsbereich befinden sich zudem Natursteinsäulen, die nach Aussage des Architekten M. F. Richi »in Anlehnung an die Säulen des dem Mondgott Al Maqah geweihten Tempels aus dem 6. Jahrhundert« verwendet wurden. Auch die acht Meter hohe Erdgeschossfassade ist klassisch mit Säulen und Segmentbogen ausgeführt und mit braunrotem Granit verkleidet. Große verglaste Flächen garantieren die Transparenz der dahinter liegenden Räume. Im Schnittpunkt der horizontalen und vertikalen Achsen des Hotels staffelt sich eine Galerie bis zum achten Obergeschoss. Die Zimmer befinden sich im ersten bis neunten Obergeschoss. Ein Fünf-Meter-Zimmerachsmaß ermöglicht dabei eine komfortable Einrichtung der Räume in der Fünfsternekategorie. Das Hotel erfüllt zudem alle üblichen Standards wie Restaurants, Einkaufsmöglichkeiten, Sport- und Erholungszentren, eine Sonnenterrasse mit Pool, eine VIP-Lounge, verschiedene Säle, einen Nachtclub sowie ein in sich geschlossenes Konferenzzentrum.

Sana'a is a city whose construction tradition goes back over a thousand years. The old city of several-storey clay-brick buildings set on narrow, crooked streets is a UNESCO world heritage site. Building activities in recent years, however, have been chiefly limited to poor-quality housing. One of the first projects on a more international scale is this five-star hotel which stands on a rise at the edge of the city, visible from afar. Whilst not imitating traditional Yemeni construction directly, the design incorporates local elements, such as round arches and traditional-style façade features. According to the architect, the stone columns in the entrance area are »based on the columns in the 6th century temple dedicated to the Moon God Al Maqah«. The eight metre-high ground floor façade clad in red-brown granite is finished in classical style with columns and segmental arches. A staggered gallery across eight floors looks out onto the intersection of the hotel's horizontal and vertical axes.

Umgebungsplan | Site plan

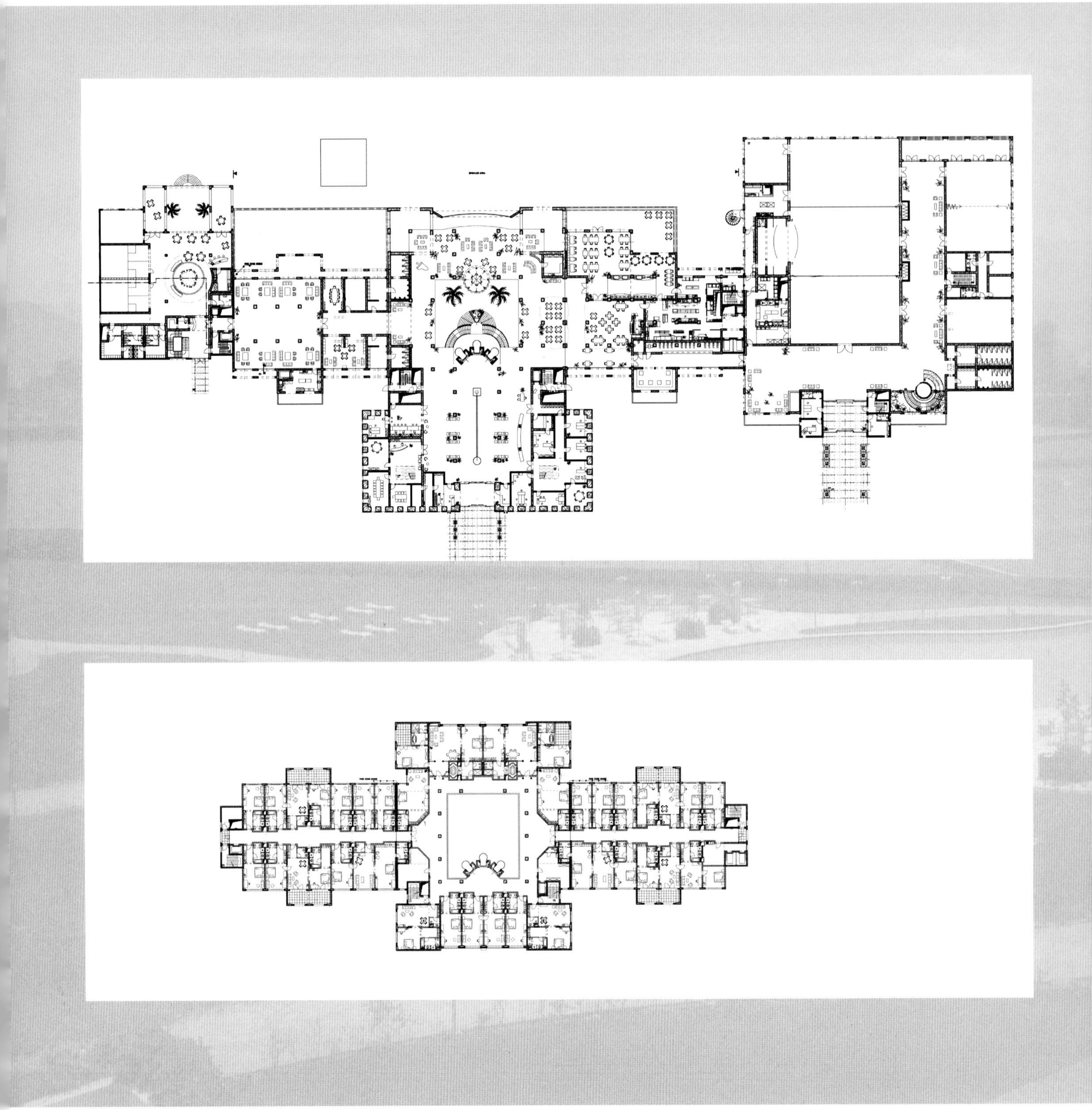

Grundriss Erdgeschoss und 7. Obergeschoss | Ground floor and 7th floor plan

Ansicht West und Nord | Elevation West and North

Terrasse 1. Obergeschoss, Außenbad | Terrace first floor, swimming pool

Ansicht West | Elevation West

Ansicht Südwest | Elevation South-west

فندق موفنبيك صنعاء

المهندسون
د. ريشي أوبفرمانّ وشركاؤه، براونشفايغ

التصميم الداخلي
والمرافق الخارجية
روب للتصميم العام

صاحب المشروع
الشيخ أحمد عبد الرحمن بانافع:
الشركة الدولية للاستثمارات السياحية

المساحة
٤٤٥٤٠،٠٠ متر مربع
مساحة إجمالية لأرض المشروع

الصور
جيزا شونبرغ

تعتبر صنعاء مدينة عريقة ذات تراث معماري قديم يعود لآلاف السنين. تميّزها بشكل خاص مدينتها القديمة الواقعة في محلة منزوية تتكوّن من مبان متعددة الطوابق مبنية بالطابوق. أصبحت الآن موضوعة تحت حماية اليونسكو باعتبارها إرثًا ثقافيًا عالميًا. تُبنى في صنعاء بالإضافة إلى ذلك الكثير من المباني الجديدة - بيد أن أغلبها عبارة عن مساكن وبيوت خاصة رديئة الجودة يتم بناؤها بالحجارة والخرسانة. يعد فندق موفنبيك بنجومه الخمس الذي أُنجز بناؤه في عام ٢٠٠٦ واحدًا من أوائل مشاريع البناء الكبيرة ذات الطراز المعماري العالمي. يقع هذا الفندق في مكان مرتفع قليلاً على طرف المدينة ومن الممكن رؤيته على مسافات بعيدة. أُدخلت في تصميم هذا المبنى الجديد بعض العناصر المعمارية المحلية مثل الأقواس وواجهة أمامية بعناصر تقليدية خلّابة، من دون تقليد مباشر لعناصر البناء التقليدية اليمنية. وبالإضافة إلى ذلك توجد عند المدخل أعمدة من حجارة طبيعية، تم استخدامها حسب قول المهندس م. ف. ريشي M. F. Richi «استنادًا إلى أعمدة المعبد الذي شُيّد في القرن السادس الميلادي تقديسًا لإله القمر المقة». كذلك أُقيمت واجهة الطابق الأرضي التي يبلغ ارتفاعها ثمانية أمتار بأعمدة تقليدية وبأقواس دائرية وكُسيت بحجارة غرانيتية لونها بنّي فاتح. تضمن المساحات الزجاجية الكبيرة شفافية للغرف الموجودة خلفها. يتدرّج رواق يصعد حتى الطابق العلوي الثامن في نقطة تقاطع محوري الفندق الأفقي والعمودي. أما طوابق الغرف فهي موجودة في الطوابق العلوية من الطابق العلوي الأول حتى الطابق العلوي التاسع. وفي ذلك يمكّن ارتفاع سقوف الغرف الأقصى والذي يبلغ خمسة أمتار من تأثيث غرف الفندق بأثاث مريح على مستوى خمس نجوم. تتوفّر في الفندق علاوة على ذلك كلّ المرافق المتعارف عليها من مطعم وأماكن للتسوّق ومراكز للرياضة والاستجمام وشرفة للتشمس مع مسبح وصالة للشخصيات المهمة جدًا وصالات مختلفة ونادٍ ليلي بالإضافة إلى مركز خاص للمؤتمرات.

اليمن

صنعاء

Katar Qatar

Doha

Doha Masterplan

Architekten
AS&P – Albert Speer & Partner GmbH, Frankfurt am Main

Beteiligte Fachplaner
ProProjekt GmbH, Frankfurt am Main
wgf Werkgemeinschaft Freiraum, Nürnberg
Dr. Rashid Saad Al-Matwi (Beratung), Soil S.A., Doha
BV – Ingenieurbüro Vössing, Doha

Auftraggeber
UPDA Urban Planning and Development Authority, Doha

Plangebiet
gesamtes Stadtgebiet Doha

Die Hauptstadt Doha – am östlichen Rand der Halbinsel des Staates Katar direkt am Arabisch-Persischen Golf gelegen – ist zurzeit eine der am schnellsten wachsenden Städte der Welt. Die *Urban Planning and Development Authority* der Stadt hat damit begonnen, die räumlichen Auswirkungen dieser Entwicklung auszuloten und forderte im Sommer 2005 sieben weltweit ausgewählte Büros zur Teilnahme am städtebaulichen Wettbewerb *Greater Doha Master Plan - Area One* auf. Der Entwurf des Büros AS&P – Albert Speer & Partner entwickelt sich aus der Wasserlage der Stadt. Wie alle modernen Küstenstädte der Welt ist auch Doha von der Magie des Wassers beherrscht und öffnet sein räumliches Gefüge Schritt für Schritt dem Meer. Das konzentrisch ausstrahlende Bild der klassischen Arabeske, einer Ornamentik, die ursprünglich aus der islamischen Kunst stammt, bildet die Entwurfsgrundlage für das neue Gesamtbild des Stadtgrundrisses. Ausgehend von der Corniche, der kreisrunden Bucht im Herzen von Doha, entwickelt sich das sternförmige Bild in den weiteren Stadtraum hinein. Strahlenförmige *Desertstreams* bilden Frischluftkorridore und bestimmen das Image der Wüstenstadt. Ein räumlich weitgreifender *Morning Star Canal* erschließt den inneren Ring der Stadt mit reizvollen Lagen am Wasser. Die äußeren Felder der Arabeske bilden einen *Technology Belt*, der sich aus bestehenden Industrie- und Gewerbequartieren sowie zukünftigen Forschungseinrichtungen zusammensetzen soll. Für die parkartige Gestaltung des Wissenschaftsgebiets sind großräumige Aufforstungen geplant.

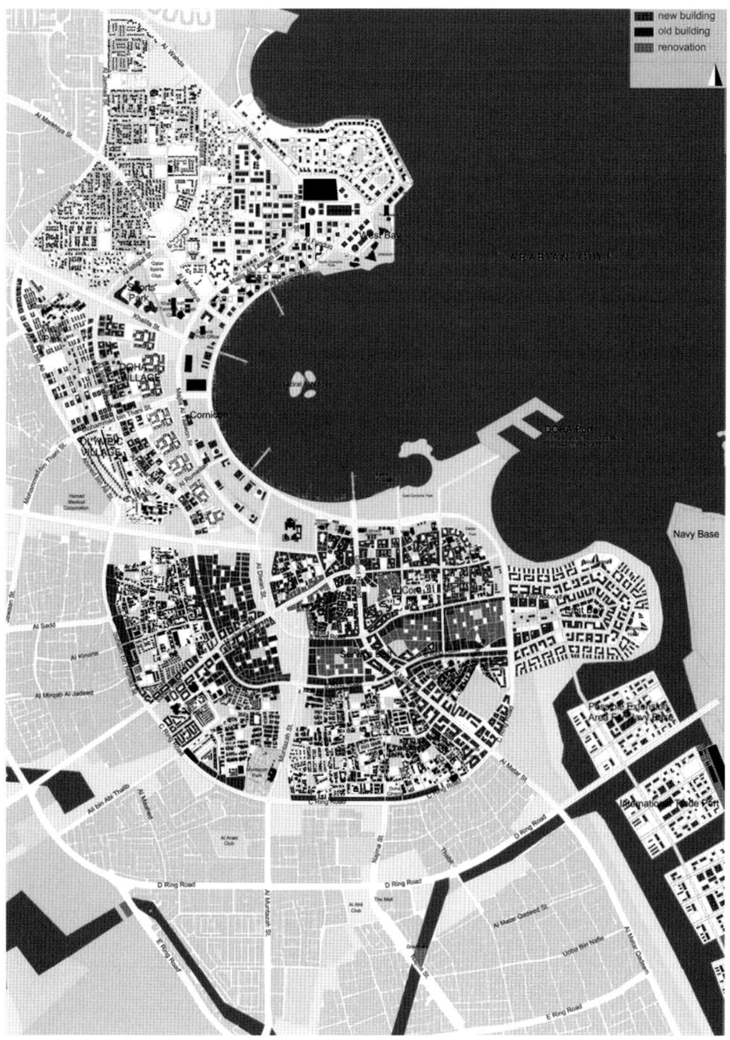

Umgebungsplan | Site plan

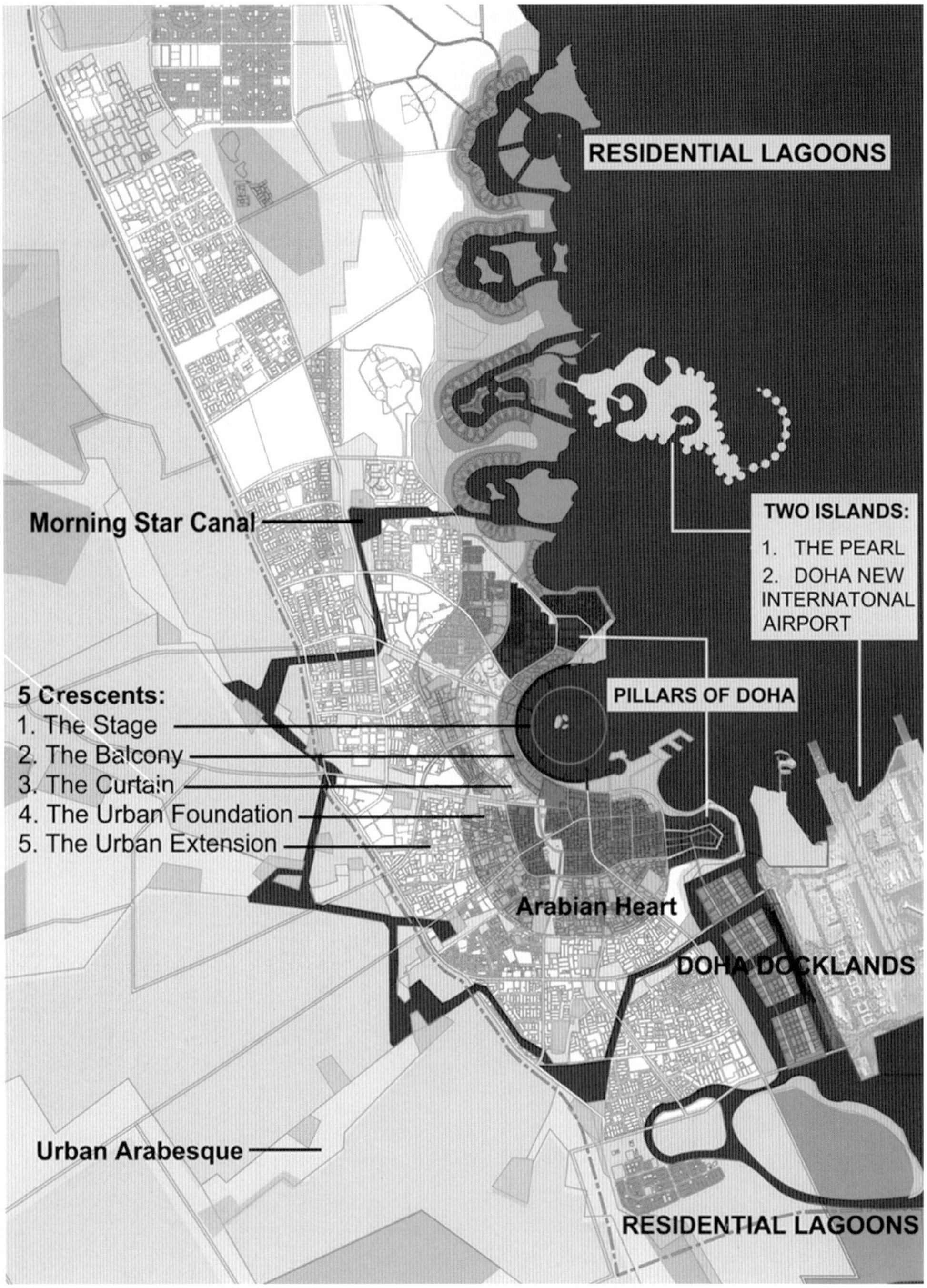
RESIDENTIAL LAGOONS
Morning Star Canal
TWO ISLANDS:
1. THE PEARL
2. DOHA NEW INTERNATONAL AIRPORT
5 Crescents:
1. The Stage
2. The Balcony
3. The Curtain
4. The Urban Foundation
5. The Urban Extension
PILLARS OF DOHA
Arabian Heart
DOHA DOCKLANDS
Urban Arabesque
RESIDENTIAL LAGOONS

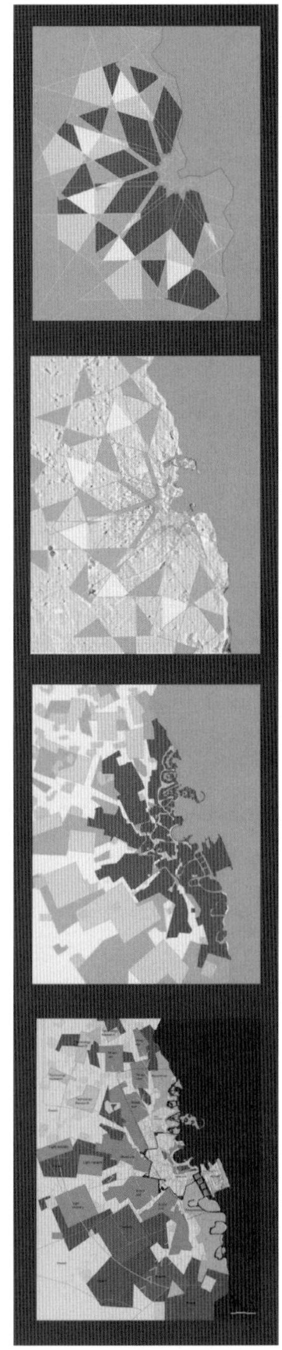

Masterplan | Master plan

Doha, capital city of Qatar, situated on the waters of the Arabian/Persian Gulf, is one of the world's fastest growing cities. In the light of that expansion, its development authority invited proposals for the Greater Doha Master Plan – Area One. The solution advanced by AS&P – Albert Speer & Partner takes as its starting point the city's waterside location. Water's magical effects dominate the city and encourage the gradual opening up of its urban structure to the sea. The concentric radial pattern of the city's new layout is inspired by a classical arabesque, an Islamic ornamentation. Originating at the corniche, a circular bay in the heart of the city, the star-like form expands throughout the city's fabric. Astral desert streams generate corridors of fresh air which characterise the desert city. A broader canal links the city's inner ring with attractive waterside locations. Outer plots of the arabesque form a woodland technology belt intended to link existing industrial districts with future research units.

Ansicht Bucht | Elevation bay

Nachtansicht | Night view

خطة الدوحة العمرانية الشاملة

المهندسون
ألبرت شبير وشركاؤه،
فرانكفورت أم ماين

المصمّمون المشتركون
برو بروجكت المساهمة
المحدودة،
فرانكفورت
د. رشيد سعد المطوي
(مستشار)،
سويل إس إي،
الدوحة
بي فاو - للاستشارات
الهندسية، فوزينغ
الدوحة

صاحب المشروع
الهيئة العامة للتخطيط
والتطوير العمراني،
الدوحة

موقع المشروع
المساحة الإجمالية لمدينة
الدوحة

تعتبر العاصمة القطرية الدوحة - التي تقع في الطرف الشرقي من جزيرة دولة قطر مباشرة على الخليج العربي - حاليًا واحدة من مدن العالم التي تنمو وتتسع بأقصى سرعة. بدأت الهيئة العامة للتخطيط والتطوير العمراني في المدينة بدراسة التأثيرات المكانية لهذا النمو وقد دعت في صيف عام ٢٠٠٥ سبعة مكاتب مختارة عالميًا إلى المشاركة في المسابقة العمرانية لتي خُصصت من أجل خطة الدوحة العمرانية الشاملة - المنطقة الأولى. تطوّر التخطيط الذي وضعه مكتب ألبرت شبير وشركاؤه من الوضع المائي للمدينة. تتميز الدوحة بسحر الماء حالها في ذلك كحال كل مدن العالم الساحلية الحديثة وتنفتح أحياؤها بالتدريج على البحر. شكّل منظر الزخرفة العربية التقليدية التي تنبعث ممتدة من المركز. هذه الزخرفة التي يعود أصلها إلى الفنّ الإسلامي، الأساس لتطوير صورة شاملة جديدة لمخطط المدينة. تظهر هذه الصورة بشكل نجمة ممتدة إلى أحياء المدينة الأخرى انطلاقًا من الكورنيش، أي من الخليج المستدير الذي يقع في قلب المدينة. تشكّل ممرات تسمح بدخول الهواء الجديد تيارات صحراوية متدفقة وتحدد معالم صورة هذه المدينة الصحراوية. يعمل قنال على شكل نجمة الصباح يمتد لمساحات بعيدة على فتح المحيط الداخلي للمدينة مع موقعها الخلّاب على الخليج. تشكّل المساحات الخارجية لهذه الزخرفة منطقة تكنولوجية، من المقرر أن تتألف من المناطق التجارية الحرفية والصناعية الموجودة حاليًا وكذلك من منشآت للأبحاث سيتم إنشاؤها في المستقبل. وقد تم وضع خطة لتشجير أحراج بمساحات كبيرة وذلك بغية تنسيق المنطقة العلمية على شكل متنزّه عام.

Qtel Headquarters

Architekten
Hascher Jehle
Architektur, Berlin
Weidleplan GmbH,
Stuttgart

Wettbewerb
1. Preis

Bauherr
Qatar Telekom (Qtel)
Q.S.C., Doha

Fläche
75.570 qm BGF

Der skulptural geformte, 140 Meter hohe Baukörper des *Qtel Headquarters* versucht mit modernster Technologie einen unmittelbaren Bezug zur arabischen Kultur herzustellen: Zweifach gekrümmte Flächen aus Schalen und Seilnetzstrukturen verleihen dem gesamten Gebäudekomplex eine weithin sichtbare moderne Ästhetik, die sich gleichzeitig auf die traditionelle Zeltkultur der Region bezieht. Dieser regionale Bezug beschränkt sich aber nicht allein auf die Verwendung und Umdeutung alter Symbole; das Grundstück soll sich künftig als moderne Oasenlandschaft im Stadtgefüge von Doha präsentieren können. Gebäudeteile, Bepflanzung und Wasserflächen formen eine repräsentative Parklandschaft, in deren Zentrum eine großzügige Plaza den Haupteingang zum *Qtel Headquarters* definiert. Über dem hinteren Teil der Plaza erhebt sich das auch innenräumlich zeltartig geformte Hochhausatrium. Ein Sport- und Erholungsbereich sowie ein Konferenzraumangebot werden in einem zweiten, flacheren Gebäudeteil, der das 39-geschossige Hochhaus ringförmig umschließt, untergebracht. Die gesamte, an einer zeltartigen Seilnetzkonstruktion befestigte Fassade wird als eine glatte Haut aus Glaselementen, hoch isolierten Edelstahlpaneelen und Solarmodulen ausgebildet. Durch integrierte Fotovoltaikmodule und hoch reflektierende, im Zwischenraum des Isolierglases eingebettete Aluminiumlamellen, die in ihrer Krümmung und Oberflächengestaltung speziell auf die örtlichen Sonnenstandsdaten ausgerichtet werden, wird ein optimaler Sonnenschutz erzielt. Zudem bilden die Fotovoltaikmodule in ihrer geometrischen Musterung eine moderne Analogie zur Ornamentik der klassischen Mushrabijen. Hier schützen jedoch nicht wie früher Holzgeflechte vor der Sonneneinstrahlung, sondern modernste, im Dünnschichtverfahren aufgebrachte Fotovoltaikzellen, die zusätzlich Strom für das Gebäude generieren.

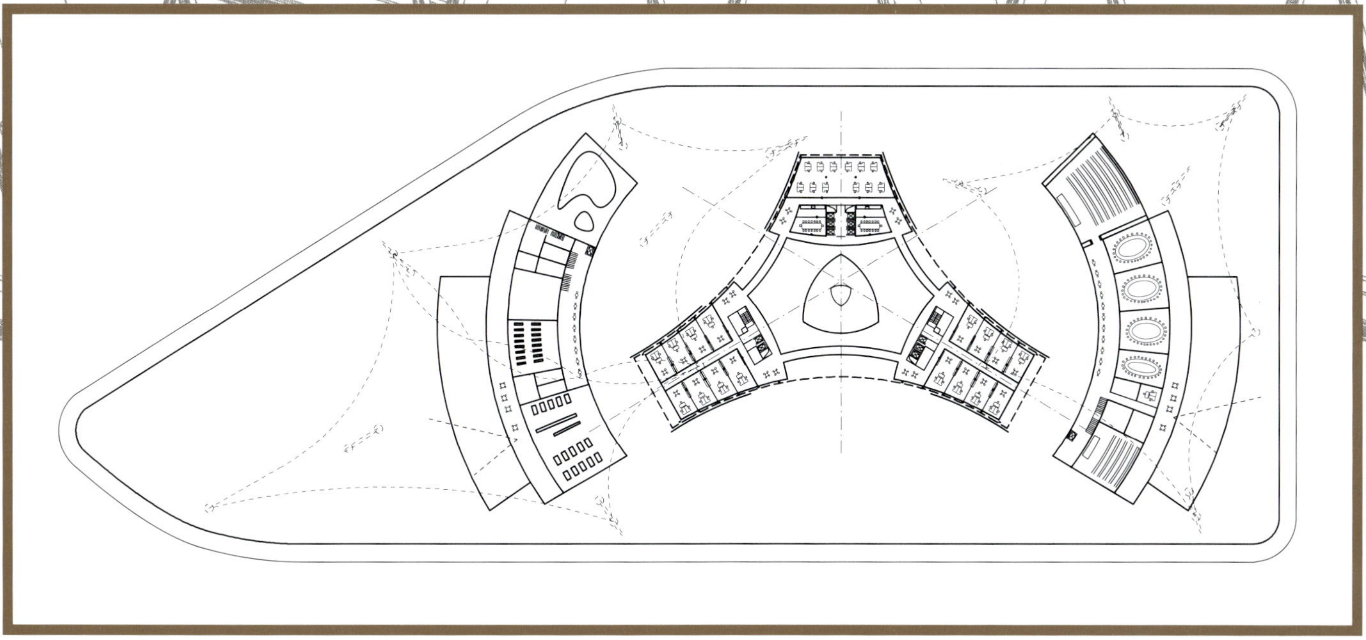

Grundriss | Floor plan

The QTel headquarters building aims to construct a direct link to Arabic culture employing high-tech materials. With double-curved shell-like surfaces and cable-net structures the complex retains a contemporary aesthetic which draws upon the region's traditional tented culture. That reference is not limited to the use of images. The oasis-like development combines buildings, greenery and water features to create a parkscape in which a broad plaza opens out to the tower's main entrance. Leisure facilities and conference rooms are housed in a low-rise building surrounding the tower's base. The smooth skin-like façade of glass, stainless steel and solar panels stretches across a cable-net construction. Integrated solar modules and highly reflective aluminium louvres embedded within the insulating glass, curved and finished to take account of local conditions, ensure optimised sun protection. Moreover, geometrical patterns generated by the solar modules serve as a modern analogy to the classical mashrabiya.

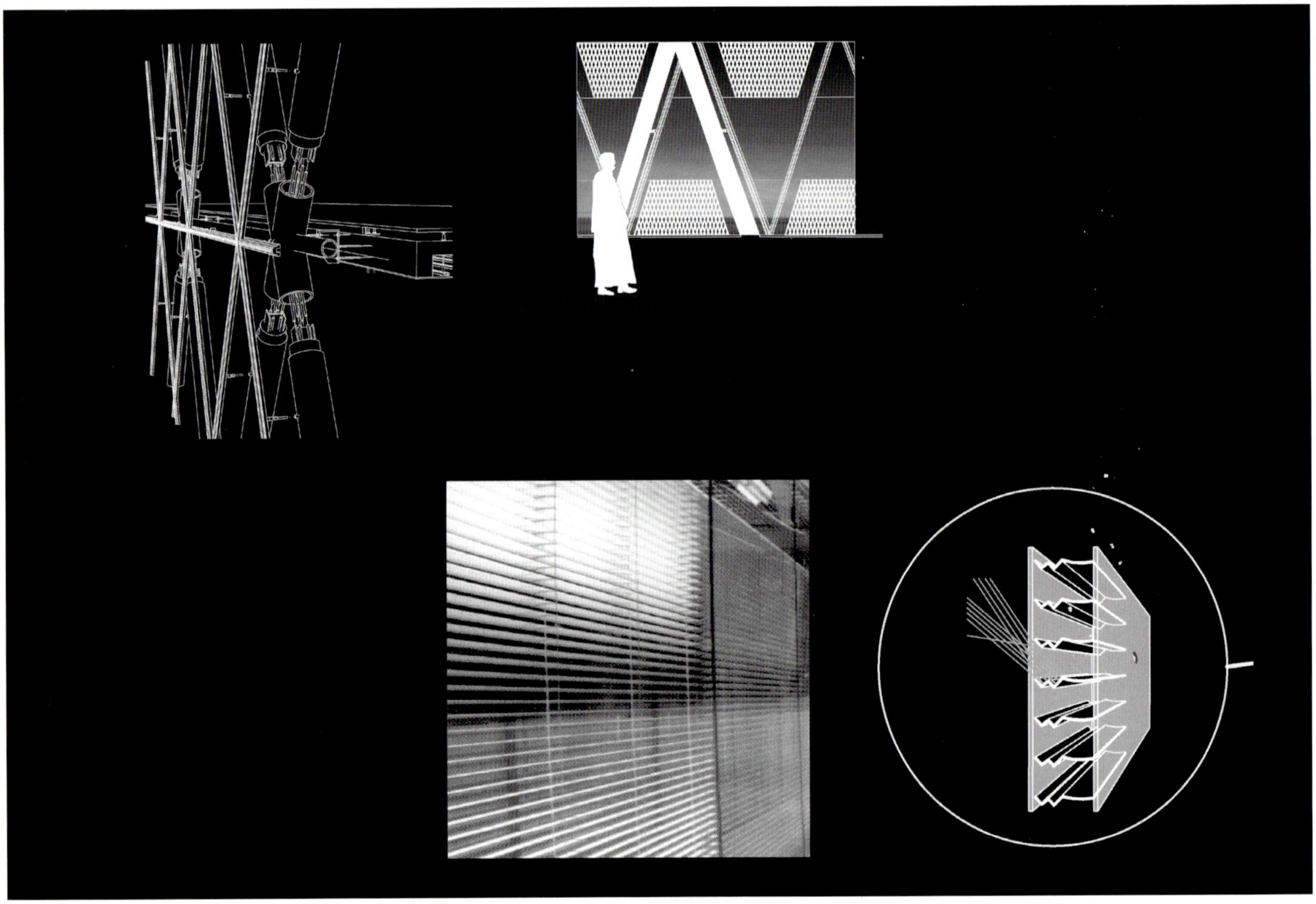

Fassade, Details | Façade, details

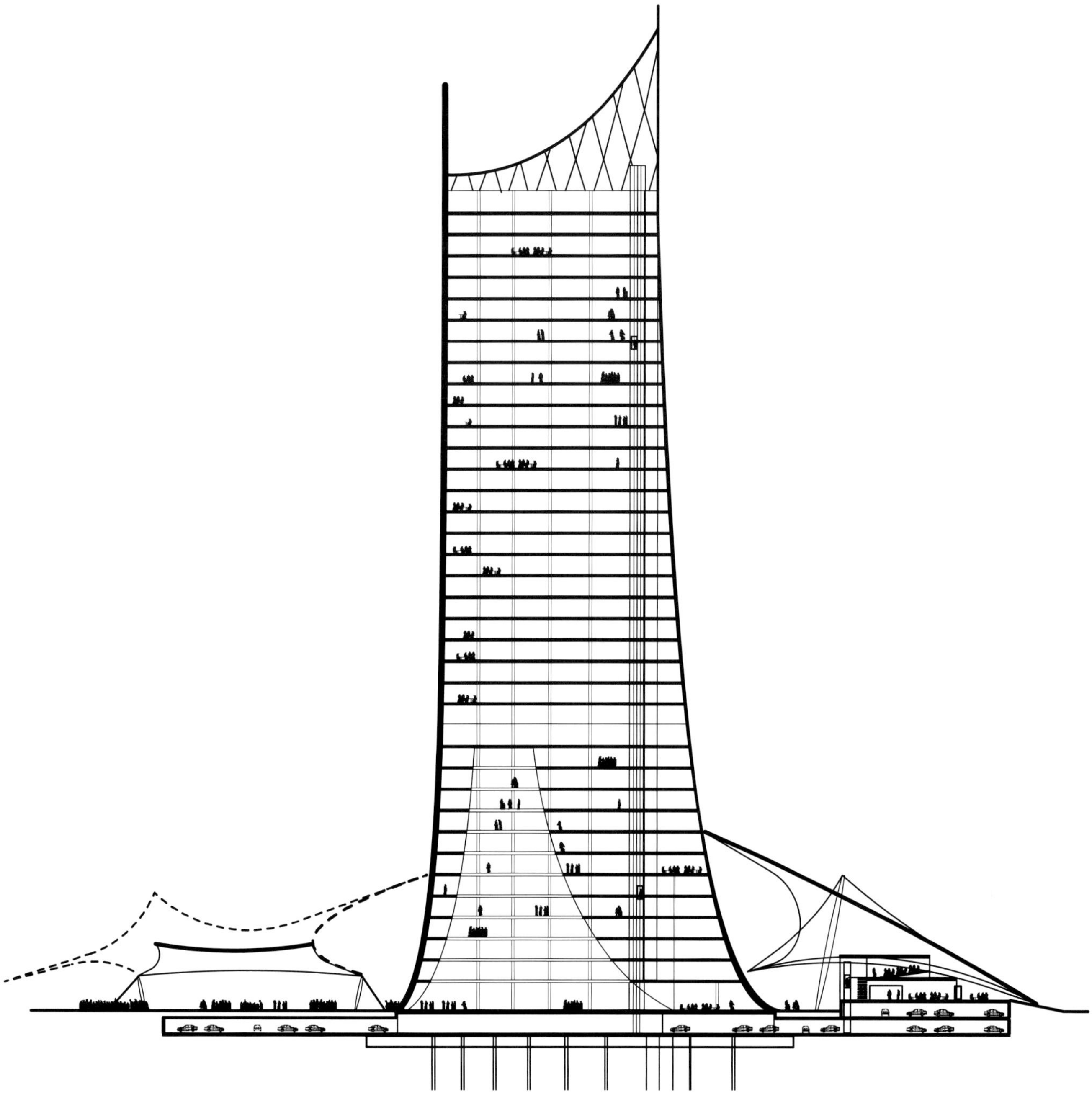

Schnitt | Section

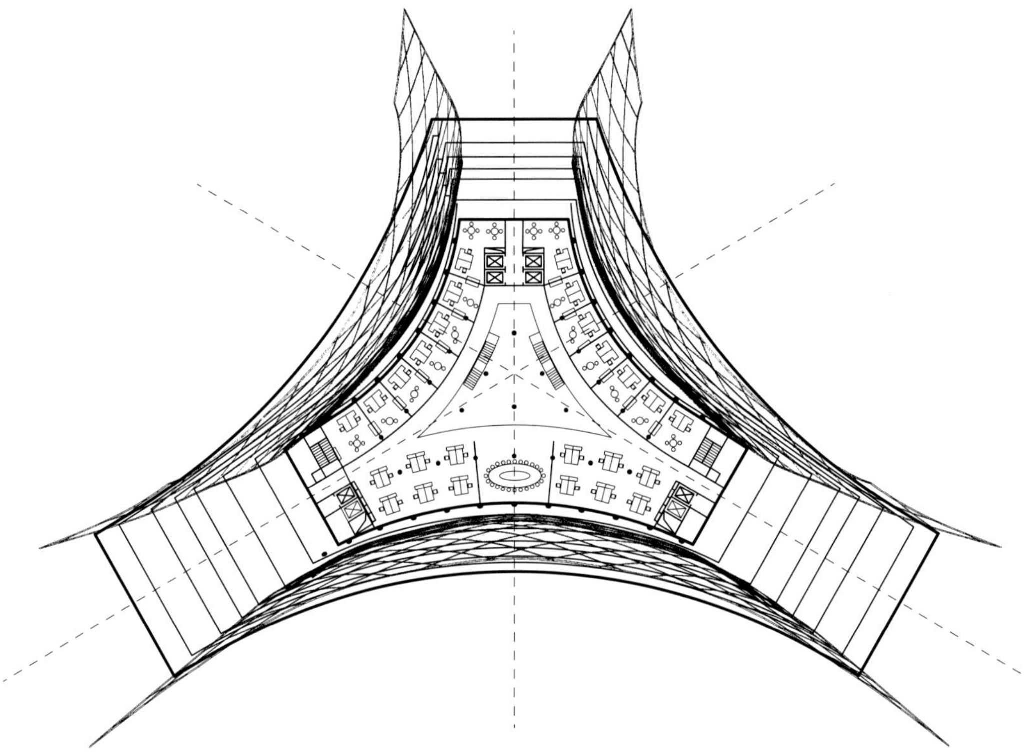

Regelgeschoss | Standard floor plan

Perspektive | Perspective

Atrium | Atrium

مقر كيوتل الرئيسي

المهندسون
هاشر يله للاستشارات الهندسية، برلين + فايدلبلان، شتوتغارت

المسابقة
الجائزة الأولى

صاحب المشروع
شركة اتصالات قطر (كيوتل)، الدوحة

المساحة
٧٥,٥٧٠ متر مربع مساحة إجمالية لكل البناء

الارتفاع
١٤٠ متر

عدد الطوابق
٣٩ طابق

يحاول مبنى برج كيوتل الرئيسي الذي تم تصميمه على شكل تمثال خلق صلة مباشرة مع الثقافة العربية بالاعتماد على أحدث التقنيات: مساحات متدرّجة بشكل مزدوج تتكوّن من ألواح خرسانية وهياكل حبال معدنية متشابكة تضفيان على كل المبنى مسحة جمالية حديثة تمكن رؤيتها على مسافات بعيدة. تشير في نفس الوقت إلى أسلوب بناء الخيم التقليدية المعروفة في هذه المنطقة. بيد أن هذه الإشارة إلى العمارة المحلية لا تقتصر فقط على استخدام وتأويل رموز قديمة برؤية جديدة؛ من المفترض أن تظهر أرض البرج في المستقبل بمظهر واحة حديثة ضمن أحياء الدوحة. تشكّل أجزاء المبنى والمساحات المشجّرة والمساحات المائية منظرًا طبيعيًا لمتنزّه رائع. تتوسطه ساحة رحبة تحدد المدخل الرئيسي لمبنى كيوتل الرئيسي. تطل ردهة البرج الداخلية التي تم بناؤها أيضًا على شكل خيمة على الطرف الخلفي من هذه الساحة الرحبة. سيتم إلحاق قسم للرياضة والاستجمام بالإضافة إلى أماكن لعقد المؤتمرات في جزء آخر منخفض يحيط بالبرج بشكل دائري. شُيّدت كل الواجهة المثبّتة على هيكل من الحبال المعدنية المتشابكة على شكل سطح مستوٍ مكوّن من عناصر زجاجية وألواح من الصلب عالي الجودة تمتاز بقدرتها العالية على العزل ووحدات شمسية. يتم تحقيق أفضل وقاية من الشمس من خلال وحدات كهروضوئية مدمجة ورقائق ألمنيوم عاكسة وضعت في الفراغ الموجود بين ألواح الزجاج العازل. يتم ضبطها حسب المعلومات الشمسية المحلية. زد على ذلك أن هذه الوحدات الكهروضوئية تشكّل بنقوشها الهندسية نظيرًا حديثًا لزخرفة المشربيّات التقليدية - لكن لا يوجد هنا زخارف خشبية متشابكة تقي من أشعة الشمس مثلما كانت الحال في السابق، بل خلايا كهروضوئية حديثة جدًا ومجمعة بأسلوب تطبيق الشرائح الرقيقة تُوَلّد بالإضافة إلى ذلك الكهرباء لهذه البناية.

Qatar Central Bank

Architekten
Henn Architekten, München

Fachplanung
Werner Sobek Ingenieure, Stuttgart
HL – PP Consult, München
Stefanie Jühling Landschaftsarchitekten, München

Bauherr
Qatar Central Bank

Fläche
etwa 42.500 m² BGF

Schnelligkeit und Eleganz, aber auch Wohlstand und Reichtum symbolisiert der Falke im Nahen Osten. Attribute, die auch auf die *Qatar Central Bank* als eines der wichtigsten Geldinstitute der Region zutreffen könnten. Bisher ist die Staatsbank in einem unauffälligen, nüchternen Gebäude untergebracht, das von Reichtum und Eleganz nur wenig spüren lässt. Dies soll sich mit dem geplanten 14-geschossigen Neubau ändern, der an einer prominenten Uferstraße in Doha liegen wird und, umgeben von Ministerien und Königspalästen, den alten Bau ersetzen soll. Die Form des neuen Gebäudes ist an den Flügelschlag eines Falken bildlich angelehnt. Daraus ergibt sich ein moderner Bau, der mit einer reduzierten Dynamik die nötige staatstragende Wirkung entfaltet. Unterstützt wird dieser Eindruck durch die Fassade, deren Umrisslinien durch eine Taillierung über mehrere Geschosse rhythmisiert werden. Ein diagonal gespanntes Gewebe legt sich wie ein Schleier vor die zweischalige Vollglasfassade und bildet einen nach Himmelsrichtung unterschiedenen Sonnenschutz aus dichter orientalischer Ornamentik. Im Erdgeschoss befindet sich eine repräsentative Empfangshalle. Diese hat einen Zugang für die Allgemeinheit sowie einen zur Wasserseite gewandten VIP-Eingang. In den oberen Geschossen befinden sich die Konferenzräume sowie die Büros der Mitarbeiter. Die Außenanlagen des Grundstücks nehmen die Gebäudeform auf. Gärten sowie zahlreiche Wasserflächen mit Fontänen bilden kühle Außenräume, die auch im heißen Wüstenklima Katars angenehme Aufenthaltsorte bieten. Die modern-orientalische Ästhetik der *Qatar Central Bank* wird von weither sichtbar sein und einen neuen Blickfang von der Corniche bieten.

Umgebungsplan | Site plan

In the Middle East the falcon stands for both speed and elegance and for affluence and prosperity. The same could be said of Qatar Central Bank. However, its existing building is understated and sober, exuding little elegance or prosperity. The proposed new building set amongst ministries and royal palaces will change all that. Taking the simplified form of a falcon beating its wings, the building will possess an aura appropriate to its official function – an impression enhanced by the contours of the façade, which tighten from one storey to the next. For sun protection, an external membrane with a diagonally mounted tightly ornamentalised Arabian design veils the double-shelled fully-glazed exterior. Above the impressive ground floor reception hall with its entrance for the general public and a waterside VIP entrance are upper floors housing meeting rooms and offices. Gardens and water features create cool exterior spaces which even in the desert climate are inviting places to linger.

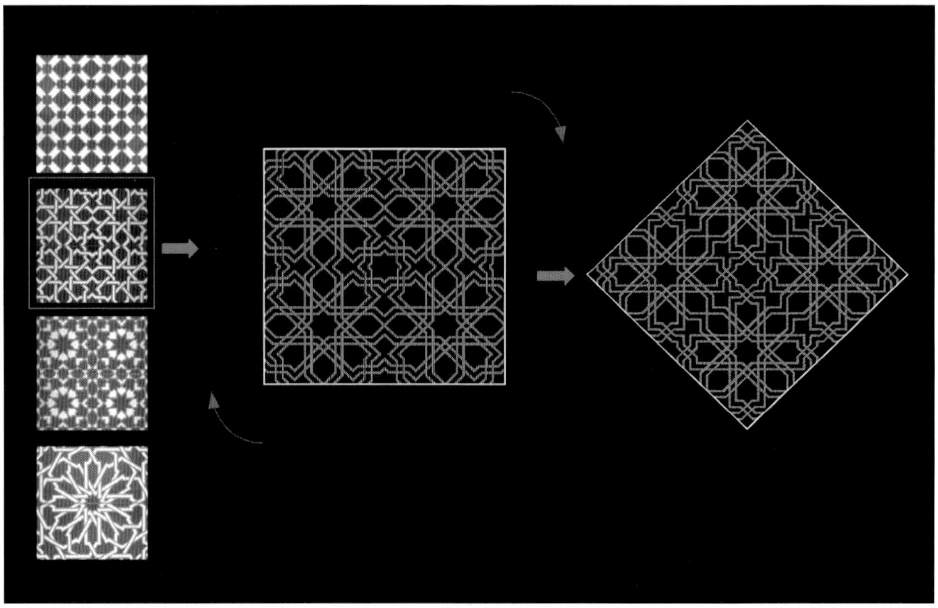

Fassadenentwicklung; unten: Formfindung | Façade development; below: design process

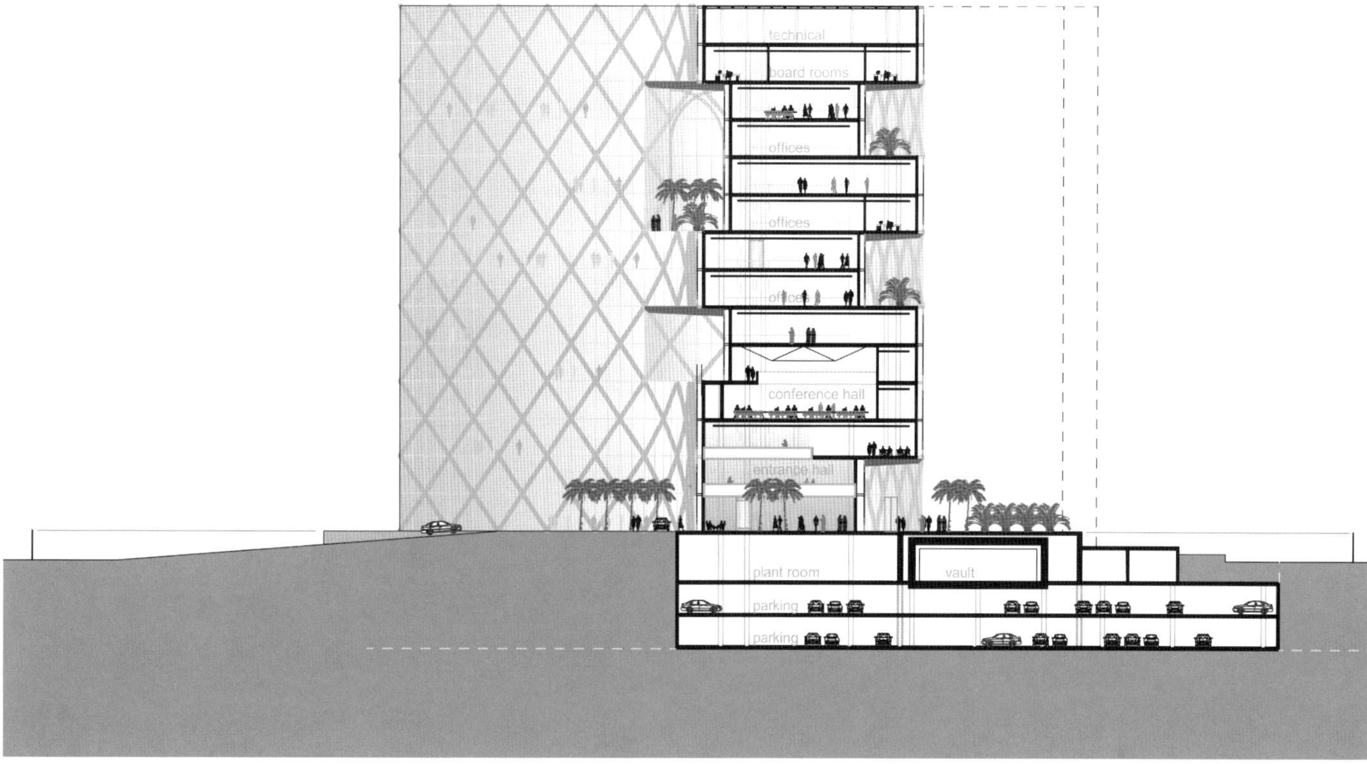

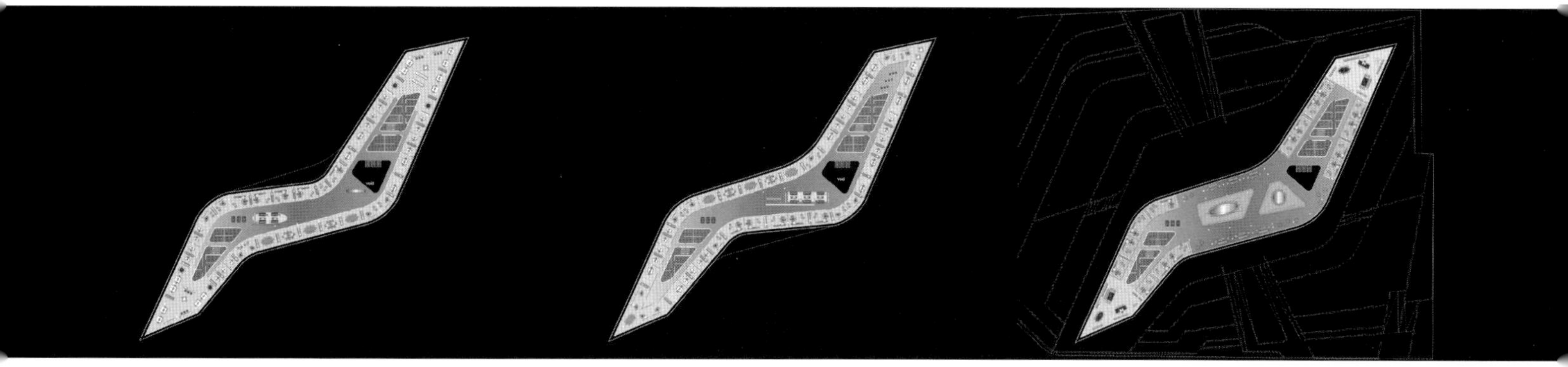

Schnitt | Section

Knotenpunkte | Joints

Perspektive | Elevation

Nachtansicht | Night view

مصرف قطر المركزي

المهندسون
هنّ للاستشارات الهندسية، ميونخ

صاحب المشروع
مصرف قطر المركزي

عدد الطوابق
١٤ طابق

المساحة
حوالي ٤٢،٥٠٠ متر مربع مساحة إجمالية لأرض المشروع

يرمز الصقر في منطقة الشرق الأوسط إلى السرعة والرشاقة ولكن كذلك إلى الرفاه والثروة. صفات يمكن أن تنطبق أيضًا على مصرف قطر المركزي باعتباره واحدًا من أهم المصارف في المنطقة. لا يزال مقر هذا المصرف الحكومي موجودًا حتى الآن في بناية غير ملفتة للنظر ومملة، لا تدع الناظر إليها يشعر بوجود الثروة والرشاقة. من المقرر استبدال هذا المبنى القديم بالمبنى الجديد الذي من المفترض بناؤه في واحد من شوارع كورنيش الدوحة المشهور وفي موقع تحيطه به وزارات وقصور ملكية. تم تصميم شكل المبنى الجديد تصميمًا اعتمد شكليًا على شكل رفرفة جناحي صقر. سوف ينشأ من هذا التصميم بناء حديث يُبيِّن بدينامية مبسَّطة الدور الأساسي للدولة الذي لا يستغنى عنه. تعمل الواجهة الخارجية التي تتناغم خطوط معالمها من خلال تفصيل مُكسّم على عدة طوابق على زيادة أثر هذا الانطباع. ينبسط نسيج ممتد بشكل مائل مثل ستار أمام الواجهة المكوّنة بكاملها من الزجاج ومن طبقات مجوّفة مزدوجة ويشكّل منظومة وقاية شمسية تختلف حسب الجهات الأربع وتتكوّن من زخارف شرقية كثيفة. توجد في الطابق الأرضي صالة استقبال فاخرة. يوجد في هذه الصالة مدخلان، واحد لعامة الناس وآخر للشخصيات المهمة جدًا يفضي إلى جهة الساحل. أما في الطوابق العلوية فتوجد صالات المؤتمرات ومكاتب موظفي المصرف. تتخذ المرافق الخارجية الواقعة على أرض المبنى شكل المبنى. حيث تشكّل بعض الحدائق والكثير من المساحات المائية مع النوافير فضاءات خارجية باردة توفر أماكن جلوس مريحة أيضًا في مناخ قطر الصحراوي الحار. سوف يتمكّن الناظر إلى مبنى مصرف قطر المركزي من رؤية الطابع الجمالي الشرقي الحديث لهذا المبنى على مسافات بعيدة - هذا المبنى الذي سوف يظهر كذلك بمنظر جديد خلّاب يطل على الكورنيش.

Qatar Sport Complex

Architekten
Obermeyer Planen + Beraten, München
Weidleplan GmbH, Stuttgart
Rainer Schmidt Landschafts-architekten, München

Fläche
etwa 200.000 ha

Der Entwurf des *Qatar Sport Complex* entstand anlässlich eines internationalen Wettbewerbs für die im Jahr 2006 in Doha ausgetragenen *15th Asian Games*. Es sollte ein umfangreiches Konzept für Städtebau, Landschaftsplanung sowie zahlreiche Sportanlagen inklusive einer späteren Umnutzung von Teilen des Geländes entwickelt werden. Hauptbezugspunkt des Entwurfs ist eine Mittelachse, die als Hauptpromenade des Sportgeländes genutzt wird und von der aus alle Sportbereiche direkt zu erreichen sind. Landschaftlich ist das Planungsgebiet in verschiedene Bereiche unterteilt. In den so genannten künstlich-formalen Gebieten befinden sich die Sportanlagen, deren Zugänge sowie die Aufenthalts- und Erholungsbereiche. Die so genannten natürlich-informalen Bereiche hingegen sind peripher angeordnet und dienen als Erholungsflächen, die zudem eine Aufwertung der benachbarten Wohngebiete bewirken sollen. Im Mittelpunkt des Geländes steht das Stadion, das von einem großen Plateau umrahmt ist, in dem Verwaltungsbereiche, Gastronomie, ein Medienzentrum sowie eine Vielzahl von weiteren Nutzungen untergebracht werden. Das Stadion selbst ist für etwa 65.000 Zuschauer konzipiert. Es besitzt ein rund umlaufendes Schattendach, um die Besucher vor der glühenden Sonne zu schützen. Die weiteren Sporthallen für Schwimmen, Basketball, Handball, Volleyball, Bowling sowie eine Multifunktionshalle sind alle aus einem metallischen Doppellayer entwickelt, der sich zur Hauptpromenade öffnet. Dieser bewirkt eine Dynamik der Gebäude und hält sie gleichzeitig auf dem Boden. Insgesamt schafft das Zusammenspiel der geordneten Landschaft mit der organischen Form des Plateaus sowie der freien Lagunengebiete mit der klaren Ordnung der Großporthallen, bekrönt von einer illuminierten Stadionhülle der Hauptarena, ein spannungsreiches Ensemble von hoher Symbol- und Identifikationskraft.

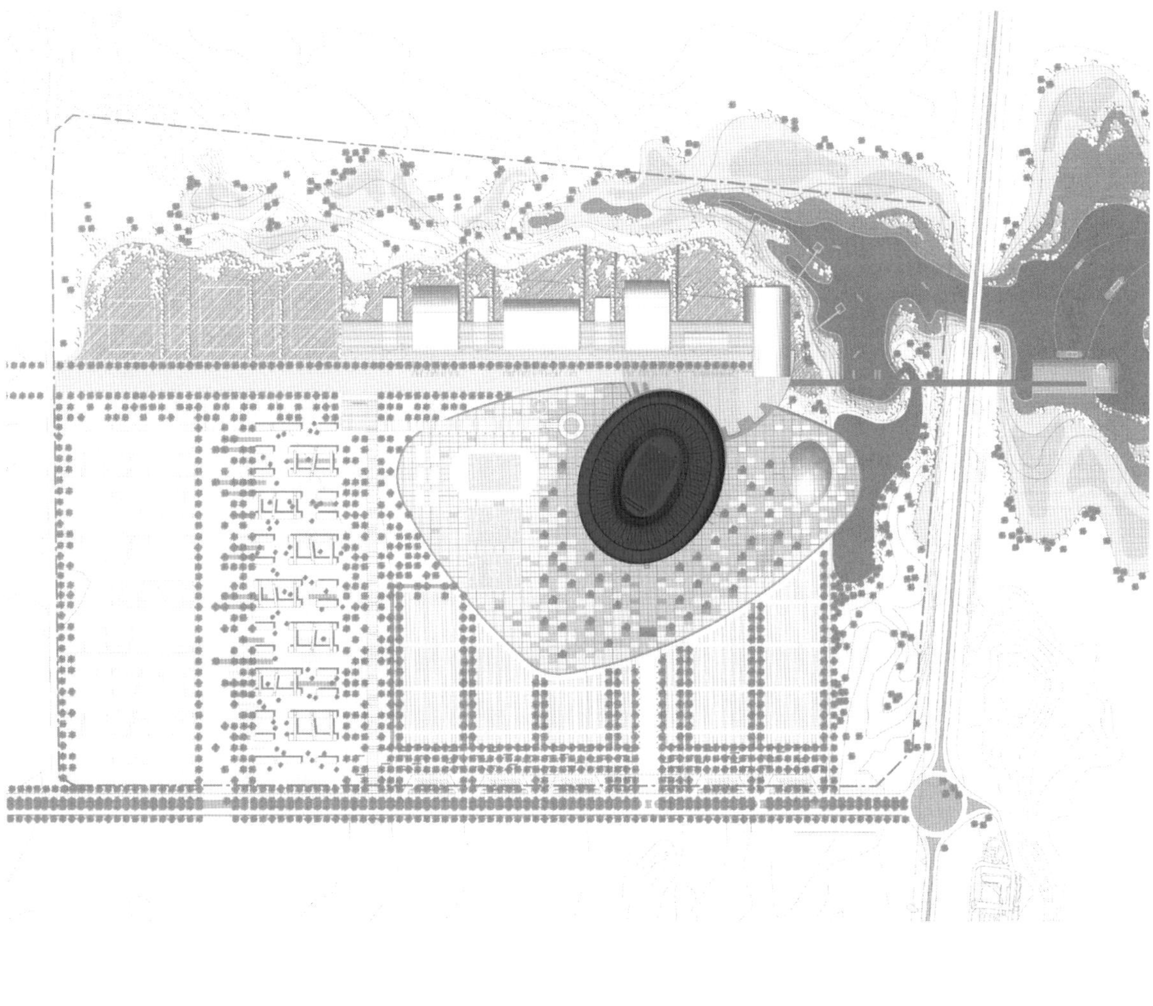

Umgebungsplan | Site plan

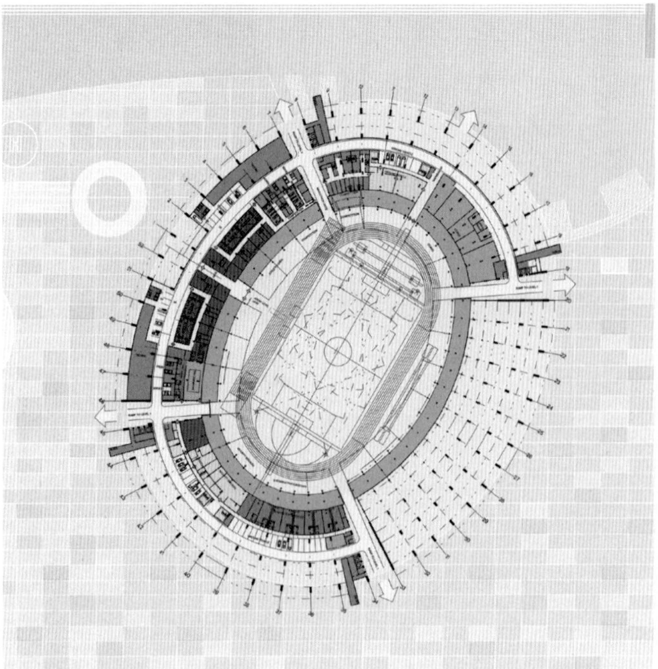

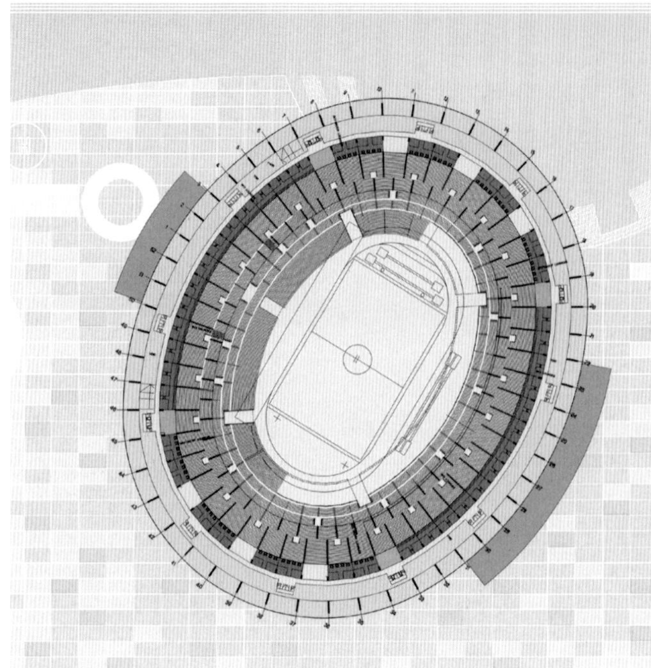

The Qatar Sport Complex was designed to host the 15th Asian Games in 2006. Its focal point is the central axis, the main site promenade from which all the sporting venues can be reached. Formal areas including sports facilities and leisure and access zones can be distinguished from informal relaxation areas on the periphery, intended additionally to improve the amenities enjoyed by adjacent neighbourhoods. At the heart of the site is the 65,000 spectator stadium, with its curved roof to protect against the burning sun. The surrounding plateau houses administration, refreshment, media and other facilities. The swimming and other indoor sports facilities have a dual-layer metallic construction which opens out to the main promenade. Combining landscaped areas with the plateau's organic form, open laguna areas with the outlines of the sporting venues and crowning the site with a sheathed illuminated stadium has created an exciting ensemble with strong symbolic effect.

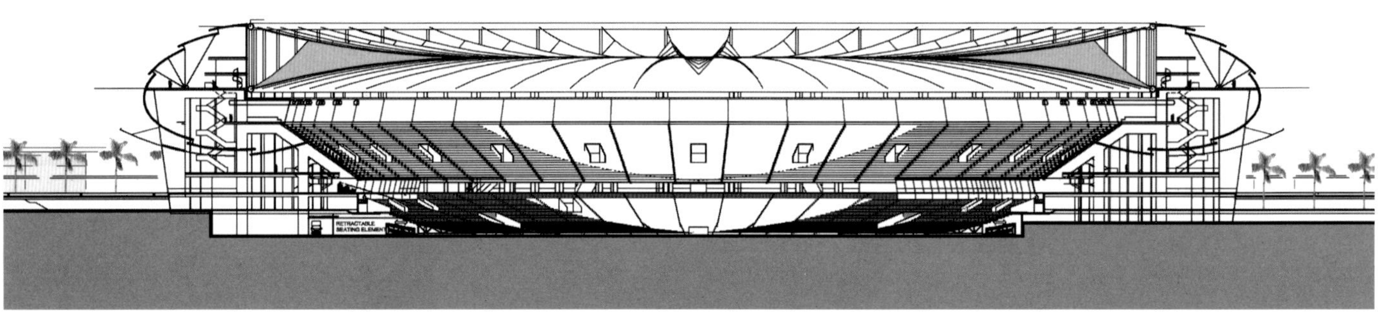

Grundriss Level 0, Grundriss Level 4; unten: Schnitt Stadion | Plans level 0, level 4; below: section stadium

Geländeaufsicht; unten: Ansicht Stadion mit Plateau | General view; below: elevation stadium and plateau

Nachtansicht | Night view

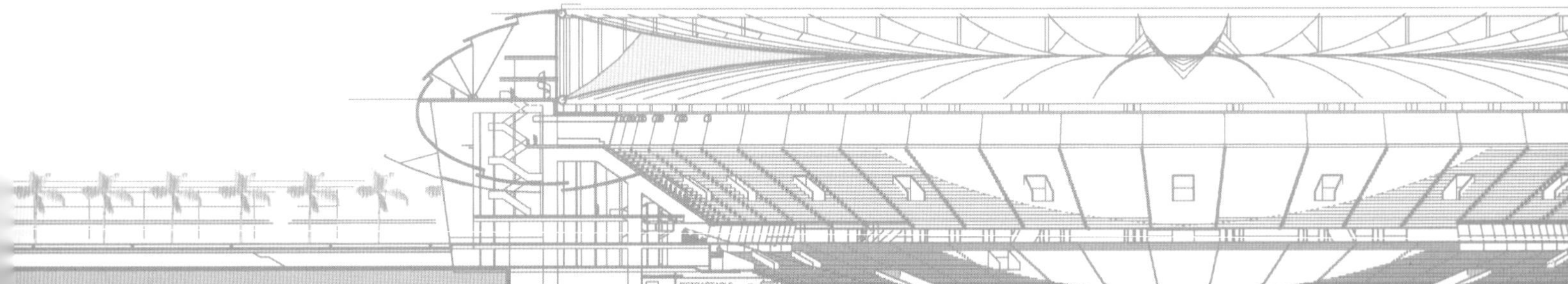

المدينة الرياضية في قطر

المهندسون
أوبرماير للاستشارات الهندسية، ميونخ
+ فايدلبلان، شتوتغارت
راينر شميت لتصميم المساحات الطبيعية، ميونخ

المساحة
٢٠٠ ألف هكتار

تم تصميم مدينة قطر الرياضية ضمن سياق مسابقة عالمية أُجريت بمناسبة دورة الألعاب الآسيوية الخامسة عشر التي أقيمت في الدوحة. كان الغرض من هذه المسابقة تطوير تصميم شامل للتخطيط المدني وتخطيط المساحات الطبيعة بالإضافة إلى العديد من المنشآت الرياضية بما في ذلك التغيير المستقبلي لاستخدام أقسام أرض هذه المدينة الرياضية. تتجلى النقطة المرجعية الرئيسية لهذا التصميم في محور مركزي سوف يستخدم كطريق رئيسي للتنزُّه في أرض المدينة الرياضية ويمكن الوصول منه إلى كل الأقسام الرياضية. قُسّمت المساحات الطبيعية في منطقة المشروع إلى أقسام فرعية مختلفة. تقع المنشآت الرياضية وكل من مداخلها والأماكن المخصصة للجلوس ولاستراحة والاستجمام في المناطق التي يطلق عليها اسم المناطق المصطنعة شكليًا. أما المناطق التي يُطلق عليها اسم المناطق اللاشكلية الطبيعية فقد نُظّمت على نحو يجعلها في محيط المدينة الرياضية وسوف تُستخدم كمناطق للراحة والاستجمام ومن المفترض أن تساهم في رفع قيمة المناطق السكنية المجاورة. يتصدر أرض المدينة الرياضية الأستاد الذي ستُحيط به هضبة كبيرة سوف تُلحق فيها الأقسام الإدارية ومرافق المطاعم والمقاهي ومركز صحي بالإضافة إلى العديد من المرافق الخدمية الأخرى. صُمّم الأستاد لحوالي خمسة وستين ألف متفرّج؛ سوف تعلوه مظلة تشرف عليه بشكل دائري، لكي تقي الزوار من أشعة الشمس الملتهبة. تتكوّن جميع الصالات الرياضية الأخرى المخصصة للسباحة وكرة السلة وكرة اليد والكرة الطائرة والبولينج بالإضافة إلى الصالة المتعددة الوظائف من طبقة ثنائية معدنية تفضي إلى طريق التنزّه الرئيسي. توجد هذه الطبقة دينامية للمباني وتثبّتها على الأرض في نفس الوقت. يخلق تناغم كل من الطبيعة مع شكل الهضبة المنظم وتجانس مناطق البحيرات الشاطئية الرحبة مع التنظيم الواضح للصالات الرياضية الكبيرة التي يُكلّلها الغلاف المزيّن بالأضواء الذي يغلّف الملعب الرئيسي جوقةً جذّابةً ومفعمةً بالحركة ذات قدرة عالية على التعبير والتعريف.

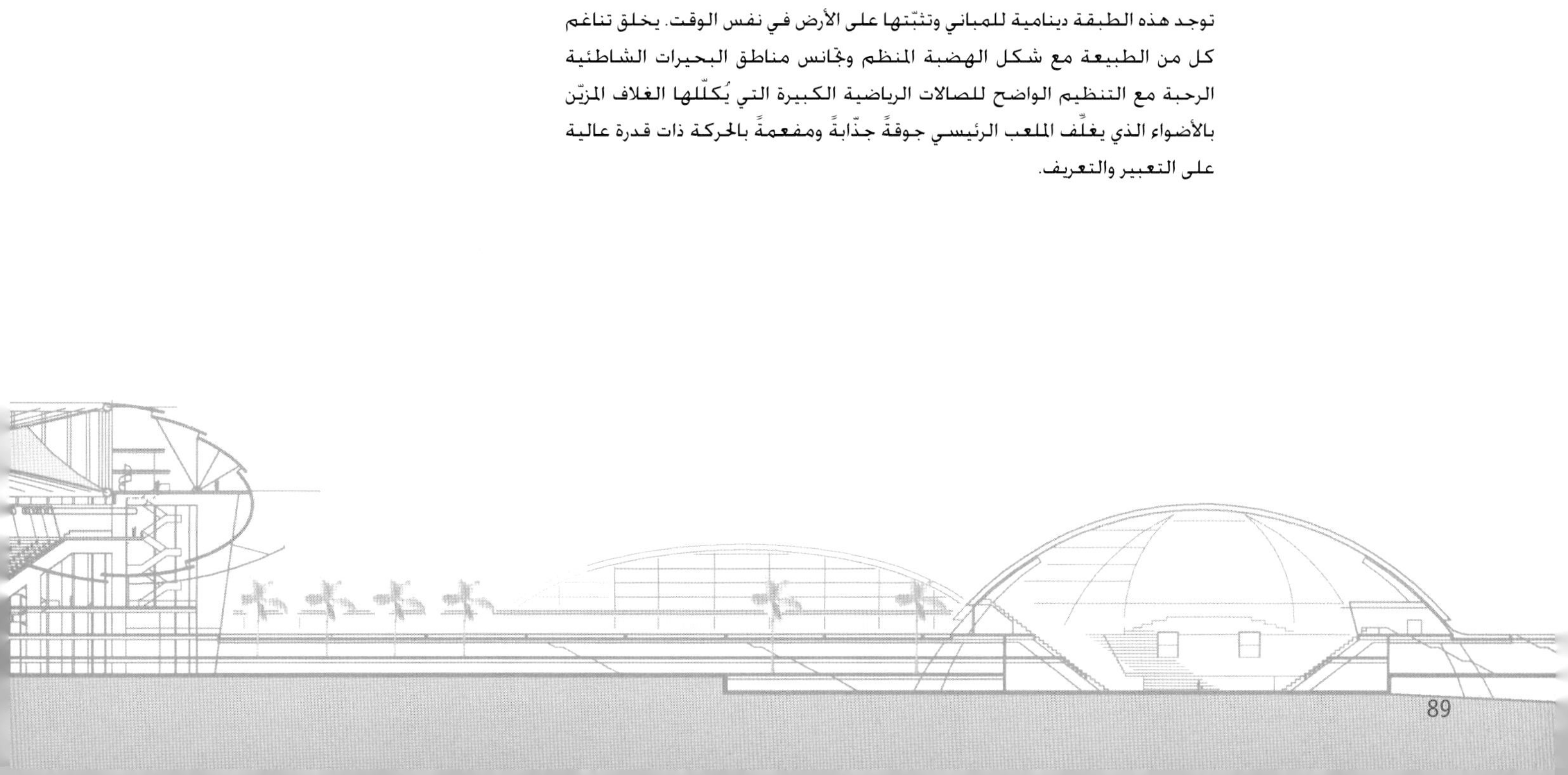

QIPCO Tower

Architekten
J.S.K. SIAT International Architekten und Ingenieure GmbH, Berlin/Frankfurt am Main
CICO Consulting, Doha

Tragwerksplanung
Stroh + Ernst AG, Frankfurt am Main

Bauherr
Qatar Investments & Projects Development Holding Company

Fläche
etwa 80.000 m² BGF

Fertigstellung
voraussichtlich 2008

Einem Wirbelsturm gleich erhebt sich der *QIPCO Tower* aus der Skyline der Stadt. Er wird einer der markantesten Türme in Westbay sein, einem in den nächsten Jahren entstehenden Hochhausviertel in Doha. Die dynamische Form des Hochhauses ergibt sich aus einer wirtschaftlich und energetisch optimierten Konstruktion. Eine die Gestalt des Turms prägende Stahlstruktur und ein innen liegender, röhrenförmiger Stahlbetonkern sind über Stahlbetondeckenscheiben miteinander verbunden. Diese Konstruktion ermöglicht es, bei geringem Konstruktionsgewicht große Lasten tragen zu können. Durch die Verbindung der tragenden Stahlkonstruktion mit den weit spannenden Decken konnte zudem im Innenraum ganz auf Stützen verzichtet werden. Konzeptionsgrundlage für die technische Ausrüstung war das so genannte Klimaengineering. Dieses beinhaltet eine energetische und wirtschaftliche Optimierung mit umfangreichen hydraulischen und energetischen Simulationsstudien unter Einbindung von Windkanaluntersuchungen sowie den besonderen lokalen Nutzungs- und Klimabedingungen. Um die hyperboloide Turmstruktur zu akzentuieren, wurde zudem mit dem Lichtkünstler Thomas Emde ein Beleuchtungskonzept erarbeitet, bei dem einzeln steuerbare Lichtkörper die Knotenpunkte der Gitterstruktur nachzeichnen. In dem 200 Meter hohen Turm, der aufgrund seines charakteristischen Aussehens auch den Beinamen *Tornado Tower* bekommen hat, werden auf 50 Nutzgeschossen größtenteils Büroräume untergebracht. Daneben findet man Restaurants, einen Erholungsbereich mit Fitnesscenter, ein Café und kleine Läden. Im flachen Nebengebäude, der *Dune*, entsteht zudem ein Einkaufszentrum.

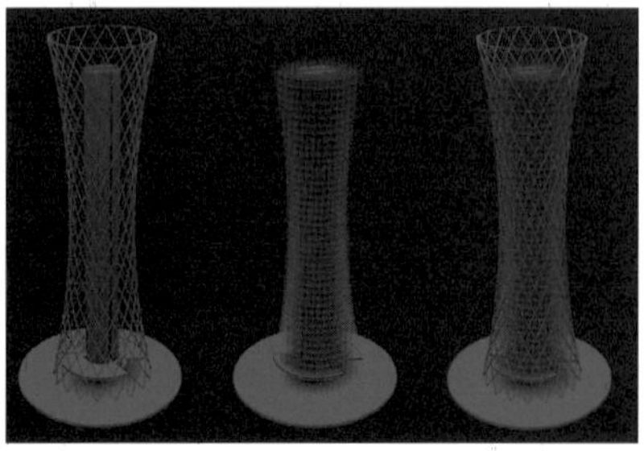

As its nickname Tornado Tower suggests, Qipco Tower rises like a whirlwind above Doha's skyline. Designed to optimise the 50-storey building's commercial and energy-saving potential its characteristic steel framework is linked to a circular reinforced-concrete core by means of reinforced-concrete ceiling-plates. Despite its light construction weight, the tower is fully capable of bearing heavy loads. In addition, by linking the load-bearing steel framework to the broad ceiling spans, the need for internal supports vanished. Technical facilities were developed using climate engineering processes. Taking local climate and intended use into account, extensive hydraulic and energy-consumption simulations were performed to optimise the building's potential. To enhance the tower's hyperboloid appearance Thomas Emde's lighting scheme traces the building's lattice nodes with individually directed beams. The 200-metre high tower contains primarily office space with ancillary leisure facilities.

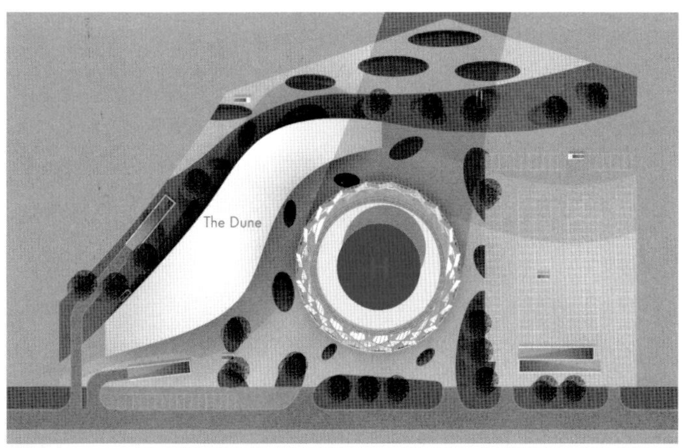

Umgebungsplan | Site plan

Innenansichten; unten: Detailansicht | Interior views; below: detail

Ansicht QIPCO Tower | Elevation QIPCO Tower

Küstenlinie mit QIPCO Tower | Coastline with QIPCO Tower

برج كويبكو

المهندسون
يوت إس كا - سيات،
فرانكفورت
+ سيكو للاستشارات،
الدوحة

تصميم هيكل الدعامات الساندة
شترو + إرنست،
فرانكفورت أم ماين

صاحب المشروع
مجموعة شركات
الشموخ كويبكو

المساحة
حوالي ٨٠ ألف متر مربع
مساحة إجمالية لأرض
المشروع

الارتفاع
٢٠٠ متر

عدد الطوابق
٥٠ طابق

موعد الانجاز
يفترض في ٢٠٠٨

يرتفع برج كويبكو مثل إعصار حلزوني فوق أُفق المدينة. سوف يصبح هذا البرج واحدًا من الأبراج الأكثر بروزًا في الـ»ويست باي». أي في حي البنايات العالية الذي سوف يتم بناؤه في الدوحة في السنين القادمة. يتكوّن الشكل الدينامي لهذا البرج ذي الخمسين طابقًا من بناء تم تصميمه بأحسن ما يكون على مستويي الاقتصاد والطاقة. يرتبط كل من الهيكل الفولاذي الذي يميّز شكل البرج والمركز الخرساني المسلح ذي الشكل المستدير الموجود في داخل البرج مع بعضهما من خلال ألواح الأسقف المكوّنة من الخرسانة المسلحة. يمكّن هذا التصميم بفضل وزنه القليل من تحمّل أوزان كبيرة. من الممكن بالإضافة إلى ذلك الاستغناء كليًا في داخل البناء عن دعامات الإسناد وذلك من خلال ربط الهيكل الفولاذي الحامل مع الأسقف المركّبة الأخرى. شكّلت الهندسة المعروفة باسم الهندسة المناخية الأساس في تصميم التجهيزات التقنية. روعي في ذلك التوصّل إلى أمثل نتائج على مستويي الطاقة والاقتصاد من خلال دراسات هيدروليكية (مائية) وطاقوية شاملة أُجريت على الحاسوب بالمحاكاة مع ربطها بدراسات حول مجرى الرياح وكذلك الظروف المحلية المناخية والوظيفية الخاصة. لقد تم بالإضافة إلى ذلك العمل مع الفنان الضوئي توماس إمده Thomas Emde على تصميم ضوئي. من أجل تقبُّل هيكل البرج الشبيه بالقطع الزائد. تقوم في هذا التصميم الضوئي إشعاعات ضوئية يمكن ضبط كل واحد منها على أنفراد بتحديد نقاط الربط في الهيكل المعدني المتشابك. سوف يتم إلحاق مكاتب ذات مساحات واسعة موزعة على خمسين طابقًا مخصصة للاستخدام في هذا البرج الذي سوف يبلغ ارتفاعه ٢٠٠ مترًا والذي لُقّب أيضًا بسبب شكله المميّز بلقب برج الإعصار. سوف يجد المرء فيه بالإضافة إلى ذلك مطعمًا وقسمًا للراحة والاستجمام مع مركز للّياقة ومقهى ومتاجر صغيرة. سوف يتم بالإضافة إلى ذلك إنشاء مركز تجاري في المبنى المجاور المنخفض - أي في الكُتَيِّب.

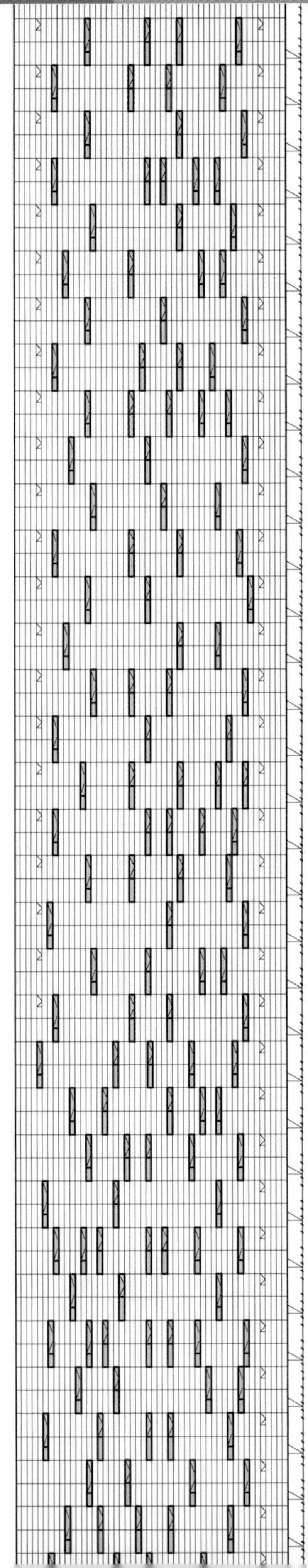

Al Zubara Tower

Architekten
J.S.K. SIAT International Architekten und Ingenieure GmbH, Berlin/ Frankfurt am Main
CICO Consulting, Doha

Tragwerksplanung
Stroh + Ernst AG, Frankfurt am Main

Bauherr
Mr Fawaz Ahmed Al-Attiyah

Fertigstellung
voraussichtlich 2010

Im Wohngebiet von Westbay, einem sich im Aufbau befindlichen neuen Stadtteil von Doha, wird der 180 Meter hohe *Al Zubara Tower* gebaut. Er ist ein schlanker und elegant wirkender Wohnturm, der sich aus drei verschiedenen, in ihrer Höhe variierenden Volumen zusammensetzt. Der mittlere Teil ist der höchste und dient insbesondere der Erschließung sowie der technischen Gebäudeausstattung. Angrenzend befinden sich in den zwei weiteren Gebäudeteilen auf 43 Geschossen die Apartmentebenen. Die Wohnungen sind zwischen 65 und 280 Quadratmeter groß und teilweise voll möbliert. Zudem gibt es für alle Bewohner zugängliche Erholungsbereiche, die ein Schwimmbad sowie weitere Sport- und Ruhebereiche beherbergen. Die Fassade des Al Zubara Towers besteht aus tragenden Stahlbetonwänden mit Wärmedämmung und einer vorgehängten Glasfassade. In Anpassung an die örtlichen Klimagegebenheiten wurden die Fenster an West- und Ostfassade reduziert, nach Norden und Süden dagegen vergrößert. Ein feststehender Sonnenschutz im Süden mit horizontalen Aluminiumlamellen, der zu einer optischen Zweischaligkeit der Fassade führt, blendet in den Sommermonaten die auftreffende Sonneneinstrahlung aus. Im Winter dagegen werden die solaren Gewinne zur Beheizung der Räume genutzt. Die Aufenthaltsräume sind nach Norden beziehungsweise Süden ausgerichtet und haben Zugang zur windgeschützten Loggia.

This slim and elegant-looking 180 metre high residential tower is to be constructed in Westbay, a new Doha neighbourhood. The building comprises three vertical sections of differing volumes. The central section, housing the technical facilities, is the tallest. On either side, there are 43 floors given over to apartment units sized between 65 square metres and 280 square metres. Integral sports and leisure facilities (including a swimming pool) are available to all residents. The tower's façade comprises a glazed sheet suspended before the load-bearing thermally-insulated reinforced concrete walls. Having regard to the local climate, the size of the windows facing east and west was reduced, in contrast those facing north and south were enlarged. On the south side a permanent sun protection system of horizontal aluminium louvres, giving the impression of an additional façade layer, masks incident rays in summer. The solar energy gained is used for heating purposes in winter.

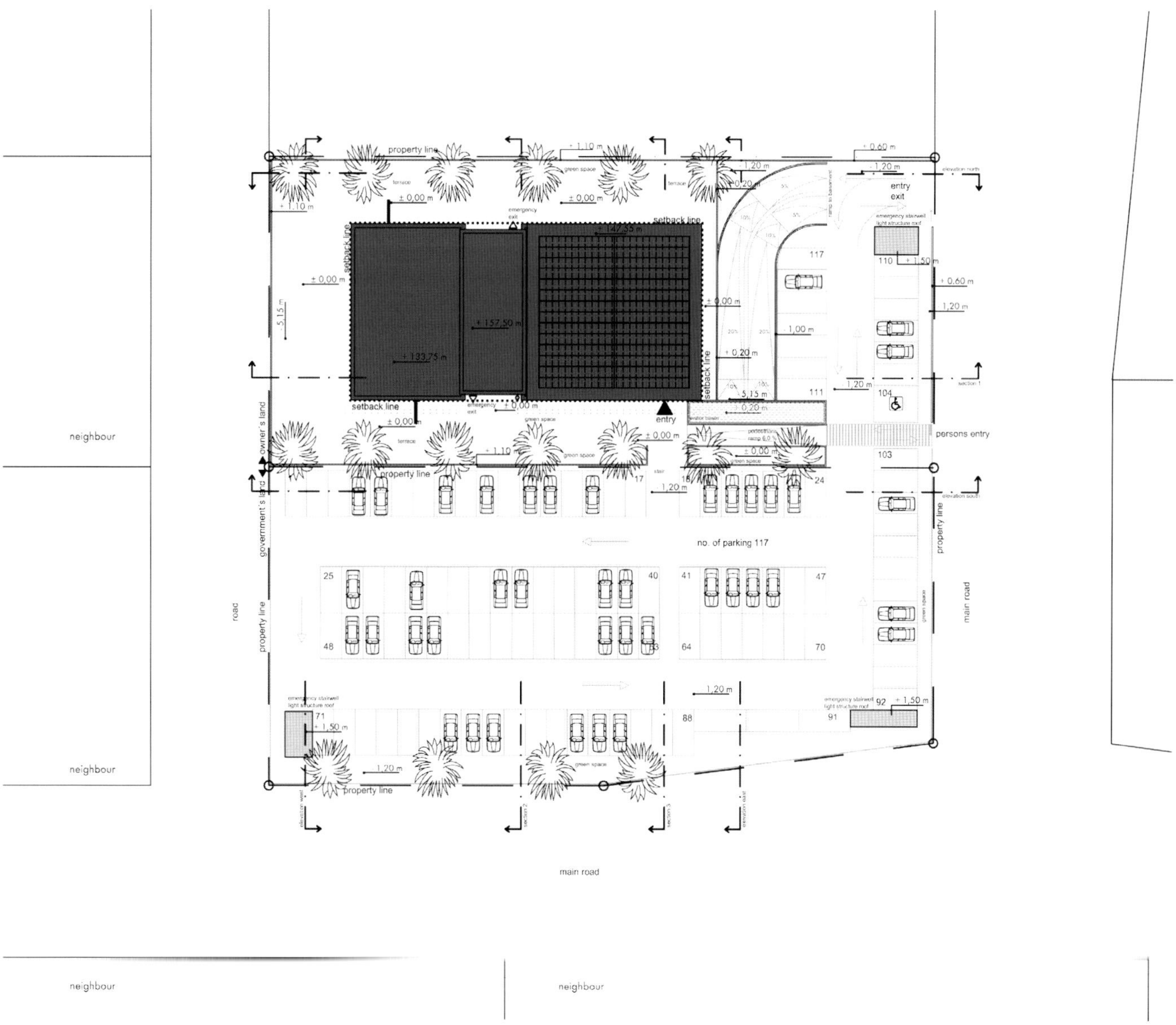

Umgebungsplan | Site plan

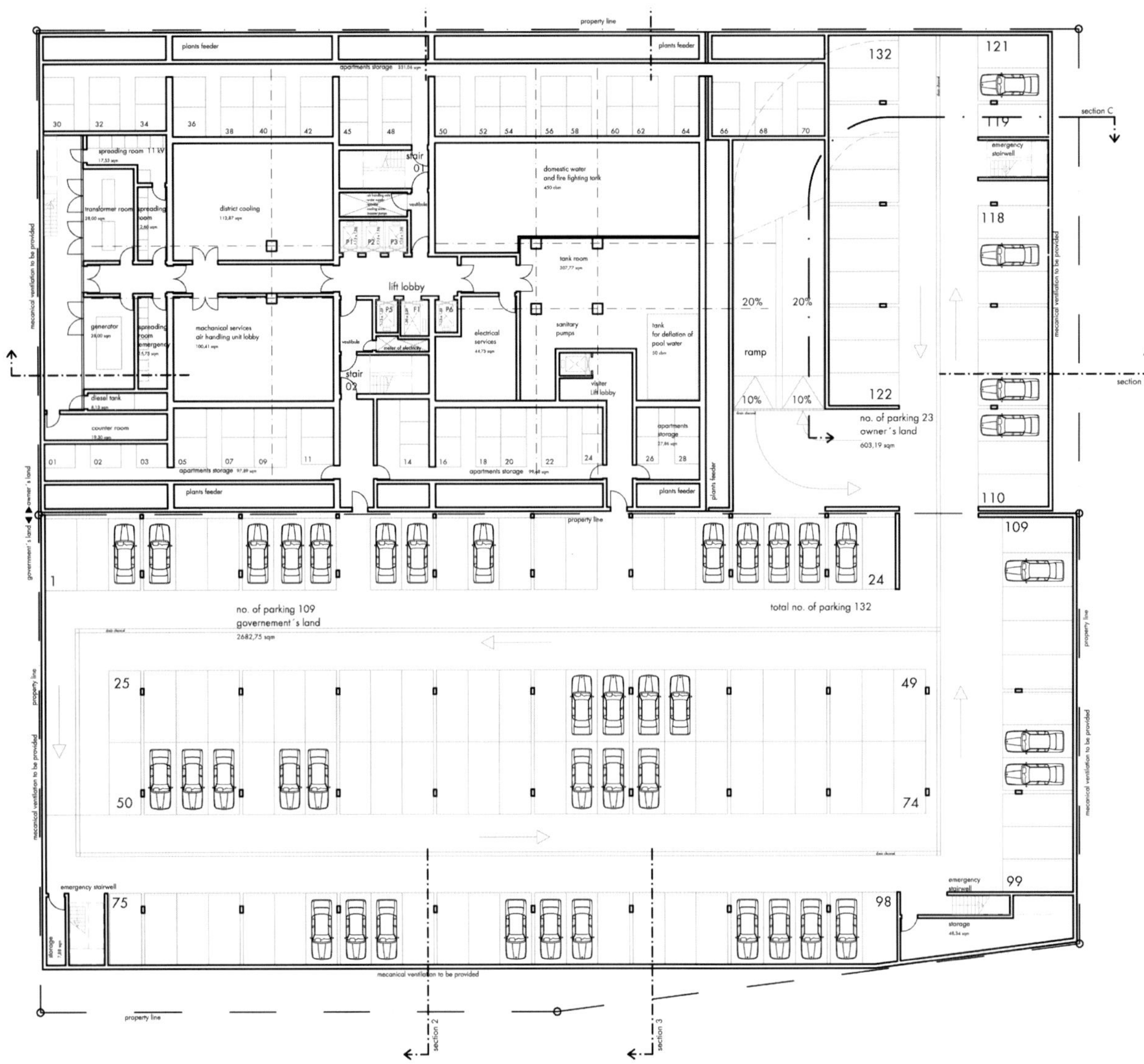

Grundriss Kellergeschoss | Floor plan basement

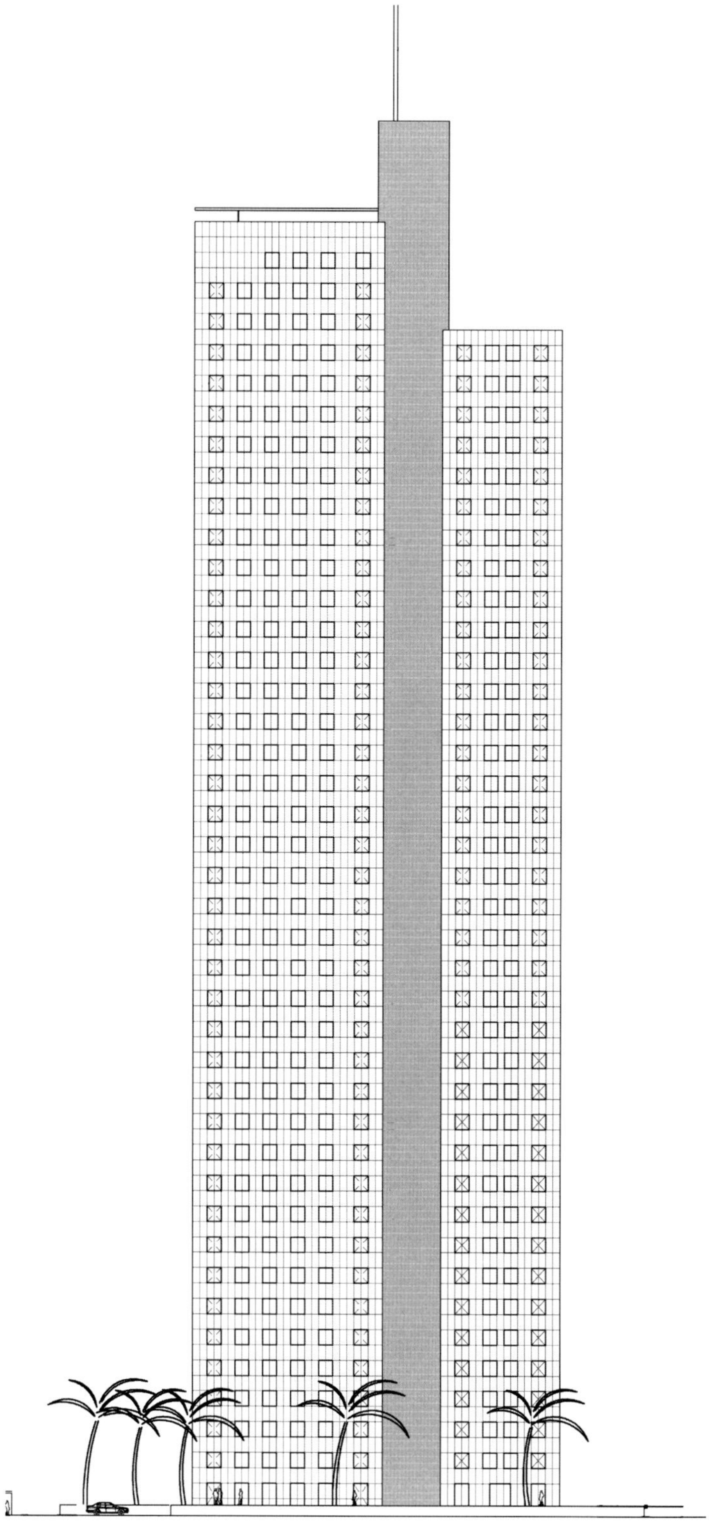

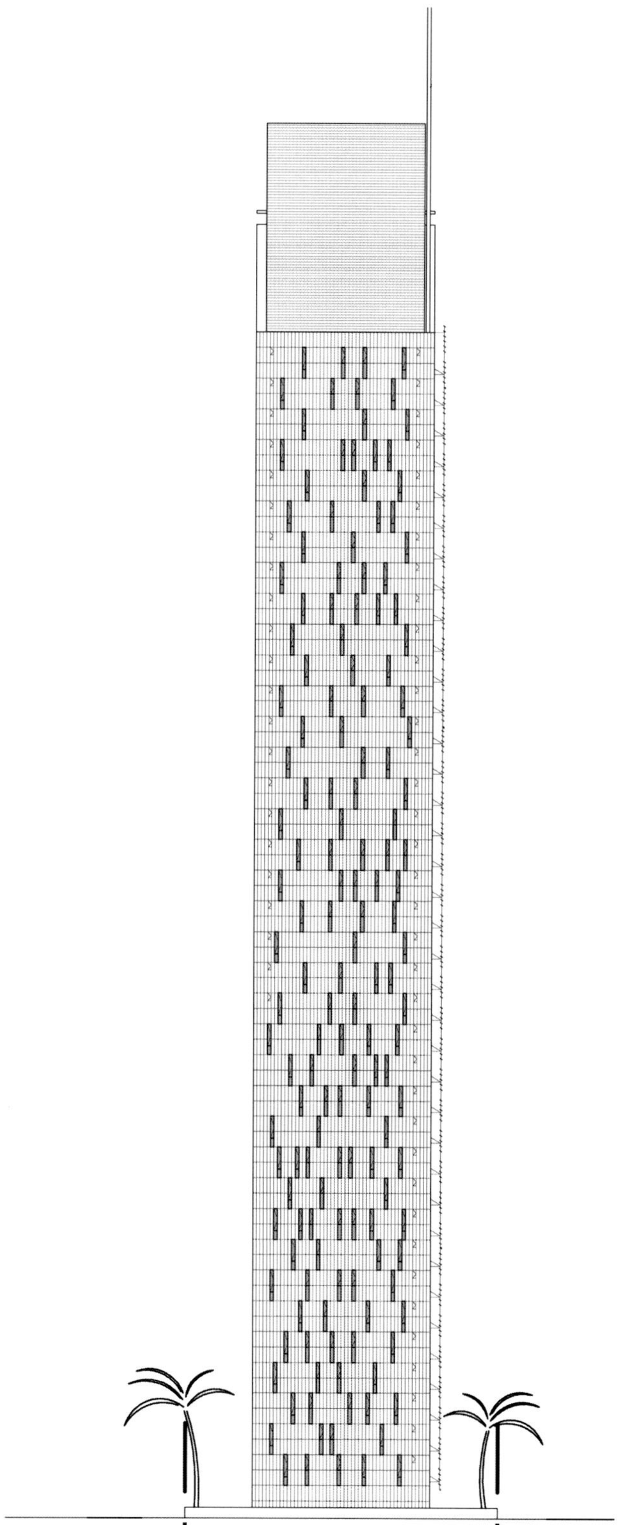

Ansicht Nord, Ansicht West | Elevation North, elevation West

Ansicht Al Zubara Tower | Elevation Al Zubara Tower

برج الزبير

المهندسون

يوت إس كا - سيات، فرانكفورت

+ سيكو للاستشارات، الدوحة

تصميم هيكل الدعامات السائدة

شترو + إرنست، فرانكفورت أم ماين

صاحب المشروع

السيد فوزي أحمد العطية

الارتفاع

١٨٠ متر

عدد الطوابق

٤٣ طابق

موعد الانجاز

يفترض في ٢٠١٠

يجري العمل في المنطقة السكنية داخل حي «ويست باي»، الحي الجديد الذي ينشأ في الدوحة على بناء برج الزبير بارتفاع ١٨٠ مترًا. وهو برج سكني نحيل ويوحي بالرشاقة. يتكوّن من ثلاثة أجزاء مختلفة تتباين في ارتفاعها. يعتبر الجزء الأوسط أعلى أجزائه كما أنه يفيد بصورة خاصة في وصل أجزاء البرج ببعضها وفي تجهيزات المبنى التقنية. توجد بمحاذاته الطوابق المخصصة للشقق السكنية في جزأي المبنى موزعة على ٤٣ طابقًا. تتراوح مساحات الشقق بين ٦٥ و٢٨٠ مترًا مربعًا وبعضها مؤثث تأثيثًا كاملاً. بالإضافة إلى ذلك توجد لكل السكان أقسام للراحة والاستجمام. تحتوي على مسبح وأقسام أخرى للرياضة والراحة. تتكوّن واجهة برج الزبير من جدران حاملة خرسانية مسلحة مع نظام لخفض الحرارة وواجهة زجاجية معلقة أمام الواجهة الخرسانية المسلحة. تم التقليل من عدد النوافذ في الواجهتين الغربية والشرقية من أجل ملاءمة البرج مع المعطيات المناخية المحلية. أما في الشمال والجنوب فقد تم تكبير النوافذ. يقوم نظام وقاية شمسية مثبّت في الواجهة الجنوبية مع شرائح أفقية من الألمنيوم ويؤدي إلى تغليف الواجهة تغليفًا بصريًا مزدوجًا بعملية خفت تدريجي لأشعة الشمس الساطعة في شهور الصيف. بينما تستخدم الطاقة الشمسية المكتسبة من أجل تدفئة البرج في الشتاء. تم تصميم غرف وصالات الجلوس نحو الشمال أو الجنوب كما يوجد في كل منها مدخل يفضي إلى الشرفة المحمية من الرياح.

Iceberg

Architekten
J.S.K. SIAT International Architekten und Ingenieure GmbH, Berlin/ Frankfurt am Main

Bauherr
Sanbar SDC Ltd.

Fläche
200.000 m² BGF

Visualisierung
Archimation, Berlin

An den Polen schmelzen die Eisberge, am Arabischen Golf baut man sie auf. Zumindest einen. Dies ist die kühne Vorstellung der Entwurfsverfasser des *Iceberg*. Die äußere Gestalt des Bauwerks wurde den typischen skulpturalen Besonderheiten eines Eisbergs nachempfunden. Er soll als Monolith im Meer stehen, in dem sich gewölbeartige Strukturen zu Eingängen ins Eisparadies formen. Auch der Turm ist eine figürliche Umsetzung einer Eisformation und soll als elegante und prägnante Gestalt in den Himmel ragen. Dieser 260 Meter hohe, prismenförmige Hotelturm beherbergt neben exklusiven Restaurants, Cafés und Bars 350 Hotelzimmer und 120 Appartements unterschiedlicher Prägung. Den Kontrast zum schlanken Turm bildet ein massives Gebäude, dessen Mitte eine Multifunktionsarena mit 5.000 Zuschauerplätzen einnimmt. Halle wie Foyers liegen nur etwas über dem Wasserspiegel, so dass auch hier der Eindruck entsteht, das Wasser hätte kristallene Höhlen aus dem Eisberg geschnitten. Darüber hinaus sind in diesem Gebäude ein Wintertheater mit Eisbahn, 50 Suiten mit Blick in die Arena sowie eine Langlaufloipe geplant. Auch ein arktischer Zoo gehört zum Konzept der künstlichen Eislandschaft. Die Lage an der Al Corniche ermöglicht eine einfache und leistungsfähige Erschließung. So gibt es neben einer direkten Straßenanbindung an den Kreisverkehr der Uferstraße auch eine Bootszufahrt über den Wasserweg. Vor der Bucht von Doha wird der *Iceberg* ein weithin sichtbares Portal zur Stadt und zum Land formulieren und könnte als neues Wahrzeichen Katars zum Impulsgeber für die weitere touristische Entwicklung des Landes werden.

Umgebungsplan | Site plan

Einfahrt zum Iceberg; unten: Eishalle | Entrance to the Iceberg; below: ice skating rink

In the polar regions icebergs are melting, in the Gulf they are quite simply constructed. That is the bold idea underlying this building, modelled on an iceberg's typical sculptural features. Domed caverns grant access to the frozen paradise of this icy seaborne monolith. The 260-metre high prism-like tower, designed to rise heavenwards in a shapely and elegant manner, embodies also an ice formation. It is home to exclusive restaurants and bars and some 350 hotel rooms and 120 apartments of differing styles. The slimline tower stands in contrast to the bulk of the multi-purpose arena capable of holding 5,000 spectators. Both the arena and its foyer lie just above the water's level, like frozen caves carven from the iceberg. Development plans for the complex include a theatre with ice-rink, 50 suites overlooking the arena, a cross-country skiing piste and an arctic zoo. As a new gateway to Qatar, the Iceberg has considerable potential to encourage its further development as a tourist destination.

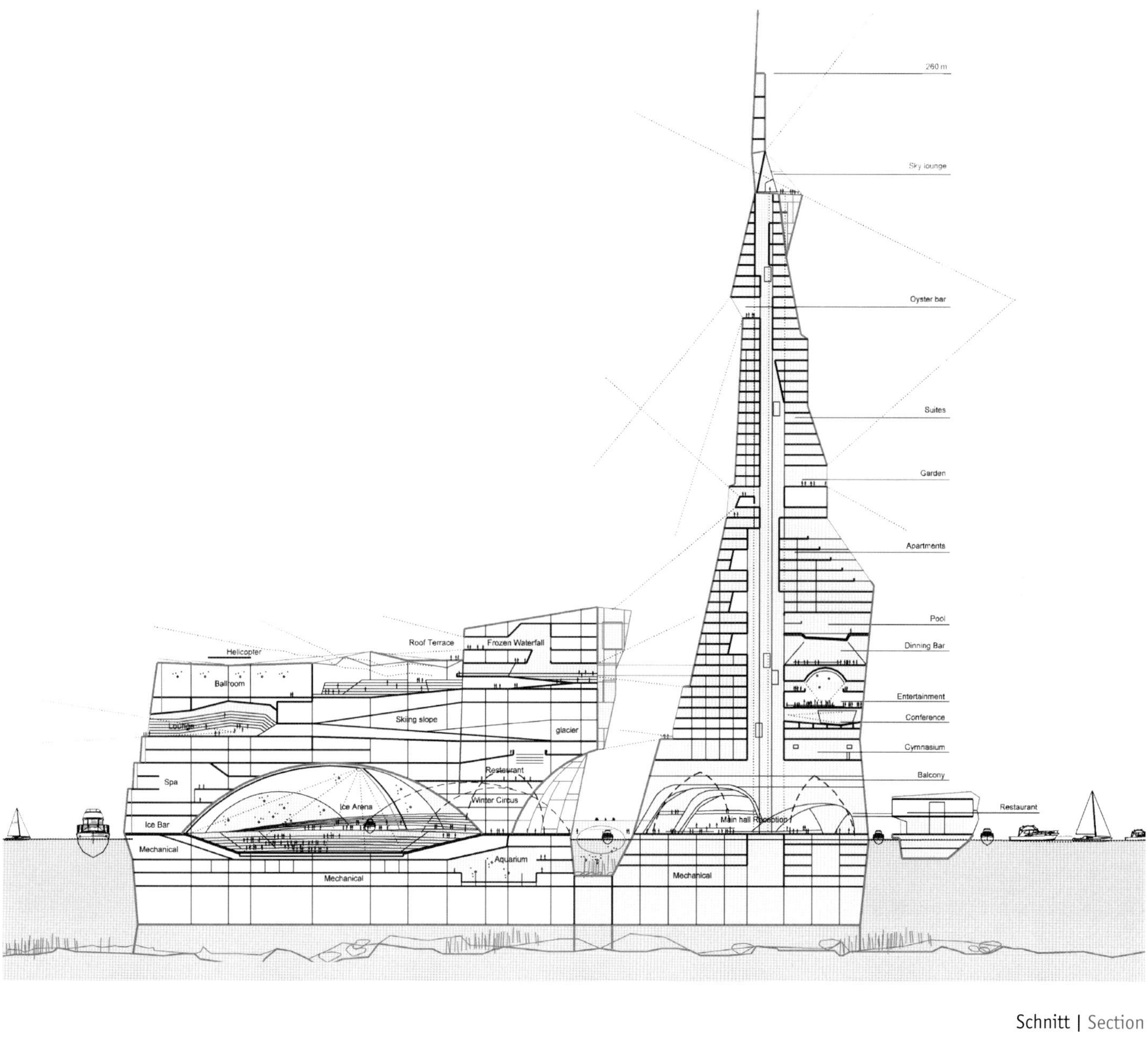

Schnitt | Section

Nachtansicht | Night view

جبل الثلج

المهندسون
يوت إس كا - سيات
الدولية للاستشارات الهندسية، برلين

صاحب المشروع
شركة سي دي إس

المساحة
حوالي ٢٠٠ ألف متر مربع مساحة إجمالية لأرض المشروع

الارتفاع
٢٦٠ متر

تنفيذ الرسومات والمخططات
أرشيماتسيون، برلين

تذوب الجبال الثلجية في القطبين، بينما يتم بناؤها في الخليج العربي؛ أو على الأقل بناء جبل ثلجي واحد. بهذه الجراءة يتصور مصمم مبنى الجبل الثلجي هذا البناء. صُمّم الشكل الخارجي لهذا المبنى على نحو يُذكّر بالسمات الخاصة والمميّزة لشكل جبل ثلجي ينبغي أن ينتصب في البحر مثل كتلة واحدة. تشكّل فيها تراكيب مقوّسة الشكل مداخلاً تفضي إلى جنة الثلج هذه. كذلك يجسّد البرج تشكيلاً ثلجيًا ومن المفترض أن يشمخ سامقًا نحو السماء بشكله الجميل والمعبّر. سوف يتسع هذا البرج الفندقي ذو الشكل المنشوري الذي سوف يُبنى بارتفاع ٢٦٠ مترًا لثلاثمائة وخمسين غرفة و١٢٠ شقة سكنية بطابع مختلف بالإضافة إلى مطاعم خاصة ومقاه وبارات. يتجلى الفرق عن البرج في بناء ضخم تتوسطه حلبة متعددة الوظائف تتسع لخمسة آلاف مقعد. يقع كل من الرواق والردهة على ارتفاع قليل عن سطح الماء، بحيث يوحي ذلك وكأنما شق فيه الماء تجويفات كريستالية. وفضلاً عن ذلك صُمّم في هذا البناء مسرح شتوي مع ساحة للتزلج وخمسين جناح تطل على الحلبة وكذلك مضمار لسباقات التزلج لمسافات طويلة. كما تدخل حديقة حيوانات متجمدة ضمن تصميم الطبيعة الجليدية الصناعية. يتيح موقع المبنى مقابل الكورنيش الوصول إليه ببساطة وبشكل فعّال. فهكذا يوجد بالإضافة إلى شارع يصله بحركة المرور في الشارع الساحلي أيضًا طريق تصله بالقوارب عن طريق الماء. سوف يشكّل جبل الثلج أمام خليج الدوحة بوابة أخرى للمدينة والبلد، بوابة تمكن رؤيتها على مسافات بعيدة. كما يمكن أن يصبح باعتباره معلمًا جديدًا من معالم قطر بمثابة حافز بالنسبة لاستمرار تطور البلاد على المستوى السياحي.

قطر

الدوحة

Kuwait

Kuwait

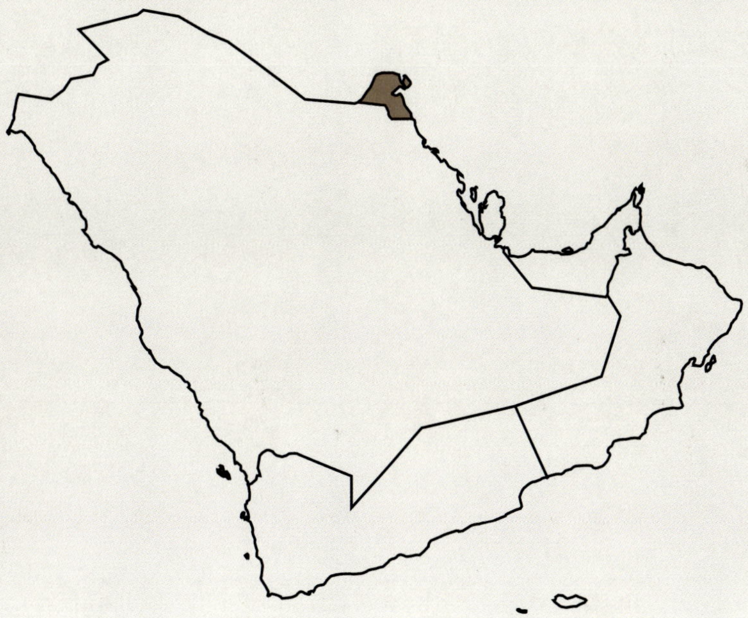

Jaber Al-Ahmad Stadium

Architekten
Weidleplan Consulting GmbH, Stuttgart

Fachplanung
SIEF Engineering Consultants, Kuwait
Schlaich Bergermann und Partner, Stuttgart

Bauherr
Public Authority for Youth and Sports, Kuwait
Ministry for Public Works, Kuwait

Fläche
etwa 50.000 m² BGF

Fertigstellung
Ende 2007

Im Auftrag der *Public Authority for Youth and Sports* ist etwa zwölf Kilometer südwestlich des Kuwaiter City Centers das *Jaber Al-Ahmad Stadium* entstanden. Dieses neue internationale Sportstadion soll sowohl internationale Wettkämpfe beherbergen als auch den sportlichen Talenten der Region als Sport- und Trainingsstätte dienen. Mit seinen etwa 60.000 überdachten Sitzplätzen für Fußball- und Leichtathletikveranstaltungen ist das Stadion eines der größten der Region. Prägendes Element des von Weidleplan entworfenen Designs sind die äußeren Sichtbetonstützen und die aufwendige Fassaden- und Seilkonstruktion im Inneren des Stadions. Die sich aus der optimierten Sichtentfernung ergebende, wellenförmige Tribünenoberkante bietet die Voraussetzung für eine einlagige Seilnetzkonstruktion mit einer sattelförmigen, doppelt gekrümmten Oberfläche. Die Dachöffnung über dem Spielfeld wird gebildet von der konstruktiven Öffnung, dem zum äußeren Druckring affinen Seilzugring sowie dem Ausschnitt in der Dachhaut, der sich am Verlauf der Zuschauerränge orientiert. Aufgrund der zentralen Lage gegenüber dem Wohngebiet *Jaleeb Al Shuyoukh* ist das Stadion von allen Stadtgebieten aus gut erreichbar. Auch der internationale Flughafen Kuwaits ist nicht weit entfernt.

This new international sports stadium on a site some twelve Kilometres south-west of central Kuwait City is intended to serve both as a venue for international competitions and as a training facility for regional talent. With covered seating for around 60,000 spectators, it will be one of the largest stadia in the region. Key features of Weidleplan's design are the exposed concrete external supports and the complex façade and cable construction on the interior. The undulating form of the grandstands' upper edge is the starting point for a single-layer cable-net structure covered by a double-curved saddle-shaped surface. The opening in the roof above the playing field is formed through the interplay of the structural opening, the cable tension ring and the cut-out in the roof membrane which follows the line of the grandstands. The centrally located stadium, vis-à-vis Jaleeb Al Shuyoukh residential district, can be easily reached from all parts of the city and from the international airport.

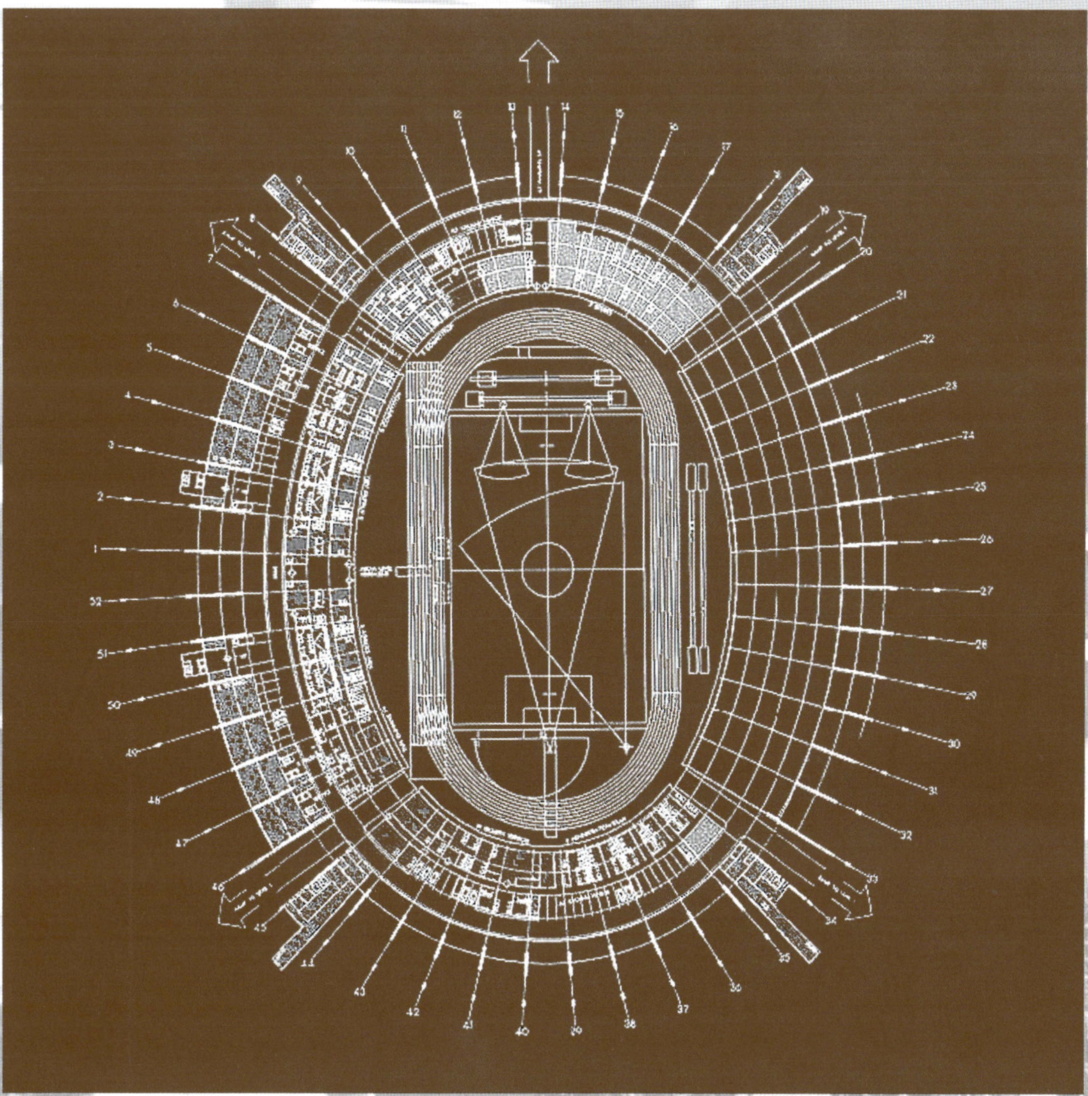

Grundriss | Floor plan

Perspektive | Perspective

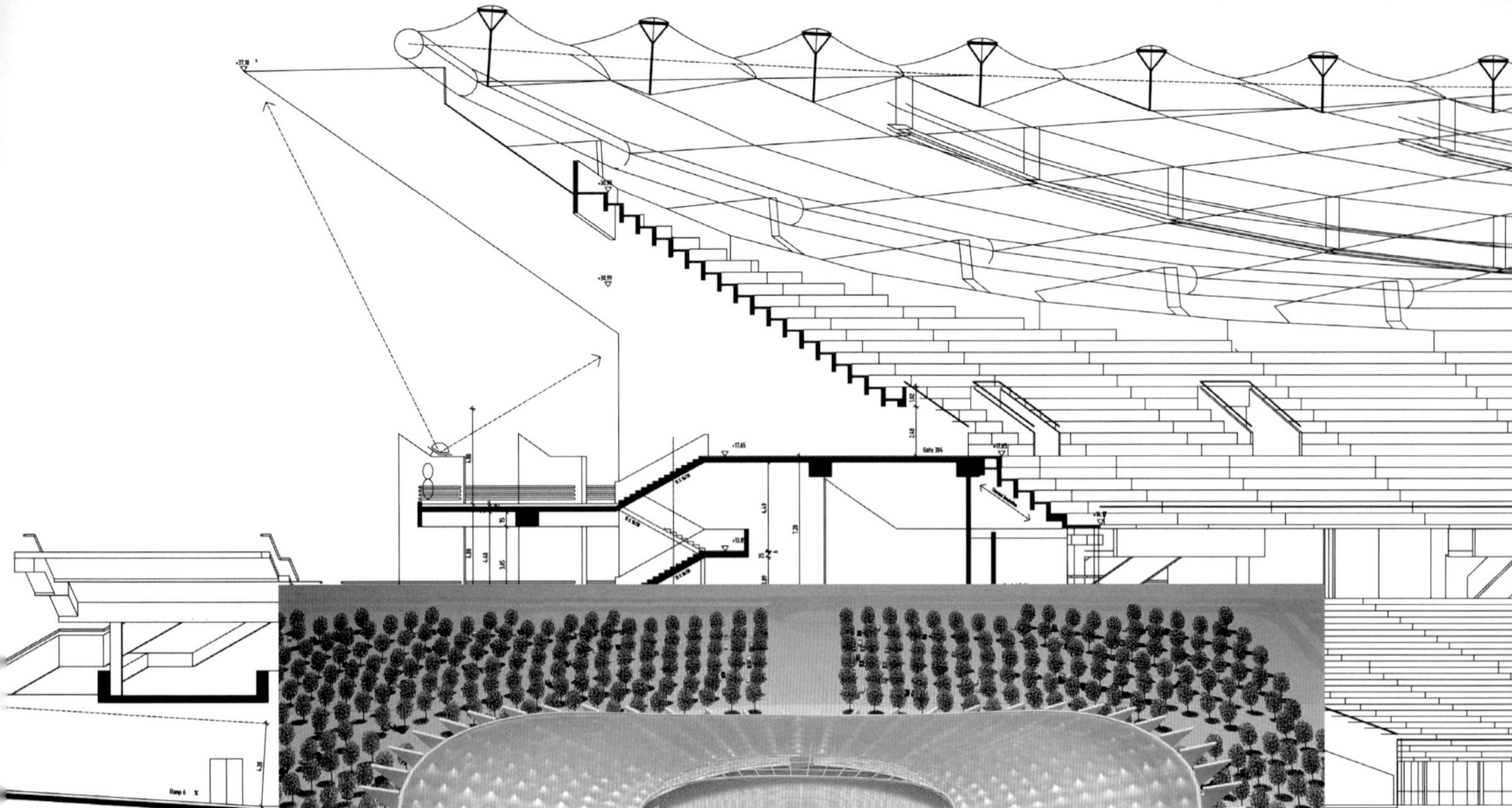

Modell | Model

أستاد جابر الأحمد

المهندسون
ڤايدلبلان للاستشارات الهندسية، شتوتغارت

التخطيط الفني
سيف للاستشارات الهندسية، الكويت
شلايش برغرمانّ وشركاؤه، شتوتغارت

صاحب المشروع
الهيئة العامة للشباب والرياضة، الكويت

المساحة
حوالي ٥٠ ألف متر مربع مساحة إجمالية لأرض المشروع

موعد الانجاز
نهاية عام ٢٠٠٧

يتم بتكليف من الهيئة العامة للشباب والرياضة بناء أستاد جابر الأحمد الدولي على بعد ١٢ كيلومترًا إلى الجنوب الغربي من مركز مدينة الكويت. من المقرر أن يستضيف هذا الأستاد الدولي الجديد بطولات دولية وأن يخدم المواهب الرياضية في المنطقة باعتباره موقعًا لممارسة الرياضة والتمارين. سوف يصبح هذا الأستاد واحدًا من أكبر الملاعب في المنطقة، وذلك بفضل احتوائه على حوالي ستين ألف مقعد مسقوفة بمظلة ومخصصة لفعاليات كرة القدم وألعاب القوى الخفيفة. يتجلى العنصر المميز لتصميم هذا الأستاد الدولي الذي صممه مكتب فايدبلان للاستشارات الهندسية في الأعمدة الخارجية المكوّنة من الخرسانة المكشوفة وفي تركيبة الواجهات والحبال المعدنية المعقدة الموجودة في داخل الأستاد. توفر حافة المدرّج العلوية المتموّجة التي تظهر على مدى البصر الشروط الضرورية من أجل تركيبة حبال معدنية متشابة ومتداخلة مع سطح شكله يشبه السرج بجانبين منحنيين. تتكوّن فتحة المظلة التي تعلو الملعب من الفتحة التركيبية ومن الطوق الداخلي للحبال المعدنية الذي يتجاذب بفعل ضغط الطوق الخارجي ومن التقوير الموجود في غطاء المظلة الذي يمتد على امتداد صفوف مقاعد المتفرّجين على المدرّج. يتيح الموقع المركزي لهذا الأستاد الجديد الذي يقع مقابل منطقة جليب الشيوخ السكنية فرصة الوصول إليه بسهولة من كل المحلات والأحياء في المدينة. كما أن مطار الكويت الدولي ليس بعيدًا عنه. من المفترض أن ينتهي العمل في بناء هذا الأستاد في العام ٢٠٠٧.

الكويت

الكويت

Oman

Maskat

Sultan Qaboos Sport Village

Architekten
Jo. Franzke
Architekten,
Frankfurt am Main

Tragwerksplanung
B+G Ingenieure
Bollinger und
Grohmann,
Frankfurt am Main

Haustechnik
enco Ingenieur-
gesellschaft, Kassel

Bauherr
Yasseen Al Noumani,
AY International
Holding Group

Fertigstellung
voraussichtlich 2009

Visualisierung
studioA,
Frankfurt am Main

Oman besitzt in seiner Hauptstadt Maskat eine Reihe von Sportanlagen. Die größte von ihnen ist zurzeit das Stadion im *Sultan Qaboos Sports Complex*. Dieser Komplex soll möglicherweise um ein weiteres, multifunktional nutzbares Stadion zum *Sultan Qaboos Sport Village* erweitert werden. Die Entwurfsanforderungen bestanden in der Schaffung eines Fußballstadions, das mit einer Mehrzweckschwimmhalle zu verknüpfen ist. Ein genauer Standort wurde vom Auftraggeber nicht festgelegt. Gelöst wurde die Aufgabe nicht durch die übliche horizontale Aneinanderreihung der Sportstätten, sondern in einer vertikalen Schichtung. Diese Maßnahme minimiert den Verbrauch von Bauland und macht gleichzeitig den Entwurf flexibler für unterschiedliche Standorte. Das für 12.000 Zuschauer angelegte Stadion ruht über der größtenteils unterirdischen Schwimmhalle mit bis zu 8.000 Sitzplätzen. Daneben sind auch andere Hallensportarten wie Dressurreiten, Basketball oder Boxen möglich. Zudem kann die Halle für TV-Produktionen, Konzerte oder andere Großveranstaltungen genutzt werden. Eine transparente, illuminierte Folie bildet die äußere Fassade und sorgt in den Abend- und Nachtstunden für eine stimmungsvolle Beleuchtung der Sportanlage. Gleichzeitig fungiert die Folie als Klimahülle des Stadions. Ein gläsernes Band verdeutlicht den aus der inneren Struktur abgeleiteten Schichtaufbau des *Sport Village*. Restaurants, Ticketservice, Shops und die Zugänge in die Stadien sind hier integriert.

The largest sporting facility in Muscat, capital city of Oman, is the stadium at the Sultan Qaboos Sports Complex. That facility is to be extended by adding another multi-purpose stadium, creating the Sultan Qaboos Sport Village. Without specifying the project's exact location, the client's request was for a football stadium linked to a multi-purpose swimming arena. The facility proposed is not the usual side-by-side solution, but a vertical layering of the sports venues, reducing the amount of building land needed. The 12,000 spectator stadium rests above the almost wholly underground swimming arena with seating capacity of 8,000, capable also of hosting other indoor sports events,TV shows and concerts. A transparent membrane functions as external façade and climatic shell. When illuminated at night its highly atmospheric glow permeates the sports complex. A transparent exterior ribbon emphasises the stadium's layered internal construction. Restaurants, ticketing and shops are located on this level.

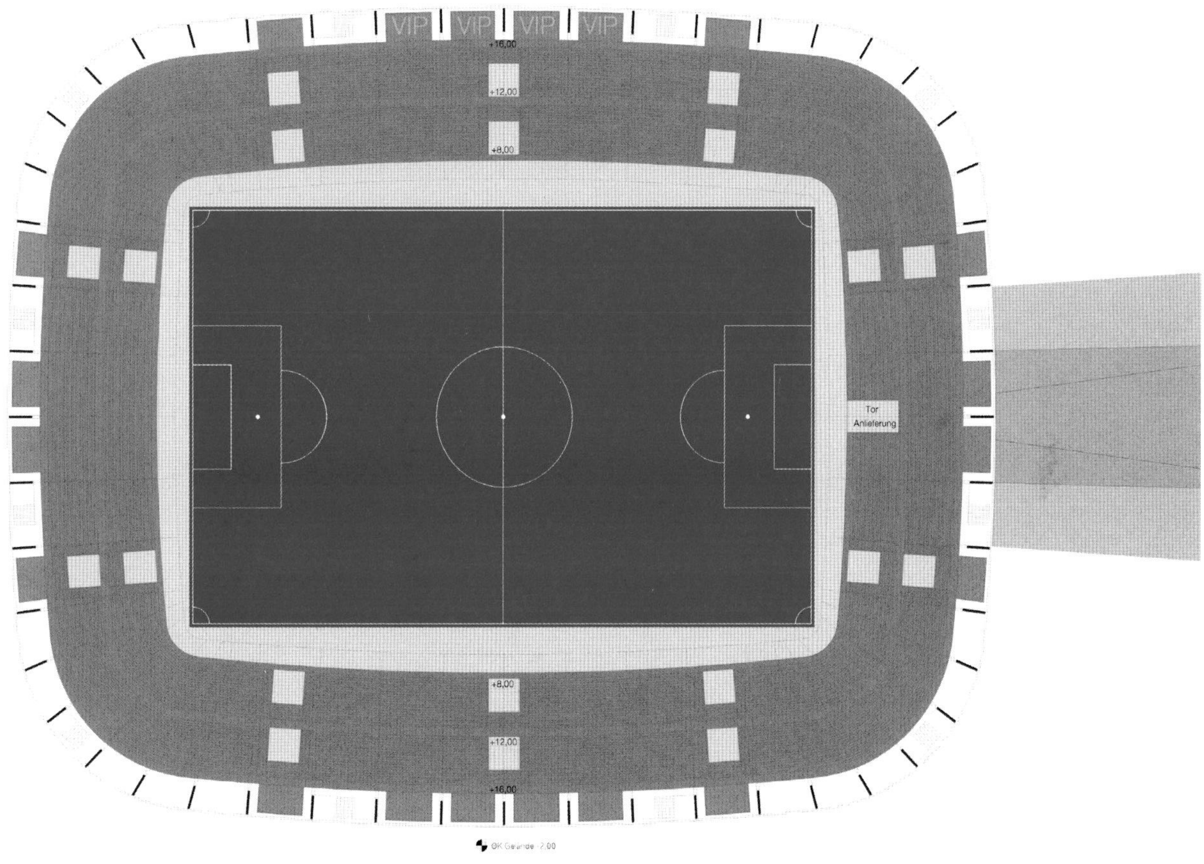

Grundriss | Floor plan

Perspektive Schwimmhalle; unten: Perspektive Eingang | Swimming pool; below: entrance

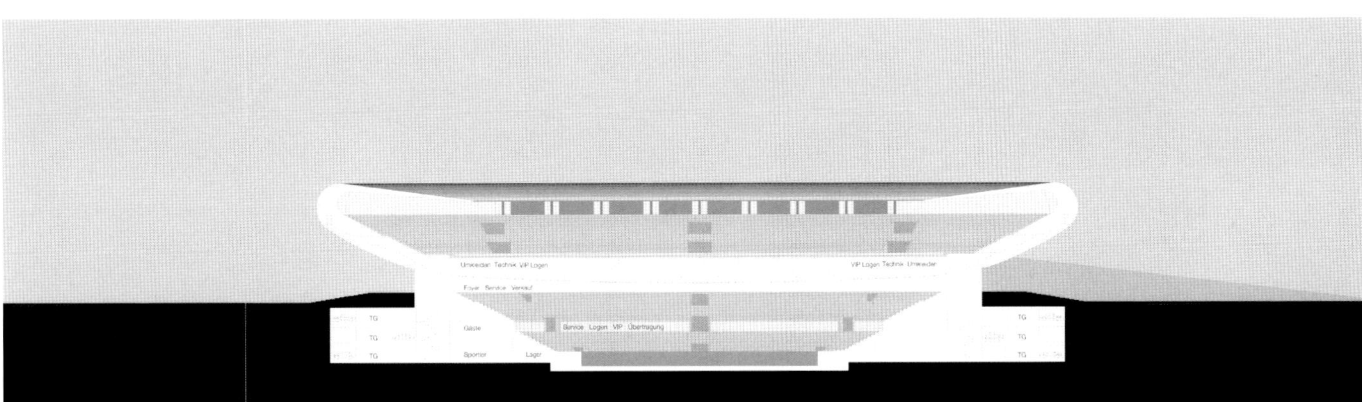

Perspektive Stadion; unten: Schnitt | Perspective stadium; below: section

Nachtansicht | Night view

قرية السلطان قابوس الرياضية

المهندسون
يو. فرانسكه
للاستشارات الهندسية،
فرانكفورت

تصميم هيكل الدعامات الساندة
بي+جي الهندسية
بولّينغر + جرومانّ،
فراكفورت

التقنيات الداخلية
مؤسسة إيكون
الهندسية، كاسل

صاحب المشروع
ياسين النعماني،
مجموعة شركات
النعماني الدولية

موعد الانجاز
يفترض في ٢٠٠٩

تنفيذ الرسومات والمخططات
أستوديو إي

تمتلك سلطنة عمان في عاصمتها مسقط مجموعة من المنشآت الرياضية، يعتبر أكبرها حاليًا أستاد مجمع السلطان قابوس. من المفترض أن يتم على الأرجح توسيع هذا المجمع الرياضي وبناء ملعب آخر متعدد الوظائف في قرية السلطان قابوس الرياضية. انحصرت الطلبات من أجل تصميم القرية الرياضية في بناء أستاد لكرة القدم مع ربطه بصالة للسباحة ذات وظائف متعددة. لم يتم تحديد موقع معيَّن لبناء هذا المشروع من قبل صاحب العطاء. كذلك لم يتم إيجاد حل لهذه المهمة من خلال توزيع المنشآت الرياضية بالتنسيق الأفقي المألوف لتكون مصطفة بجانب بعضها، بل لقد وجد الحل في بنائها على طبقات. يقلّل هذا الإجراء من مساحة أرض البناء ويقوم في نفس الوقت بجعل التخطيط أكثر مرونة بالنسبة لمواقع بناء مختلفة. يمتد الأستاد المصمم من أجل ١٢ ألف متفرّج فوق صالة السباحة بمقاعدها التي يصل عددها إلى ثمانية آلاف مقعد والتي صمّمت ليكون القسم الأكبر منها تحت الأرض. من الممكن فضلاً عن ذلك بناء صالات لألعاب رياضية أخرى، مثل رياضة الفروسية وكرة السلة أو الملاكمة. بالإضافة إلى ذلك من الممكن استخدام الصالة لأعمال الانتاج التلفزيوني وللحفلات أو لفعاليات كبيرة أخرى. تتكوّن الواجهة الخارجية من رقائق شفافة مزينة بالأضواء وتوفر في ساعات المساء والليل إضاءة مريحة للمنشآت الرياضية. تقوم هذه الرقائق في نفس الوقت بوظيفة التغليف المناخي للأستاد. يُظهر شريط زجاجي خطوط بناء القرية الرياضية. هذه الخطوط التي تنبثق من الهيكل الداخلي. أُدخلت هنا مرافق خدمية من مطاعم وخدمة التذاكر ومتاجر والمداخل التي تؤدي إلى الملاعب والصالات.

عمان

مسقط

Saudi-Arabien

Saudi Arabia

Abha

Jeddah

Mekka

Yanbu

Riad

King Khalid University

Architekten
Gerber Architekten International GmbH, Dortmund

Fachplanung
HL Technik AG, München
Saudi Consulting Services, Riad

Wettbewerb
3. Preis

Bauherr
Königreich Saudi-Arabien

Fläche
etwa 1 Mill. m² BGF

Modellfoto
Hans Jürgen Landes, Dortmund

Einerseits eine klar strukturierte, horizontale Bebauung in ihrer geometrischen Rationalität und andererseits die Weite und Kargheit der umgebenden hügeligen Landschaft; dieser Kontrast charakterisiert den Entwurf der King Khalid Universität. Das repräsentative Zentrum der Anlage liegt an einem kleinen Wadi, einem zeitweise wasserführenden Trockenflussbett. Von hier aus erstrecken sich die horizontal-linearen Strukturen des Campus für Frauen im Westen und des nach Mekka orientierten Campus der Männer im Nordosten. Beide Flügel sind geprägt durch ihre langen, kolonnadengesäumten und landschaftlich gestalteten Mittelzonen, die zum Flanieren und zum Gedankenaustausch anregen sollen. In der Fortführung des Wadis liegen südwestlich und nordöstlich die nach Geschlechtern getrennten, grün eingebetteten Sportflächen. In einigem Abstand zu den Lehrgebäuden folgt der Bereich Wohnen den freien Formen der Topografie. Die drei kleinen Siedlungen für Männer, Frauen und Bedienstete ähneln Bergdörfern und stellen einen ausgeprägten Gegensatz zur übrigen Bebauung dar. Die Hauptzugänge zum Männer- und zum Frauencampus erfolgen vom zentralen Platz am Wadi, an dem sich eine Bibliothek, ein Theater und Kulturzentrum sowie ein Museum befinden. Dominiert wird dieser Platz jedoch von der Moschee. Ihre Kuppel besteht aus einem ornamentalen Gitterwerk, das von einer äußeren, goldbedampften Glashülle umgeben ist. Tagsüber strahlt das Licht in den Kuppelraum hinein, so dass die Konstruktion ornamentale Schatten auf Wand und Boden wirft. Äußerlich erscheint die Kuppel bei Tage vergoldet, abends lässt das nach außen dringende Licht die Kuppel gleichsam erstrahlen.

The contrast between a clearly-defined geometric horizontal construction and the bleak expanse of the surrounding hills characterises the university's design. At its heart lies a small wadi, a dry riverbed occasionally filled with water. From here, the linear campus buildings, segregated according to sex, extend outwards. To stimulate academic reflection, each wing features a landscaped central zone edged with colonnades. Sports fields continue the line of the wadi in both directions. In sharp contrast to the remaining development, the residential areas adopt the local topography, resembling mountain villages. The central square on the wadi is dominated by the mosque with its dome of ornamental latticework wrapped in a gold metallicised glass shell. By day, sunlight shining through the dome casts ornamental shadows into the room below. At night, light from inside the mosque sets the dome's exterior aglow.

Umgebungsplan | Site plan

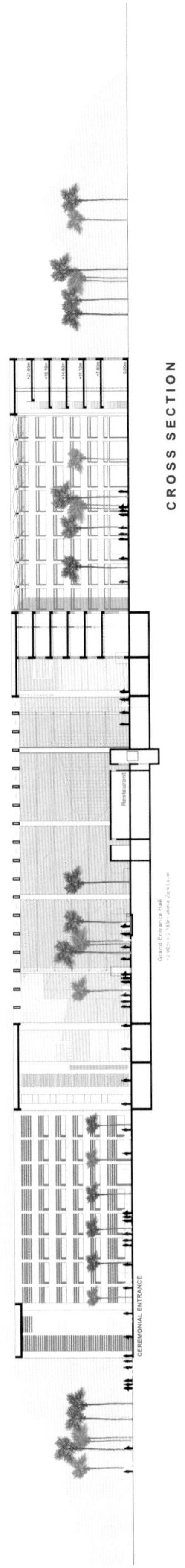

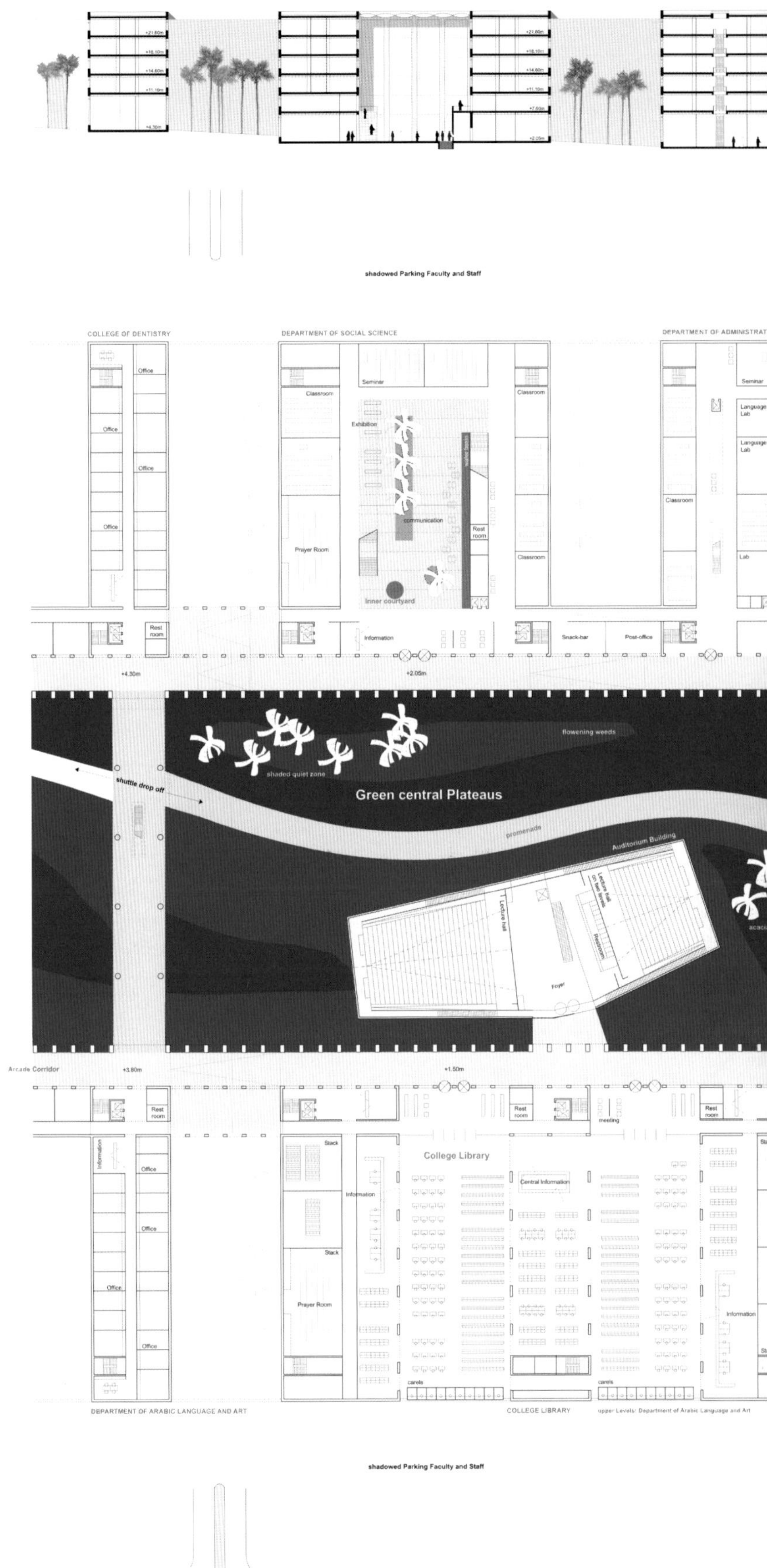

Schnitt und Grundriss | Section and floor plan

34

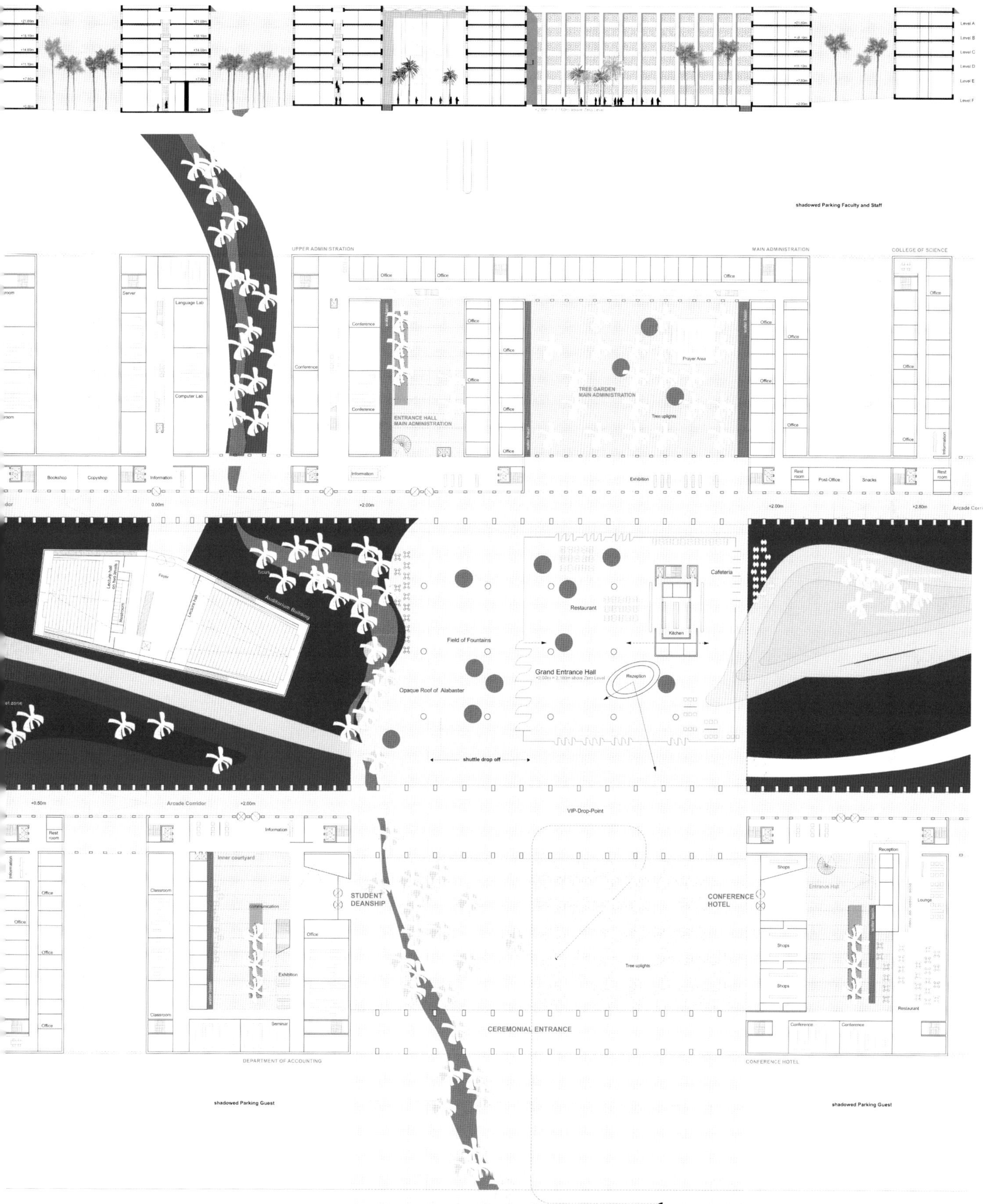
Level A
Level B
Level C
Level D
Level E
Level F
shadowed Parking Faculty and Staff
UPPER ADMINISTRATION
MAIN ADMINISTRATION
COLLEGE OF SCIENCE
Language Lab
Computer Lab
Conference
ENTRANCE HALL MAIN ADMINISTRATION
TREE GARDEN MAIN ADMINISTRATION
Prayer Area
Tree uplights
Office
Information
Bookshop
Copyshop
Exhibition
Post-Office
Snacks
Rest room
Arcade Corridor
Auditorium Building
Lecture hall
Foyer
Field of Fountains
Opaque Roof of Alabaster
Restaurant
Cafeteria
Kitchen
Grand Entrance Hall
Reception
shuttle drop off
VIP-Drop-Point
Inner courtyard
Classroom
Seminar
STUDENT DEANSHIP
CONFERENCE HOTEL
Entrance Hall
Shops
Lounge
CEREMONIAL ENTRANCE
DEPARTMENT OF ACCOUNTING
shadowed Parking Guest
36

Arkaden | Arcades

Modell | Model

Eingangsbereich | Entrance area

جامعة الملك خالد

المهندسون
غيربر الدولية للاستشارات الهندسية، دورتموند

التخطيط الفني
إتش إل التقنية، ميونخ
مكتب الخدمات الاستشارية السعودي، الرياض

المسابقة
الجائزة الثالثة

صاحب المشروع
المملكة العربية السعودية

المساحة
حوالي مليون متر مربع مساحة إجمالية لأرض المشروع

يتميز تصميم جامعة الملك خالد بهذا التناقض الذي يظهر من ناحية في بناء أفقي مبني بناءً مميزًا في تنظيمه الهندسي ومن ناحية أخرى في امتداد وجدوبة المساحات الطبيعية المحيطة ذات الطبيعة الهضبية. يقع المركز التمثيلي لهذه المنشأة على وادٍ صغير، أي على مجرى سيل جاف يجري فيه الماء من حين إلى آخر. تمتد من هنا مباني الحرم الجامعي الخاص بالنساء في جهة الغرب ومباني الحرم الجامعي الخاص بالرجال في جهة الشمال الشرقي نحو مكة. هذه المباني التي تمتد بشكل مستقيم وأفقي. يتميز كلا الجانبين بمنطقتيهما المركزيتين الطويلتين والمحاطتين بأروقة والمنظمتين بمساحات طبيعية. هاتان المنطقتان المركزيتان اللتان يفترض أن تُشجّعا على التنزُّه وتبادل الأفكار. تقع المساحات الرياضية المحاطة بأشجار خضراء والمفصولة عن بعضها حسب الجنسين في المنطقتين اللتين يتابع فيهما الوادي مجراه في جهة الجنوب الغربي وفي جهة الشمال الشرقي. يتكيّف القسم المخصص للسكن على مسافة عن المباني التعليمية مع طوبوغرافيا المساحات الواسعة. تشبه المجمعات السكنية الصغيرة الثلاثة المخصصة للرجال والنساء والعاملين قرى جبلية وتختلف اختلافًا مميزًا عن باقي المباني. تفضي المداخل الرئيسية إلى الحرم الجامعي من الساحة الرئيسية التي تقع على الوادي الذي توجد عنده مكتبة ومسرح ومركز ثقافي بالإضافة إلى متحف. لكن هناك مسجد يشرف على هذه الساحة. تتكوّن قبته من زخرفة متشابكة يحيطها تغليف خارجي مطعّم بالذهب؛ تدخلها أشعة الشمس في ساعات النهار بحيث ترمي هذه التشكيلة ظلال الزخرفة على جدران وأرض المسجد. تظهر القبة في ساعات النهار مذهبة، بينما تتلألأ في ساعات الليل بفعل الضوء الذي ينفذ من خلالها إلى الخارج.

King Khalid University

Architekten
Heinle, Wischer und Partner, Stuttgart

Fachplanung
Tragwerksplanung Boll und Partner GmbH, Stuttgart
Scholze Ingenieurgesellschaft mbH, Leinfelden-Echterdingen
Fichtner Bauconsulting GmbH, Stuttgart
Billinger Hans, Büro für Verkehrsplanungen, Stuttgart
Stötzer und Neher Landschaftsarchitekten, Sindelfingen

Wettbewerb
6. Preis

Auslober
Königreich Saudi-Arabien

Fläche
1.561.610 m² BGF

Das Projekt der *King Khalid University* entstand innerhalb eines internationalen Wettbewerbs. Gefordert war ein Campus für 35.000 Studenten und etwa 15.000 Studentinnen, der in drei Bauabschnitten bis zum Jahr 2015 realisiert werden sollte. Die umfangreiche Planung umfasste eine Gesamtfläche von etwa 1,1 Millionen Quadratmetern Nutzfläche für universitäre Einrichtungen und etwa 400.000 Quadratmetern für Wohnanlagen und Studentenwohnheime, die gesamte Infrastruktur sowie die Ver- und Entsorgungsanlagen. Der Entwurf basiert auf der Idee von zwei sich schneidenden Hauptachsen, so genannten *spines*. An einer *Akademischen Achse* liegen die geistes-, natur- und ingenieurwissenschaftlichen Institute, das Hörsaalzentrum, die Zentralbibliothek, das Krankenhaus, die Sportstätten und die Moschee. Ein breiter Grünstreifen trennt die männlichen von den weiblichen Studierenden, die sich nach Möglichkeit nicht begegnen sollen. An der nach Mekka ausgerichteten *Livingspine* befinden sich sämtliche Wohnanlagen zusammen mit der notwendigen Infrastruktur wie einem Markt, Banken sowie Kommunikations- und Gesundheitszentren. Die Frauen- und Männerwohnbereiche werden durch die *Akademische Achse* voneinander getrennt. Das Gestaltungsbild des Campus orientiert sich am traditionellen Städtebau Arabiens. Offene Wandelgänge verbinden die einzelnen Institute und Gebäude untereinander. Trotz der Komplexität der Anlage ist ein hoher Grad an Orientierung und Flexibilität durch Innenhöfe, verschiedenartige Bepflanzungen etc. gegeben. Der arabischen Bautradition folgend spielte Wasser sowohl innerhalb der Gebäude als auch im halböffentlichen Raum sowie im Freien eine wesentliche Rolle bei der Gestaltung. Die vorhandenen Wadis wurden in die Gesamtplanung integriert.

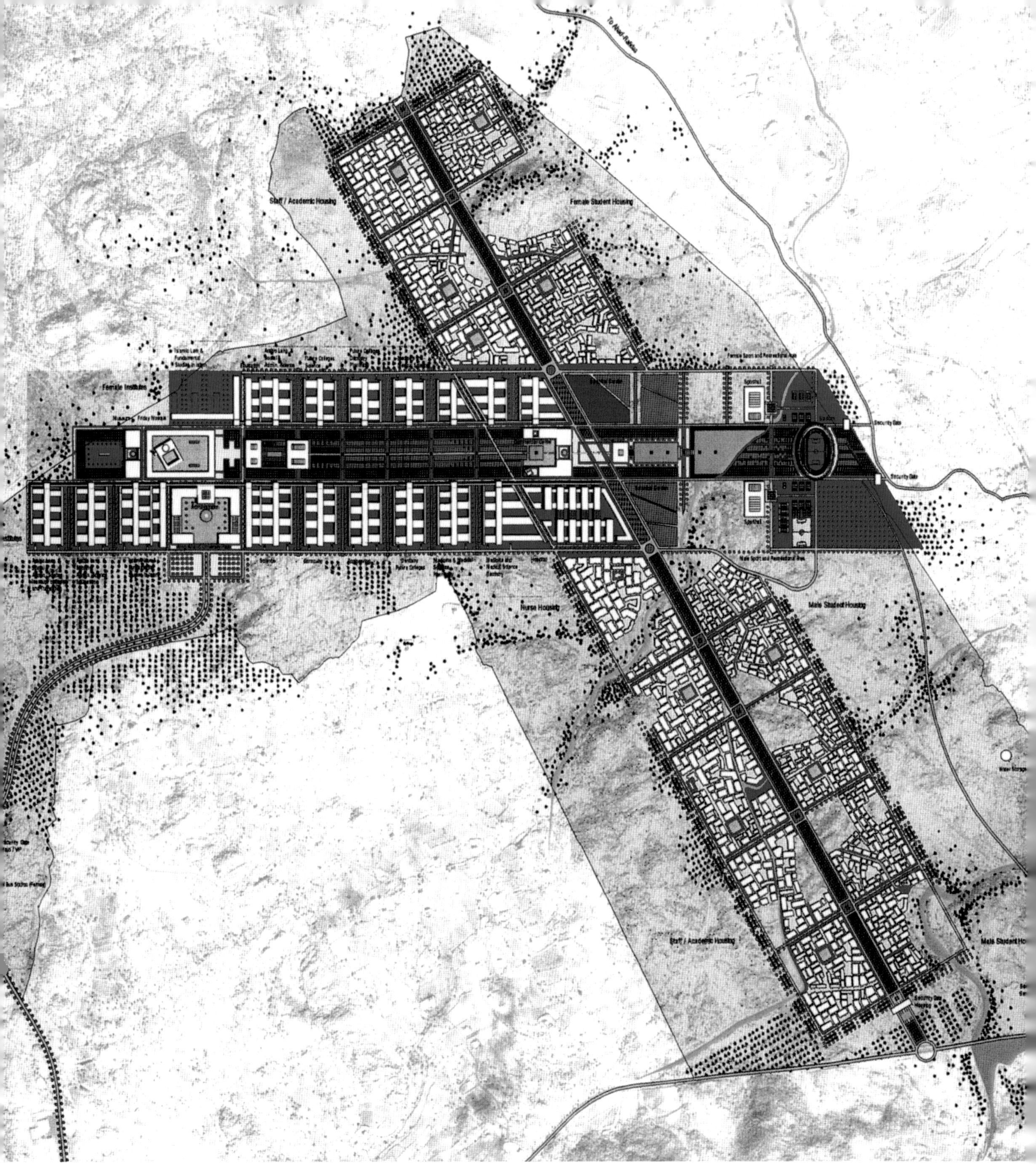

Umgebungsplan | Site plan

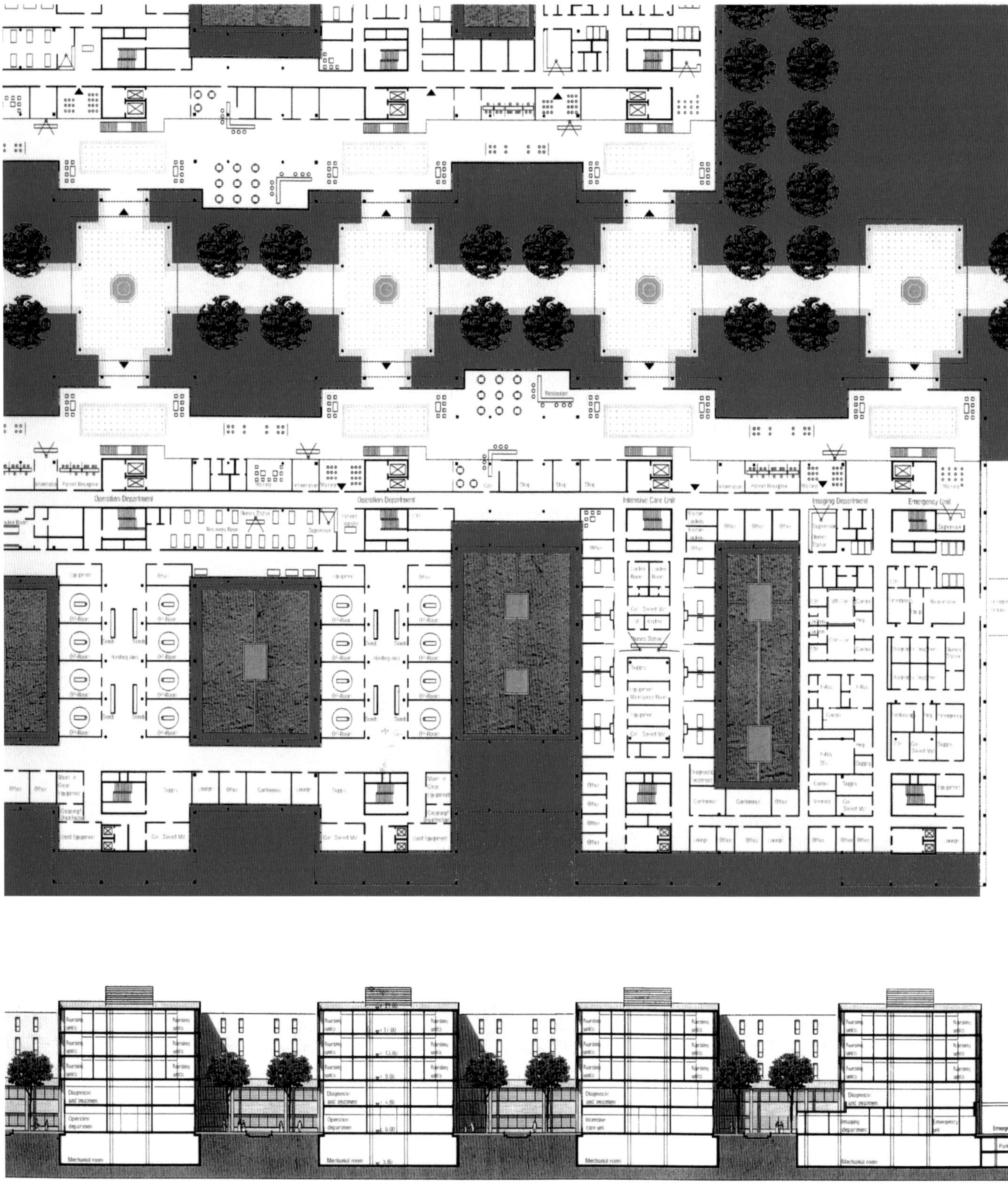

Medizinische Fakultät, Grundriss und Schnitt | Medical College, floor plan and section

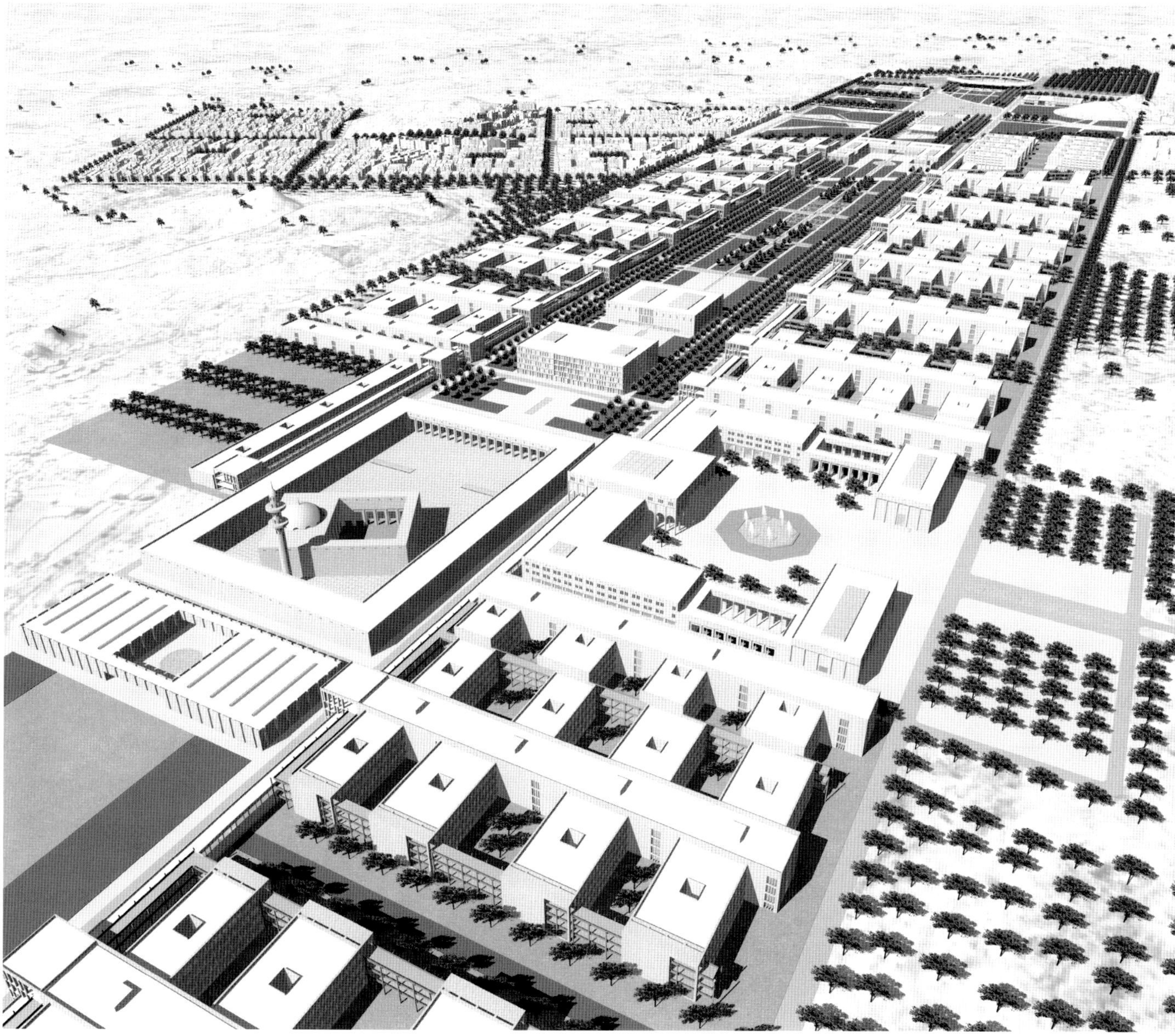

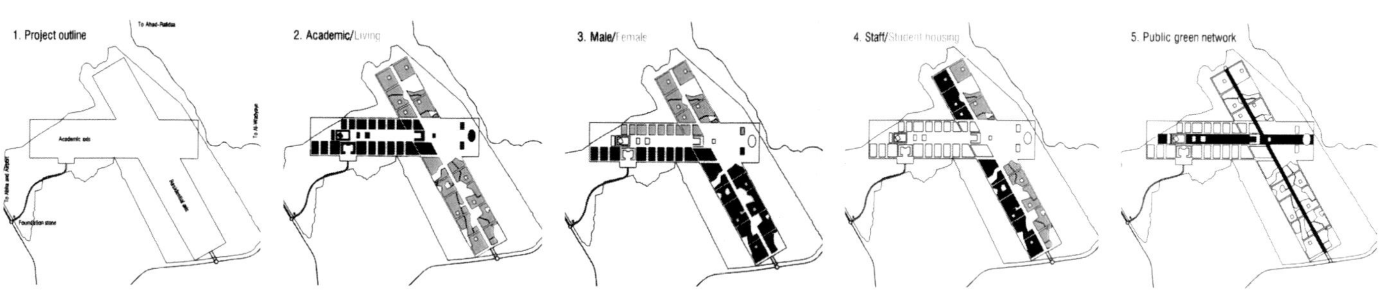

Drei-D-Masterplan; unten: Strukturkonzept | Master plan 3D; below: structural concept

Campus, verschiedene Ansichten | Campus, various views

RESPONDING TO A REQUEST FOR A CAMPUS ACCOMMODATING 35,000 MALE STUDENTS AND 15,000 FEMALE STUDENTS INCORPORATING TEACHING AND RESIDENTIAL BUILDINGS AND ALL ATTENDANT INFRASTRUCTURE, THE DESIGN PROPOSED CENTRES ON TWO INTERSECTING AXES OR SPINES. THE ACADEMIC SPINE IS HOME TO THE FACULTY BUILDINGS, LECTURE THEATRES, LIBRARY, HOSPITAL, SPORTS FACILITIES AND MOSQUE. A BROAD STRIP OF GREENERY SEPARATES THE MALE AND FEMALE STUDENTS FROM ONE ANOTHER. RESIDENTIAL ACCOMMODATION AND RELATED FACILITIES SUCH AS SHOPS, BANKS AND HEALTH SERVICES ARE LOCATED ALONG THE LIVING SPINE, WHICH IS ORIENTED TOWARDS MECCA. MALE AND FEMALE SECTIONS ARE SEPARATED BY THE ACADEMIC SPINE. TRADITIONAL ARABIC URBAN DESIGN INFLUENCES THE OVERALL APPEARANCE OF THE CAMPUS. COLONNADES LINK THE BUILDINGS. COURTYARDS AND PLANTED AREAS ASSIST IN ORIENTATION AND IN REDUCING THE STRUCTURE'S RIGIDITY. WATER FEATURES INCORPORATING THE EXISTING WADIS ARE ALSO FUNDAMENTAL TO THE DESIGN.

Eingangsbereich | Entrance area

جامعة الملك خالد

المهندسون
هاينله، ڤيشر وشركاؤه، شتوتغارت

التخطيط الفني
وتصميم هيكل الدعامات الساندة
بولّ وشركاؤه، شتوتغارت
شولتسه الهندسية، لاينفيلدن-إشتردينغن
فيشتنر للاستشارات الهندسية، شتوتغارت
مكتب بيلّينغ هانس لتخطيط الطرق، شتوتغارت
شتوتسر ونيهر للهندسة الطبيعية، زيندلفينغن

المسابقة
الجائزة السادسة

صاحب العطاء
المملكة العربية السعودية

المساحة
١٥٦١،٦١٠ متر مربع
مساحة إجمالية لأرض المشروع

تم إنشاء مشروع جامعة الملك خالد ضمن مسابقة عالمية. كان المطلوب بناء حرم جامعي لخمسة وثلاثين ألف طالب وحوالي ١٥ ألف طالبة. تقرر إنجازه في ثلاث مراحل بناء حتى العام ٢٠١٥. غطى التخطيط الشامل مساحة كلية إجمالية تبلغ حوالي مليون ومائة ألف متر مربع مخصصة من أجل المرافق الجامعية وحوالي ٤٠٠ ألف متر مربع مخصصة للمرافق السكنية ولمساكن الطلبة ولكل البنية التحتية وكذلك للمرافق الخدمية الخاصة بالإمداد والصرف. اعتمد تصميم المشروع على فكرة محورين رئيسيين متقاطعين، أي ما يسمى المجمعات المركزية، حيث تقع على محور أكاديمي كلية العلوم الانسانية والعلوم الطبيعية والهندسة، بالإضافة إلى مركز قاعات المحاضرات والمكتبة المركزية والمستشفى (مركز الخدمات الطبية) والمرافق الرياضية والمسجد. يفصل شريط عريض مشجر قسم الطلبة الذكور عن قسم الطالبات الذين ينبغي أن لا يلتقوا ببعضهم بقدر المستطاع. توجد في المجمع السكني الذي يتجه نحو مكة كل المرافق السكنية مع المرافق الخدمية الضرورية من سوق ومصارف ومراكز اتصالات ومراكز صحية. يفصل المحور الأكاديمي قسم النساء عن قسم الرجال. يعتمد تصميم مشروع الحرم الجامعي على أسلوب البناء التقليدي المنتشر في مدن شبه الجزيرة العربية، حيث تقوم ممرات رحبة بوصل الكليات والمباني مع بعضها. على الرغم من التعقيد الموجود في مرافق هذه المدينة الجامعية إلا أنها تقدم قدرًا عاليًا من المرونة والسهولة في تحديد الطرق من خلال الباحات الداخلية والمساحات المزروعة بمختلف النباتات. لعب الماء تبعًا لأسلوب العمارة العربية التقليدية دورًا هامًا في التصميم الداخلي للمباني وكذلك في تصميم المساحات نصف العمومية وفي المناطق الخالية. تم دمج الوديان الموجودة على أرض المشروع في تصميم المخطط العام.

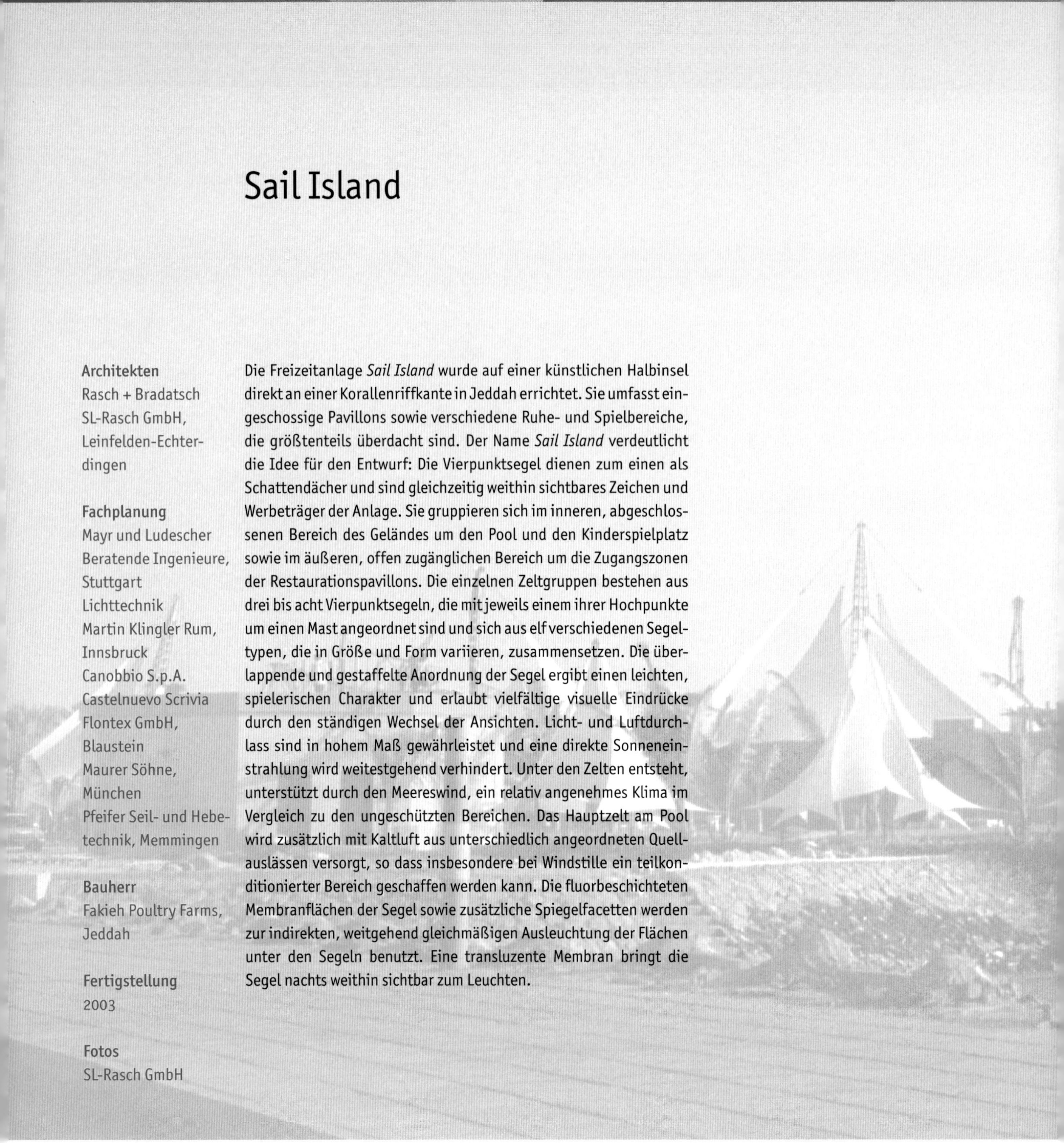

Sail Island

Architekten
Rasch + Bradatsch
SL-Rasch GmbH,
Leinfelden-Echterdingen

Fachplanung
Mayr und Ludescher
Beratende Ingenieure,
Stuttgart
Lichttechnik
Martin Klingler Rum,
Innsbruck
Canobbio S.p.A.
Castelnuevo Scrivia
Flontex GmbH,
Blaustein
Maurer Söhne,
München
Pfeifer Seil- und Hebetechnik, Memmingen

Bauherr
Fakieh Poultry Farms,
Jeddah

Fertigstellung
2003

Fotos
SL-Rasch GmbH

Die Freizeitanlage *Sail Island* wurde auf einer künstlichen Halbinsel direkt an einer Korallenriffkante in Jeddah errichtet. Sie umfasst eingeschossige Pavillons sowie verschiedene Ruhe- und Spielbereiche, die größtenteils überdacht sind. Der Name *Sail Island* verdeutlicht die Idee für den Entwurf: Die Vierpunktsegel dienen zum einen als Schattendächer und sind gleichzeitig weithin sichtbares Zeichen und Werbeträger der Anlage. Sie gruppieren sich im inneren, abgeschlossenen Bereich des Geländes um den Pool und den Kinderspielplatz sowie im äußeren, offen zugänglichen Bereich um die Zugangszonen der Restaurationspavillons. Die einzelnen Zeltgruppen bestehen aus drei bis acht Vierpunktsegeln, die mit jeweils einem ihrer Hochpunkte um einen Mast angeordnet sind und sich aus elf verschiedenen Segeltypen, die in Größe und Form variieren, zusammensetzen. Die überlappende und gestaffelte Anordnung der Segel ergibt einen leichten, spielerischen Charakter und erlaubt vielfältige visuelle Eindrücke durch den ständigen Wechsel der Ansichten. Licht- und Luftdurchlass sind in hohem Maß gewährleistet und eine direkte Sonneneinstrahlung wird weitestgehend verhindert. Unter den Zelten entsteht, unterstützt durch den Meereswind, ein relativ angenehmes Klima im Vergleich zu den ungeschützten Bereichen. Das Hauptzelt am Pool wird zusätzlich mit Kaltluft aus unterschiedlich angeordneten Quellauslässen versorgt, so dass insbesondere bei Windstille ein teilkonditionierter Bereich geschaffen werden kann. Die fluorbeschichteten Membranflächen der Segel sowie zusätzliche Spiegelfacetten werden zur indirekten, weitgehend gleichmäßigen Ausleuchtung der Flächen unter den Segeln benutzt. Eine transluzente Membran bringt die Segel nachts weithin sichtbar zum Leuchten.

Masterplan | Master plan

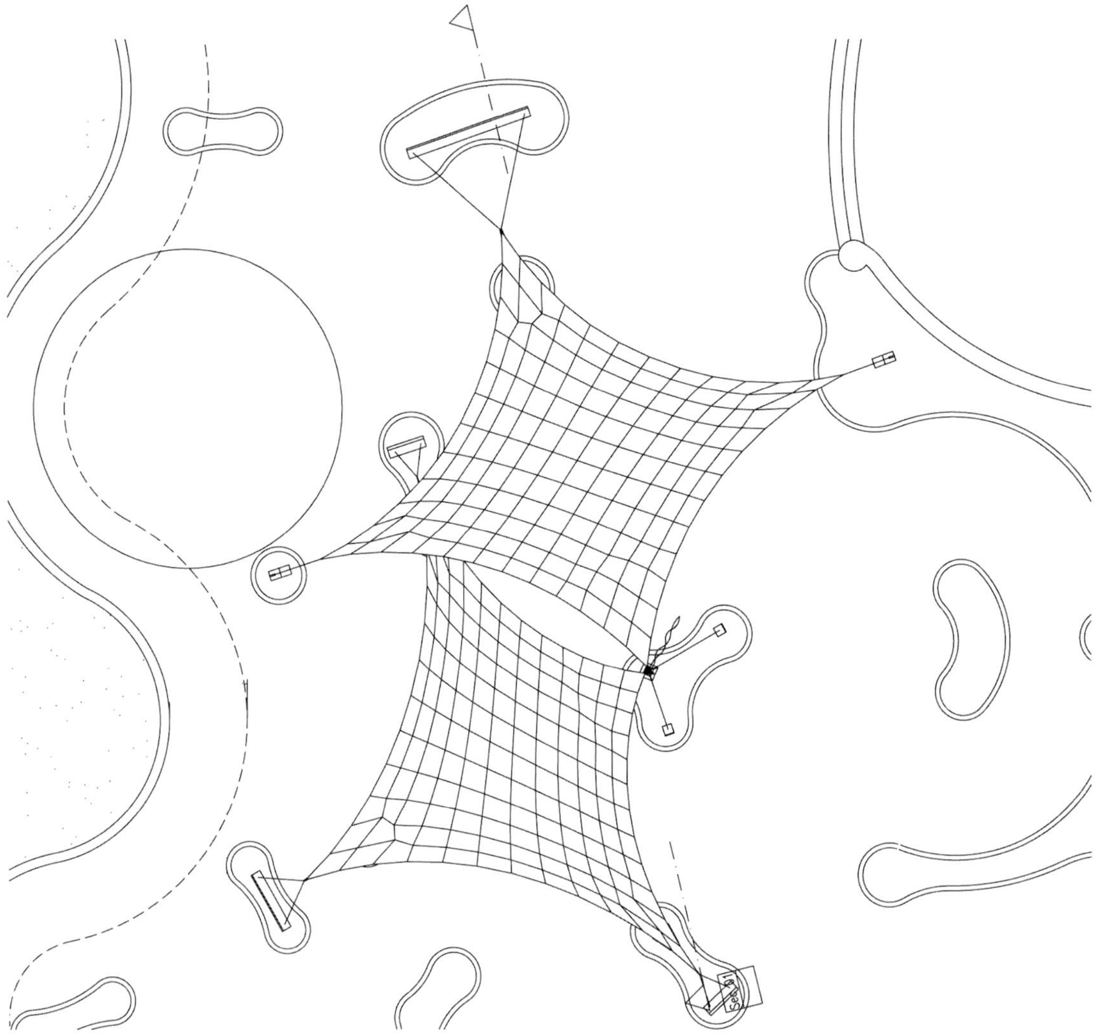

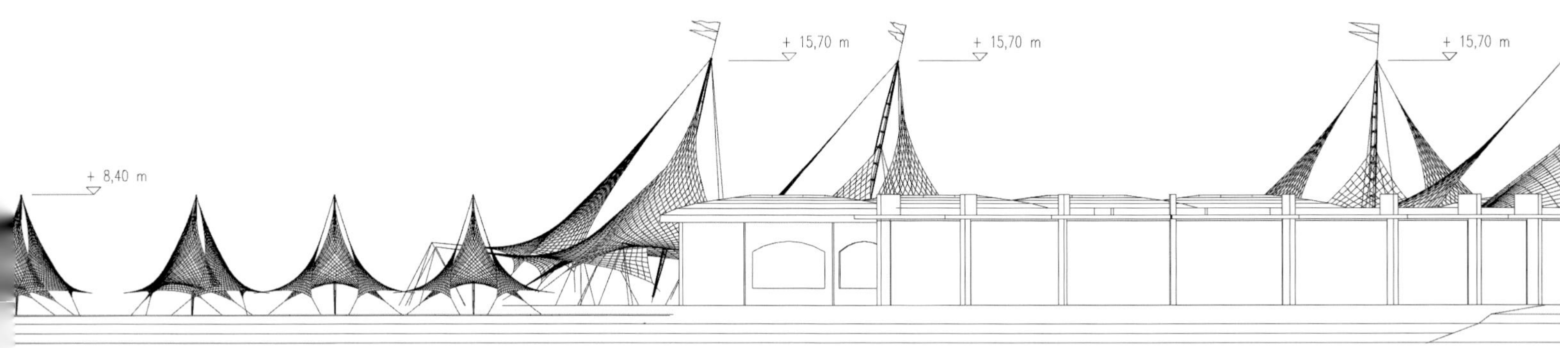

Grundriss | Floor plan

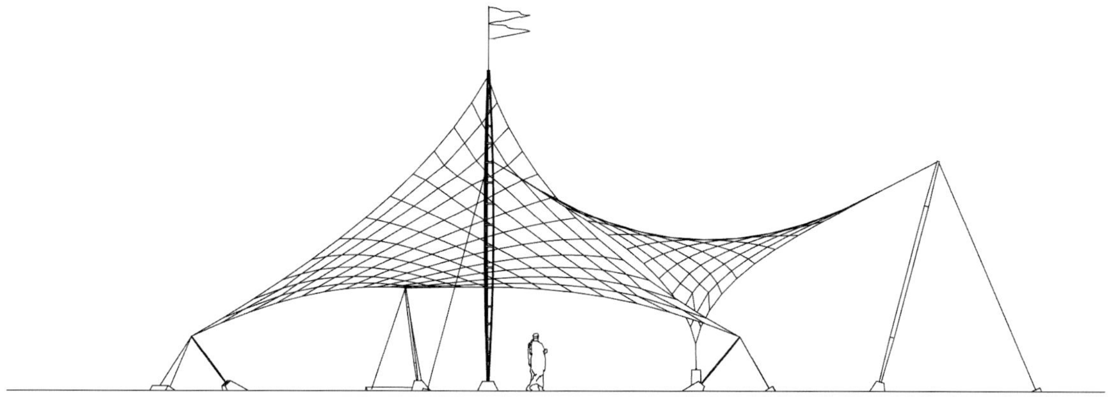

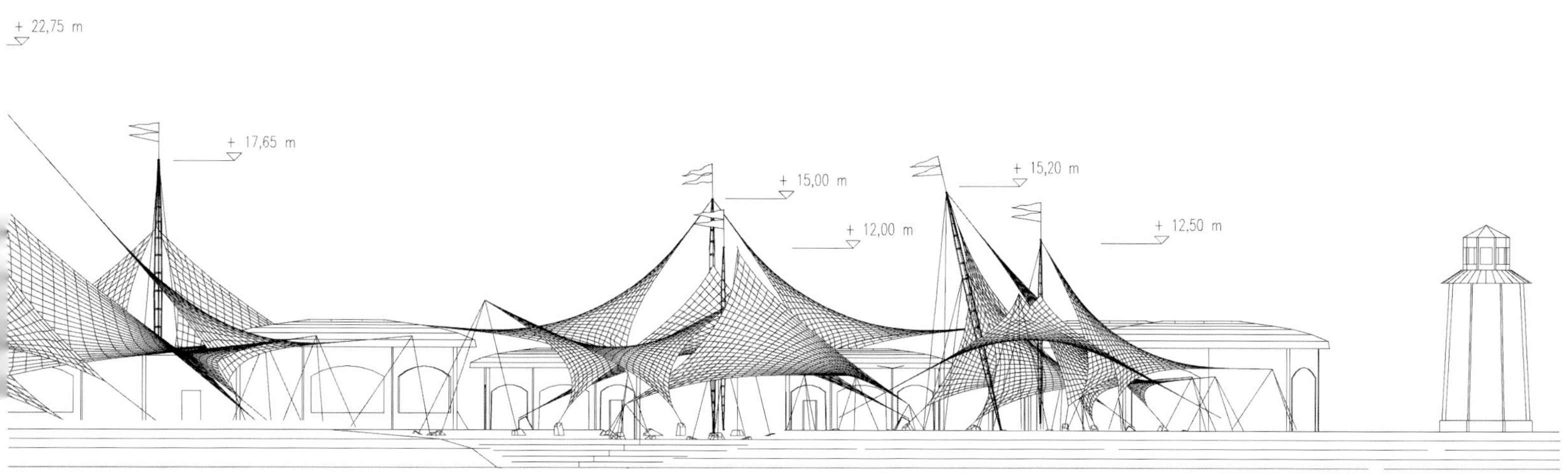

Schnitt Zelt; unten: Schnitt Gelände | Section tent; below: section site

This leisure facility comprising food and drink pavilions and numerous activity and relaxation areas was constructed off a coral reef on the Jeddah coast. The four-cornered sails (from which the project takes its name) grouped in tents around the pool and children's play area and clustered in the refreshment areas perform both symbolic and practical functions. Three to eight sails of varying sizes overlapping in playful arrangement around a mast combine to form tent-like structures. The sails allow air and light generously to pass, whilst reducing also the exposure to direct sun. Thanks to the sea breeze, the climate beneath the sails is generally pleasant. For a semi-air-conditioned effect, the main tent is equipped with various cold air outlets. The sail membranes' fluorescent coating and various mirrored elements permit indirect lighting to be employed to good effect. By night, the translucent sails are visible from afar.

Hauptzelt | Main Tent

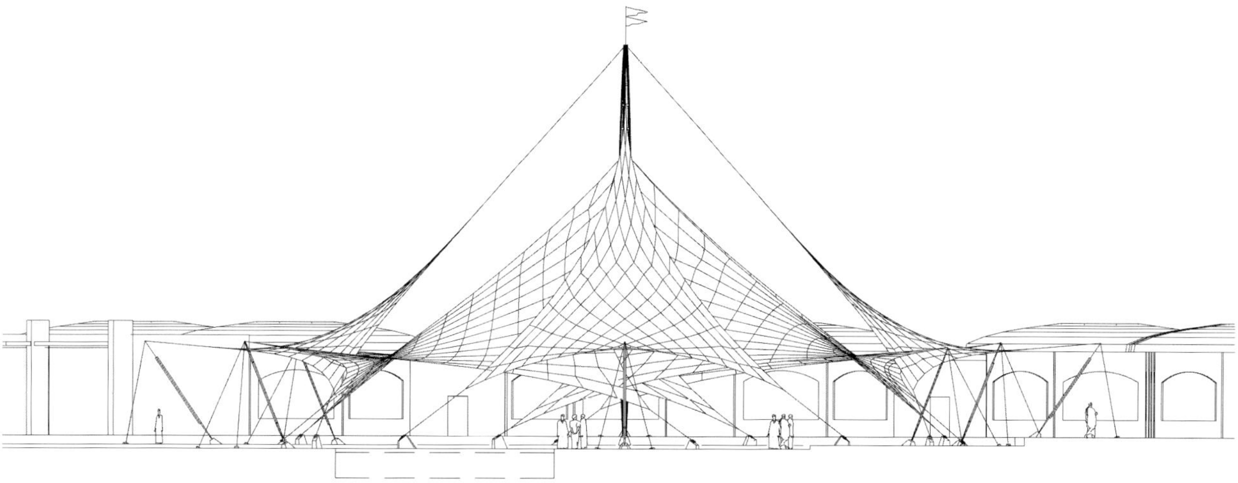

Ansicht Süd; unten: Segel | Elevation South; below: sails

Zelte | Tents

جزيرة الشراع

المهندسون

راش + براداتش.

لاينفيلدن-إشتردينغن

التخطيط الفني

ماير ولودشر مهندسون

استشاريون. شتوتغارت

مارتين كلينغلر روم

للتقنيات الضوئية.

إنسبروك

كانوبيو إس.ب.أي

كاستلنوفو سكريفيا.

إيطاليا

فلونتكس. بلاوشتاين

ماورَر زونه. ميونخ

بفايفر لتقنيات الرفع

والتعليق. ميمنغن

صاحب المشروع

مزارع فقيه للدواجن. جدة

المساحة

حوالي ٤ آلاف متر مربع

موعد الانجاز

في عام ٢٠٠٣

أُقيم مشروع متنزّه جزيرة الشراع الترفيهي فوق شبه جزيرة اصطناعية تقع مباشرة على حافة شعاب مرجانية على كورنيش مدينة جدة. تحتوي هذه الجزيرة على أكشاك بالإضافة إلى مختلف أقسام الراحة واللعب التي تم سقف الجزء الأكبر منها. يشير اسم «جزيرة الشراع» إلى فكرة المشروع: تستخدم الأشرعة المثبّتة على أربع نقاط من ناحية كمظلات وتعتبر في نفس الوقت علامة ووسيلة دعائية لهذا المتنزّه يمكن رؤيتها على مسافات بعيدة. تتوزع هذه الأشرعة في مجموعات تتجمع في القسم الداخلي المغلق من المتنزّه حول المسبح وساحة لعب الأطفال. وكذلك في القسم الخارجي المفتوح للجميع حول مدخل منطقة الأكشاك المخصصة للمطاعم. تتكوّن كل مجموعة من مجموعات الخيم من ثلاثة إلى ثمانية أشرعة مثبّتة على أربع نقاط. نُشر كل واحد منها في أعلاه على سارية. تم تشكيل الأشرعة من إحدى عشر نوعًا من الأشرعة التي تختلف عن بعضها من حيث مساحتها وشكلها. يعمل ترتيب الأشرعة الممتدة بشكل متداخل ومتدرّج على طبع المتنزّه بطابع ينم عن القليل من الفكاهة ويترك انطباعًا نظريًا متنوعًا من خلال التغيير المستمر في منظر المتنزّه. يضمن تصميم المتنزّه دخول الضوء والهواء الطلق بدرجة عالية كما يحول إلى أبعد حد دون وصول أشعة الشمس المباشرة. يتكوّن تحت الخيم من خلال نسيم البحر هواء لطيف نسبيًا بالمقارنة مع الأقسام التي لا تغطيها الخيم. يتم تكييف هواء الخيمة الرئيسية التي تقع على المسبح من خلال مكيّفات وُزّعت في أركان مختلفة. بحيث يمكن تكييف قسم من المتنزّه تكييفًا جزئيًا خاصة عند سكون الرياح. تُستخدم أسطح الأشرعة المغطاة بالفلور وكذلك الوجوه العاكسة في إنارة المساحات الواقعة تحت الأشرعة إنارة غير مباشرة ومتناسبة جدًا. زوّدت الأشرعة بغشاء نصف شفاف يجعلها تلمع في الليل لمعانًا تمكن رؤيته على مسافات بعيدة.

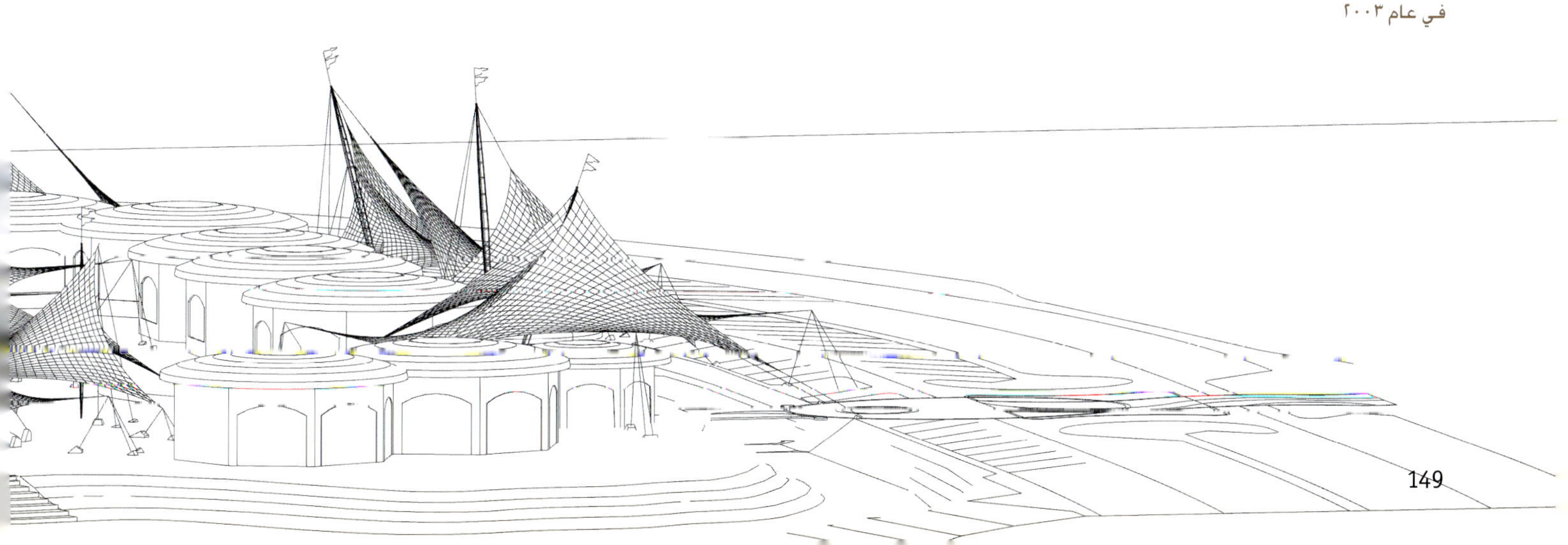

Jabal Omar Development Project

Architekten
Kleihues + Kleihues, Berlin

Bauherr
Jabal Omar Development Company, Saudi-Arabien

Wettbewerb
für Fassadengestaltung

Renderings
Stefan Lotz, Berlin

Mekka, Geburtsstadt des Propheten Mohammed und heiligste Stadt des Islam – jedes Jahr pilgern Millionen Muslime zum Hadsch hierher. Um den gewaltigen Ansturm der Pilger und die Nachfrage nach Wohnraum und Hotelzimmern zu bewältigen, wurde von den städtischen Entscheidungsträgern unter anderem beschlossen, im Zentrum Mekkas, in unmittelbarer Nähe zum heiligsten islamischen Ort, der Kaaba in der Moschee *Masjid al-Haram*, mehrere Hochhauskomplexe zu bauen. Das *Jabal Omar Development Project*, das sich über 230.000 Quadratmeter erstreckt, soll neben zahlreichen Wohnhochhäusern ein Einkaufszentrum, Fünfsternehotels sowie Gebetssäle für insgesamt 200.000 Pilger umfassen. Auf der Grundlage des vom Auslober vorgegebenen Masterplans, der Funktionen, Erschließung und Bauvolumen festgelegt hat, wurde anschließend ein Wettbewerb zur Fassadengestaltung dieser Gebäude ausgelobt. »A spirit of variety within the unity of the whole project« sollte sich nach Maßgabe der Auslober in der Gestaltung der Fassaden widerspiegeln. Der Wettbewerbsbeitrag des Architekturbüros Kleihues + Kleihues moduliert zu diesem Zweck traditionelle islamische Ornamente, die zu neuen Formationen zusammengeschlossen werden können. Bedeutend ist dabei, dass das Modulsystem eine Reihe von Anordnungen erlaubt, die nach Gebäudetyp unterschiedlich angewendet werden können. Insgesamt entsteht ein einheitlicher Gebäudekomplex, der aber jedem einzelnen Haus seine eigene Ornamentik zugesteht.

THIS PROJECT AIMS TO ADDRESS THE SHORTAGE OF HOTEL ROOMS AND GUEST ACCOMMODATION FOR THE MILLIONS OF PILGRIMS WHO TRAVEL EACH YEAR TO MECCA. THE PROJECT MASTER PLAN ENVISAGES THE CONSTRUCTION OF NUMEROUS HIGH-RISE RESIDENTIAL BUILDINGS, A SHOPPING CENTRE, FIVE-STAR HOTELS AND PRAYER ROOMS FOR 200,000 PILGRIMS ON A SITE CLOSE TO THE HOLIEST OF PLACES, THE KAABA IN THE MASJID AL HARAM MOSQUE. ON SETTING THE TERMS OF THE COMPETITION TO DECORATE THE FAÇADES OF THESE NEW BUILDINGS THE CLIENT REQUESTED A DESIGN WHICH REFLECTS 'A SPIRIT OF VARIETY WITHIN THE UNITY OF THE WHOLE'. WITH THAT IN MIND, THE DESIGN PROPOSED BY KLEIHUES + KLEIHUES MODIFIES TRADITIONAL ISLAMIC ORNAMENTATIONS ENABLING NEW COMBINATIONS TO BE FORMED. THIS MODULAR SOLUTION PERMITS MULTIPLE PERMUTATIONS ACCORDING TO THE TYPE OF BUILDING INVOLVED. AN OVERALL SENSE OF UNITY IS GENERATED, WHILST EACH INDIVIDUAL BUILDING ENJOYS NONETHELESS ITS OWN PARTICULAR ORNAMENTATION.

Masterplan | Master plan

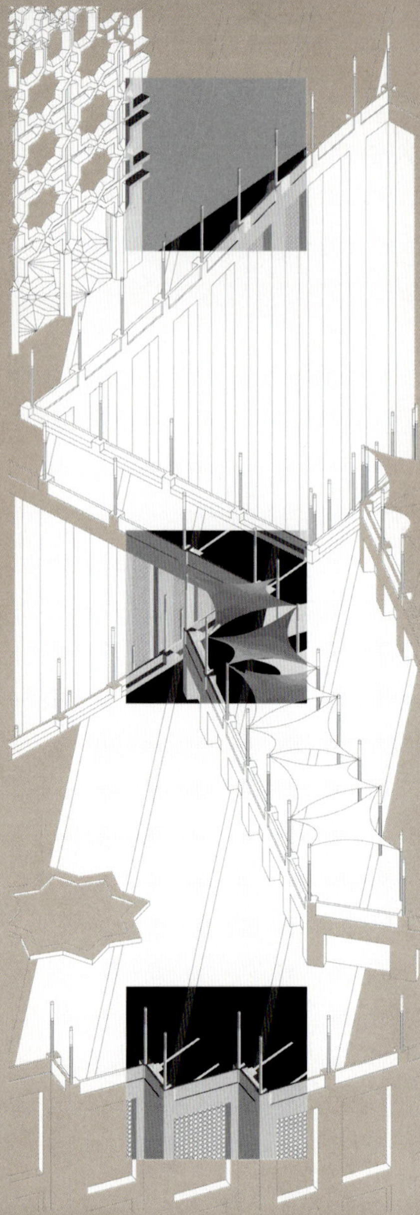

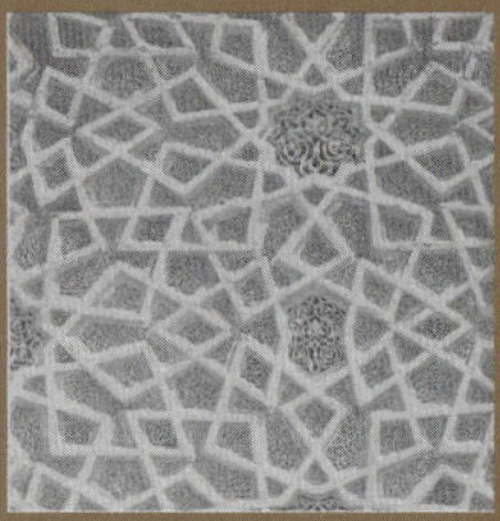

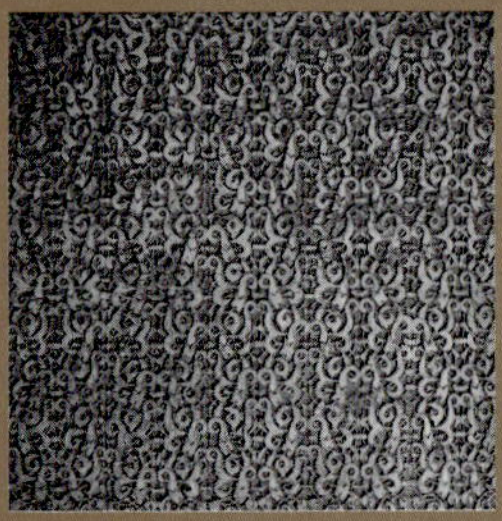

Ansicht und Details | Elevation and details

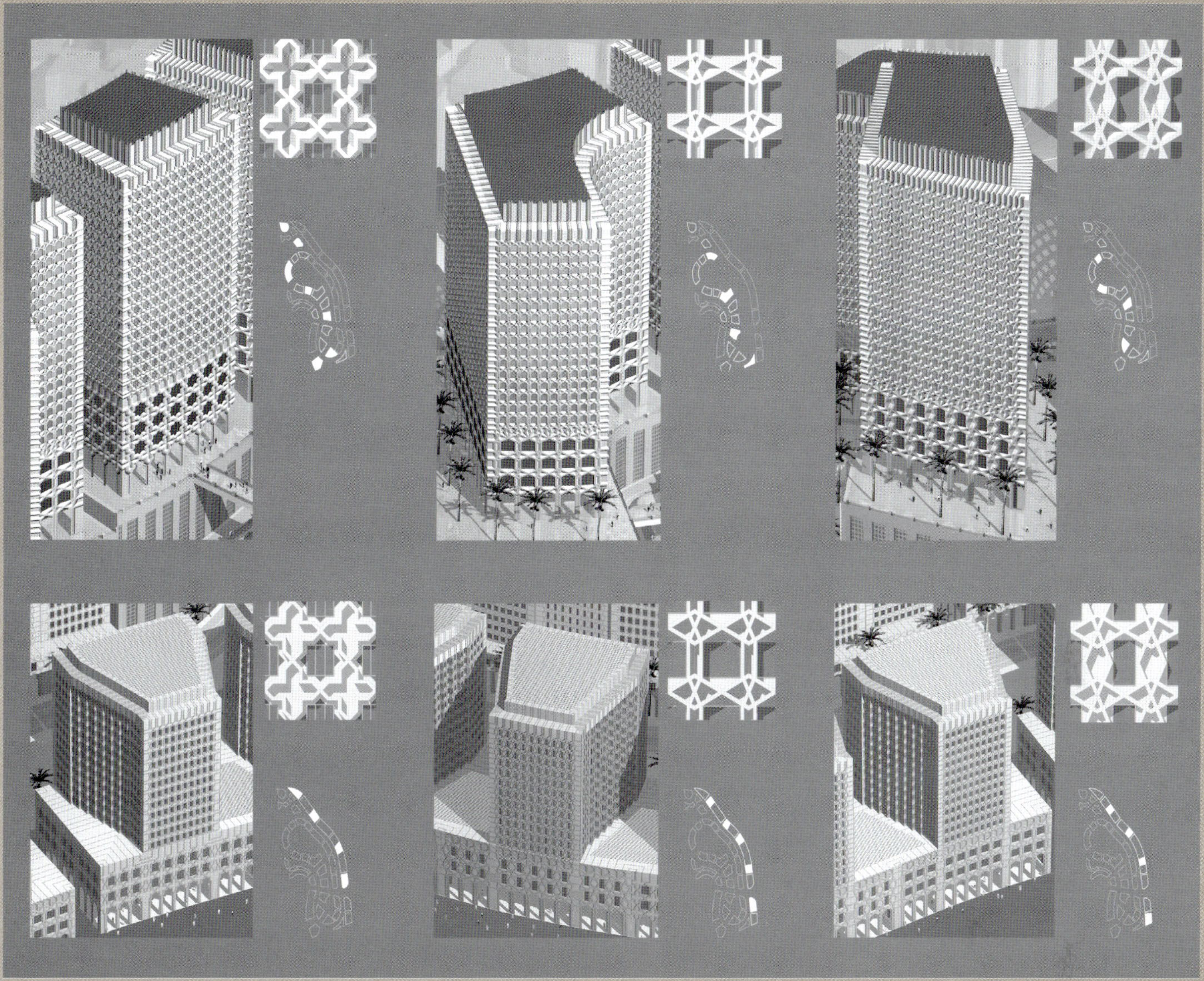

Beispiele Fassadenornamente | Ornamentation, examples

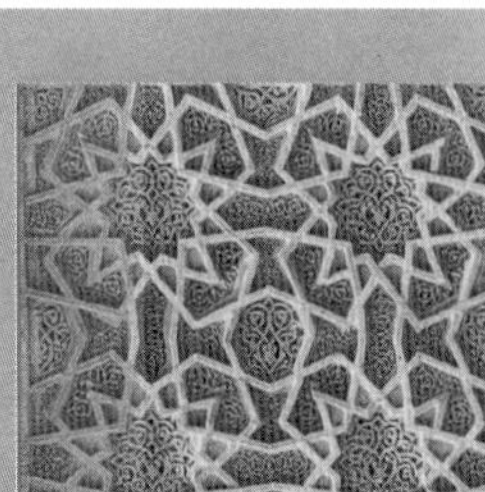

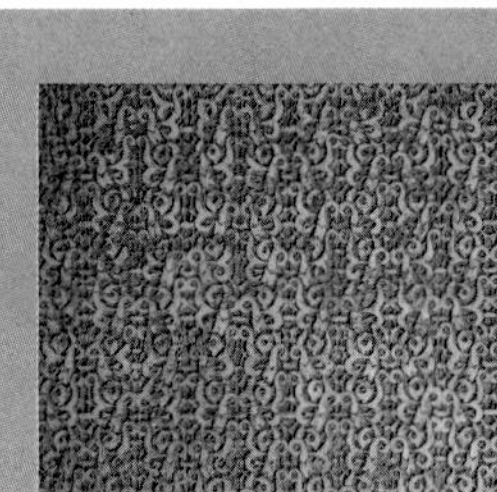

Gesamtaufsicht | General view

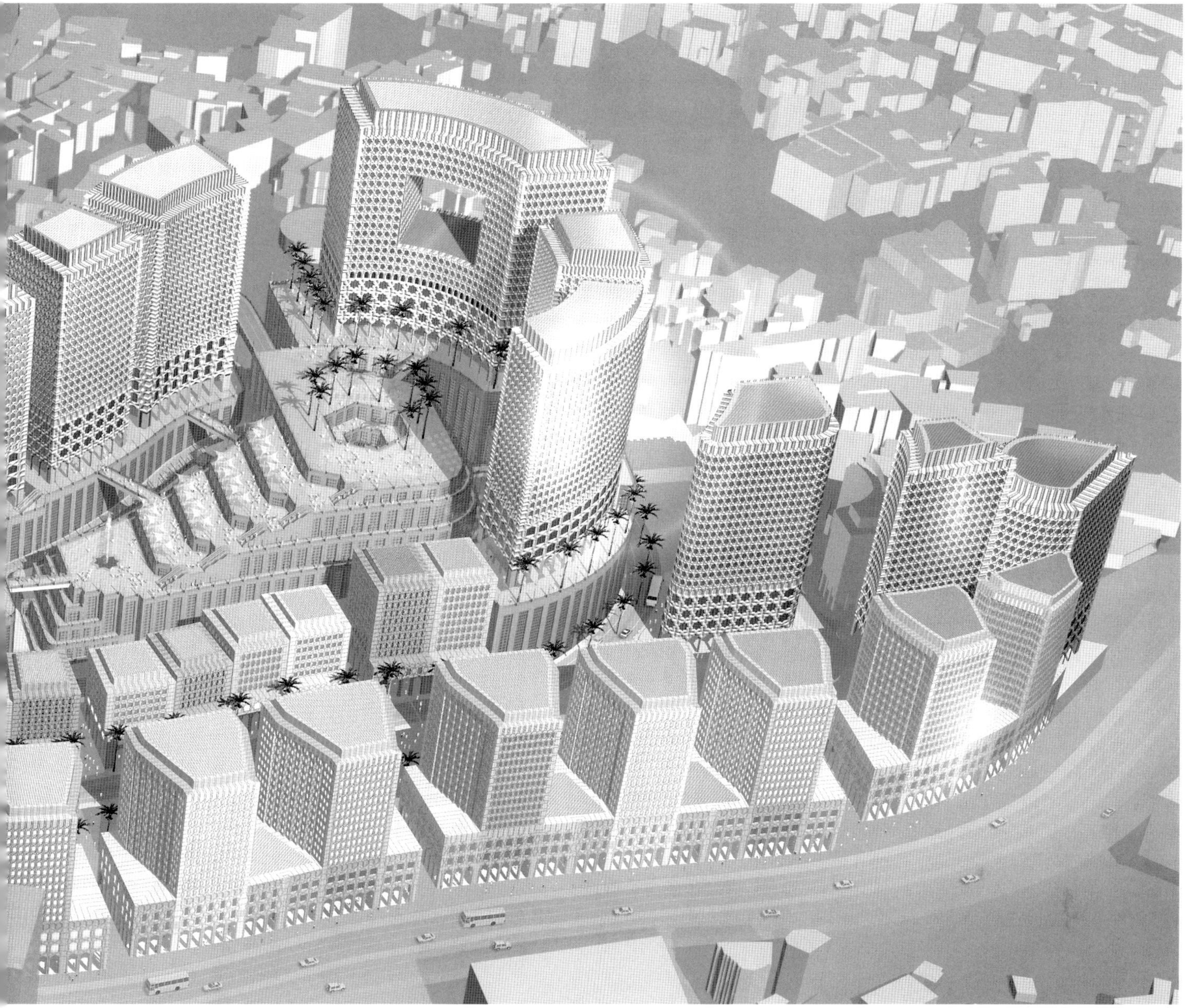

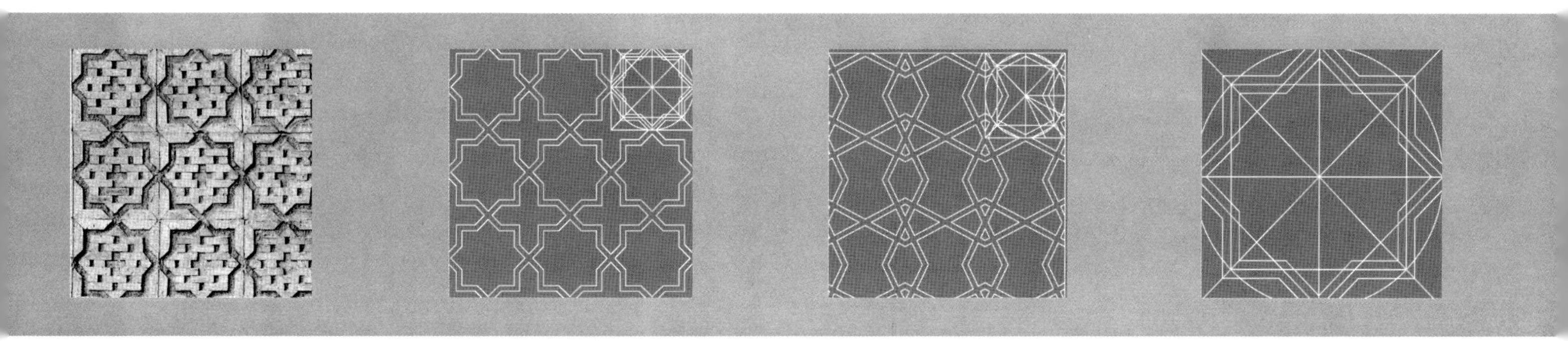

Nachtansicht | Night view

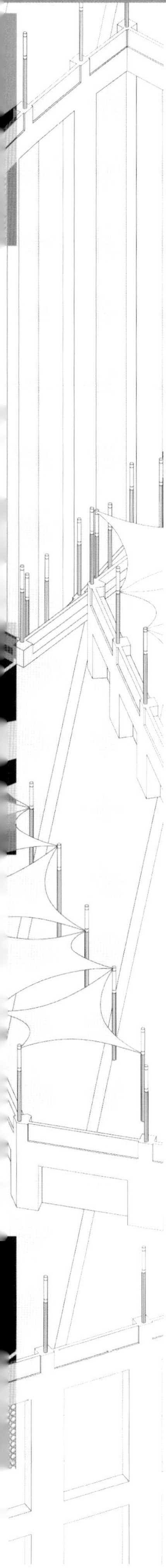

شركة تطوير جبل عمر

المهندسون
كلايهوس + كلايهوس،
برلين

صاحب المشروع
شركة تطوير جبل عمر
المملكة العربية
السعودية

مسابقة
تصميم الواجهات، ٢٠٠٦.

مكة هي المدينة التي ولد فيها النبي محمد وفيها أقدس الأماكن المقدّسة في الإسلام وهي قبلة المسلمين التي يفد إليها في كل سنة ملايين من الحجّاج المسلمين لأداء فريضة الحجّ. اتخذ المسؤولون عن تطوير المدينة قرارًا من بين بعض القرارات، يقضي ببناء العديد من الوحدات السكنية والبنايات في مركز مكة، أي في المنطقة المجاورة للحرم المكي الشريف على مقربة من الكعبة المشرَّفة، وذلك استجابة لتدفق الحجّاج بأعداد ضخمة وللطلب المتزايد على توفير أماكن للسكن وغرف فندقية. يهدف هذا المشروع الذي أُطلق عليه اسم مشروع تطوير جبل عمر والذي يقع على مساحة تبلغ ٢٣٠ ألف متر مربع إلى إقامة العديد من المباني السكنية بالإضافة إلى منطقة تجارية وفنادق بخمس نجوم وإنشاء مصليات عديدة تتسع بأكملها لمائتي ألف مصل. تم بناءً على الخطة العمرانية الشاملة طرح مسابقة لتصميم واجهات هذه المباني. اشترط طارحو المسابقة أن ينعكس في تصميم الواجهات «تشكيل معماري يتناسب مع وحدة النمط المعماري المكي». شكّل التصميم المعماري الذي شارك فيه مكتب كلايهوس وكلايهوس في هذه المسابقة زخارف إسلامية تقليدية ملائمة، يمكن دمجها في تصاميم حديثة. تتجلى أهمية هذا التصميم المعماري في أنه يتيح مجموعة من مختلف التشكيلات التي يمكن تطبيقها بأشكال مختلفة حسب النمط المعماري في كل مبنى. وبهذا ينشأ مجمع سكني بنمط معماري موحّد ولكنه يميز كل مبنى بزخرفة خاصة.

Ministry of Water and Electricity

Architekten
AS&P – Albert Speer & Partner GmbH, Frankfurt am Main

Projekt Team
IMAR-urban consultants, Riad
Lemon Consult M&E, Zürich
wgf Werkgemeinschaft Freiraum, Nürnberg

Wettbewerb
1. Preis

Bauherr
ArRiyadh Development Authority, Riad

Fläche
etwa 37.000 m² BGF

Fertigstellung
voraussichtlich 2008

Visualisierung
mainfeld GbR , Frankfurt am Main

Nachhaltigkeit und Umweltschutz sind Themen, die bisher nicht von maßgeblicher Bedeutung für die Gestaltung von Neubauten in Saudi-Arabien waren. Im Auftrag der *ArRiyadh Development Authority* soll nun erstmalig ein Regierungsbau entstehen, der den Anforderungen umweltbewussten Bauens gerecht wird: das Ministerium für Wasser und Elektrizität. Entsprechend seiner politischen Funktion soll es als Beispiel für einen umweltschonenden und nachhaltigen Umgang mit den Ressourcen von Wasser und Energie stehen. Das heiße Wüstenklima Saudi-Arabiens stellt dabei besondere Anforderungen an einen energiesparenden Bau. So mussten Gestaltungsprinzipien entwickelt werden, die in der Lage sind, diesen hohen Ansprüchen auch gerecht zu werden. Eine kompakte Kubatur und ein schattenspendendes, großzügig auskragendes Dach reduzieren die Absorption des Sonnenlichts. Daneben helfen großflächige begrünte Atrien das Mikroklima zu verbessern und reduzieren damit die Anforderung an die Klimatisierung. Trotz der Überdachung spenden die Atrien ausreichend Licht, um das Gebäude natürlich zu belichten. Zusätzlich werden durch die einheitliche Gebäudehülle die Bau- und Betriebskosten verringert. Das Gebäude ist von außen als prägnanter dreigeschossiger Baukörper zu erkennen, der auf einem als Parkgeschoss genutzten Sockel ruht. Damit wird er städtebaulich hervorgehoben, ohne seine Umgebung zu dominieren. Mit der durch arabische Muster gestalteten Schattenfassade und den um die schattigen Innenhöfe gruppierten Innenfassaden interpretiert das Gebäude zeitgemäß die Tradition der Wüstenarchitektur und präsentiert sich als adäquater Sitz des Ministeriums für Wasser und Elektrizität.

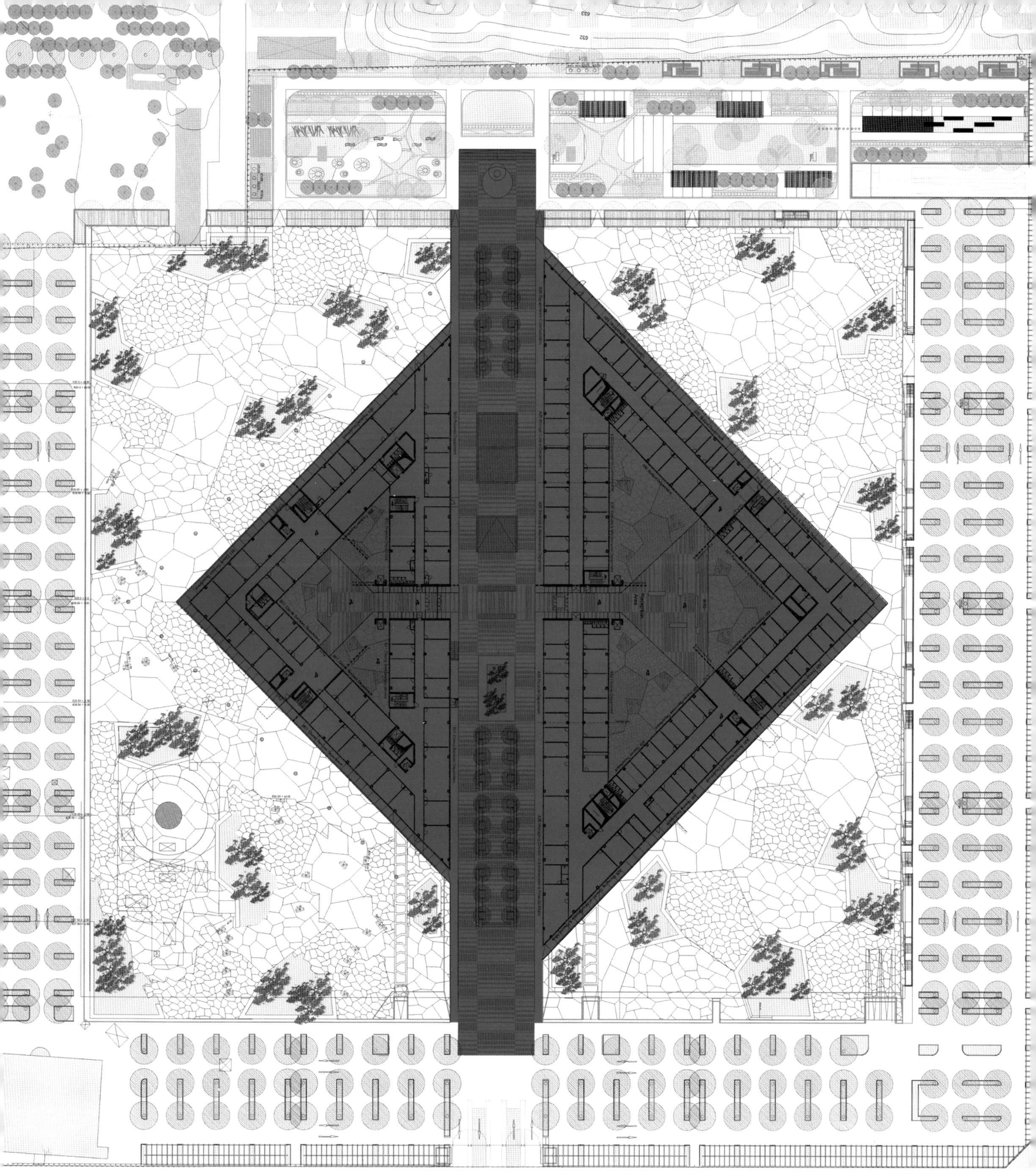

Grundriss | Floor plan

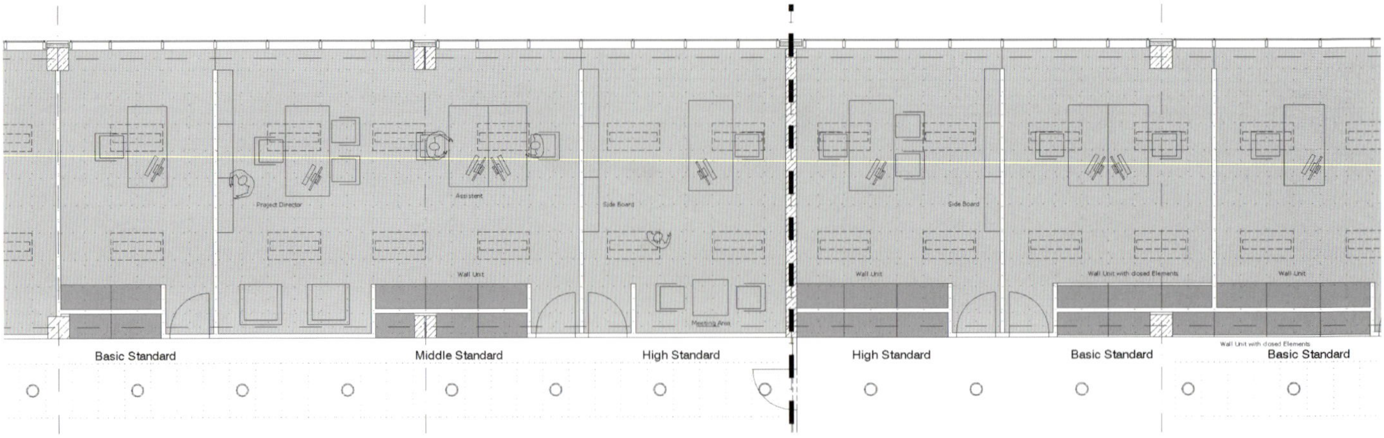

This project constitutes the first new ministerial building in Saudia Arabia to be constructed in accordance with principles of sustainability and respect for the environment. As befits its political function, water and energy resource utilisation is exemplary. Construction of an energy-saving building in such a hot and arid climate is by no means an easy task. The solution adopted reduces the building's sunlight absorption rate through a compact form and the shade-generating capacity of its generously cantilevered roof. Spacious plant-filled atria improve the microclimate, reducing the need for air-conditioning. The interior is naturally well-lit despite the shading of the atria. Construction and operating costs are reduced through a uniform building envelope. Successful incorporation of elements of desert architectural tradition within a contemporary design ensures a fitting new home for the ministry.

Bürogrundriss; unten links Bibliothek, unten rechts Büroraum | Floor plan offices; below: library (left), office (right)

Perspektive; unten: Atrium | Perspective; below: atrium

Nachtansicht | Night view

وزارة المياه والكهرباء

المهندسون
ألبرت شبير وشركاؤه،
فرانكفورت أم ماين

طاقم المشروع
إعمار للاستشارات
العمرانية، الرياض
ليمون للاستشارات إم+إي،
زيوريخ
ڤي جي إف للاستشارات
الهندسة الطبيعية،
نورنبرغ

المسابقة
الجائزة الأولى

صاحب المشروع
الهيئة العليا لتطوير
مدينة الرياض

المساحة
حوالي ٣٧ ألف متر مربع
مساحة إجمالية لأرض
المشروع

موعد الانجاز
يفترض في ٢٠٠٨

تنفيذ الرسومات والمخططات
ماينفيلد جي بي إر

تعتبر الطاقة المستدامة وحماية البيئة من المواضيع التي لم تكن تشكّل حتى الآن أهمية كبيرة في تصميم المباني الجديدة في المملكة العربية السعودية. تقرر لأول مرة على الإطلاق بتكليف من الهيئة العليا لتطوير مدينة الرياض إنشاء مبنى حكومي جديد، يلبي متطلبات البناء بوعي بيئي: وزارة المياه والكهرباء. تقرر بناء مبنى الوزارة الجديد بناءً على دور الوزارة السياسي ليكون مثالاً لاستخدام مصادر المياه والطاقة بشكل يحافظ على البيئة وعلى نحو مستدام. هذا يعني أن المناخ الصحراوي الحار في المملكة العربية السعودية يحدد في ذلك متطلبات مميزة في مبنى يوفر في استهلاك الطاقة. وعليه كان لا بد من تطوير أُسس لتصميم معماري، تستطيع تحقيق هذه المطالب العالية. يعمل التكعيب المتماسك والسقف البارز الذي يمتد ظله فوق مساحات واسعة على خفض أشعة الشمس الممتصة. وبالإضافة إلى ذلك تساعد أروقة مشجرة في تحسين حرارة الجو المحلية وتقلل من خلال ذلك الحاجة إلى تكييف الهواء. تسمح الأروقة بدخول ضوء كافٍ إلى المبنى من أجل إنارته بضوء طبيعي على الرغم من وجود السقف. زد على ذلك أن التغليف الموحد للمبنى يقلل من نفقات البناء والوزارة. يظهر المبنى من الخارج بمظهر مبنى مجسم متميز ومكوّن من ثلاثة طوابق، يقوم فوق قاعدة تستخدم ككراج للسيارات. وبذلك يبرز هذا المبنى من خلال تصميمه المعماري ولكن من دون أن يطغى على ما يحيطه. يقدم هذا المبنى من خلال الواجهة المزركشة بزخارف عربية والواجهات الداخلية الموزعة حول الأفنية الداخلية المسقوفة رؤيةً عصرية للتراث المعماري العربي ويبدو مقرًا مناسبًا لوزارة المياه والكهرباء.

Criminal Court Complex

Architekten
AS&P – Albert Speer & Partner GmbH, Frankfurt am Main

Fachplanung
Imar Urban Consultants, Riad
BW+P ABROAD Landscape architects, Stuttgart
Lemon Consult GmbH, Zürich

Bauherr
Arriyadh Development Authority, Riad

Wettbewerb
1. Preis

Fläche
etwa 43.500 m² BGF

Fertigstellung
voraussichtlich 2008

Visualisiserung
mainfeld GbR, Frankfurt am Main

Dieses Gebäude besticht durch seine klare Struktur. Analog zur Ornamentik, die in der arabischen Welt eine große Bedeutung hat, entwickelt sich der Grundriss aus der Anordnung von Quadraten. In diese werden wiederum auf die Spitze gestellte Quadrate eingeschrieben, so dass die Gebäudefigur zu einem dreidimensional erlebbaren Ornament wird; die Architektur avanciert somit zum gebauten Symbol. Über eine in den Baukörper eingeschnittene vertikale Fuge wird das 75 Meter hohe Haus erschlossen. Sie führt auch in den Mittelpunkt des Gerichtsgebäudes, die zentrale Lobby. Dieser 15-geschossige Luftraum fasziniert durch seine Höhe und Proportion sowie durch einen indirekten Lichteinfall. Die nach innen gewendete, pyramidenförmige Dachstruktur, die punktförmig aufgelagert ist, erzeugt durch ihre messingverkleidete Oberfläche und den indirekten Lichteinfall eine warme Lichtstimmung. Verstärkt wird dieser Eindruck durch die Haptik und Oberflächenqualität der ausgesuchten Materialien. Ein fein ornamentiertes Metallgewebe, das vom obersten Geschoss bis in den Brüstungsbereich oberhalb der Lobby reicht, verteilt das Licht durch Eigenreflexion gleichmäßig in die Tiefe des Raums. Daneben soll das Atrium durch die Zuführung frischer Luft für ein angenehmes Gebäudeklima sorgen. Herausgelöst aus dem dichten Gewebe der Stadt wird der *Criminal Court Complex*, zusammen mit dem Gerichtsgebäude sowie dessen Gärten und einer Moschee, Teil einer informellen Gruppe frei stehender öffentlicher Gebäude in einer parkähnlichen Umgebung in Riad.

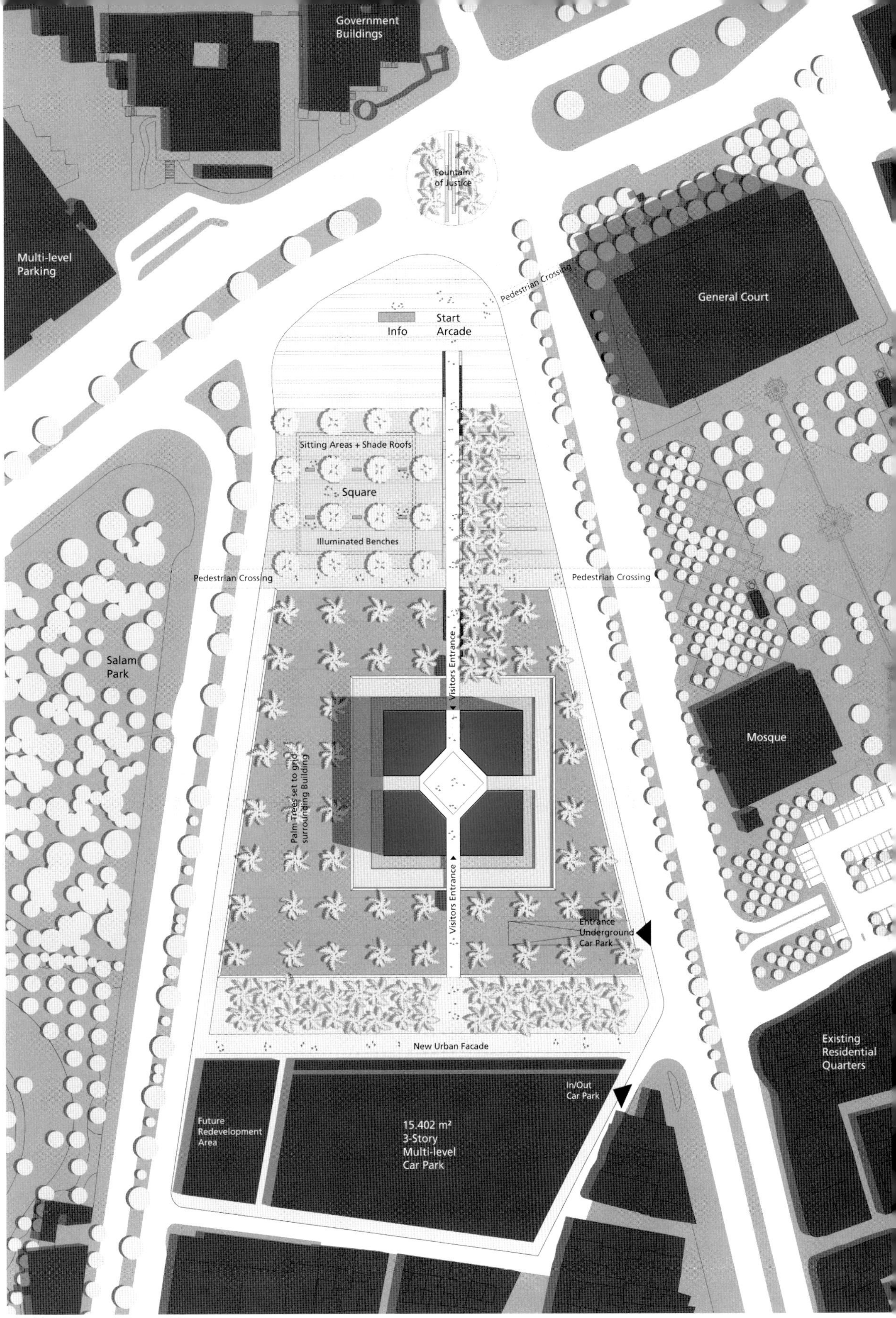

Umgebungsplan | Site plan

The building stands out by its simplicity. Its floor plan, inspired by Arabic ornamentation, consists of an arrangement of squares, in which other squares have been inserted at an angle. The 75-metre high building is entered via a vertical joint-like opening to reach the lobby with its impressive 15-floor clear height. Warm indirect light diffused by the brass-coated surface of the inverted-pyramid roof structure fills that space. The tactile properties and finish of the materials chosen reinforce that light and airy effect. A delicately ornamented metal fabric extending downwards from the uppermost level to the balustrade above the lobby scatters light evenly throughout. Fresh air from the atrium ensures a pleasant environment within the building. Set in park-like surroundings away from the tight-knit fabric of Riyadh city centre, the complex and its gardens will form part of an informal group of public buildings.

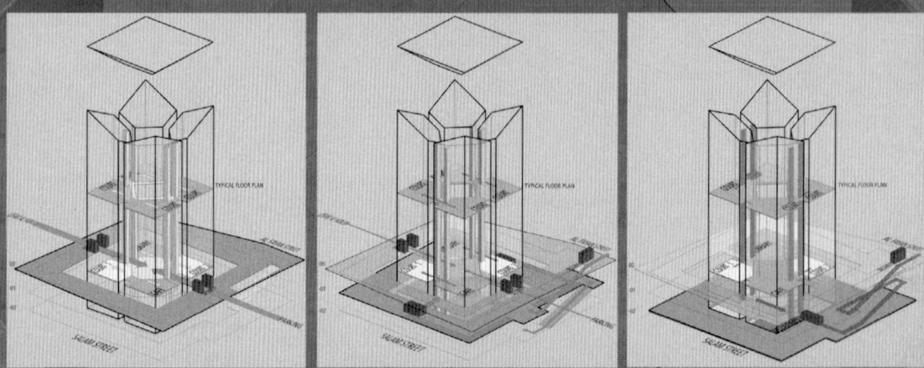

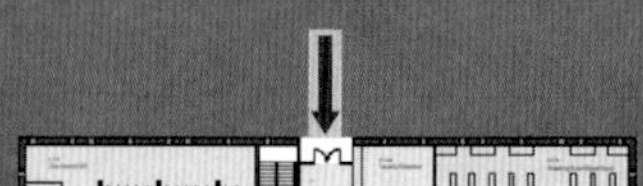

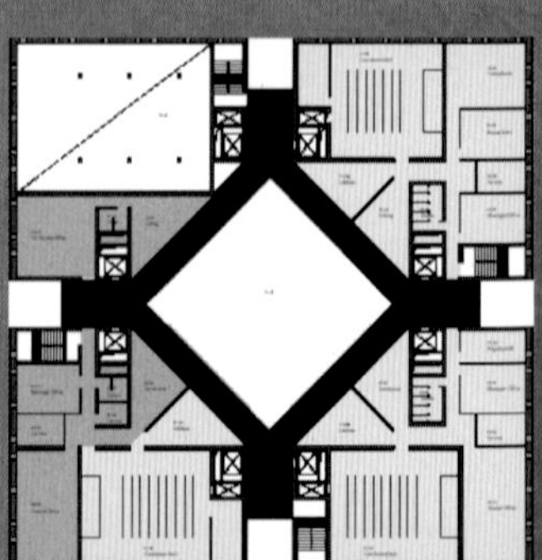

Eingang mit Sicherheitszonen | Entrance with security zones

Lobby | Lobby

Nachtansicht | Night view

مجمع محكمة الجنايات

المهندسون
ألبرت شبير وشركاؤه، فرانكفورت أم ماين

التخطيط الفني
إعمار للاستشارات العمرانية، الرياض
بي ڤي+پي أبرواد، شتوتغارت
ليمون للاستشارات إم+إي، زيوريخ

صاحب المشروع
الهيئة العليا لتطوير مدينة الرياض

المسابقة
الجائزة الأولى

المساحة
حوالي ٤٣٫٥٠٠ متر مربع مساحة إجمالية لأرض المشروع

موعد الانجاز
يفترض في ٢٠٠٨

تنفيذ الرسومات والمخططات
ماينفيلد جي بي إر

يستميل هذا المبنى الناظر إليه من خلال هيكله المعماري الواضح. تم تطوير مخطط المبنى بالتوازي مع الزخرفة التي تلعب في العالم العربي دورًا مهمًا من تشكيل يتكوّن من مساحات مربعة. أُدخلت في هذه المساحات المربعة مساحات مربعة أخرى مقلوبة على الرأس، بحيث يصبح الهيكل المعماري للمبنى مثل زخرفة من الممكن رؤيتها بثلاثة أبعاد؛ إذ يصبح هذا المعمار بمثابة زخرفة مبنية. يتم وصل أجزاء المبنى البالغ ارتفاعه ٧٥ مترًا من خلال بهو عمودي فارغ؛ يوصل إيضًا إلى مركز المبنى، أي إلى المدخل الرئيسي. يبدو هذا المجال العمودي الفارغ فاتنًا من خلال ارتفاعه وتناسبه بالإضافة إلى وميض الضوء غير المباشر. يعمل الهيكل المعماري للسقف ذو الشكل الهرمي المقلوب إلى الداخل والمسنود بدقة على إحداث محيط ضوئي دافئ من خلال سطحه المطعّم بالنحاس الأصفر ومن خلال الوميض الضوئي غير المباشر. يزيد هذا الانطباع من خلال ملمس ونوعية سطوح المواد المستخدمة. يعمل نسيج معدني مزخرف زخرفة شفافة، يصل من الطابق الأعلى حتى الدرابزين الأول فوق فناء المدخل، على توزيع الضوء من خلال انعكاسه بشكل متناسب في عمق البهو. وبالإضافة إلى ذلك يقوم هذا البهو بتلطيف جو المبنى من خلال إمداده بالهواء الجديد. سوف يصبح مجمع محكمة الجنايات مع مبنى المحكمة وكذلك الحدائق الخاصة به والمسجد جزءً من مجموعة لها طابع غير رسمي لمبانٍ رسمية موزعة في منطقة تشبه المتنزّه في مدينة الرياض - منطقة انتُزعت من نسيج المدينة الكثيف.

Diplomatic Quarter Riyadh

Architekten
AS&P – Albert Speer & Partner GmbH, Frankfurt am Main

Fachplanung
Schnabel AG, Frankfurt am Main
RRI Rhein Ruhr International GmbH Consulting Engineers, Dortmund
unit-design GmbH, Frankfurt am Main
BW+P Abroad Landscape architects, Mettmann

Bauherr
High Commission for the Development of ArRiyadh, Riad

Plangebiet
600 ha

Das diplomatische Viertel in Riad nimmt eine besondere Rolle innerhalb der Metropole ein. Nahezu komplett beherbergt es die internationale Botschaftsgemeinde und ist somit von großer politischer Bedeutung für Stadt und Land. Der Ende der Siebzigerjahre von AS&P entworfene Masterplan besitzt zwar noch seine architektonischen, städtebaulichen und landschaftlichen Qualitäten, wurde jedoch den aktuellen Anforderungen nicht mehr gerecht und von der Realität förmlich überholt. Aufgrund des erhöhten Sicherheitsbedarfs vieler Botschaften sowie durch seine Lage und Erschließungssituation wich die tatsächliche Entwicklung des Viertels erheblich von der früher geplanten Konzeption ab und verwandelte die ursprünglichen Planungen in ihr Gegenteil. Um auf diese Entwicklungen zu reagieren, hat das *High Executive Committee for the Development of ArRiyadh* die ursprünglichen Bearbeiter aufgefordert, den Masterplan zu überarbeiten und dabei geeignete Entwicklungsoptionen für einen Zeitraum von 20 Jahren zu formulieren. Die umfassende Studie bearbeitet dabei Themen wie die Integration von Sicherheitsmaßnahmen in das städtebauliche Umfeld, die Umgestaltung des Kernbereichs, die Entschärfung von Verkehrsproblemen sowie die Förderung der Bautätigkeit und die Neuausweisung von bisher unbebauten Flächen. Wesentliche Aspekte des Plans bestanden sowohl in der Zuteilung von Flächen für Botschaftsgebäude weiterer Nationen als auch in der Einführung von innovativen Lösungen zur Optimierung der Besucherströme zu den Botschaften. Die Vorschläge wurden interdisziplinär erarbeitet und in einem aktualisierten Masterplan zusammengefasst.

The diplomatic quarter, home to many international embassies, is an important district both in political and urban planning terms. The original district master plan, developed by AS&P in the late 1970s, subsequently overtaken by events, was, however, no longer capable of meeting current needs. Accordingly, the development authority requested a revision of the master plan and sought development proposals for a 20-year period. The comprehensive study addresses issues such as the integration of security measures into the urban environment, redevelopment of the core area, reducing transport problems, encouraging new construction and the identification of new construction land. Key measures include the earmarking of plots available to states currently without their own embassy for construction purposes and innovative solutions optimising visitor flows. This interdisciplinary exercise resulted in an updated master plan incorporating the latest proposals.

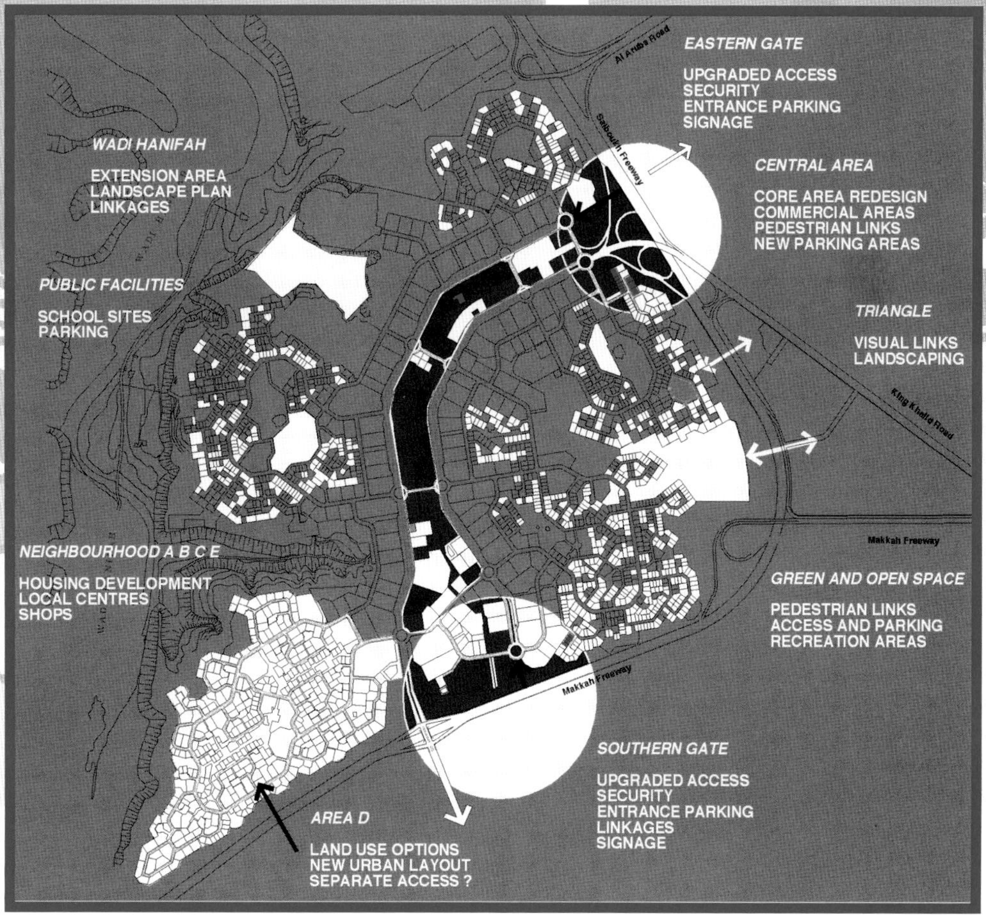

Strategieplan | Strategic plan

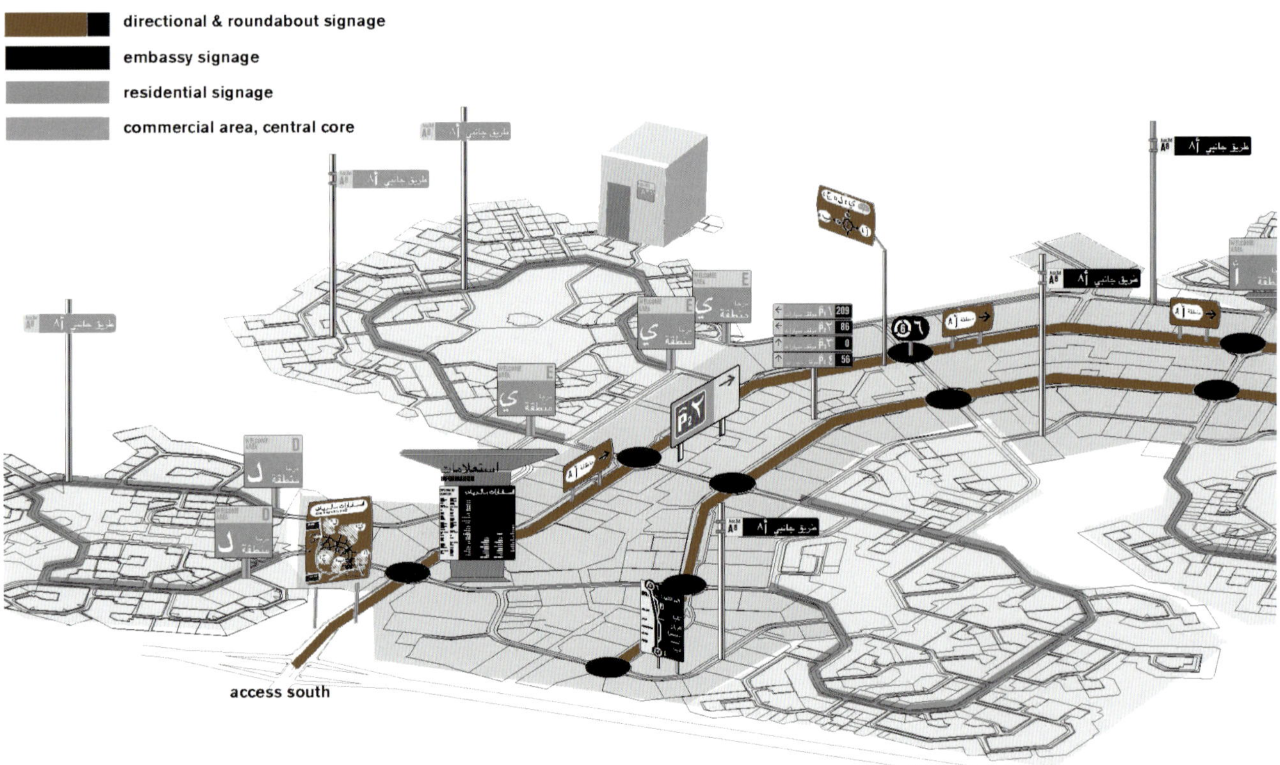

Verkehrskonzept | Traffic concept

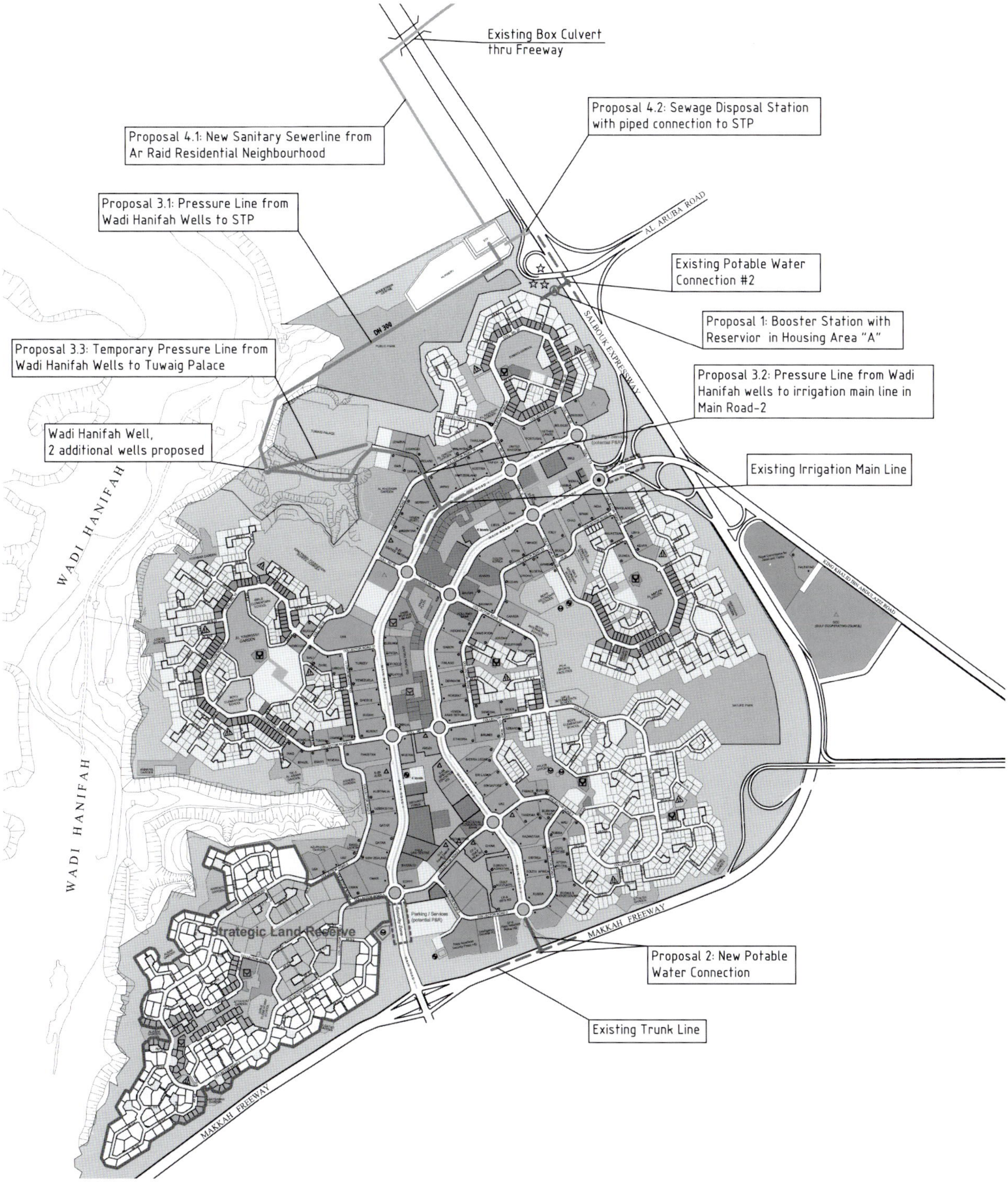

Masterplan | Master plan

Modell | Model

الحي الدبلوماسي في الرياض

المهندسون
ألبرت شبير وشركاؤه،
فرانكفورت أم ماين

التخطيط الفني
شنابل المساهمة،
فرانكفورت أم ماين
إر إر إي راين رور الدولية
للاستشارات الهندسية،
دورتموند
أونيت ديزاين، فرانكفورت
أم ماين
بي ڤي+پي أبرواد
للهندسة الطبيعية،
ميتمان

صاحب المشروع
الهيئة العليا لتطوير
مدينة الرياض

مساحة المنطقة المخططة
٦٠٠ هكتار

يلعب الحي الدبلوماسي في الرياض دورًا مميزًا في هذه العاصمة. فهو يضم تقريبًا كل السفارات العالمية ويحظى من خلال ذلك بأهمية سياسية كبيرة بالنسبة لمدينة الرياض خاصة وللسعودية عامة. صحيح أن الخطة العمرانية الشاملة التي تم تصميمها في نهاية السبعينيات من قبل مكتب ألبرت شبير وشركاؤه لا تزال محافظة على جودتها الهندسية والمعمارية المدنية والطبيعية، إلا أنها لم تعد تلبي متطلبات العصر وقد تجاوزها الواقع شكليًا. اختلف تطوير هذا الحي على أرض الواقع اختلافًا كبيرًا عن خطة التطوير العمرانية التي تم تصميمها في السابق، وذلك بسبب تنامي الحاجة لدى العديد من السفارات إلى المزيد من الإجراءات الأمنية وكذلك بسبب وضع الحي وحالة المواصلات. دعت الهيئة العليا لتطوير مدينة الرياض مهندسي الخطة العمرانية الشاملة الأصلية إلى تعديل الخطة العمرانية الشاملة وإلى العمل في ذلك على وضع خيارات تطوير مناسبة لفترة عشرين عامًا، بهدف الاستجابة لهذه التطورات ومواكبتها. وفي ذلك تعالج الدراسة الشاملة مواضيع مثل إدخال إجراءات أمنية في حقل العمران المدني وإعادة تشكيل المنطقة المركزية وإزالة مشاكل المرور بالإضافة إلى دعم وتشجيع الحركة العمرانية وإعادة تصنيف المساحات التي لا تزال حتى الآن غير مبنية. تكمن الجوانب الأساسية لهذه الخطة في تقسيم المساحات لمباني السفارات الخاصة بدول أخرى وكذلك في وضع حلول مبتكرة من أجل تحسين استيعاب تدفق الزوار إلى السفارات. تمت معالجة الاقتراحات معالجة متناظمة بين كافة حقول الدراسة وجُمعت في خطة عمرانية شاملة محدّثة.

Prince Salman Science Oasis

Architekten
Gerber Architekten International GmbH, Dortmund

Fachplanung
Kurt Hüttinger GmbH, Schwaig b. Nürnberg
DS-Plan AG, Stuttgart
Schlaich, Bergermann und Partner, Stuttgart
WES + Partner, Hamburg

Wettbewerb
1. Preis

Bauherr
ArRiyadh Development Authority, Riad

Fläche
etwa 65.000 m² BGF

Fertigstellung
voraussichtlich 2009

Renderings
emptyform, Darmstadt

Modellfoto
Hans Jürgen Landes, Dortmund

Wissenschaftsoase – ein vielversprechender Name! Er kündet von Unterhaltung sowie der Aussicht, den Durst nach Wissen stillen zu können. Bald wird ein Ort in Riad diese Versprechen einlösen können: die *Prince Salman Science Oasis*. Sie entsteht als eine gebaute Landschaft unter einer leichten Dachkonstruktion und bildet zugleich den Zugang zu einem trockenen Flussbett, einem ehemaligem Wadi. Im Südwesten und Nordosten geben eine Shoppingmall und die Baukörper des *Science Center* dem Ensemble einen rechtwinkligen Rahmen, innerhalb dessen sich die Oase mit Ausstellungsflächen und einem Drei-D-Kino frei entfalten kann. Auf diese Weise bleibt der Verlauf des Wadis erlebbar und erhält zusätzlich einen außergewöhnlichen Auftakt. Terrassen im Inneren des Gebäudes folgen der vorhandenen Topografie ebenso wie einzelne, von Wasserflächen unterbrochene Grünzonen, die der Erholung der Besucher dienen. Weithin sichtbares Markenzeichen des Entwurfs ist ein leicht geschwungenes, wie ein fliegender Teppich schwebendes Dach. Die netzartige, von zahlreichen Baumstützen getragene Stahlkonstruktion erlaubt zum einen die freie Anordnung und Erweiterung der Ausstellungsboxen und zum anderen die Ausdehnung des skulpturalen Daches in voneinander unabhängigen Bauphasen. Die technische Anmutung der Konstruktion, die zudem eine Stromerzeugung über Solarstrahlung einschließen soll, hebt das Dach deutlich von der Umgebung ab, während seine weichen, organischen Formen Motive der Landschaft aufnehmen sowie gleichzeitig versuchen, sie zu betonen und für den Besucher erlebbar zu machen. Damit schafft es der Entwurf, zukunftsweisende Technologien in die vorhandene Landschaft zu integrieren und sie zu einem innovativen Museumsbau zu verbinden.

Umgebungsplan | Site plan

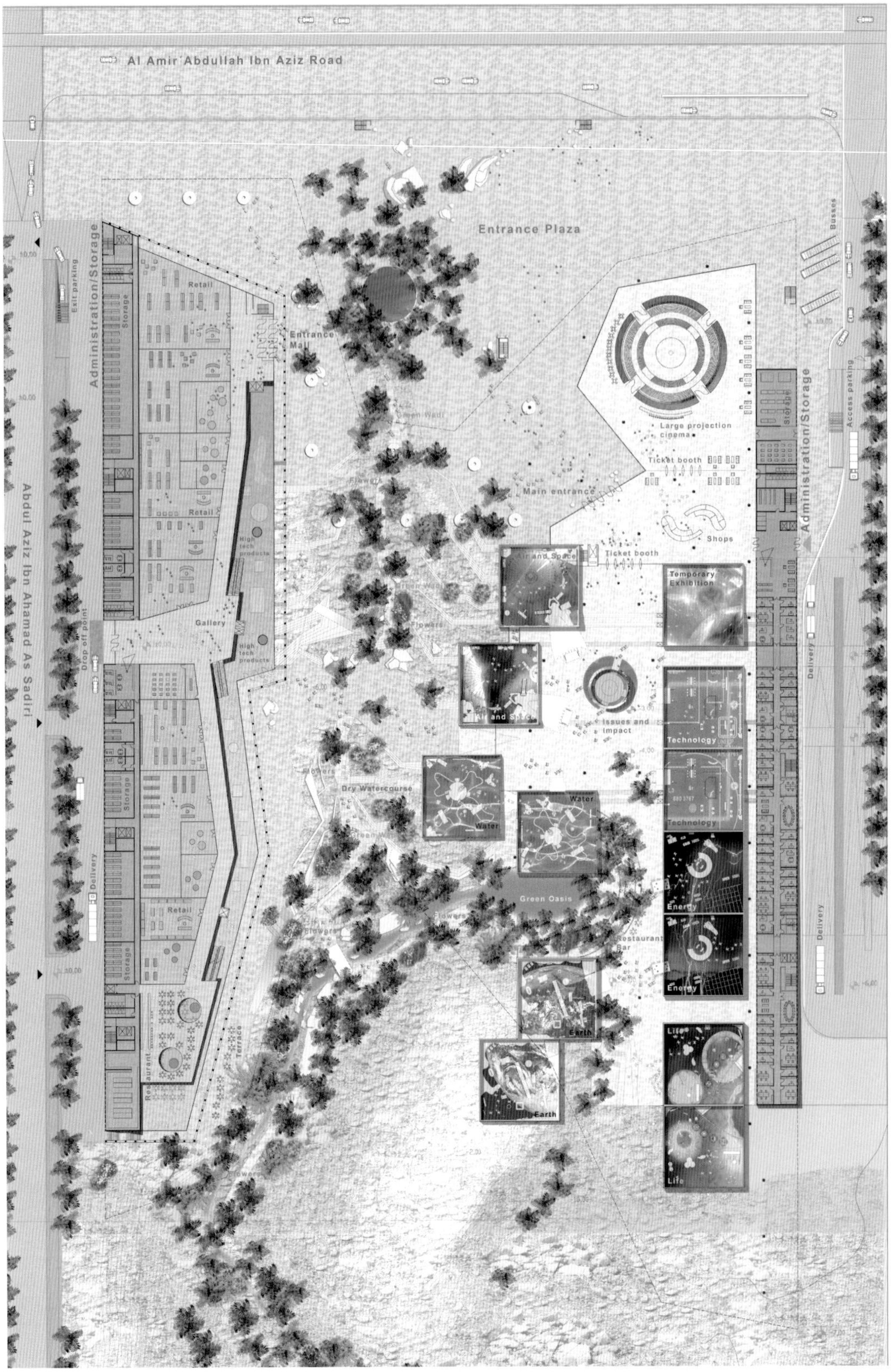

Grundriss | Floor plan

A single location capable both of delivering entertainment and satisfying a thirst for knowledge is soon to be completed in the form of this Science Oasis near to Riyadh. This built landscape extending beneath a light roof structure has at its corners a shopping mall and science centre which neatly frame the oasis in which exhibition areas and a 3-D cinema can develop. The trademark of the complex is its gently curving roof, floating like a flying carpet. This steel-net construction supported by numerous tree-like uprights permits flexibility in organising the exhibition areas and in extending the roof sculpture in line with construction. Whilst in technical terms this structure with its roof capable of generating solar electricity clearly stands apart from its surroundings, its supple and organic form reproduces and emphasises the natural landscape bringing it closer to the visitor. This successful integration of cutting-edge technology into the existing environment results in an innovative museum building.

Schnitte | Sections

Eingangsbereich | Entrance area

Halle | Hall

Nachtansicht | Night view

واحة الأمير سلمان للعلوم

المهندسون
غيربر للاستشارات الهندسية، دورتموند

التخطيط الفني
كورت هوتّينغر لهندسة المعارض، شفايغ
دي إس - للتخطيط، شتوتغارت
شلايش برغرمانّ وشركاؤه، شتوتغارت
فَي إي إس + شركاؤه، هامبورغ

المسابقة
الجائزة الأولى

صاحب المشروع
الهيئة العليا لتطوير مدينة الرياض

المساحة
حوالي٦٥ ألف متر مربع مساحة إجمالية لأرض المشروع

موعد الانجاز
يفترض في ٢٠٠٩

واحة للعلوم - اسم يعد بالكثير! إذ أنه يدل على الترفيه وكذلك على الأمل في التمكّن من سد حاجة المتعطّشين إلى العلم. سوف يتمكّن عما قريب موقع في مدينة الرياض من الإيفاء بهذا الوعد: واحة الأمير سلمان للعلوم. تعتبر هذه الواحة مساحة طبيعية مشيدة تحت سقف خفيف وتشكل في نفس الوقت منفذًا إلى مجرى وادٍ جاف. يشكل في جهتي الجنوب الغربي والشمال الشرقي مركز التسوّق والهيكل المعماري لواحة العلوم في هذا المعمار إطارًا قائم الزوايا. يتسع للواحة مع المساحة المخصصة للمعارض ولسينما ثلاثية الأبعاد. يبقي مجرى الوادي مرئيًا على هذا النحو كما يحظى إلى جانب ذلك بمقدمة غير مألوفة. أُقيمت الأسطح في داخل البناء حسب طوبوغرافيا المكان. وكذلك شُكّلت المساحات الخضراء المنفردة التي تتخللها مساحات مائية، على نحو يجعلها تضمن للزوار الراحة والاستجمام. هناك علامة أخرى تميز هذا التصميم المعماري تتجلى في السقف المعلق المتموّج قليلاً مثل بساط الريح. يتيح الهيكل الفولاذي المحمول على العديد من الدعامات المصممة على شكل جذوع أشجار المجال من ناحية لتنظيم وتوسيع الأجنحة المخصصة للعرض ومن ناحية أخرى لتوسيع رقعة السقف المصمم على شكل تمثال في مراحل بناء مستقلة عن بعضها. تقوم الجراءة التقنية في هذا الهيكل المعماري - الذي يفترض أن يولّيد الكهرباء من خلال أشعة الشمس - بإبراز السقف عن المنطقة المحيطة به، في حين تأخذ أشكاله العضوية الخفيفة أشكال الطبيعة المجاورة وتحاول إبرازها في نفس الوقت وجعلها مرئية بوضوح بالنسبة للزوار. ومن خلال ذلك يستطيع هذا التصميم دمج تقنيات مستقبلية في الطبيعة المحلية وربطها مع مبنى متحف مبتكر.

King Fahad National Library

Architekten
Gerber Architekten International GmbH, Dortmund

Fachplanung
DS-Plan AG, Stuttgart
B+G Ingenieure, Frankfurt am Main
Kienle Planungsgesellschaft Freiraum und Städtebau mbH, Stuttgart
Saudi Consulting Services, Riad

Wettbewerb
1. Preis

Bauherr
ArRiyadh Development Authority, Riad

Fläche
68.500 m² BGF

Fertigstellung
voraussichtlich 2010

Modellfoto
Hans Jürgen Landes, Dortmund

Bibliotheken sind das Gedächtnis einer Gesellschaft. Sie wollen bewahrt und gepflegt werden, ohne dabei den Anschluss an neue Zeiten und neues Wissen zu verlieren. Ähnlich verhält es sich mit dem Bau der Nationalbibliothek in Riad, die zugleich erhalten und erneuert werden sollte. Doch ein Umbau ohne Zerstörung ist eine schwierige Aufgabe. Für die *King Fahad National Library* wurde sie dennoch klug gelöst. Ein quadratischer Neubau umhüllt mit einer schwingenden, geometrischen Ordnung die Bibliothek aus den Siebzigerjahren und bildet mit dem nach Denkmalschutzkriterien erhaltenen Altbau eine architektonische Einheit. Das flache Dach des alten Gebäudes dient als Lesesaal, während sich in seinem Inneren, wie in einer Schatztruhe, die Büchermagazine befinden. Über Brücken erreichen die Besucher vom Lesesaal aus den Freihandbereich im dritten Obergeschoss des Neubaus. Die vorhandene Kuppel wird als Stahl-Glas-Konstruktion neu gestaltet und überragt das neue Dach, das auch die Innenhöfe und den Lesesaal überdeckt. Eine unterhalb des Dachs gespannte weiße Membran filtert das durch lang gezogene Oberlichter dringende Tageslicht und versorgt alle Räume gleichmäßig mit blendfreiem Licht. Bei Dunkelheit übernehmen Leuchten oberhalb der als Lichtdecke dienenden Membran diese Funktion. Im Erdgeschoss befinden sich, rund um den Altbau platziert, neben der Haupteingangshalle in erster Linie Ausstellungsflächen, ein Restaurant und eine Buchhandlung. Von den übrigen Nutzungen getrennt und separat zugänglich ist die Bibliothek der Frauen im ersten Obergeschoss des neuen Südwestflügels untergebracht. Eingespannte weiße Membranflächen, die von einer dreidimensionalen, zugbelasteten Stahlseilkonstruktion gehalten werden, dienen vor den Obergeschossfassaden als Sonnenschutz. Insgesamt wird in der Addition von Alt und Neu ein einheitlicher und repräsentativer Bau entstehen, der offen und transparent erscheint und sich trotz seiner Größe gut in die städtische Umgebung eingliedert.

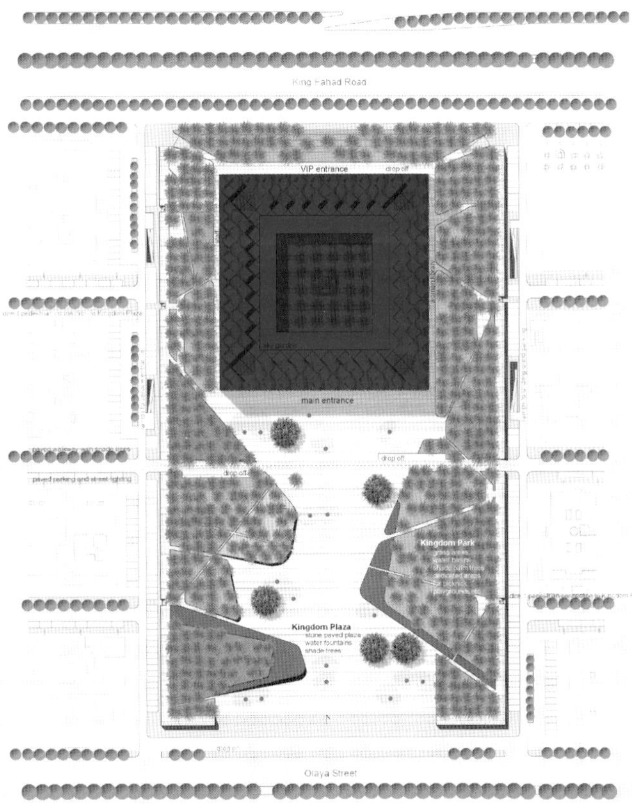

Umgebungsplan | Site plan

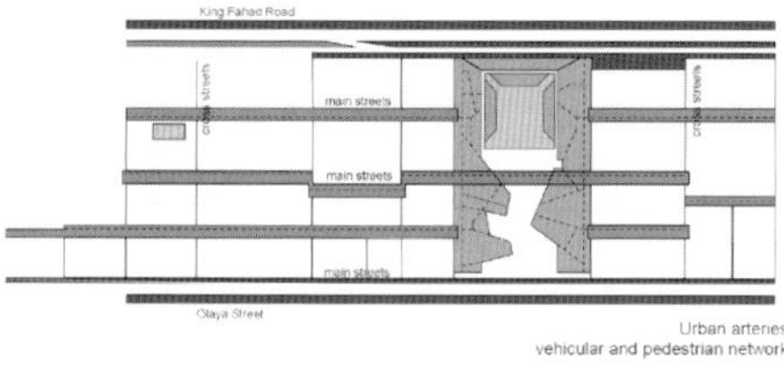

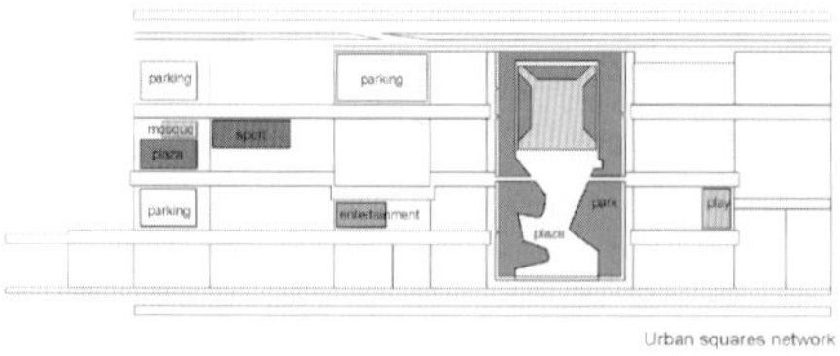

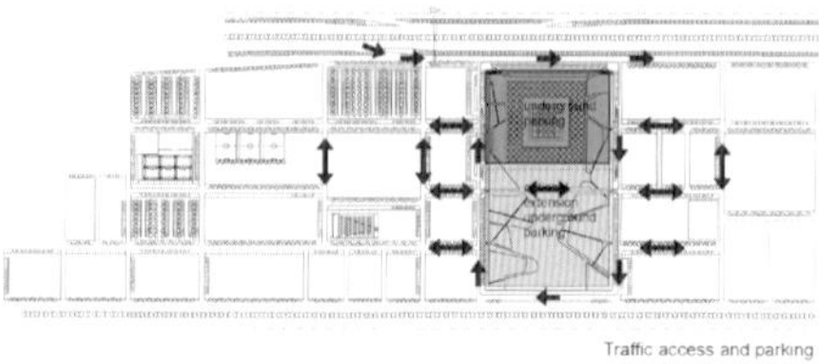

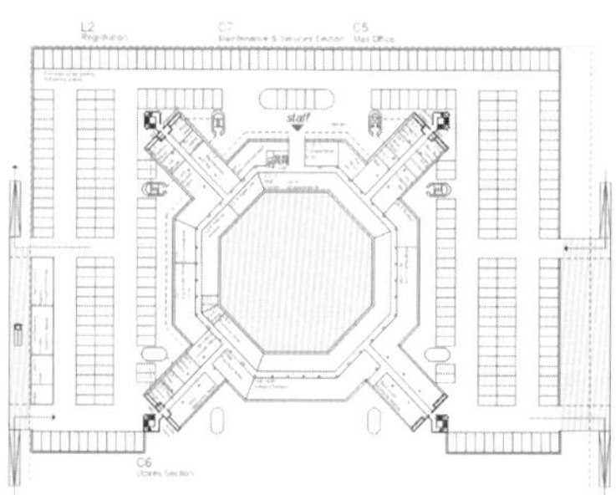

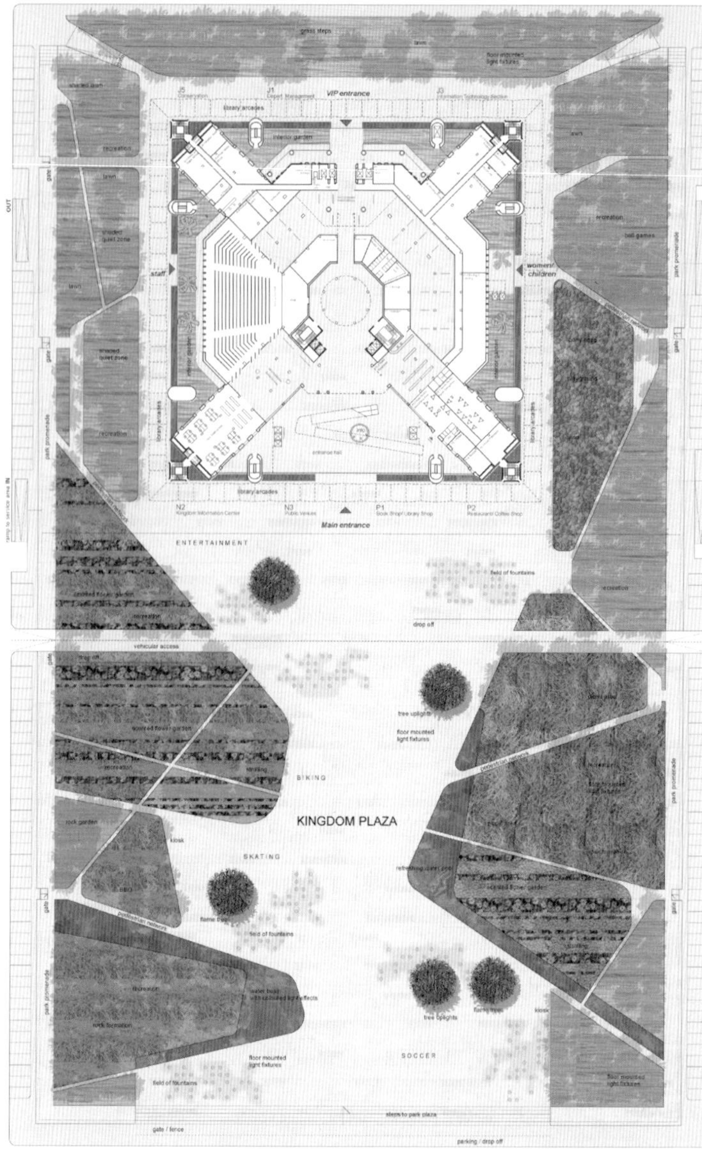

Städtebaukonzept, Grundriss; unten: Schnitt | Urban development concept, floor plan; below: section

The challenge facing libraries is both to conserve accumulated societal memories and at the same time to stay abreast of contemporary knowledge. In a similar vein, the National Library in Riyadh needed to undergo modernisation whilst retaining continuity with its past. That dilemma was resolved in the form of a clear, geometric cuboid structure enveloping and incorporating the original 1970s building. The roof of the old building now functions as a reading room, linked by bridges to the open-shelf collections in the new building. The existing dome is to be remodelled in steel and glass. A white membrane stretching below the skylights removes the sun's glare, ensuring a warm even light below. An exhibition area, restaurant, bookshop and main entrance are now to be found on the ground floor whilst the women's library with its own separate entrance is located in the new southwest wing. Overall, the design successfully combines old and new and fits comfortably into the city's urban fabric.

Eingangsbereich | Entrance area

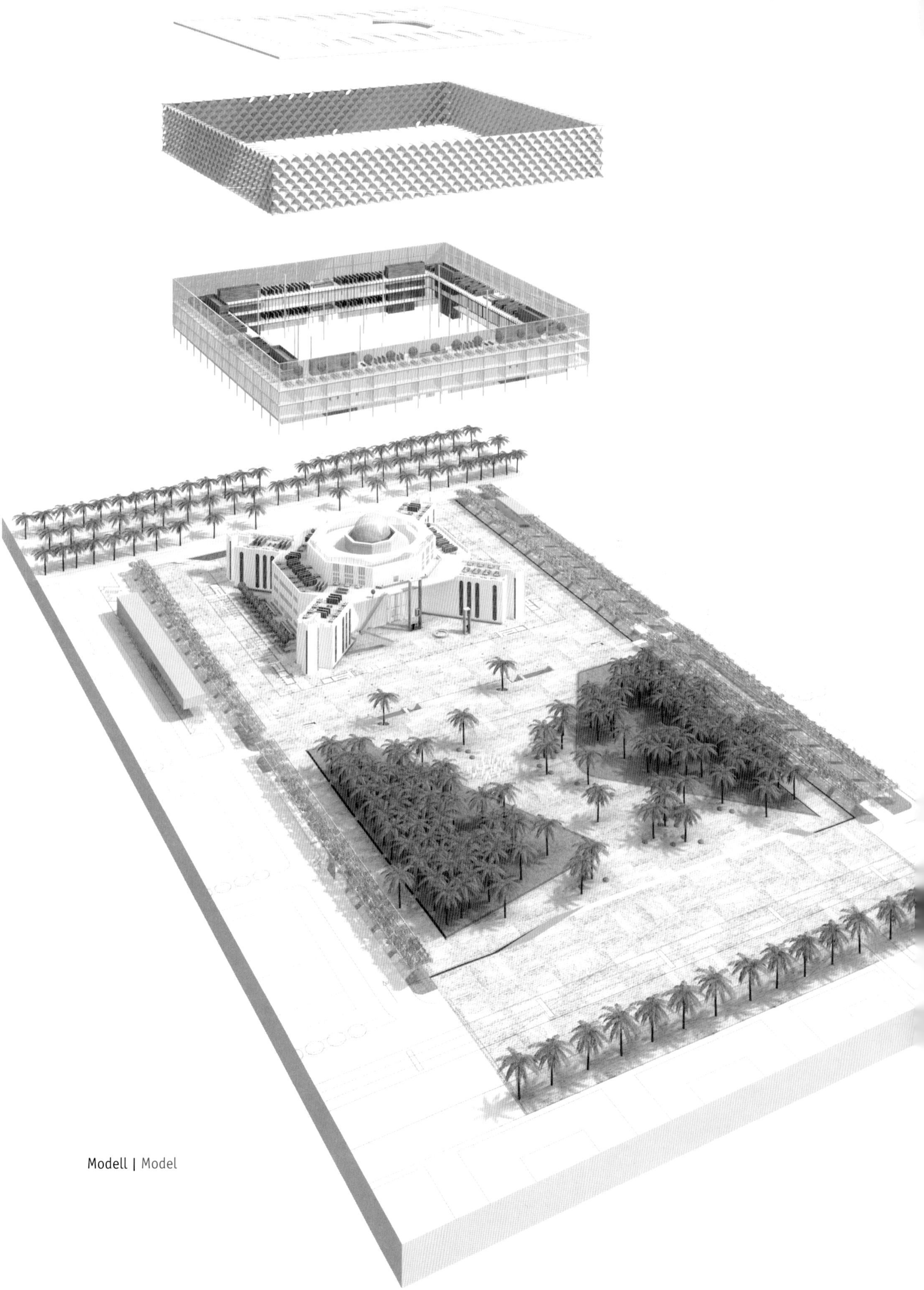

Modell | Model

مكتبة الملك فهد الوطنية

المهندسون
غيرير للاستشارات الهندسية، دورتموند

التخطيط الفني
دي إس - للتخطيط، شتوتغارت
بي+جي الهندسية بولّينغر + جرومانّ، فراكفورت
كينله للبناء الداخلي والمدني، شتوتغارت
مكتب الخدمات الاستشارية السعودي، الرياض

المسابقة
الجائزة الأولى

صاحب المشروع
الهيئة العليا لتطوير مدينة الرياض

المساحة
حوالي ٨٥،٥٠٠ متر مربع مساحة إجمالية لأرض المشروع

موعد الانجاز
يفترض في ٢٠١٠

تعتبر المكتبات بمثابة الذاكرة في مجتمع ما. فلا بد من المحافظة عليها والاعتناء بها، لكن من دون فقدان التواصل مع العصور الحديثة والعلوم الجديدة. هكذا كانت الحال مع بناء مكتبة الملك فهد الوطنية في الرياض - هذه المكتبة التي كان ينبغي الحفاظ عليها وتجديدها في نفس الوقت. بيد أن عملية إعادة وتجديد البناء من دون اللجوء إلى الهدم تعتبر مهمة صعبة. لكن على الرغم من ذلك فقد تم إيجاد حل لهذه الصعوبة بذكاء يناسب مكتبة الملك فهد الوطنية. حيث يقوم مبنى جديد مربع الشكل ذو تنظيم هندسي معلق بتغليف المكتبة التي يعود بناؤها إلى السبعينيات والتي تشكّل وحدة متكاملة من خلال مبناها القديم المحفوظ طبقًا لشروط المحافظة على الصروح والنصب التذكارية. تستخدم المساحة التي يغطها سقف المبنى القديم كصالة للقراءة، كذلك يضم المبنى القديم مستودعات الكتب - وكأنها موجودة في صندوق كنز. يصل رواد المكتبة عبر جسور من صالة القراءة إلى قسم الاستعارة في الطابق العلوي الثالث في المبنى الجديد. ترتفع القبة الموجودة في المبنى القديم بهيكل معماري يغطيها مُصمم من الصلب والزجاج فوق السقف الجديد الذي يغطي أيضًا كلاً من الأفنية الداخلية وصالة القراءة. تقوم أغطية بيضاء اللون مشدودة أسفل السقف بفلترة ضوء النهار الداخل إلى المكتبة وتزود كل مساحات المكتبة بضوء مناسب لا يعمي الأبصار. وفي أوقات الظلام تتولى هذه الوظيفة أضواء مثبتة أعلى الأغطية التي تستخدم لفلترة الضوء. توجد في الطابق الأرضي ردهة المدخل الرئيسي وصالات ومساحات مخصصة للعرض ومطعم ومكتبة لبيع الكتب - وزّعت حول المبنى القديم. تم تخصيص الطابق العلوي الأول في الجناح الجنوب غربي من المبنى الجديد لمكتبة النساء التي تمتاز بمدخلها الخاص وبانعزالها عن باقي أقسام المكتبة. تقوم الأغطية البيضاء المشدودة على هيكل ثلاثي الأبعاد مكوّن من الحبال المعدنية المتشابكة بوظيفة حماية الطوابق العلوية من أشعة الشمس. يؤدي الجمع ما بين المبنى القديم والجديد إلى تكوين مبنى يظهر بمظهر مفتوح وشفاف ويندمج رغم ضخامته بصورة جيدة مع المباني المجاورة له.

Media Production City

Architekten
Henn Architekten,
München

Wettbewerb
1. Preis

Bauherr
Media Production
City Companies, Riad

Fläche
etwa 4.500 m² BGF

In Riad soll ein neues Mediengebäude entstehen, die *Media Production City*. Grundlage des Entwurfs ist ein strenger Bau, der von einer medialen Lichtarchitektur überlagert wird. Ein steinernes Gemäuer auf der Grundfläche eines Quadrats umschließt einen kubischen Baukörper. Von unten beleuchtet scheint dieser über dem Eingangsgeschoss zu schweben und lässt die innere Komplexität und Tiefe des Gebäudes nur erahnen. Das vollständig verglaste, transparente Erdgeschoss erlaubt Einblicke in die schillernde und bunte Fernsehwelt. In der Projektion des oberen Gebäuderings verläuft ein umlaufender Graben zur Belichtung und Belüftung der unteren Geschosse. In den Untergeschossen sind alle Fernseh- und Radiostudios mit ihren notwendigen Nebenräumen, ein Restaurant sowie der Gebetsraum untergebracht. Die Versammlungs-, Konferenz- und Ausstellungsräume befinden sich im Erdgeschoss und sind leicht für die Besucher zu erreichen. Das erste Obergeschoss beherbergt die Büroräume. Im darüber liegenden Dachgarten gibt es Raum für Außenaufnahmen sowie eine Kinderspielzone und eine Besucherhalle. Die Außenfassade bietet Platz für Informationen, Projektionen und Lichtinstallationen. Sie ist mit kleinen, unregelmäßig angeordneten Öffnungen perforiert. Jede einzelne Öffnung ist mit RGB-Leuchten (rot, grün und blau) bestückt. So können unterschiedliche Farbverläufe und Bilder auf die Fassade generiert werden. Die quadratischen Fassadenöffnungen verzerren zudem bewusst eine konventionelle Maßstäblichkeit von Geschossen. Sie wirken wie scheinbar zufällige Bildpixel, die sich nachts – durch farbige Lichtdioden beleuchtet – zu einem Gesamtbild zusammenfügen.

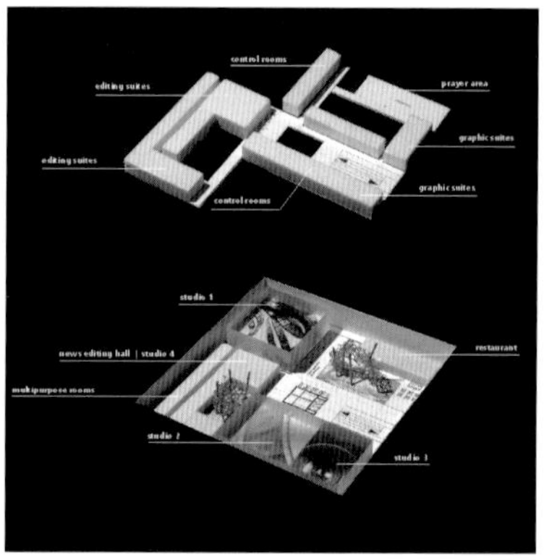

Central to the design of this new media complex is its strict form overlayed by a light installation. The stone walls, lit from below, encasing the building's upper floors appear to float above the entrance level, merely hinting at complexity and depth within. At ground floor level the glitzy world of television is visible through the fully-glazed front. A dry moat beneath the overhang of the upper floors enables air and light to reach the lower levels which house studios, technical facilities, restaurant and prayer room. Meeting rooms are easily accessible on the ground floor, with offices above. The roof garden with children's play area and visitor centre also has space for outside broadcasts. The exterior façade is perforated with small randomly arranged openings, each fitted with RGB (red, green, blue) lights capable of creating a range of colours and visual effects. The square pixel-like openings deliberately disrupt the usual façade form, combining when illuminated to generate a whole image.

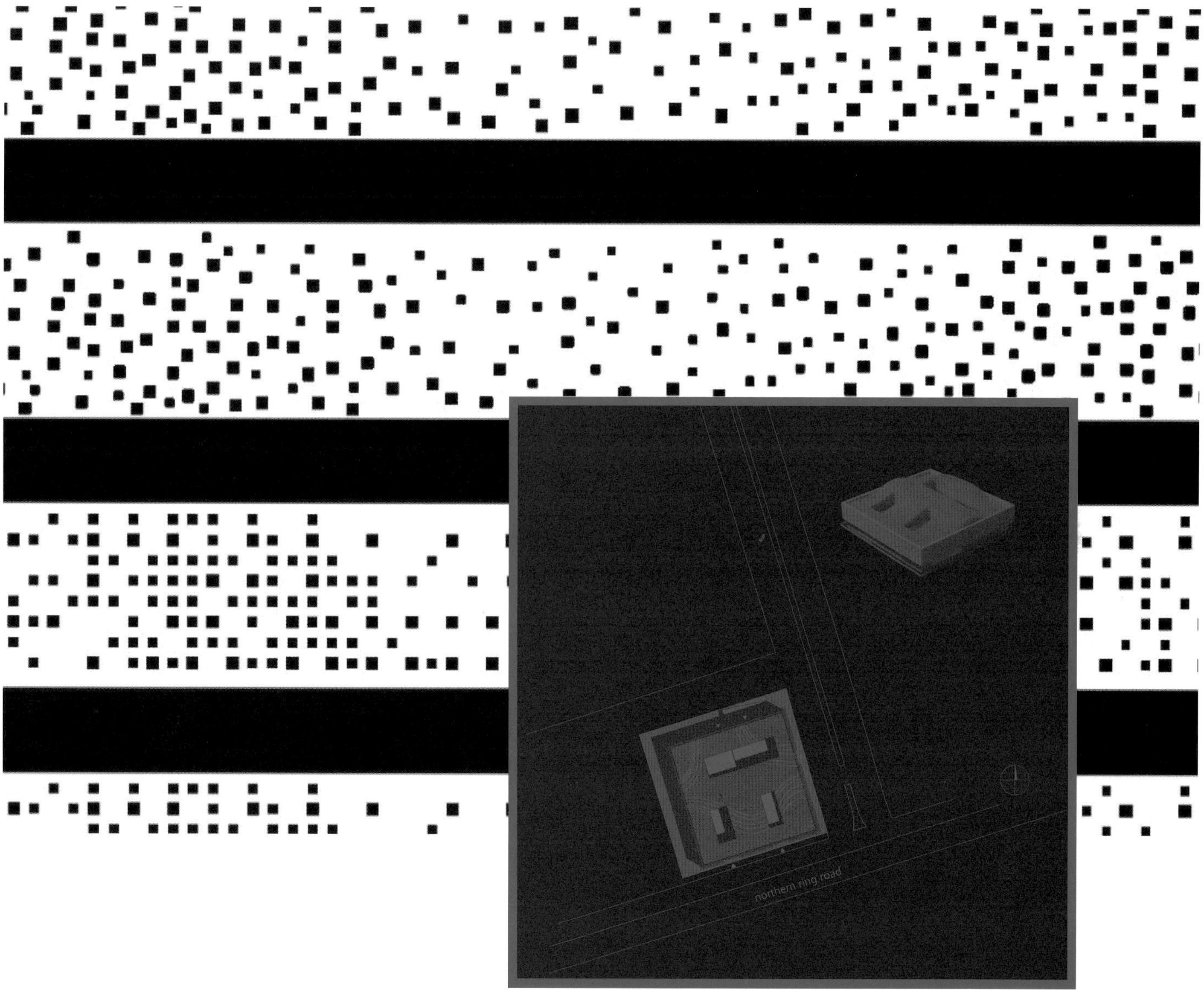

Umgebungsplan | Site plan

Perspektive | Perspective

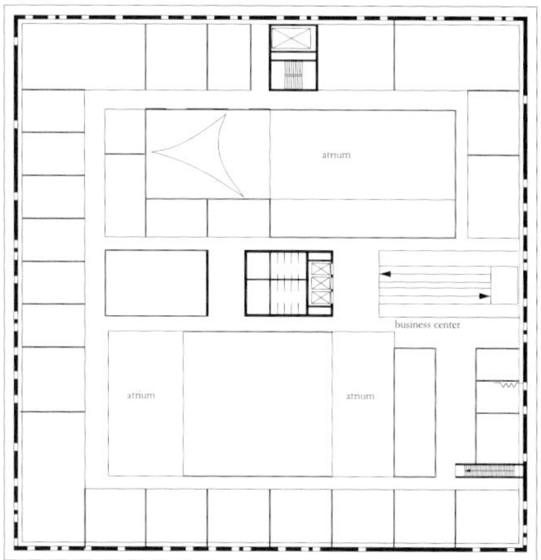

Grundriss | Floor plan

Innenraummodell | Interior model

مدينة الانتاج الإعلامي

المهندسون
هنّ للاستشارات الهندسية، ميونخ

المسابقة
الجائزة الأولى

صاحب المشروع
شركات مدينة الانتاج الإعلامي، الرياض

المساحة
حوالي ٤،٥٠٠ متر مربع مساحة إجمالية لأرض المشروع

من المقرر أن يتم في الرياض بناء مبنى إعلامي جديد، أي مبنى مدينة الانتاج الإعلامي. يكمن الأساس الذي قام عليه هذا التصميم المعماري في بناء حاد يغطه معمار ضوئي متوسط. تحيط جدران حجرية مبنية على سطح مساحة مربعة بهيكل البناء المعماري. تبدو هذه الجدران المنارة من الأسفل وكأنها معلقة فوق الطابق الأرضي وتجعل الناظر إليها يشتبه في تحديد تركيبة وعمق المبنى من الداخل. يتيح الطابق الأرضي المحاط بكامله بزجاج شفاف المجال للنظر إلى عالم التلفزة اللامع والمتعدد الألوان. يمتد في مسقط محيط المبنى العلوي تجويف محيط وظيفته إنارة وتهوية الطوابق السفلى. أُلحقت أستوديوهات التلفزة والإذاعة مع ملحقاتها الضرورية ومطعم بالإضافة إلى مصلى في الطوابق السفلى. أما صالات وقاعات الاجتماعات والمؤتمرات والمعارض فهي موجودة في الطابق الأرضي ومن السهل الوصول إليها بالنسبة للزوار. تقع الغرف المكتبية في الطابق العلوي الأول. تم تخصيص حديقة السقف التي تعلو الطابق العلوي الأول لأعمال التصوير الخارجية ولباحة للعب الأطفال بالإضافة إلى صالة للزوار. من الممكن استخدام الواجهات الخارجية لأغراض عرض المعلومات والعرض بالبروجكتر وللتركيبات الضوئية. توجد في الواجهات نوافذ صغيرة وموزعة بشكل غير منتظم. زوّدت كل واحدة من هذه النوافذ بضوء ثلاثي الألوان - أحمر وأخضر وأزرق. فهكذا من الممكن إظهار امتدادات لونية وصور مختلفة على الواجهات. تقوم هذه النوافذ المربعة بالإضافة إلى ذلك بتزيين قياس توزيع الطوابق التقليدي. كما تبدو هذه النوافذ مثل نقاط صورة غير منتظمة، تكوّن في الليل صورة كاملة - من خلال إنارتها بأضواء مزدوجة ملونة.

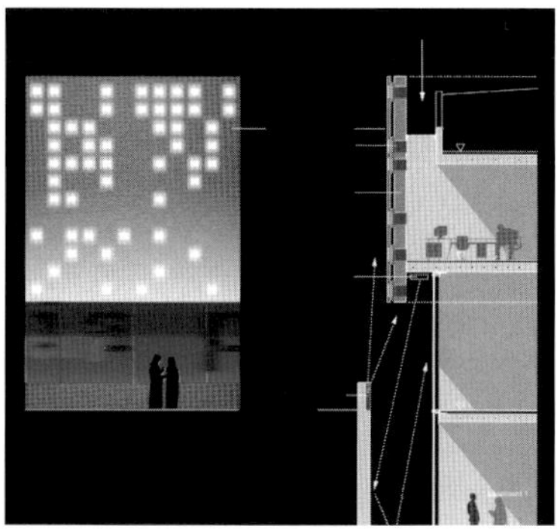

Prince Sultan University

Architekten
Heinle, Wischer und Partner, Stuttgart

Fachplanung
Scholze Ingenieurgesellschaft, Leinfelden-Echterdingen
B2 Landschaftsarchitekten, Burgrieden

Auslober
Königreich Saudi-Arabien

Fläche
etwa 53.000 m² BGF

Visualisierung
archlab, Dresden

Zeichnungen
Silke Loose, Dresden

Der Entwurf der *Prince Sultan University* entstand innerhalb eines von der saudi-arabischen Regierung ausgelobten internationalen Wettbewerbs. Es sollte ein Universitätskomplex mit verschiedenen Fakultäten, einer Bibliothek, einem Verwaltungszentrum, einer Moschee sowie Studentenwohnungen für 5.700 Studenten und 680 Lehrer geplant werden. Das Konzept basiert auf der Idee, die Universität als Ort für zukunftsorientierte Bildung in einem modernen Bau unterzubringen, der gleichzeitig an die Tradition des Landes anknüpfen soll. Geschichte und Vision sollen gemeinsam eine bauliche Ausformung finden. Um an die Bautraditionen Saudi-Arabiens anzuschließen, wurden zahlreiche Elemente der klassischen islamischen Architektur in den Entwurf integriert: das Prinzip von Vielfältigkeit und Einheit, der Gebrauch von traditionellem Material wie Stuck, Keramik, Mosaik sowie verzierende Metall- oder auch Holzelemente, deren Ornamentik sich auf geometrische Muster der Region bezieht. Dennoch zeigt sich das Ensemble als zeitgenössische Architektur. Die Gebäudefassaden des Universitätsentwurfs werden dominiert von transluzenten Alabasterplatten, die als zweite Haut um die Bauten angeordnet sind und zudem eine Verschattung der Innenräume bieten. Die Gebäude des Campus sind um eine begrünte Mittelachse angeordnet. Im vorderen Bereich befinden sich die Verwaltung, die Fakultäten und – als Mittelpunkt des Areals – die Bibliothek. Am gegenüberliegenden Ende sind, ein wenig abseits, die Studentenwohnheime angesiedelt.

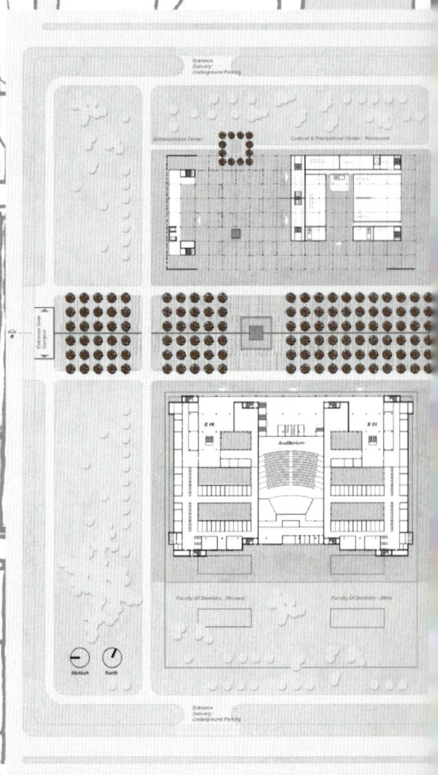

Masterplan | Master plan

In response to a request of the Saudi Arabian Government for a university complex comprising faculty and administrative buildings, library, mosque and residential accommodation for 5,700 students and 680 staff, a modern building is proposed which at the same time draws on local traditions. It incorporates numerous elements of classical Islamic architecture, ensuring respect for the principle of unity within diversity. Use is made of traditional materials such as stucco, ceramics, mosaic and geometrically ornamented decorative metal and wooden elements. The ensemble retains nonetheless a contemporary feel. The façades are dominated by translucent alabaster slabs which endow the buildings with a second skin, generating shade for interior areas. The campus is organised around a central axis of greenery. In the foreground are the faculty and administrative sections whilst the library occupies the central area. Set slightly apart from the other buildings, residential accommodation is located at the opposite end.

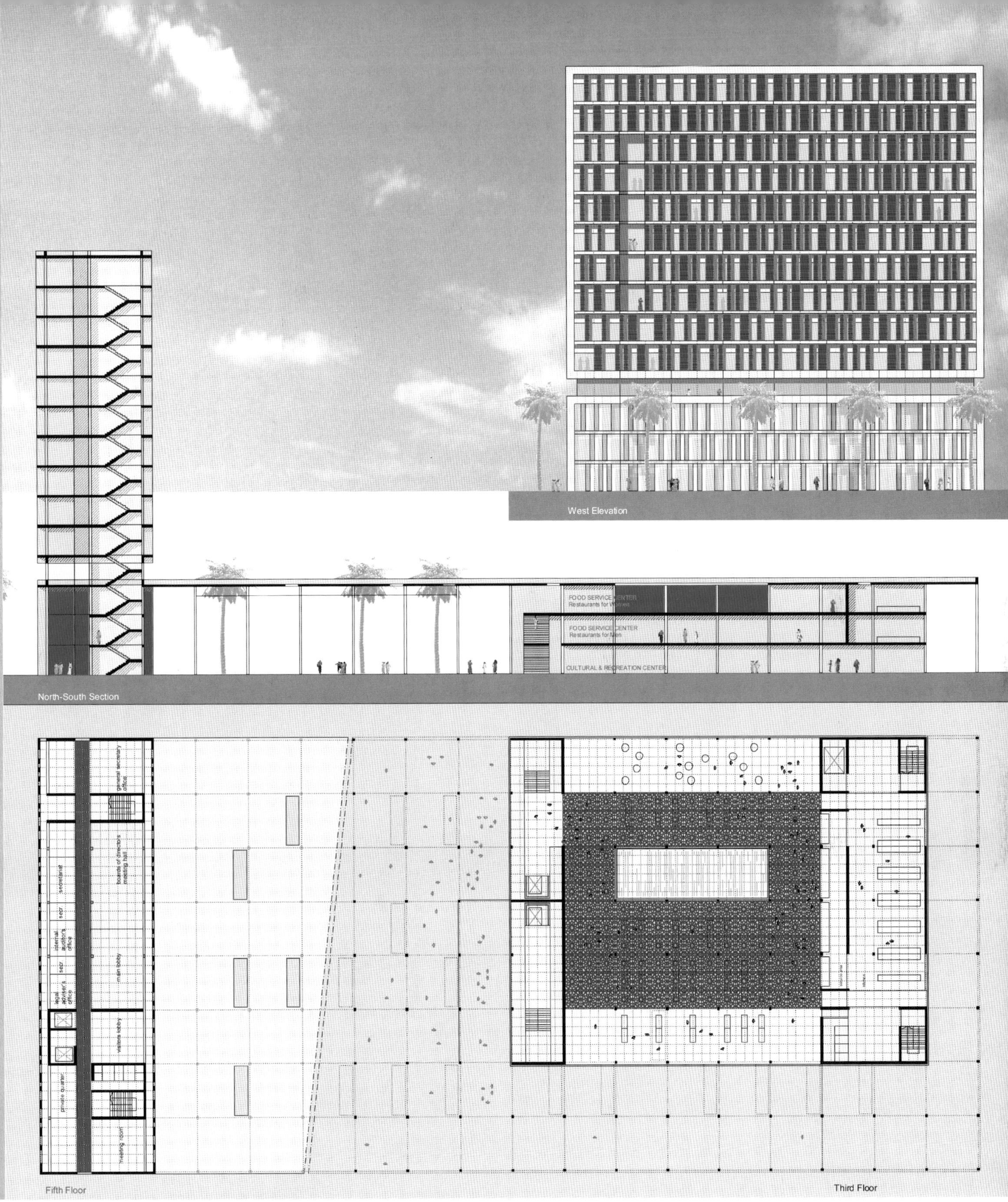

Schnitt, Ansicht und Grundriss Eingangsgebäude | Entrance building: section, elevation, ground floor plan

Bibliothek | Library

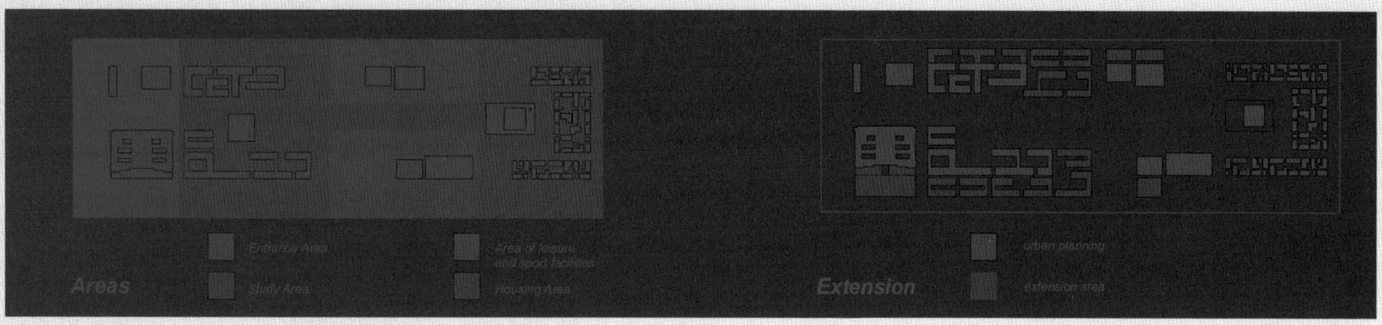

Konzept Universitätsgelände | Concept campus site

Eingangsgebäude | Entrance building

جامعة الأمير سلطان

المهندسون
هاينله، ڤيشر وشركاؤه، برلين

التخطيط الفني
شولتسه الهندسية، لاينفيلدن-إشتردينغن
بي2 للهندسة الطبيعية، بورغريدن

صاحب العطاء
المملكة العربية السعودية

المساحة
حوالي ٥٣ ألف متر مربع مساحة إجمالية لأرض المشروع

تنفيذ الرسومات والمخططات
أرشلاب، درسدن

الرسومات
زيلكه لوزة، درسدن

تم تصميم مخطط جامعة الأمير سلطان ضمن مسابقة عالمية طرحتها حكومة المملكة العربية السعودية. تقرر تخطيط مجمع مبان جامعية لمختلف الكليات ومكتبة ومركز إداري ومسجد وسكن طلابي يتسع لخمسة آلاف وسبعمائة طالب ولستمائة وثمانين مدرّس. اعتمد التصميم على فكرة إلحاق الجامعة باعتبارها موقعًا للتعليم المستقبلي في مبنى حديث ينبغي في نفس الوقت أن تكون له صلة مع تراث البلاد، إذ افترض تشكيل التاريخ والمستقبل سوية في تشكيل معماري. تم إدخال العديد من عناصر العمارة الإسلامية التقليدية في هذا التصميم، وذلك بغية اتّباع التقاليد المعمارية في المملكة: يتجلى هذا في مبدأ تنوع العناصر المعمارية ووحدتها، في استخدام المواد التقليدية مثل الزخارف الجصية والخزف والفسيفساء بالإضافة إلى العديد من العناصر المعدنية أو حتى الخشبية المزخرفة التي تعتمد زخارفها على نماذج ورسوم هندسية محلية. تظهر هذه الجوقة المعمارية على الرغم من ذلك بمظهر معمار عصري. تغطي واجهات مباني التصميم المعماري للجامعة ألواح شبه شفافة من الرخام الأبيض، سيتم تركيبها حول المباني كقشرة ثانية للمباني كما أنها تعمل على وقاية المباني في الداخل من أشعة الشمس. تم توزيع مرافق الحرم الجامعي حول محور متوسط مشجر. تقوم في مقدمة هذا المحور كل من الإدارة والكليات والمكتبة التي تتصدر أرض الحرم الجامعي. أما مساكن الطلبة فقد وضعت في الطرف المقابل - بعيدة قيلاً عن باقي المرافق.

Littoral Yanbu

Architekten
AS&P – Albert Speer & Partner GmbH, Frankfurt am Main

Fachplanung
wgf Werkgemeinschaft Freiraum, Nürnberg
Saudiconsult, Riad
Consultant for Tourism and Hospitality, Thomas Höfels, Maintal
unit-design GmbH, Frankfurt am Main

Auftraggeber
Kingdom of Saudi Arabia – Royal Commission for Jubail and Yanbu, Directorate General for Yanbu Project

Plangebiet
2,6 km²

An der Küste des Roten Meeres, am Westrand des Hedschas-Gebirges liegt Yanbu al Bahr. Die ehemals bedeutende Stadt hatte nach der Entdeckung des Erdöls auf der entgegengesetzten Seite der Halbinsel ihre Vormachtstellung verloren. Dies sollte sich nach 1975 wieder ändern, als per königliches Dekret die *Royal Commission for Jubail and Yanbu* ins Leben gerufen wurde. Sie übernahm die Steuerung eines gigantischen Industrialisierungsprojekts, das unter anderem einen neuen Stadtteil Yanbus schuf, *Madinat Yanbu Al Sinaiyah*. Wo man zunächst hauptsächlich an den Ausbau industrieller Anlagen dachte, will man 30 Jahre später nun auch das Potenzial des über elf Kilometer langen städtischen Ufers nicht mehr ungenutzt lassen. Die Uferzone Yanbus soll städtebaulich entwickelt werden, um zu einem Anziehungspunkt für die Bewohner der Stadt und besonders auch für internationale Touristen zu werden. Vom Büro AS&P – Albert Speer & Partner wurden zunächst die bestehenden Entwicklungsabsichten analysiert, auf deren Machbarkeit geprüft und erste Empfehlungen ausgearbeitet, um die Uferzone attraktiver zu gestalten. Auf dieser Grundlage aufbauend ist dann eine städtebauliche Entwicklungskonzeption erarbeitet worden. Wesentlich hierbei war die Empfehlung, die Uferzone in 13 Teilabschnitte zu gliedern. Diese Unterteilung soll die Identitätsbildung und damit die Vermarktbarkeit der einzelnen Entwicklungsstufen stärken und deren Umsetzung erleichtern. Für alle Teilgebiete wurden sowohl Vorschläge für die städtebauliche Gestaltung, Flächennutzung und verschiedene Realisierungsphasen erarbeitet als auch architektonische Gestaltungsrichtlinien erstellt. Diese sind in Zusammenarbeit mit verschiedenen Fachleuten der Landschaftsplanung, Lichtgestaltung und Beschilderungssysteme zu einer integrierten städtebaulichen Gesamtkonzeption erweitert worden.

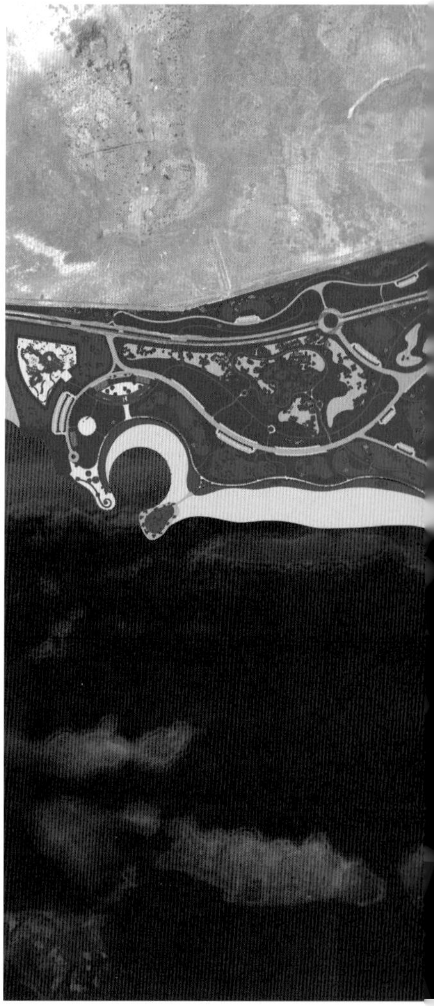

On the shores of the Red Sea, west of the Hijaz escarpment, lies the city of Yanbu Al Bahr. Development efforts over the last 30 years have concentrated on improving the city's industrial base. Now attentions are turning to its eleven-kilometre expanse of coastline. The aim is to develop the Yanbu littoral as an attraction both for residents and international tourists. Albert Speer & Partner initially examined the idea's feasibility and produced a range of preliminary recommendations before an urban development plan was then adopted. Its key recommendation is to divide the littoral into thirteen sections each with its own identity, facilitating the development and marketing of the individual phases. In relation to each section proposals for urban development, land use, implementation phases and architectural guidelines were set out. In cooperation with experts on landscape design, lighting and signage an expanded version of those measures was transformed into an integrated urban scheme.

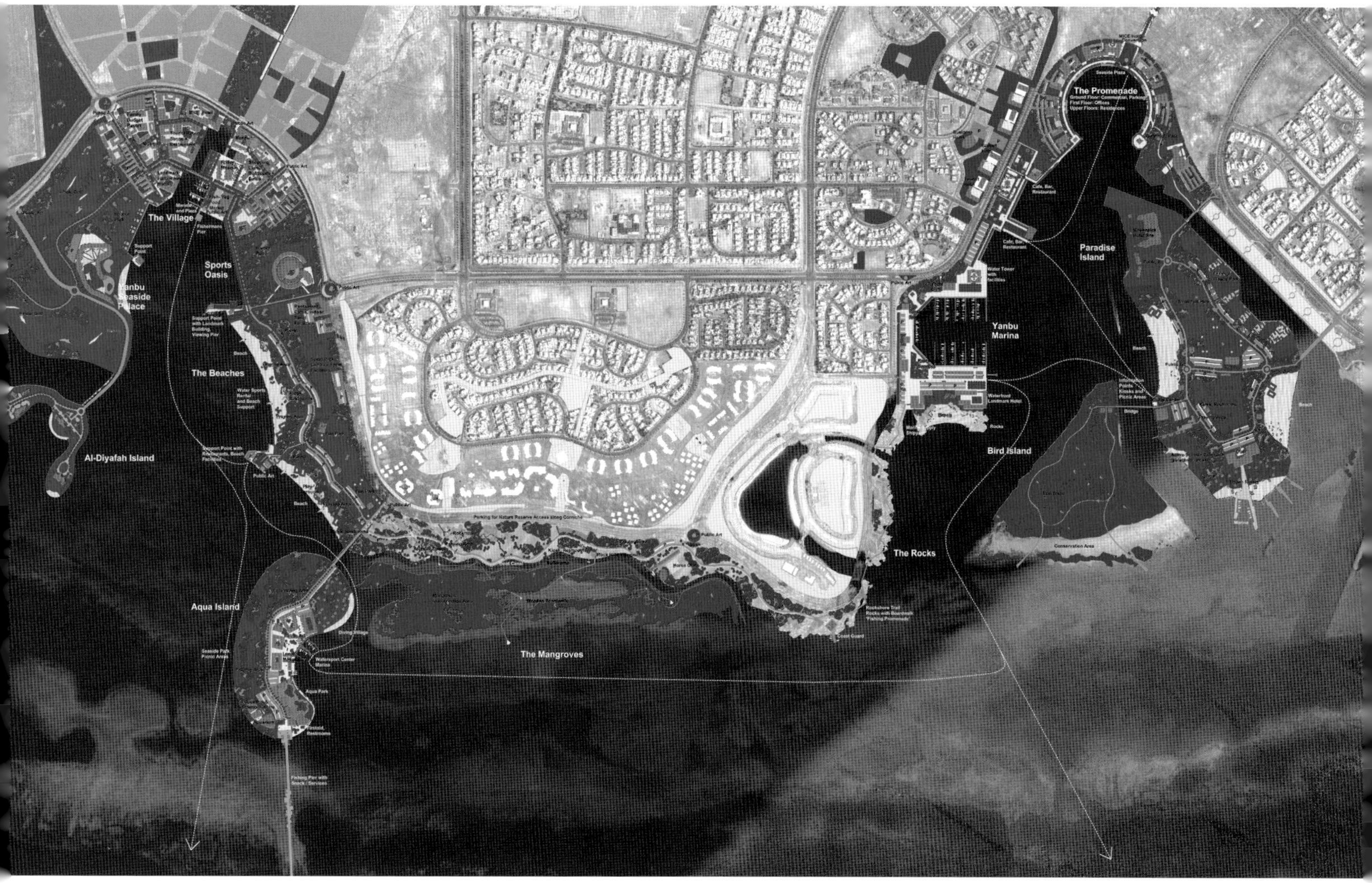

Planungskonzept | Planning concept

Ansicht City Center | Elevation City Centre

Schnitte, Ansichten Marina und Harbour Village | Sections, elevations Marina and Harbour Village

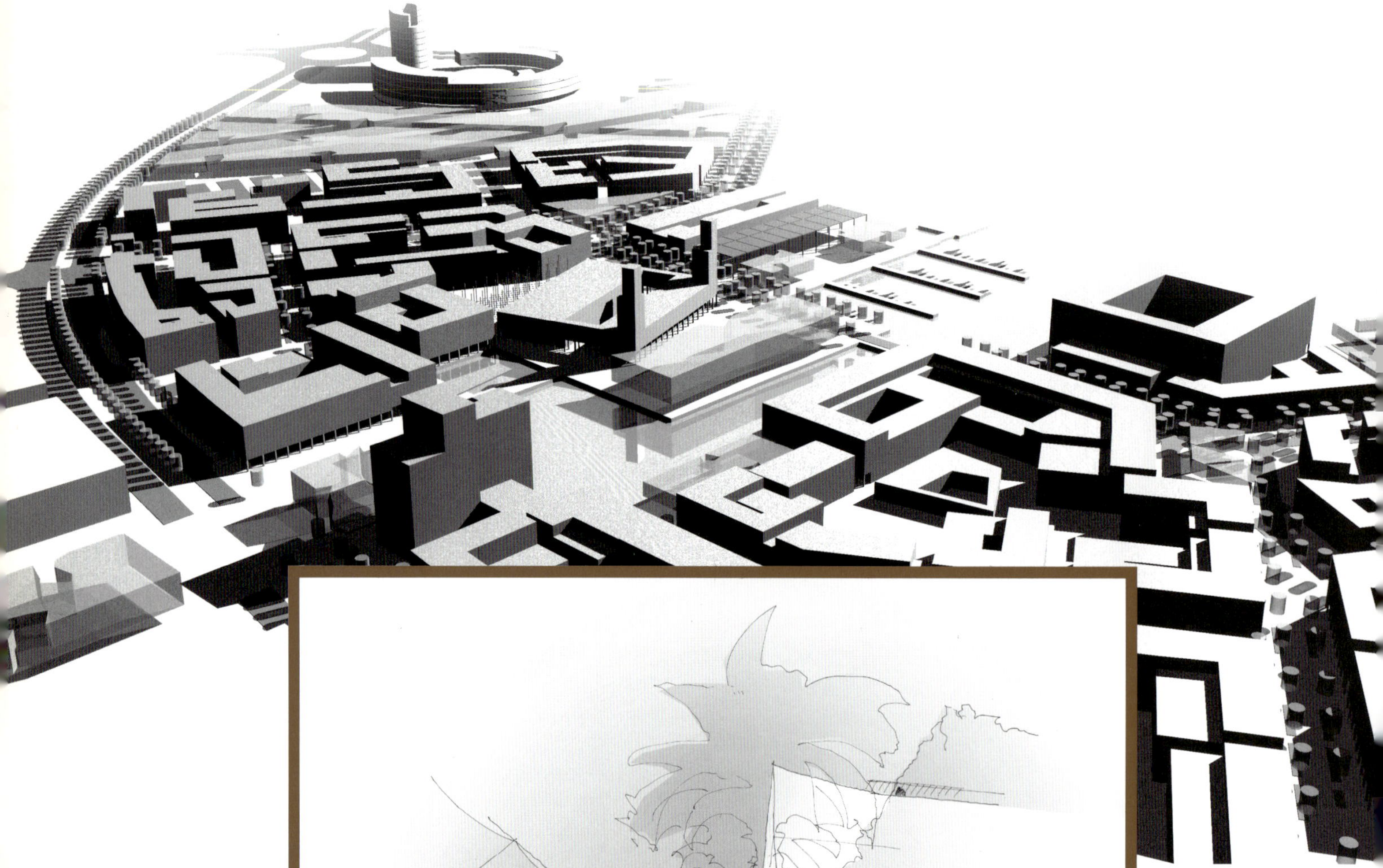

Modell | Model

شاطئ ينبع

المهندسون
ألبرت شبير وشركاوه، فرانكفورت أم ماين

التخطيط الفني
ڤي جي إف للاستشارات الهندسة الطبيعية، نورنبرغ
مكتب الخدمات الاستشارية السعودي، الرياض
توماس هوفلس، مستشار للسياحة والضيافة، ماينتال
أونيت ديزاين، فرانكفورت أم ماين

صاحب العطاء
المملكة العربية السعودية
الهيئة الملكية للجبيل وينبع، الإدارة العامة لمشروع ينبع

مساحة المنطقة المخططة
٢,٦ كيلومتر مربع

تقع مدينة ينبع البحر على ساحل البحر الأحمر في الطرف الغربي من جبال الحجاز. لقد فقدت هذه المدينة التي كانت في السابق مدينة مهمة مكانتها الاستراتيجية، نتيجة لاكتشاف النفط في الطرف المقابل من شبه الجزيرة العربية. تقرر تغيير هذه الحالة بعد العام ١٩٧٥ وذلك عندما تم تأسيس «الهيئة الملكية للجبيل وينبع» بمرسوم ملكي. تولت هذه الهيئة الدور القيادي في إنشاء مشروع صناعي ضخم - هذا المشروع الذي أوجد فيما أوجد منطقة جديدة في ينبع، أي مدينة ينبع الصناعية. لقد فكر المسؤولون في البدء وبصورة أساسية ببناء منشآت صناعية - بيد أنهم صاروا يسعون الآن بعد ٣٠ عامًا أيضًا إلى عدم ترك ثروة شاطئ المدينة الذي يبلغ طوله أكثر من ١١ كيلومترًا غير مستغلة. من المقرر تطوير منطقة شاطئ ينبع تطويرًا معماريًا، من أجل تحويلها إلى موقع جذاب بالنسبة لسكان المدينة وكذلك بصورة خاصة بالنسبة للسياح القادمين من دول العالم. قام مكتب ألبرت شبير وشركاوه في البدء بتحليل مخططات التطوير الموجودة وبدراسة إمكانيات تحقيق هذه المخططات، ثم أعد استشارات أولية من أجل تنظيم منطقة الشاطئ بشكل جذاب. ثم تم وضع خطة للتطوير المعماري المدني بناءً على هذا الأساس. كان أهم ما ميّز هذه الخطة هو الإيعاز بتقسيم منطقة الشاطئ إلى ١٣ جزءًا. من المفترض أن يعمل هذا التقسيم على تعزيز تكوين هوية المكان وبذلك على دعم إمكانيات تسويق كل مرحلة من مراحل التطوير وعلى تسهيل عملية تنفيذها. تم وضع اقتراحات تشمل كل أجزاء الشاطئ وتعالج موضوع التصميم المعماري المدني واستخدام المساحات ومختلف مراحل البناء بالإضافة إلى وضع إرشادات وتوجيهات معمارية للتصميم الهندسي. كما تم توسيع نطاقها بالتعاون مع مختلف الخبراء في مجالات تشكيل المساحات الطبيعية والتصميم الضوئي ونظام تنصيب لافتات الطرق لتصبح خطة معمارية مدنية مدمجة شاملة.

المملكة العربية السعودية

أبها

جدة

مكة

ينبع

الرياض

Vereinigte Arabische Emirate

United Arab Emirates

Abu Dhabi

Dubai

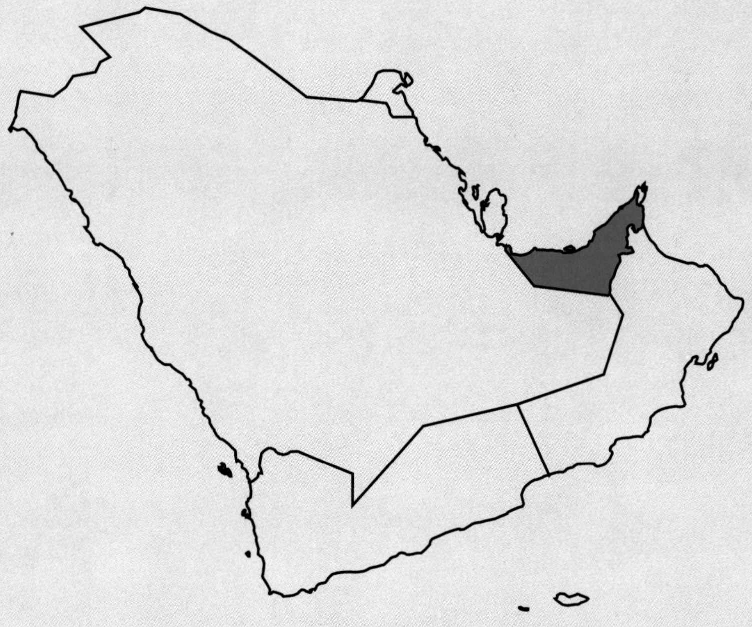

Mangrove Park City

Architekten
BRT Architekten –
Bothe Richter
Teherani, Hamburg

Wettbewerb
1. Preis

Auslober
Sorouh Real Estate
LLC, Abu Dhabi
Durchführung
[phase eins]., Berlin

Fläche
etwa 200.000 m² BGF

Renderings
Gärtner & Christ,
Hamburg

Nördlich der Hauptinsel von Abu Dhabi soll auf einem Teilgebiet der Insel *Reem Island* ein Quartier mit ökologischem Anspruch entstehen, das so genannte *Eco Bay Project*. Innerhalb eines internationalen Wettbewerbs war gefordert, ein Stadtgebiet mit einer Mischnutzung zu schaffen, deren Schwerpunkt auf dem Aspekt Wohnen liegen sollte. Der Entwurf der *Mangrove Park City* entwickelt sich aus dem Motiv der für die Region typischen Mangrovenbäume. Die ihnen entlehnten amorphen Formen schaffen ein eigenes Ensemble, das einen Kontrast zu den harten Blockstrukturen der Umgebung bildet. Zwei Bereiche kennzeichnen das neue Areal: das Mangrove-Business-Park-Gebiet sowie das Mangrove-Residential-Park-Gebiet. Die durch eine Hauptstraße getrennten Bereiche werden über eine Brücke miteinander verbunden. Die Gebäude sowohl des Wohn- als auch des Geschäftsviertels sind auf Podesten gebaut, die eine Höhe von bis zu sechs Geschossen erreichen. In dieser Höhe befindet sich auch eine mit Bäumen bepflanzte Hauptebene im Außenbereich. Diese bietet ihren Besuchern einen Ausblick über Stadt und Meer und ist aufgrund ihrer außergewöhnlichen Form in Kombination mit dem Grün des Podiums sowie der begrünten Dächer selbst ein Blickfang. Neben dem ästhetischen Gewinn gibt es zudem einen klimatischen Vorteil: Mit Hilfe des Wassers und der vielen Pflanzen wird sich das Klima des Gebiets sehr angenehm gestalten. Das Quartier der *Mangrove Park City* bildet somit eine Oase im städtischen Kontext.

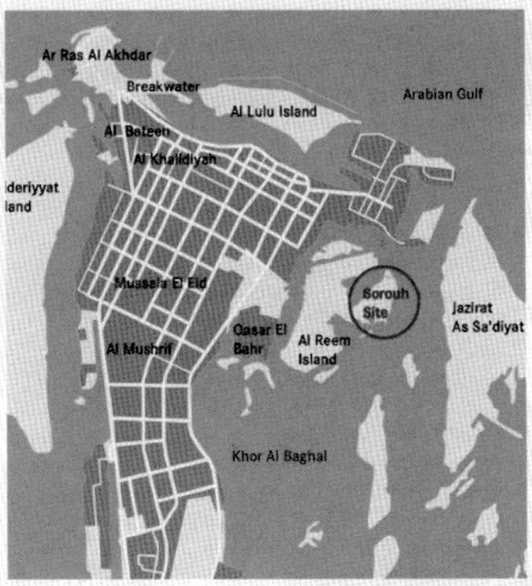

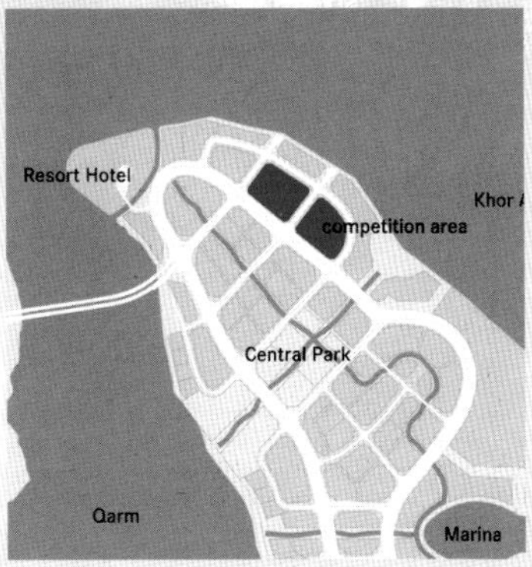

Umgebungsmodell; unten: Plangebiet | Site model; below: planning area

The Eco Bay Project in Abu Dhabi is a planned development for an eco-friendly district on Reem Island. Within the scope of that project, the design for Mangrove Park City responds to the client's request for a mixed-use neighbourhood with predominantly residential construction. Inspired by the indigenous mangrove bushes, the ensemble of amorphous forms contrasts sharply with the adjacent block structure. A bridge links the neighbourhood's two zones, the business and residential parks on either side of a main road. Plinths elevate the buildings, their main levels situated up to six floors above ground. Splendid views can be had from the tree-planted areas on this level. Their greenery and unusual shape will easily catch a neighbour's eye. Water features and intense foliage are not only aesthetically satisfying, they also improve the neighbourhood climate to create an oasis within an urban context.

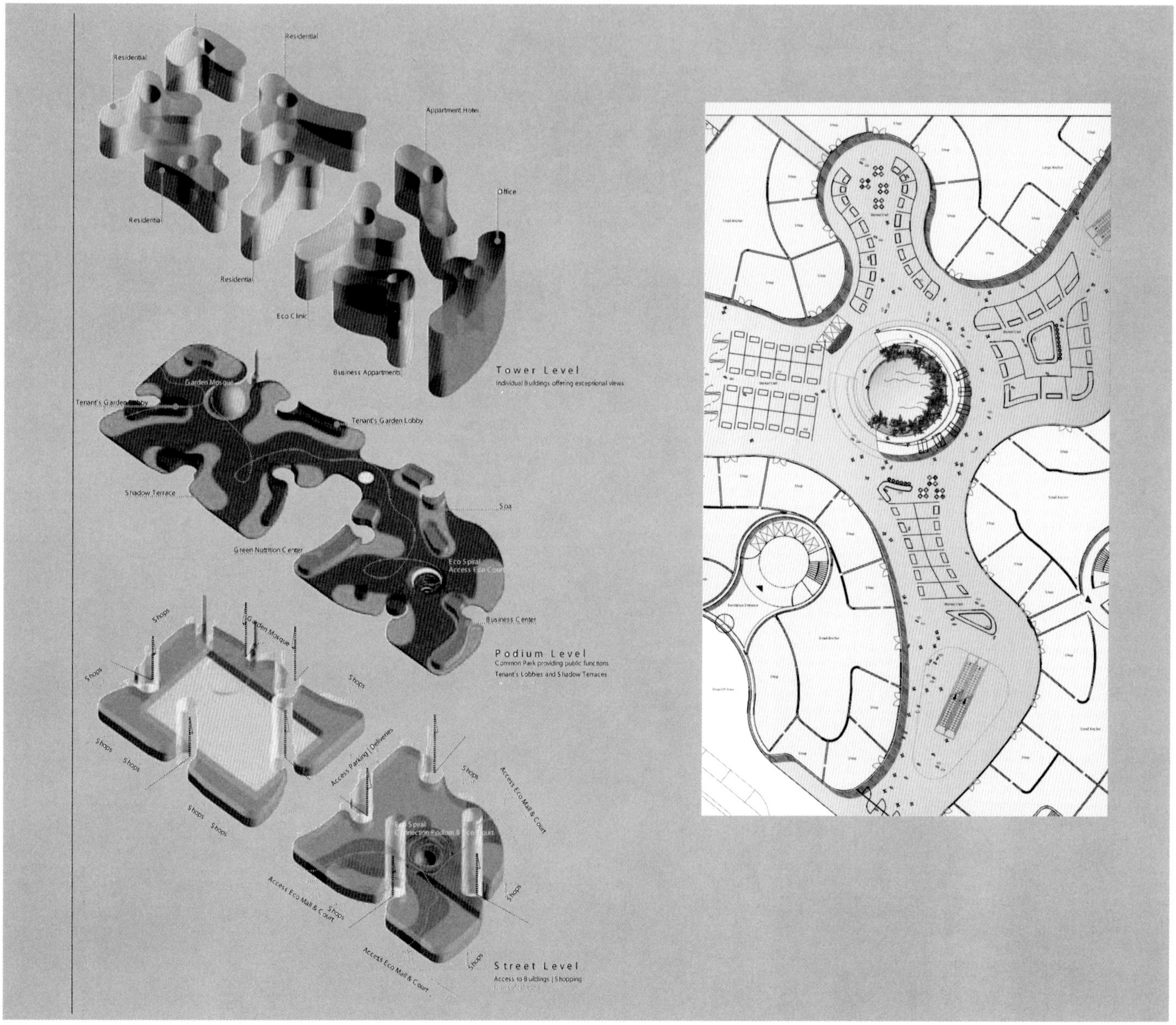

Konzeptmodell; rechts: Grundriss | Concept model; right: floor plan

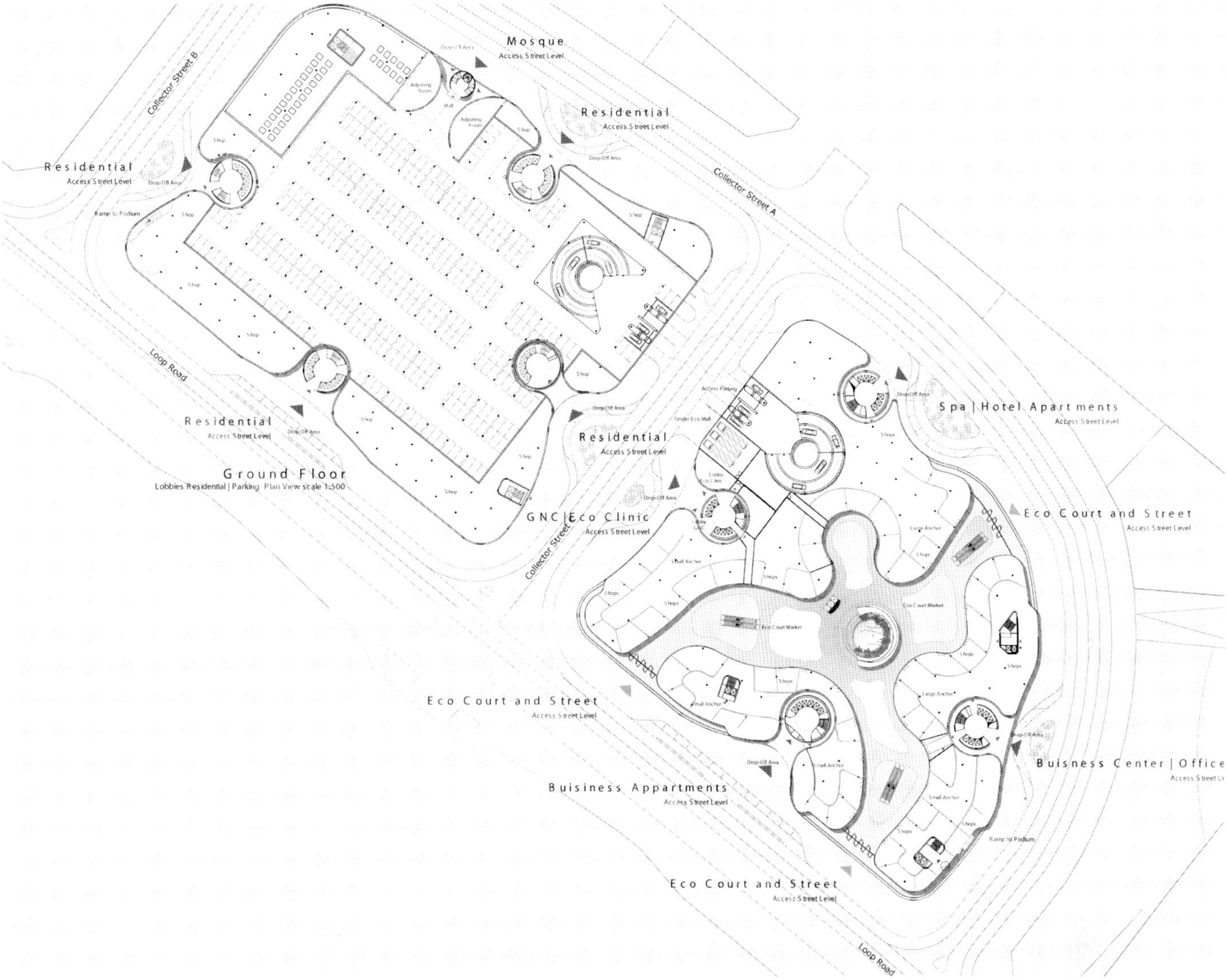

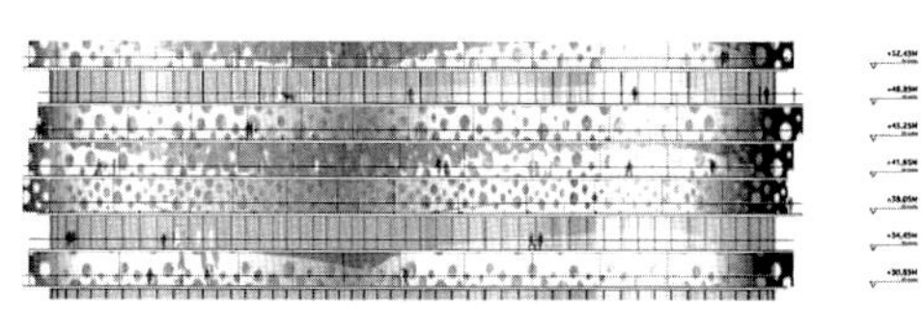

Grundriss; unten: Ansichten | Floor plan; below: elevations

Mall | Mall

Parkblick | View into the park

Ansicht bei Nacht | Night view

حديقة المانجروف للسياحة البيئية/منتجع القرد

المهندسون
بي إر تي للاستشارات الهندسية - بوته ريشتر تهراني، هامبورغ

المسابقة
الجائزة الأولى

صاحب العطاء
شركة صروح العقارية، أبو ظبي
تنفيذ المرحلة الأولى، برلين

المساحة
حوالي ٢٠٠ ألف متر مربع مساحة إجمالية لأرض المشروع

من المقرر إنشاء محلة ذات متطلبات إيكولوجية في جزيرة ريم الواقعة إلى الشمال من جزيرة أبو ظبي الرئيسية، أي إنشاء مشروع الخليج الإيكولوجي. طالب المعنيون ضمن مسابقة عالمية بإنشاء محلة ذات وظائف متعددة يتمحور أهمها في السكن. تطور التصميم المعماري لحديقة المانجروف للسياحة البيئية من منظر أشجار المانجروف الموجودة في هذه المنطقة. تشكّل أشكال هذه الأشجار غير المنتظمة جوقة خاصة تكوّن بدورها نقيضًا للهياكل المعمارية الخاصة بالمباني الموجودة في المنطقة المجاورة. تميز منطقتان هذه المساحة الجديدة: منطقة حديقة المانجروف التجارية بالإضافة إلى منطقة حديقة المانجروف السكنية. يصل جسر بين المنطقتين اللتين يفصلهما شارع رئيسي. شيدت مباني المنطقة التجارية وكذلك مباني المنطقة السكنية على منصات يصل ارتفاعها إلى ستة طوابق. كذلك توجد على هذا الارتفاع شرفة رئيسية مشجرة. تتيح هذة الشرفة لزوراها منظرًا مطلاً على المدينة والبحر. كما أنها تمتاز بمنظرها الخلّاب لمن ينظر إليها من المباني المجاورة وذلك بناءً على شكلها غير المألوف بالتوافق مع المساحات المشجرة في المنصات وكذلك الأسقف المزروعة. بالإضافة إلى المكسب الجمالي هناك فائدة مناخية: إذ يصبح مناخ المنطقة لطيفًا جدًا بواسطة الماء والنباتات الكثيرة. تشكّل حديقة المانجروف للسياحة البيئية من خلال هذا واحة ضمن المدينة.

Mother of the Emirates Hospital

Architekten
Faust Consult Architekten + Ingenieure, Wiesbaden

Fachplanung
Obermeyer Planen + Beraten, München

Wettbewerb
1. Preis

Bauherr
United Eastern Health Services, Abu Dhabi

Fläche
etwa 84.000 m² BGF

Renderings
vize s.r.o., Prag

Im März 2005 lobte die United Eastern Group in Abu Dhabi einen internationalen Wettbewerb für ein Mutter-und-Kind-Krankenhaus aus. Dieses sollte zugleich als Entwicklungszentrum für eine ganzheitliche Gesundheitsvorsorge fungieren. Die relativ kleine Grundstückgröße von 90 mal 90 Meter gab eine vertikale Gebäudeorientierung vor. Durch die für den Entwurf gewählte Randlage entsteht ein relativ großzügiger Vorplatz, der eine schrittweise Annäherung an das Krankenhaus ermöglicht und gleichzeitig als Schutz- und Filterraum zwischen dem Außen- und dem diffizilen Krankenhausleben dient. Das Prinzip des Schutzraums setzt sich auch in der Gebäudestruktur fort. Als äußere, abschirmende Gebäudeteile fungieren der steinverkleidete *Women's Tower* und der mit grünem Glas verkleidete *Children's Tower*. Diese schützen einen inneren Gebäudekomplex, das golden schimmernde *Birthing Nest*, das symbolisch für den Ursprung von Mutter und Kind steht und dem Gesamtkomplex als Verbindungs- und Integrationspunkt dient. Ein Garten befindet sich im Zentrum der beiden Türme in den mittleren Ebenen, für alle Patienten gleichermaßen gut erreichbar ist er Erholungsraum mit Frischluft und Naturbezug. Im obersten, überkragenden Geschoss des *Women's Tower* sind die Verwaltungs-, Konferenz- und Wellnessbereiche sowie ein Gästehaus untergebracht; sie bieten eine entspannte Arbeits- und Genesungsatmosphäre. Klimatisch ist das Gebäude an dem in der traditionellen Wüstenarchitektur verwendeten Prinzip der natürlichen Ventilation orientiert: Die beiden schlanken Turmbauten bilden einen offenen und schattigen Platz und sorgen für einen frischen Luftzug. In Kombination mit einem modernen Ventilationssystem bewirkt diese natürliche Luftströmung eine Reduktion des Energieverbrauchs. Daneben verhindert eine Doppelwandfassade eine zu starke Sonneneinstrahlung.

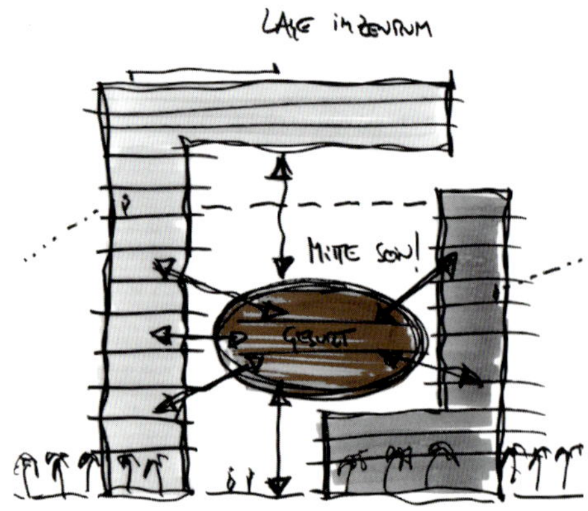

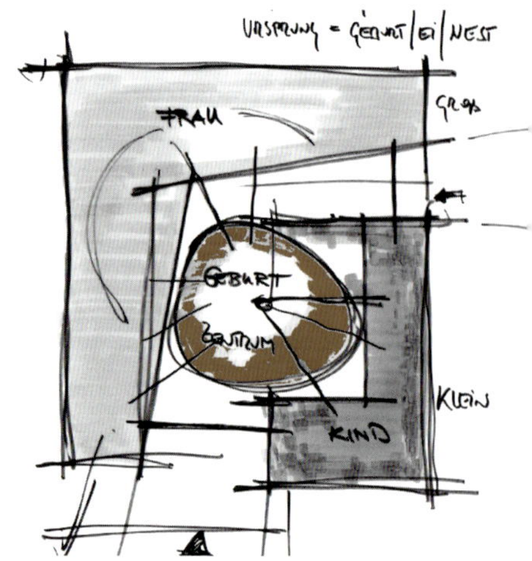

In 2005 United Eastern Group invited bids to design a new integrated healthcare facility for women and children in Abu Dhabi. The relatively small plot lent itself to a tower form. The hospital's generously-sized forecourt functions as a protective interface between the outside world and the difficult life within. The stone-clad women's tower and the children's tower clad in green glass extend this principle, sheltering an internal complex, the shimmering golden birthing-nest, a symbolic and functional link between the two areas. At the centre of both towers a garden provides all patients with easy access to fresh air and greenery. The uppermost cantilevered section of the women's tower houses the administration, meeting and relaxation facilities. The principle of natural ventilation used in desert architecture is put to good effect, with the shady space between the towers encouraging air to circulate. In addition, the sun's impact is reduced by the double-walled façade.

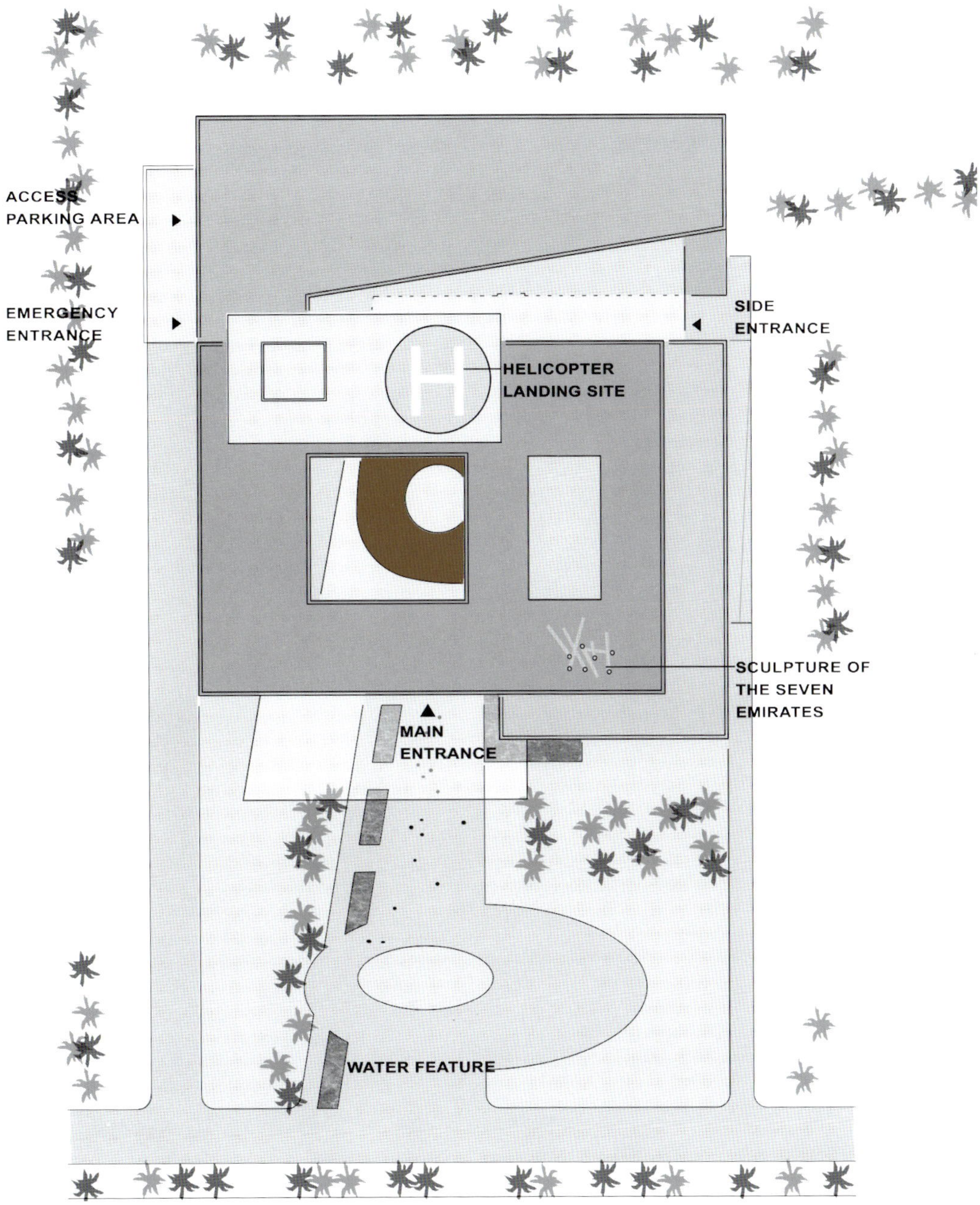

Umgebungsplan | Site plan

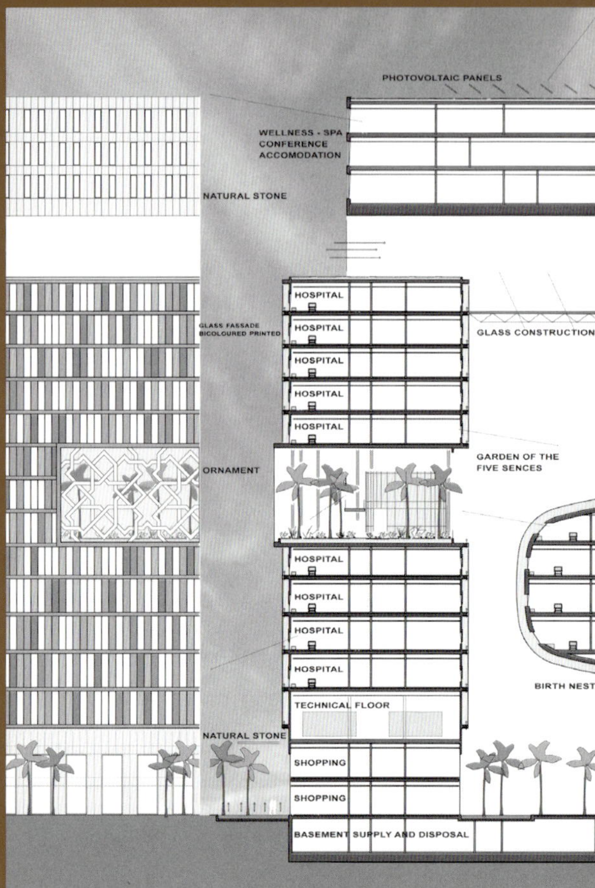

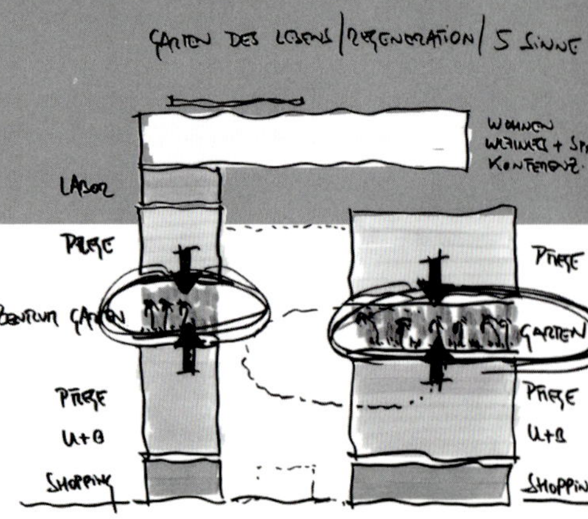

Schnitt | Section

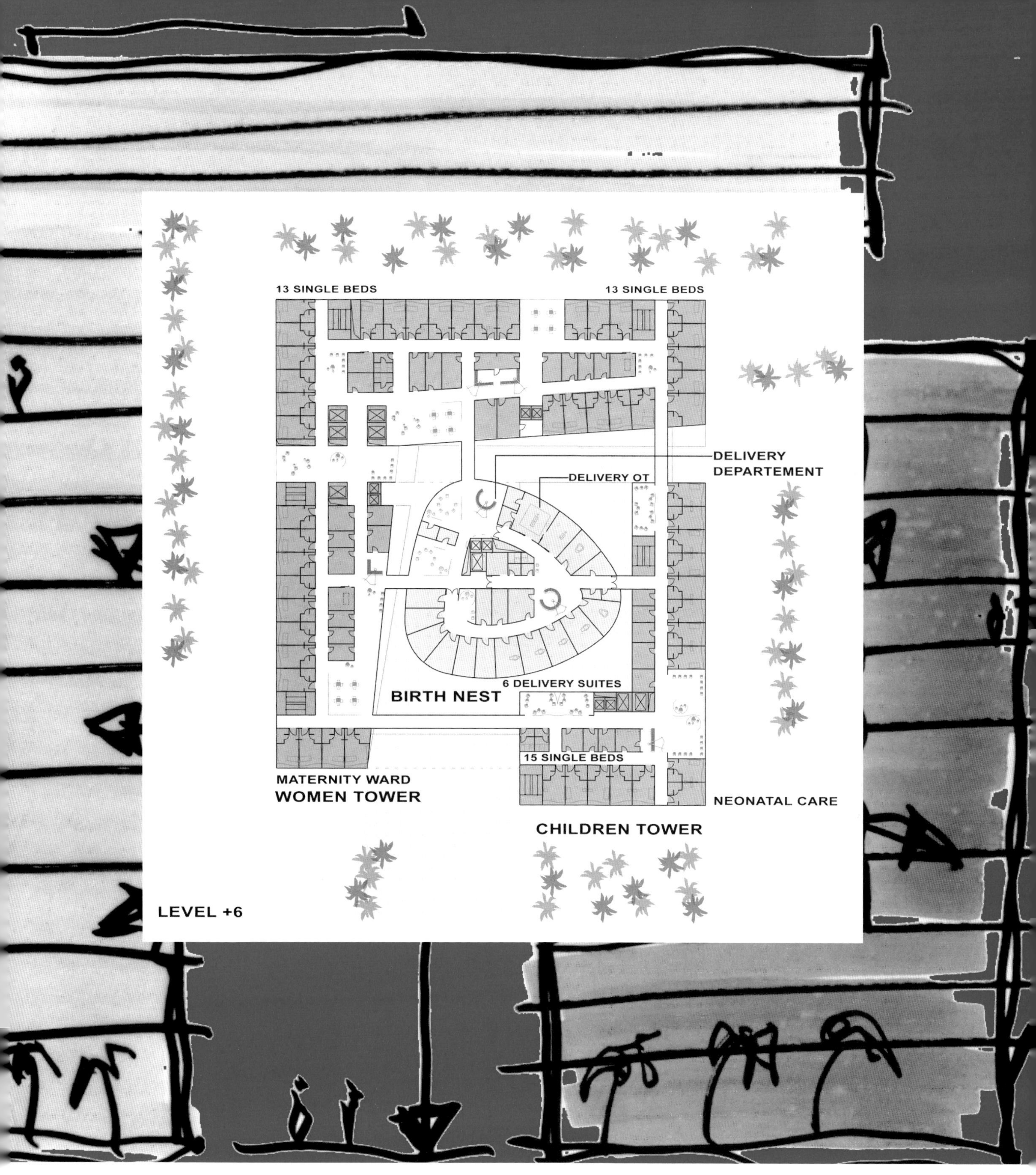

Grundriss 6. Obergeschoss | Floor plan level 6

Atrium; rechts: Krankenzimmer | Atrium; right: sick room

Perspektive Children's Tower | Elevation Children's Tower

Nachtansicht | Night view

مستشفى أمّ الإمارات

المهندسون
فاوست للاستشارات الهندسية والمعمارية، فيسبادن

التخطيط الفني
أوبرماير للاستشارات الهندسية، ميونخ

المسابقة
الجائزة الأولى

صاحب المشروع
الهيئة العامة للخدمات الصحية، أبو ظبي

المساحة
حوالي ٨٤ ألف متر مربع مساحة إجمالية لأرض المشروع

موعد الانجاز
يفترض في ٢٠٠٨

تنفيذ الرسومات والمخططات
فيزه سي.إر.أو.، براغ

طرحت مجموعة «الشرقية المتحدة للخدمات» في أبو ظبي في شهر آذار/مارس ٢٠٠٥ مسابقة عالمية لإنشاء مستشفى تخصصي للنساء والأطفال. من المفترض أن يكون هذا المستشفى في نفس الوقت مركزًا شاملاً لتطوير العناية الصحية. حددت أرض المشروع الصغيرة نسبيًا التي يبلغ طولها ٩٠ متراً وعرضها ٩٠ متراً تصميم المبنى بشكل عمودي. تكوّنت من خلال الموقع الخارجي الذي تم اختياره لهذا المشروع باحة أمامية واسعة نسبيًا، تتيح المجال للتقدم التدريجي إلى المستشفى وهي تعمل في نفس الوقت على وقاية وفلترة الحياة الدقيقة في داخل المستشفى عن محيطه الخارجي. يستمر عنصر الوقاية هذا أيضًا في الهيكل المعماري للمبنى. يتكوّن المبنى من الخارج من قسمين خارجيين، أي من برج النساء women's tower الملبّس بالحجارة وبرج الأطفال children's tower الملبّس بزجاج ملوّن. وهما يقيان في نفس الوقت قسم المبنى الداخلي، أي عشّ الولادة birthing-nest المغطى بلون ذهبي والذي يرمز إلى أصل الأمومة والطفولة ويعتبر بالنسبة لكل المبنى نقطة وصل وتكامل. هناك حديقة تقع في الطوابق الوسطى في مركز البرجين. يستطيع كل المرضى على السواء الوصول إليها بسهولة كما أنها تخدم المرضى كمكان للراحة والاستجمام يمتاز بهوائه النقي الجديد وبمنظره الطبيعي. في الطابق الأعلى المعلق من برج النساء فوق برج الأطفال ألحقت أقسام الإدارة والمؤتمرات والصحة بالإضافة إلى دار للضيافة، حيث تتوفر هنا أجواء مناسبة للعمل والصحة. يعتمد هذا المبنى مناخيًا على عناصر التهوية الطبيعية التي تستخدم في العمارة التقليدية الصحراوية: يشكّل كلا المبنيين النحيلين باحة مفتوحة يغطيها الظل كما يوفرا تيارًا هوائيًا. يعمل هذا التيّار الهوائي الطبيعي بالتوافق مع نظام تهوية حديث على التقليل من استهلاك الطاقة. تحوّل إلى جانب ذلك الواجهات ذات الجدران المزدوجة دون امتصاص أشعة الشمس الشديدة.

Hospital for Paediatric Medicine

Architekten
Faust Consult Architekten + Ingenieure, Wiesbaden

Fachplanung
Obermeyer Planen + Beraten, München

Fläche
ca. 80.000 m² BGF

Renderings
vize s.r.o., Prag

»Zwei Dinge sollten Kinder von ihren Eltern bekommen: Wurzeln und Flügel.« (Johann Wolfgang von Goethe) Dieser Gedanke stand Pate für den Entwurf der Kinder- und Jugendklinik in Abu Dhabi. Wo es sonst um den Ausgleich von Bindung und Autonomie in der Kindererziehung geht, versucht das *Child Healthcare Hospital* einen Balanceakt in der Vermittlung zwischen Behandlungs- und Pflegebereich. Die Verwurzelung und das Hinausstreben sollen sich auch hier nicht unvereinbar und fremd gegenüberstehen, sondern in eine harmonische Verbindung miteinander treten. Um diesen Gedanken in einen Architekturentwurf umzusetzen, entsteht das Gebäude aus einer vertikalen Faltung. Zwei getrennte Krankenhausbereiche werden über eine Boden- und Deckenfaltung als Einheit zusammengefasst. Neben dieser inneren Verbindung zeigt der Entwurf auch eine ausgewogene und intelligente Organisation des Krankenhauses. Das Gebäudekonzept der Kinder- und Jugendklinik gliedert sich in den zur Straße orientierten zweigeschossigen Untersuchungs- und Behandlungsbereich und in einen zum Wasser orientierten Pflegebereich. Die Pflegestationen sind in einzelnen Kinderhäusern untergebracht, die sich in freier Anordnung auf einer Gartenebene verteilen. Jedem Kinderhaus ist ein eigener Gartenabschnitt mit verschiedenen Themen zugeordnet. Die Themengebiete (Falke, Fisch, Pferd und Kamel) lassen sich sowohl in der Farbe der Fassade wie auch in der jeweiligen Gartengestaltung ablesen und geben dem Außenbereich somit eine eigene Ordnung. Daneben dienen die vier Gartenthemen der Heilung, Entwicklung und Rehabilitation der jungen Patienten. Gleichzeitig vereinfachen die vier Tiermotive und ihre zugeordneten Farben die Orientierung im gesamten Gebäudekomplex. Zur Straße zeigt sich eine eher geschlossene Fassade, die nur durch wenige Öffnungen (in Form spielender Kinder) durchbrochen ist. Zum Meer öffnet sich die Front auf der kompletten Gebäudelänge.

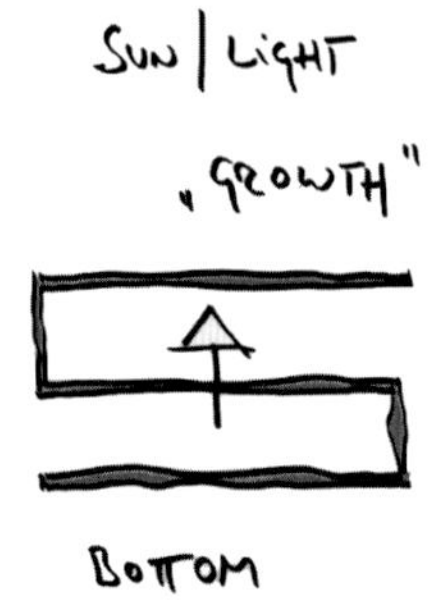

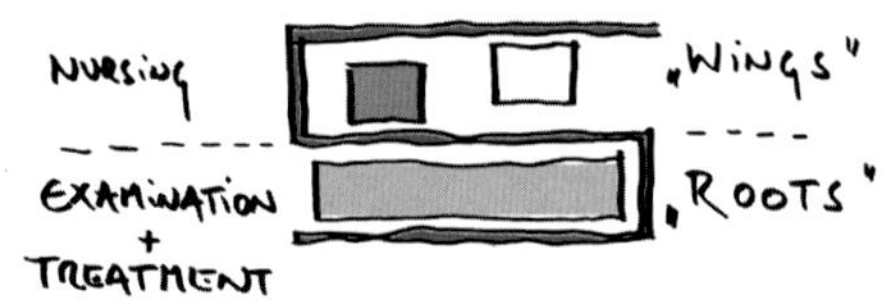

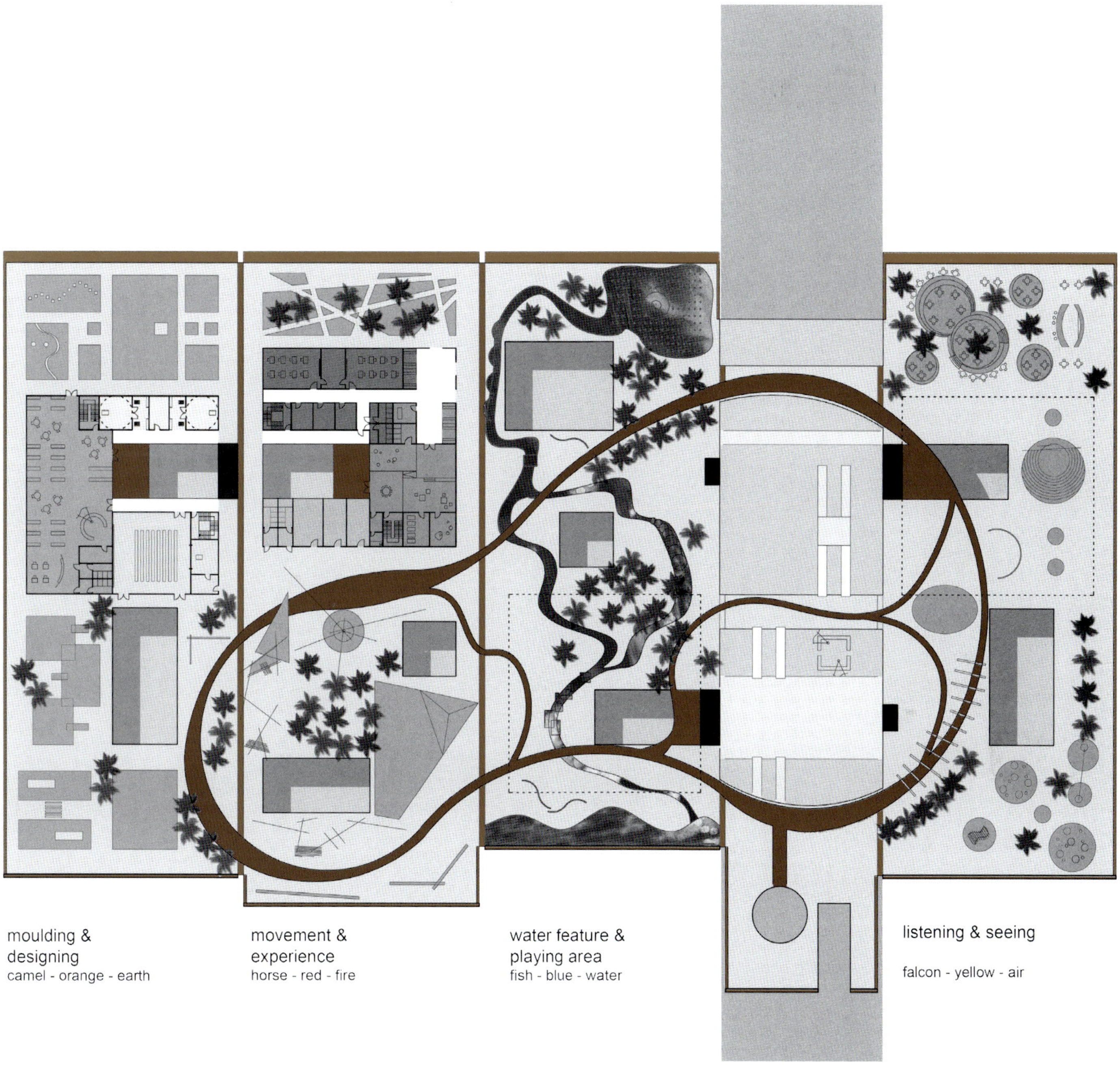

Grundriss Erdgeschoss | Ground floor plan

THIS BUILDING AIMS TO STRIKE A BALANCE BETWEEN TREATMENT AND NURSING CARE. A FOLD OF MATERIAL SERVING AS BOTH FLOOR AND CEILING SEPARATES AND YET ALSO UNIFIES THE TWO AREAS. A TWO-STOREY EXAMINATION AND TREATMENT UNIT FACES THE STREET WHILST THE NURSING UNIT FACES THE WATER. INDIVIDUAL CHILDREN'S HOMES FREELY ARRANGED ON A GARDEN LEVEL HOUSE THE CARE WARDS. EACH HOME ENJOYS ITS OWN GARDEN SECTION INCORPORATING A PARTICULAR THEME. ANIMAL MOTIFS (FALCON, FISH, HORSE AND CAMEL) REFLECTED IN THE FAÇADE COLOUR AND IN THE GARDEN DESIGN HELP STRUCTURE THE EXTERNAL AREAS AND FACILITATE A GREATER SENSE OF ORIENTATION THROUGHOUT THE BUILDING. IN ADDITION, THE FOUR ANIMAL THEMES CORRESPOND TO ACTIVITIES AND SENSORY EXPERIENCES WHICH ASSIST IN THE HEALING, DEVELOPMENT AND REHABILITATION OF THE YOUNG PATIENTS. CHILDREN PLAYING INSPIRE THE RELATIVELY FEW OPENINGS WHICH PIERCE THE SOLID STREET-FACING FAÇADE. SEAWARDS, IN CONTRAST, THE FAÇADE OPENS UP ALONG ITS FULL LENGTH.

Ansicht vom Wasser; unten: Eingangsbereich | View from the water; below: entrance area

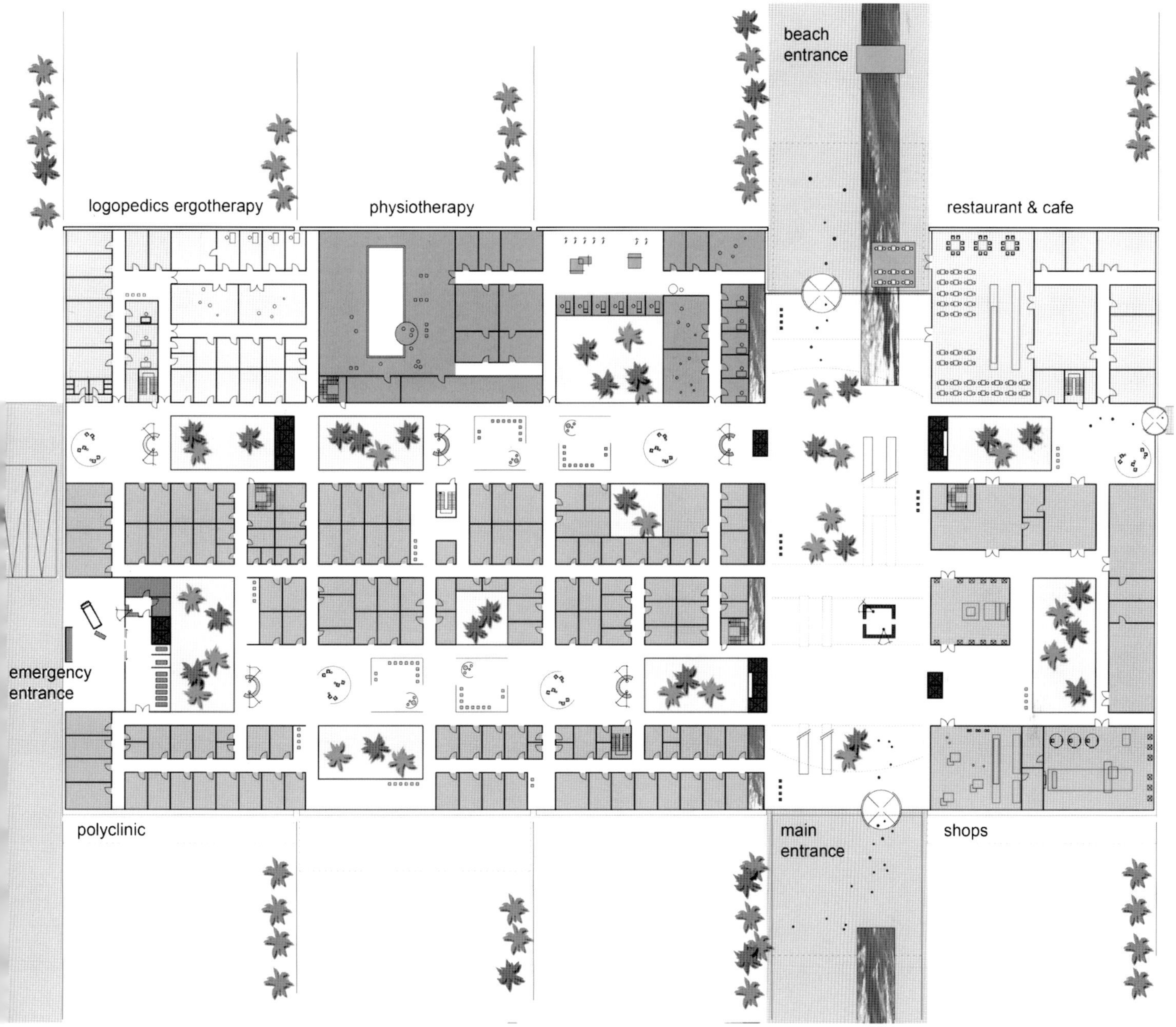

Pflegebereich | Nursing area

Ansicht | General view

مستشفى الرعاية الصحية (مستشفى الأطفال)

المهندسون
فاوست للاستشارات الهندسية والمعمارية، ڤيسبادن

التخطيط الفني
أوبرماير للاستشارات الهندسية، ميونخ

صاحب المشروع
الهيئة العامة للخدمات الصحية - أبو ظبي

المساحة
حوالي ٨٠ ألف متر مربع مساحة إجمالية لأرض المشروع

تنفيذ الرسومات والمخططات
فيزه سي.إر.أو.، براغ

يقول الشاعر يوهان فولفغانغ فون غوته: «هناك شيئان يجب أن يحصل عليهما الأطفال من آبائهم وأمّهاتهم: الجذور والأجنحة». مثلت هذه الفكرة الأساس في تصميم مستشفى الأطفال في أبو ظبي. يحاول مستشفى الرعاية الصحية للأطفال إيجاد توازن في العلاقة ما بين أقسام العلاج والرعاية، حيثما يتعلق الأمر بمعادلة الارتباط والاستقلال في عملية تربية الأطفال. ينبغي هنا أيضًا أن يتقابل التجذُّر والانطلاق من دون أن يكونا منفصلين وغريبين عن بعضهما، بل مرتبطين مع بعضهما ارتباطًا منسجمًا. تتكوّن بناية هذا المستشفى من طيٍّ معماري عمودي، الهدف منه تطبيق هذه الفكرة في تصميم معماري. إذ يتم الوصل ما بين قسمي المبنى المنفصلين من خلال عملية الطيّ في الأرض والسقف. يظهر التصميم المعماري إلى جانب هذا الارتباط الداخلي كذلك تشكيلاً موزونًا وذكيًا لمبنى المستشفى. ينقسم تصميم مبنى مستشفى الأطفال إلى أقسام الفحوصات والعلاج المطلة على الشارع والتي تتكوّن من طابقين وقسم الرعاية المطل على البحر. تم إلحاق أقسام الرعاية في بيوت أطفال منفردة، تتوزع في ترتيب فسيح أمام حدائق. أُلحقت بكل بيت من بيوت الأطفال حديقة خاصة مع مواضيع تعبيرية مختلفة. يمكن تحديد أقسام هذه المواضيع التعبيرية (الصقر والسمكة والحصان والجمل) في ألوان الواجهات وكذلك في تشكيل الحدائق الخاصة كما أنها تضفي على المجال الخارجي من خلال ذلك تشكيلاً خاصًا. وبالإضافة إلى ذلك يفيد تقسيم الحديقة إلى هذه المواضيع التعبيرية في عملية علاج ونمو وإعادة تأهيل «المرضى الأطفال». كذلك تساعد مواضيع الحيوانات الأربعة والألوان التي اختيرت لهذه المواضيع التعبيرية على واجهات المبنى في سهولة تحديد الأماكن والاتجاهات. تطل على الشارع واجهة أشبه بالمغلقة، لا تتخللها إلا نوافذ مصممة على شكل طفل يحبو. تنفتح الواجهة باتجاه البحر على طول المبنى برمته.

Presidential Palace

Architekten
Jo. Franzke Architekten, Frankfurt am Main

Fachplanung
Rainer Schmidt Landschaftsarchitekten, München
B+G Ingenieure Bollinger und Grohmann, Frankfurt am Main
enco Ingenieurgesellschaft, Kassel

Wettbewerb
1. Preis

Auftraggeber
Sheikh Sultan Bin Hamdan Al Nahyan

Fläche
etwa 35.000 m² BGF

Visualisierung
studioA, Frankfurt am Main

Unabhängig davon, wie sich der Machtanspruch legitimiert: Der Amtssitz des Staatspräsidenten symbolisiert staatliche Herrschaft und gibt dieser zugleich eine geografische Verortung. Die Gestaltung dieses Orts, das heißt die Umsetzung des herrschaftlichen Machtanspruchs in eine architektonische Formensprache, war stets eine besondere Herausforderung für Architekten und Baumeister. Dieser durften sich auch einige Büros Anfang des Jahres 2005 stellen, als Präsident Sheikh Khalifa bin Zayed Al Nahyan, gewählt von den Herrschern der sieben Emirate und zugleich Herrscher des Emirats Abu Dhabi, den Wettbewerb zu einem neuen Präsidentenpalast auslobte. Der Siegerentwurf des Büros Jo. Franzke Architekten bedient sich der landeseigenen Symbolik und Formensprache und versucht, die regionalen und historischen Ausdrucksformen in zeitgemäße repräsentative Architektur zu übersetzen, die der Bedeutung eines Staatsgebäudes in den Emiraten gerecht werden soll. Das riesige Palastgelände erschließt sich nach Durchqueren eines großzügigen Torgebäudes über eine lang gezogene, von Alleen gefasste Rampe. Eine klimatisierte Pkw-Vorfahrt ist der Auftakt zu einem repräsentativen zentralen Hallenbereich, der zweigeschossig von einer Galerie umgeben ist. Diese Halle ist landschaftlich mit Wasserspielen und Palmen gestaltet und bildet an ihrem Ende einen großzügigen Zugangsbereich zu den Räumen des Erdgeschosses. Die oberen Geschosse werden über gläserne Aufzüge und imposante Treppenanlagen erschlossen. Die exklusiven Arbeitsräume des Präsidenten sowie die Präsidentensuite sind zum Meer ausgerichtet und bieten einen Ausblick auf den Arabisch-Persischen Golf. Wände und Decken sowohl dieser als auch aller anderen Bereiche werden entsprechend dem Anspruch und der Bedeutung des Präsidentenpalastes ausschließlich mit hochwertigen Materialien verziert.

A HEAD OF STATE'S OFFICIAL RESIDENCE CONSTITUTES A SYMBOL OF STATE POWER LOCATED IN A SPECIFIC SETTING. TO TRANSPOSE THAT POWER CLAIM INTO TANGIBLE BUILT FORM HAS ALWAYS BEEN CONSIDERED AN ARCHITECTURAL CHALLENGE. WHEN THE UNITED ARAB EMIRATES POSED SUCH A CHALLENGE IN 2005, THE DESIGN PROPOSED BY JO. FRANZKE ARCHITEKTEN EMERGED VICTORIOUS. IT BUILDS UPON NATIONAL SYMBOLS AND FORMS, AIMING TO HARNESS CONTEMPORARY REPRESENTATIVE ARCHITECTURE IN THE TRANSLATION OF REGIONAL AND HISTORICAL EXPRESSION. HAVING PASSED THE SUBSTANTIAL GATEHOUSE, THE EXTENSIVE PALACE COMPLEX IS APPROACHED VIA A LONG TREE-LINED AVENUE. ON EXITING THE AIR-CONDITIONED LIMOUSINE THE CENTRAL COURTYARD AREA IS THEN REACHED. THIS AREA ENHANCED BY WATER FEATURES AND PALM TREES LEADS ON TO THE GENEROUSLY PROPORTIONED ENTRANCE TO THE GROUND FLOOR ROOMS. THE PRESIDENTIAL OFFICES AND SUITE FACE SEAWARDS WITH A VIEW TO THE ARABIAN/PERSIAN GULF. AS BEFITS SUCH A PALACE, WALLS AND CEILINGS ARE FINISHED IN THE HIGHEST QUALITY MATERIALS.

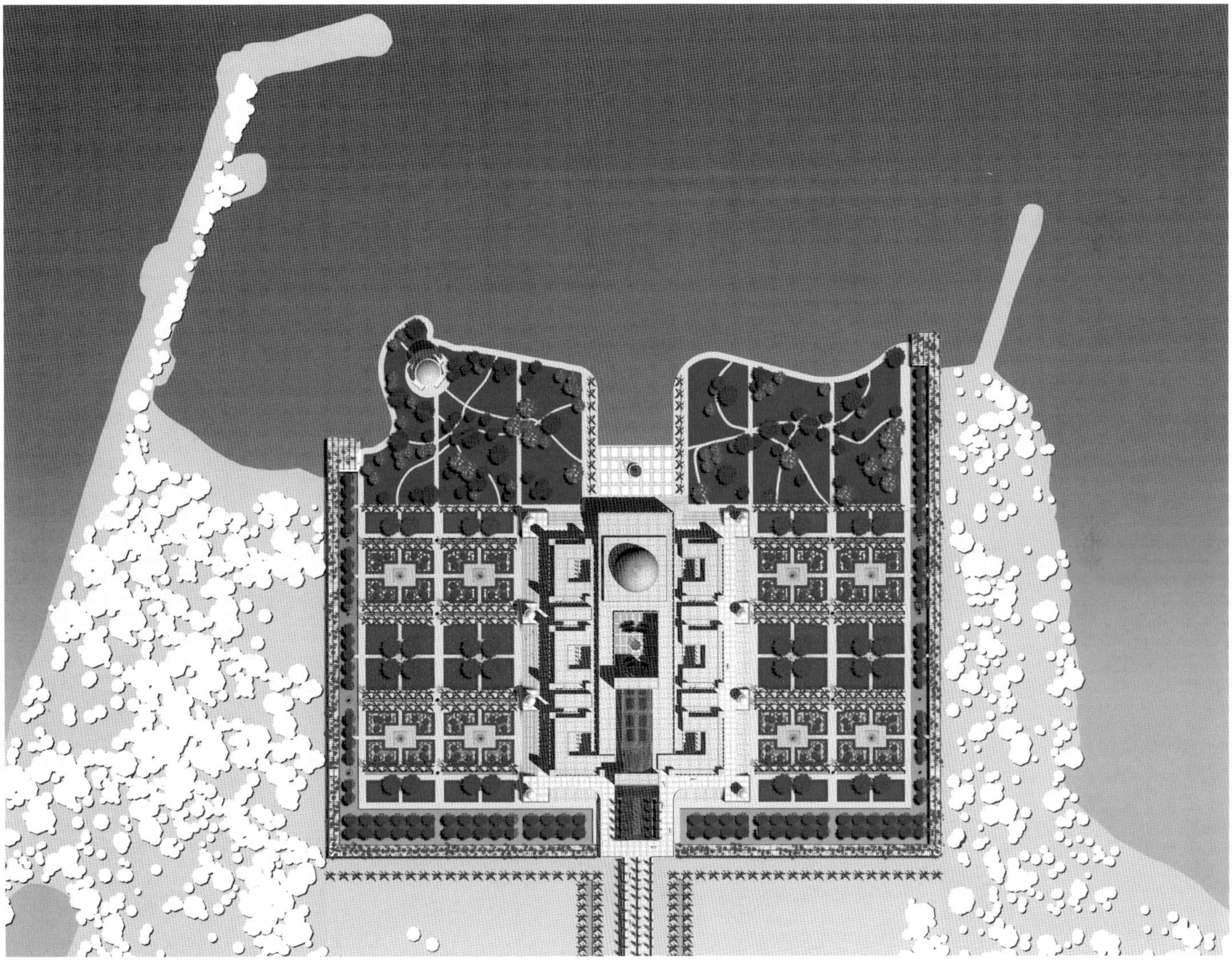

Umgebungsplan | Site plan

Innenansichten; unten: Gesamtansicht | Interior views; below: general view

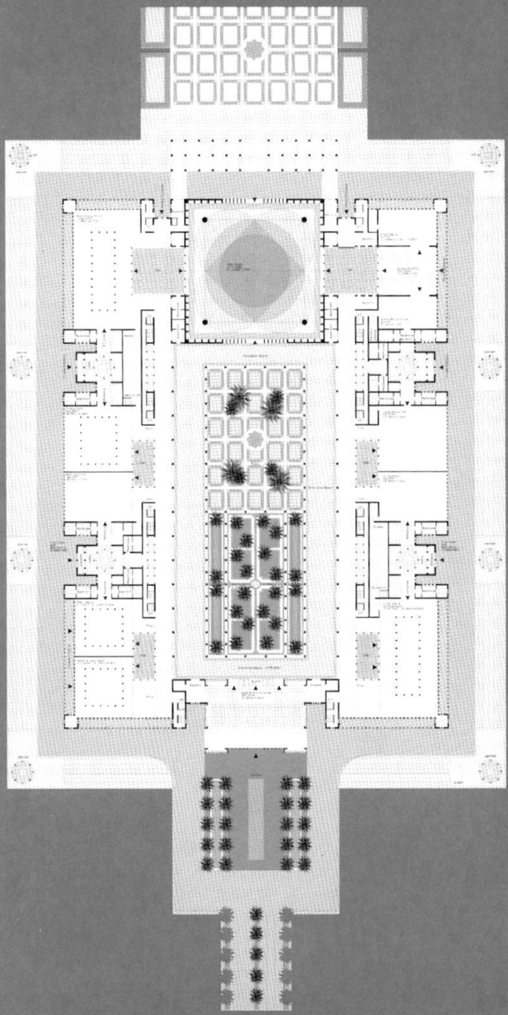

Grundriss Erdgeschoss | Ground floor plan

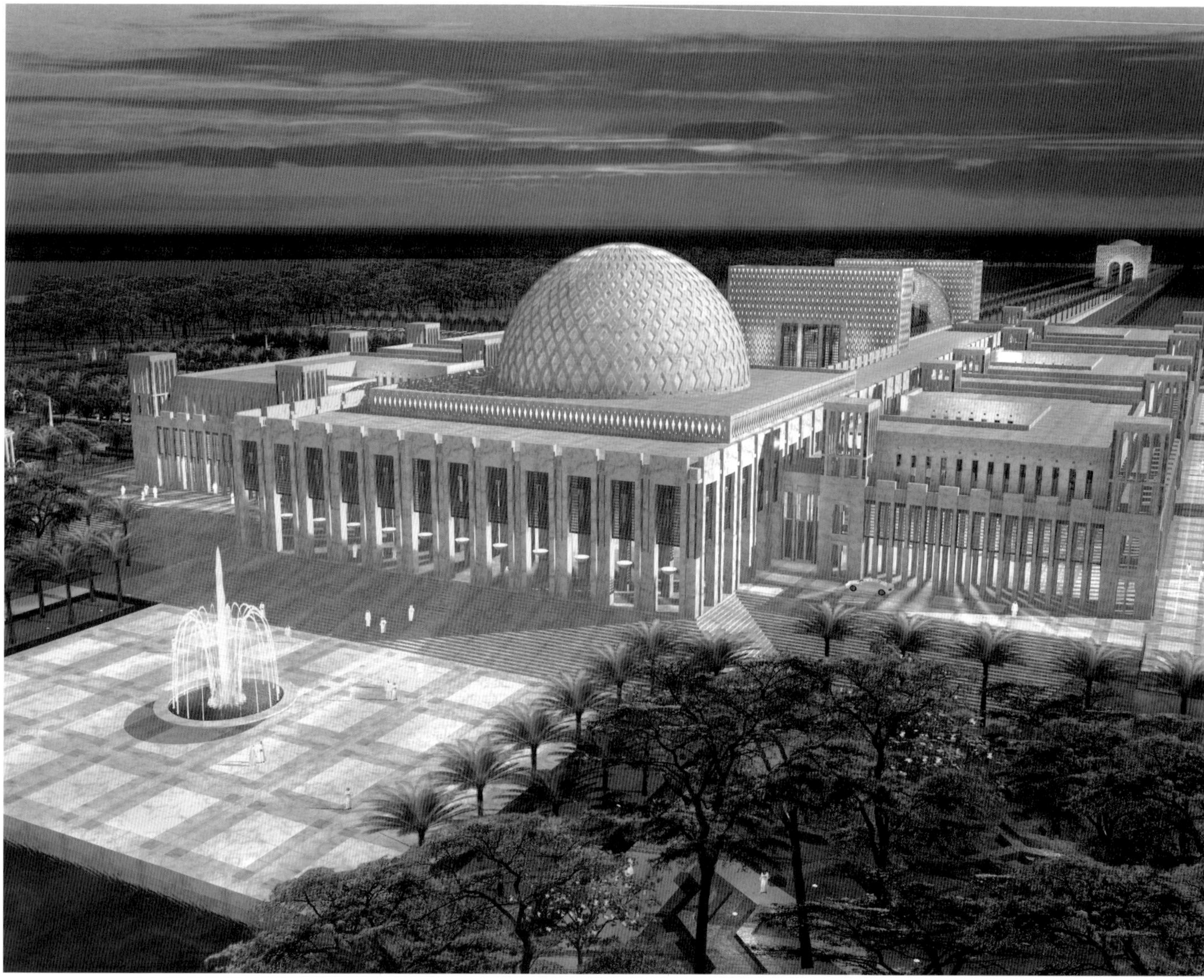

Perspektive Palastanlage | Perspective palace complex

القصر الرئاسي

المهندسون
يو. فرانسكه للاستشارات الهندسية، فرانكفورت أم ماين

التخطيط الفني
راينر شميت، ميونخ
بي+جي الهندسية، فراكفورت أم ماين
مؤسسة إيكون الهندسية، كاسل

المسابقة
الجائزة الأولى

صاحب العطاء
الشيخ سلطان بن حمدان آل نهيان

المساحة
حوالي ٣٥ ألف متر مربع مساحة إجمالية لأرض المشروع

تنفيذ الرسومات والمخططات
أستوديو، فرانكفورت أم ماين

يرمز المقر الخاص برئيس الدولة، بصرف النظر عن شكل نظام الحكم، إلى رئاسة الدولة ويحدد في نفس الوقت موقع هذه الرئاسة الجغرافي. لقد كان تصميم مثل هذا الموقع، أي عملية وضع شكل نظام الحكم موضع التنفيذ في لغة شكلية معمارية، يشكّل دائمًا تحديات خاصة من نوعها بالنسبة للمهندسين وللمعماريين. سُمح لبعض المكاتب الهندسية قبول هذا التحدي في العام ٢٠٠٥ وذلك عندما طرح معالي الرئيس الشيخ خليفة بن زايد آل نهيان، المنتخب من قبل حكّام الإمارات السبع والذي يعتبر في نفس الوقت حاكم إمارة أبو ظبي، مسابقة لتصميم قصر رئاسي جديد. يستخدم التصميم الفائز بالمركز الأول في هذه المسابقة والذي تم تقديمه من قبل مكتب يو. فرانتسكه للاستشارات الهندسية رموزًا معمارية ولغة شكلية معمارية محلية ويحاول كذلك ترجمة الأشكال التعبيرية المحلية والتاريخية في عمارة عصرية وتعبيرية، الغرض منها إعطاء معنى هذا المبنى الرسمي في الإمارات حقّه. تنفتح أرض القصر الكبيرة جدًا بعد اجتياز مبنى البوابة الواسعة عبر منحدر طويل مشجر على الجانبين. يشكّل مدخل السيارات المكيّف المقدمة إلى الردهة الرئيسية ذات الطابع التمثيلي والتي يحيط بها رواق على طابقين. تم تشكيل المساحة الطبيعية لهذه الردهة بنوافير ماء وأشجار نخيل؛ تشكّل هذه الردهة في نهايتها مدخلاً واسعًا لصالات الطابق الأرضي. يمكن الوصول إلى الطوابق العلوية بواسطة مصاعد زجاجية وأدراج فخمة. تشرف صالات العمل الخاصة بالرئس والأجنة الخاصة بالرئيس على البحر وتطل كذلك على الخليج العربي. سيتم تزيين الجدران والأسقف في هذه الصالات والأجنحة وكذلك في كل الأقسام الأخرى بمواد عالية القيمة على نحو يتناسب مع أهمية هذا القصر الرئاسي ومع ما يستحقه من زينة وزخرفة.

Abu Dhabi Gulf Towers

Architekten
Mark Braun Architekten, Berlin
Werner Sobek Ingenieure, Stuttgart

Auftraggeber
National Investment Corporation, Abu Dhabi

Fläche
etwa 380.000 m² BGF

Renderings
Werner Sobek Ingenieure, Stuttgart

Für zwei getrennt voneinander liegende Wassergrundstücke am Arabisch-Persischen Golf, dem so genannten *Abu Dhabi Breakwater*, wurde zur Schaffung eines neues Stadtquartiers ein internationaler Wettbewerb ausgelobt. Gefordert war die Entwicklung eines großflächigen Mischnutzungskonzepts, bestehend aus 13 Wohn- und Bürohochhäusern, einem Hotelhochhaus sowie verschiedenen Einzelhandelsnutzungen. Der Wettbewerbsbeitrag *Abu Dhabi Gulf Towers* schafft ein in sich geschlossenes, wellenförmiges Quartier, das sich kraft seiner Formgebung aus der Umgebung hervorhebt. Die Grundrisstypologie der 25-geschossigen Hochhäuser wurde in freier Form entwickelt und erinnert an eine amorphe Ausbildung von Schmetterlingsflügeln. In der Ansicht zeigen sich die Türme als sehr dynamische und geradezu windschnittige Gebäude. Sie beherbergen verschiedene Wohnungstypen, von relativ einfachen Appartements bis hin zu luxuriösen Penthousewohnungen. Ihnen gemeinsam ist der Bezug zum Wasser sowie der spektakuläre Ausblick, der sich von hier bietet, ob auf die Mole oder auf das Wasser. Die in einer weichen Linie gereihten Hochhäuser werden durch einen dreigeschossigen, ebenfalls mäandrierenden Baukörper verbunden. Hier sind großflächige Einzelhandelszonen und Büroflächen entlang einer transluzent überdeckten Atriumskonstruktion sowie die direkten Zufahrten der Hochhauskomplexe vorgesehen.

The brief for the Abu Dhabi Breakwater development, two separate waterside plots on the Arabian/Persian Gulf, was to design a new mixed-use neighbourhood, consisting of 13 commercial/residential high-rise buildings, a high-rise hotel and residential units. The proposal for the Abu Dhabi Gulf Towers foresees a self-contained district whose wave-form sets it apart from its surroundings. The free-form ground plan of the 25-storey buildings resembles an amorphous formation of butterfly wings. From the side, the towers take on a thrusting, almost aerodynamic form. Various apartment types, ranging from fairly modest units to luxury penthouses, are planned. All share a feel for the water and enjoy fantastic views over the breakwater or sea. The loosely-grouped high-rise buildings are connected by a meandering three storey construction containing retail areas and office space set under a translucently-roofed atrium structure.

Umgebungsplan | Site plan

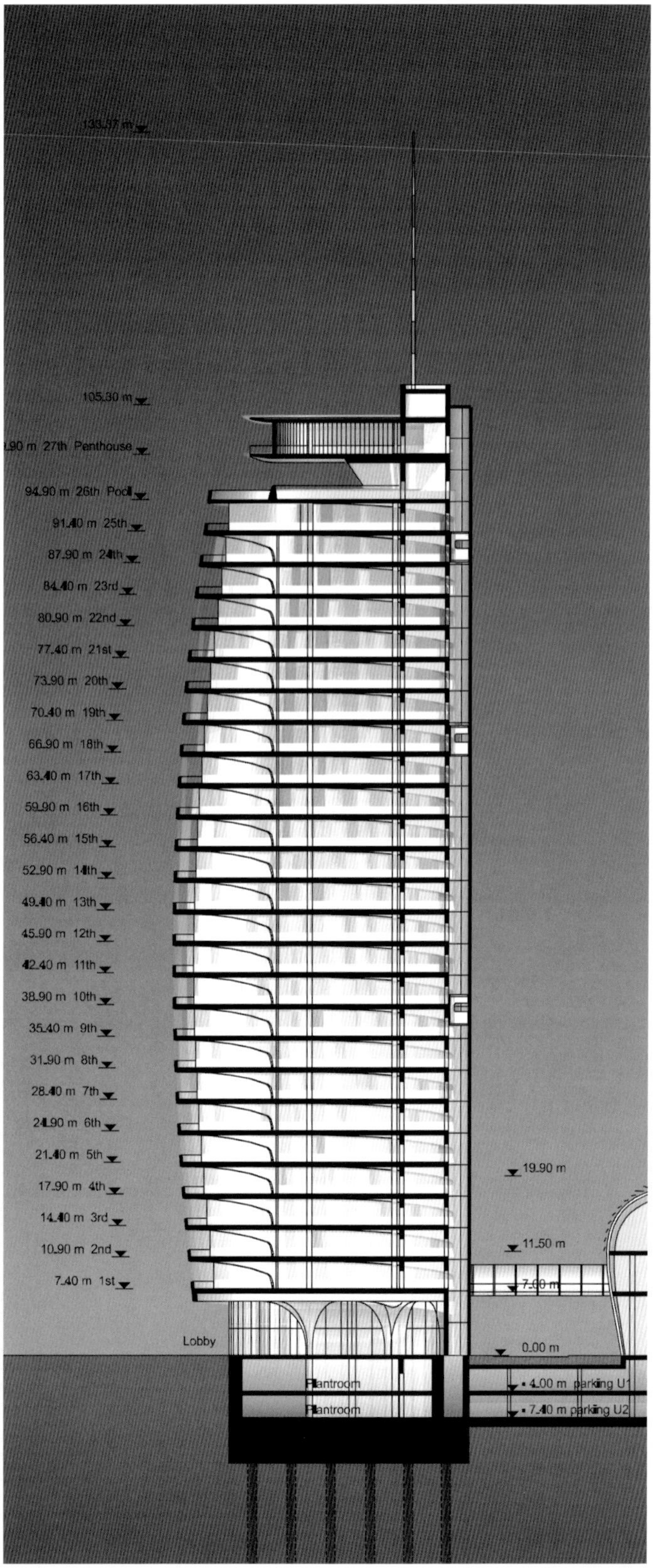

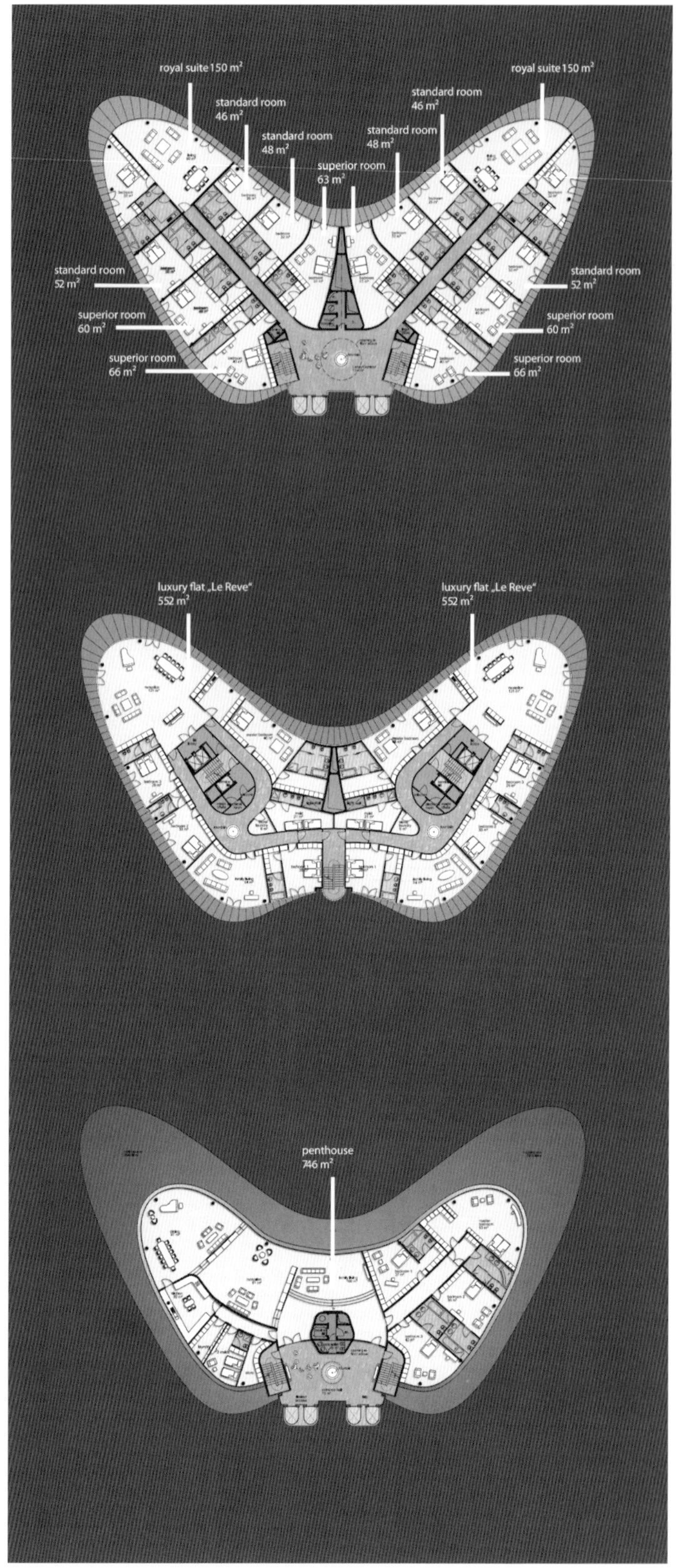

Schnitt und Grundrisse Hochhaus | Tower: section and floor plans

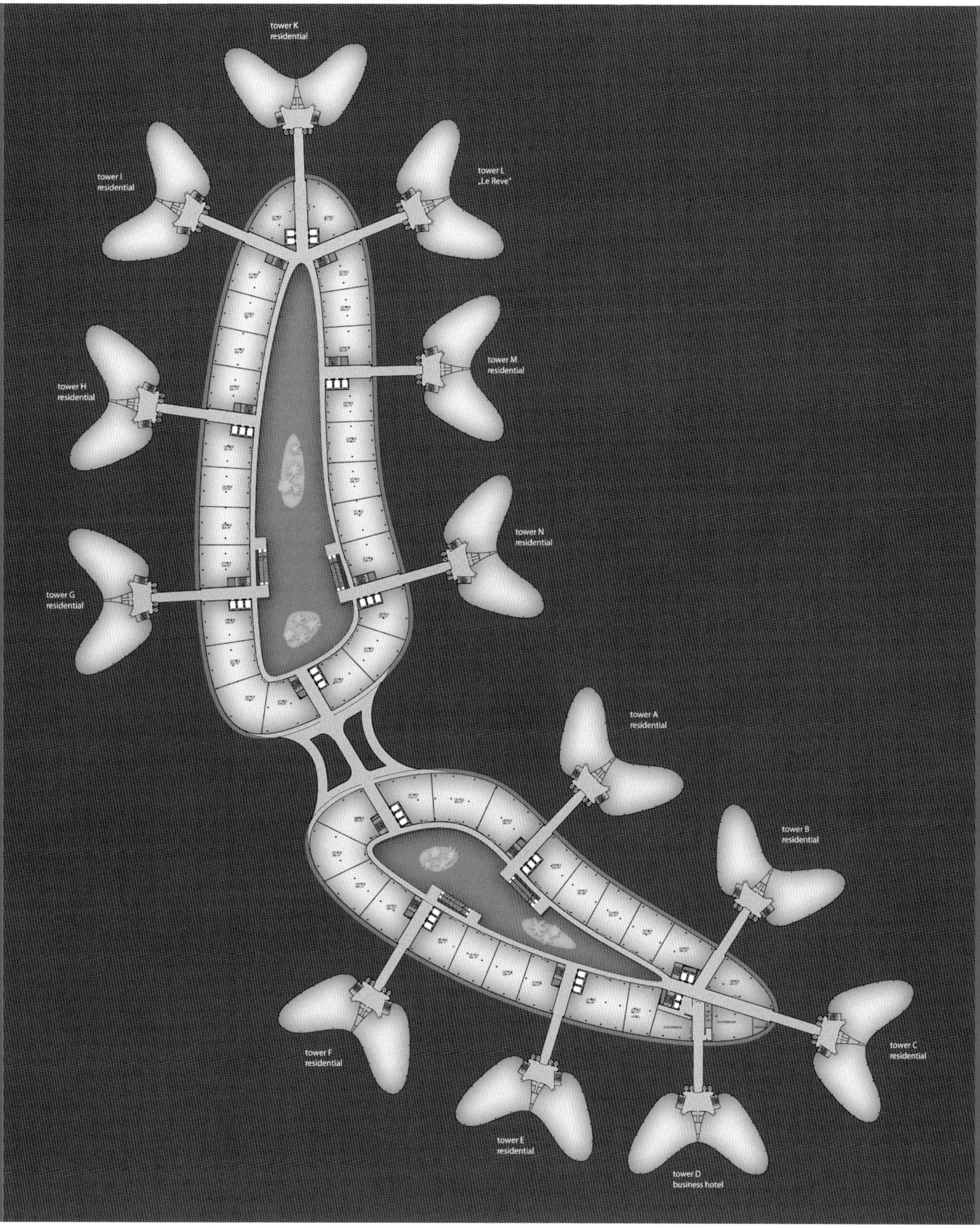

Grundriss Podium | Podium, floor plan

Gulf Towers | Gulf Towers

Vogelperspektive; unten: Ausblick auf die Gulf Towers | Bird's eye view; below: view to the Gulf Towers

Ansicht Gulf Towers | Elevation Gulf Towers

أبراج الخليج في أبو ظبي

المهندسون
مارك براون للاستشارات الهندسية، برلين
ڤرنر سوبيك للاستشارات الهندسية، شتوتغارت

صاحب العطاء
الشركة الوطنية للاستثمارات، أبو ظبي

المساحة
حوالي ٣٨٠ ألف متر مربع مساحة إجمالية لأرض المشروع

الأداءات
ڤرنر سوبيك للاستشارات الهندسية

تم طرح مسابقة عالمية من أجل إنشاء حي جديد في مدينة أبو ظبي. يقع فوق مساحتين مائيتين منفصلتين عن بعضهما تقعان على الخليج العربي وتشرفان على كورنيش أبو ظبي أو ما يعرف باسم كاسر الأمواج. طلب القائمون على المسابقة تصميم مشروع متعدد الوظائف يمتد فوق مساحة واسعة ويتكوّن من ثلاثة عشر برجًا مخصصة للسكن والمكاتب ومن برج فندق بالإضافة إلى مختلف المراكز والمحلات التجارية. يكوّن هذا التصميم المشارك في «مسابقة أبراج الخليج في أبو ظبي» حيًا مغلقًا على نفسه ومتموّج الشكل. يتميز عن المناطق المحيطة به من خلال شكله الخاص. تم تطوير نمط مخطط الأبراج المكوّنة من خمسة وعشرين طابقًا في شكل رحب؛ كما أن هذا النمط يذكّر بجناحي فراشة غير متبلورين. يبدو منظر الأبراج مثل مبنى دينامي جدًا ومنحني الأطراف. توجد في الأبراج أنواع مختلفة من الشقق السكنية المتنوعة من شقق بسيطة نسبيًا وحتى المساكن الفخمة المجودة في أعلى الأبراج؛ تجتمع كل هذه الشقق المتنوعة في إشرافها على الخليج والمنظر الرائع الذي تتيحه الشقق سواء على الكورنيش أو كاسر الأمواج أو على مياه الخليج. يصل ما بين الأبراج الموزعة على خط منحنٍ مبنى يتكوّن من ثلاثة طوابق - مبنى هو الآخر منحني الأطراف. توجد في هذا المبنى محلات ومتاجر واسعة المساحة ومساحات مكتبية تمتد موزعة على طول رواق مسقوف بسقف شبه شفاف. بالإضافة إلى المدخل المباشر الذي يؤدي إلى مجموعة الأبراج.

Khalifa City A/C

Architekten
Büro Neumann Gusenburger, Berlin

Fachplanung
Dorsch Consult, Abu Dhabi
atelier 4d, Köln

Auftraggeber
Municipality of Abu Dhabi

Fläche
etwa 30 km² (Khalifa A)
etwa 32 km² (Khalifa C)

Fertigstellung
ab 2008

Handzeichnung Park
Wolfram Gothe, München

Modellfoto
Mathias Schormann, Berlin

Außerhalb der City von Abu Dhabi liegt das Wohngebiet *Khalifa City*; eine riesige Stadterweiterung in verschiedenen Bauabschnitten für etwa 150.000 Einwohner. Das Projekt ist in drei Gebiete unterteilt. *Khalifa City A* liegt an der Hauptverkehrsstraße nach Dubai, nahe dem *Abu Dhabi International Airport* und angrenzend an das prestigeträchtige Projekt des *Al Raha Beach*. *Khalifa City B* befindet sich weiter landeinwärts in der Nähe zu Bani Yas und Al Shawamikh. Zwischen diesen beiden Gebieten A und B soll die neue *Khalifa City C* später eine Verbindung herstellen. Die Stadtverwaltung von Abu Dhabi beauftragte das Büro Neumann Gusenburger mit der Landschaftsplanung von *Khalifa City A* und *Khalifa City C*. Für beide Gebiete galt es, einen Gesamtentwurf zu konzipieren, der die Freiräume inklusive aller öffentlichen Grünflächen, Plätze und Straßenräume mit berücksichtigen sollte. Der Entwurf orientiert sich an der Form einer Rosenblüte. Hierdurch entsteht eine klare städtebauliche Figur, die sich nach außen deutlich abgrenzt, im Inneren aber eine starke Dynamik entwickelt. Am besten wird dieser Eindruck aus der Vogelperspektive vermittelt, wenn sich dem Ankömmling beim Anflug auf Abu Dhabi die *Khalifa City* in ihrer lebendigen Form zeigen wird. Verstärkt wird diese Wirkung bei Nacht, dann werden die Lichtinstallationen eine eigene Atmosphäre erzeugen. Aber auch für die Bewohner werden die neuen Stadtteile von hoher Aufenthaltsqualität sein. Besonders die zahlreichen Bepflanzungen werden für angenehmere Temperaturen in der Hitze Abu Dhabis sorgen.

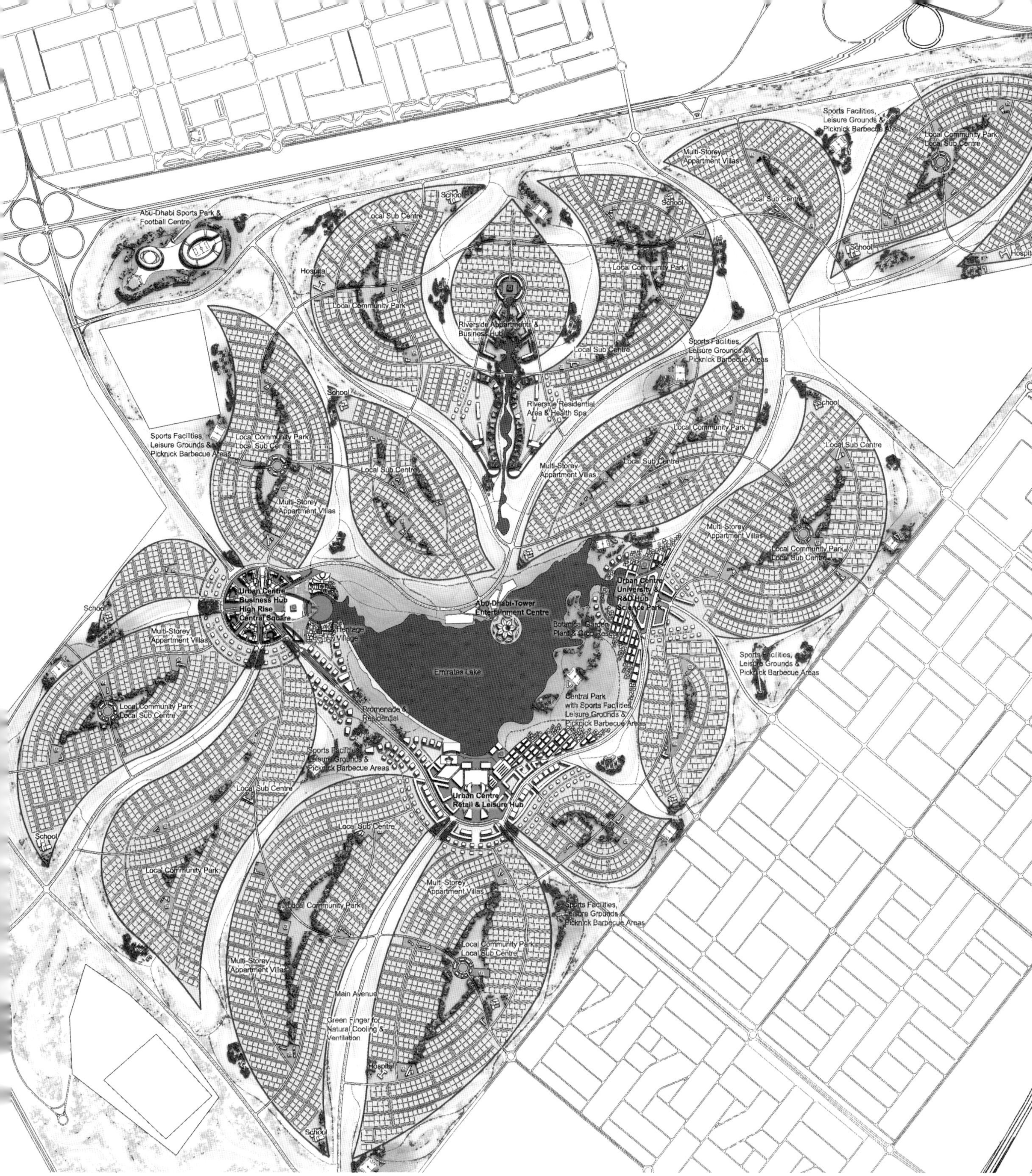

Masterplan | Master plan

Gebietsaufsicht | General view

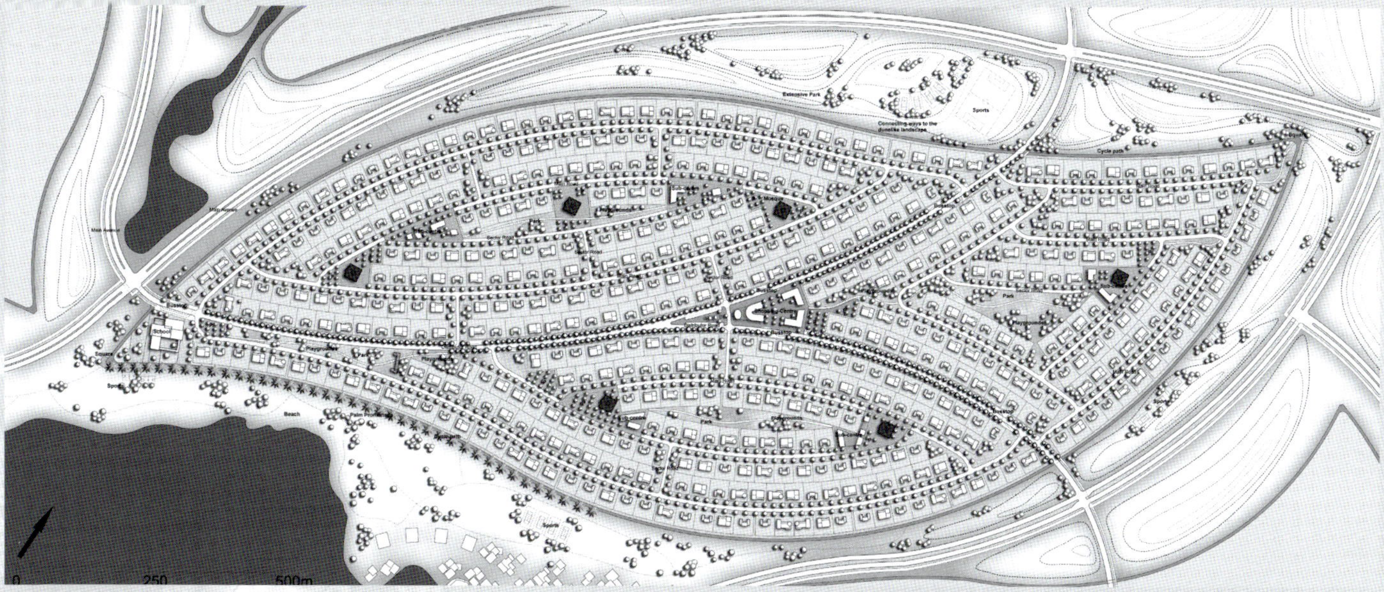

The residential district of Khalifa City lies outside the city of Abu Dhabi and is intended over several expansion phases to accommodate some 150,000 new residents. Khalifa City A is located along the main highway to Dubai, near to Abu Dhabi International Airport. Khalifa City B lies further inland near to Bani Yas and Al Shawamikh. The new Khalifa City C is intended later to link areas A and B. Neumann Gusenburger, entrusted with the planning for zones A and C of Khalifa City, was faced with the task of developing a comprehensive landscape design scheme accounting for all its open spaces. The rose-bloom form adopted, best appreciated when approaching Abu Dhabi from the air, above all at night, has a tight external boundary which delimits a dynamic interior. Residents also stand to benefit from the new districts. Extensive planting will encourage more pleasant temperatures – notwithstanding the heat of Abu Dhabi – increasing the comfort of everyday life.

Wohngebiet; unten: typischer Park | Residential area, below: typical park area

Nachtansicht Stadtteilzentrum | Night view City Centre

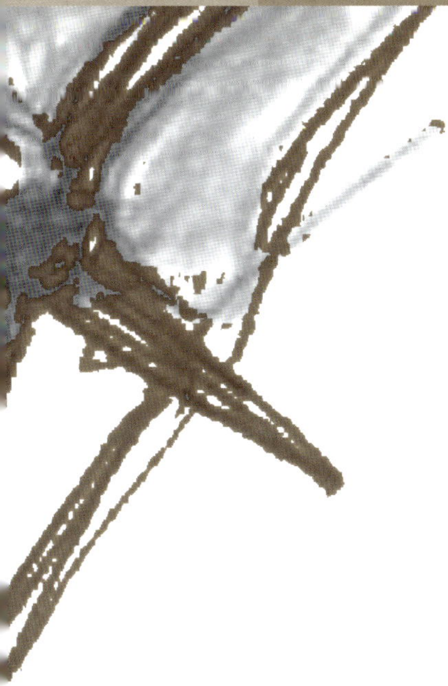

مدينة خليفة ألف/جيم

المهندسون
مكتب نويمان غوسنبورغر الهندسي، برلين

التخطيط الفني
دورش للاستشارات
أستوديو 4 دي

صاحب العطاء
بلدية أبو ظبي

المساحة
حوالي ٣٢ كيلومتر مربع (مدينة خليفة جيم)
حوالي ٣٠ كيلومتر مربع (مدينة خليفة ألف)

موعد الانجاز
يفترض في ٢٠٠٨

الرسومات
ڤولفرام غوته، ميونخ

صور التصاميم
ماتياس شورمانّ، برلين

تقع محلة مدينة خليفة السكنية خارج نطاق مدينة أبو ظبي؛ يعتبر مشروع مدينة خليفة امتدادًا لمدينة أبو ظبي. يتسع لحوالي مائة وخمسين ألف نسمة ويقع في مراحل بناء مختلفة. ينقسم هذا المشروع إلى ثلاثة أقسام: مدينة خليفة «ألف» التي تقع على الشارع الرئيسي المؤدي إلى دبي على مقربة من مطار أبو ظبي الدولي وبمحاذاة منتجع «شاطئ الرها» الفاخر ذي المستوى الرفيع؛ تليها في جهة اليابسة مدينة خليفة «باء» التي تقع على مقربة من منطقتي بني ياس والشوامخ. من المقرر أن يتم في المستقبل إنشاء مدينة خليفة الجديدة «جيم» التي سترتبط ما بين منطقتي «ألف» و«باء» من مدينة خليفة. تم تكليف مكتب نويمان غوسنبورغر من قبل دائرة بلدية أبو ظبي وتخطيط المدن بالقيام بتخطيط وتصميم المساحات الطبيعية في مدينة خليفة «ألف» ومدينة خليفة «باء». تقرر بالنسبة للمنطقتين إعداد تصميم شامل. يجب أن يراعي كل المساحالت الحالية بما فيها جميع المساحات الخضراء العامة والساحات العامة والشوارع. يعتمد تصميم مهندسي البنية الطبيعية على شكل أوراق الأزهار. يكوّن هذا التصميم تناسقًا متكاملاً يتميز بوضوح عن المساحات الواقعة خارجه. ولكنه يُظهر في داخله دينامية شديدة. يظهر منظر هذه الدينامية على أحسن وجه من الجو. عندما تظهر مدينة خليفة بمظهرها الحيوي للركّاب القادمين على متن الطائرات الهابطة في أبو ظبي الذين يجلسون على المقاعد المحاذية للنوافذ. يزداد تأثير هذا المشهد في الليل. عندما تخلق التركيبات الضوئية جوًا خاصًا. بيد أن هذه المناطق الجديدة سوف تشكّل أيضًا بالنسبة لسكان أبو ظبي أهمية كبيرة من حيث نوعيتها. إذ ستعمل النباتات والأشجار الكثيرة على تلطيف درجات الحرارة في موجات الحر السائدة في أبو ظبي وستوفّر إقامة لطيفة في المدينة.

American University

Architekten
Obermeyer Planen + Beraten, München

Bauherr
Department of Municipal Affairs, Abu Dhabi

Fläche
etwa 50.000 m² BGF

Der Entwurf für den neuen Campus der *American University* in Abu Dhabi wird von zwei Baukörpern dominiert: einem strengen, linearen sowie einem geschwungenen, s-förmigen Gebäudeteil. Der erste Baukörper definiert die Hauptachse des Gebäudeensembles, an der sich der zweite, s-förmige Teil entlangwindet. Die Dynamik dieser beiden Körper, die aus der Luft betrachtet wie zwei hintereinander liegende Dollarzeichen aussehen, wird verstärkt durch die Außenanlagen, die den Schwung der S-Kurven aufnehmen und ihn in einer ovalen Mittelform, einem künstlichen See, zentrieren. Begrünte Anlagen bieten den Studierenden zudem Bereiche der Erholung und des Zusammentreffens. Um die Wasserlage des zwischen der Al-Maqtah-Brücke und der Mussafah-Brücke gelegenen Grundstücks zu nutzen, wurde das Ensemble möglichst nah am Ufer positioniert. Dadurch haben die meisten Klassenräume einen direkten Bezug zum Wasser. Noch stärker von ihrer geografischen Lage geprägt ist die Bibliothek. Sie liegt gesondert auf einer Insel, der so genannten *Island of Knowledge*, und ist lediglich vom Hauptgebäude aus über eine Brücke erreichbar. Ihr gegenüberliegend befinden sich als formales Gegenstück der Haupteingang sowie die Konferenzhalle. Auch die Sportanlagen, die an schon bestehende Sportbauten angegliedert wurden, sind über klimatisierte Glaskorridore direkt mit dem Hauptgebäude verbunden. Räumlich von diesen getrennt sind die Studentenwohnheime. Die autarken Gebäude befinden sich, nach Häusern für die männlichen und weiblichen Studierenden getrennt, an den gegenüberliegenden Enden des s-förmigen Gebäudes in den Außenbereichen des Campus, so dass eine maximal mögliche Privatsphäre beider Sektionen gewährleistet werden kann.

Two elements dominate the design for the new campus of the American University in Abu Dhabi. The first, a straight-line form constituting the building's principal axis. The second, an S-shaped curved structure which winds its way along that axis. From the air, the resulting ensemble resembles two dollar signs placed end to end. Areas of greenery offer students a place to relax and meet. To capitalise on the waterside location most of the campus classrooms have been designed to face the sea. Surroundings exert an even greater influence on the library. It lies on the Island of Knowledge, accessible only via a bridge from the main building. Air-conditioned corridors lead from there to the new sports facilities. Independent of the main building are the student residences, segregated according to sex, located at opposite ends of the S-shaped building in order to maximise student privacy.

Umgebungsplan | Site plan

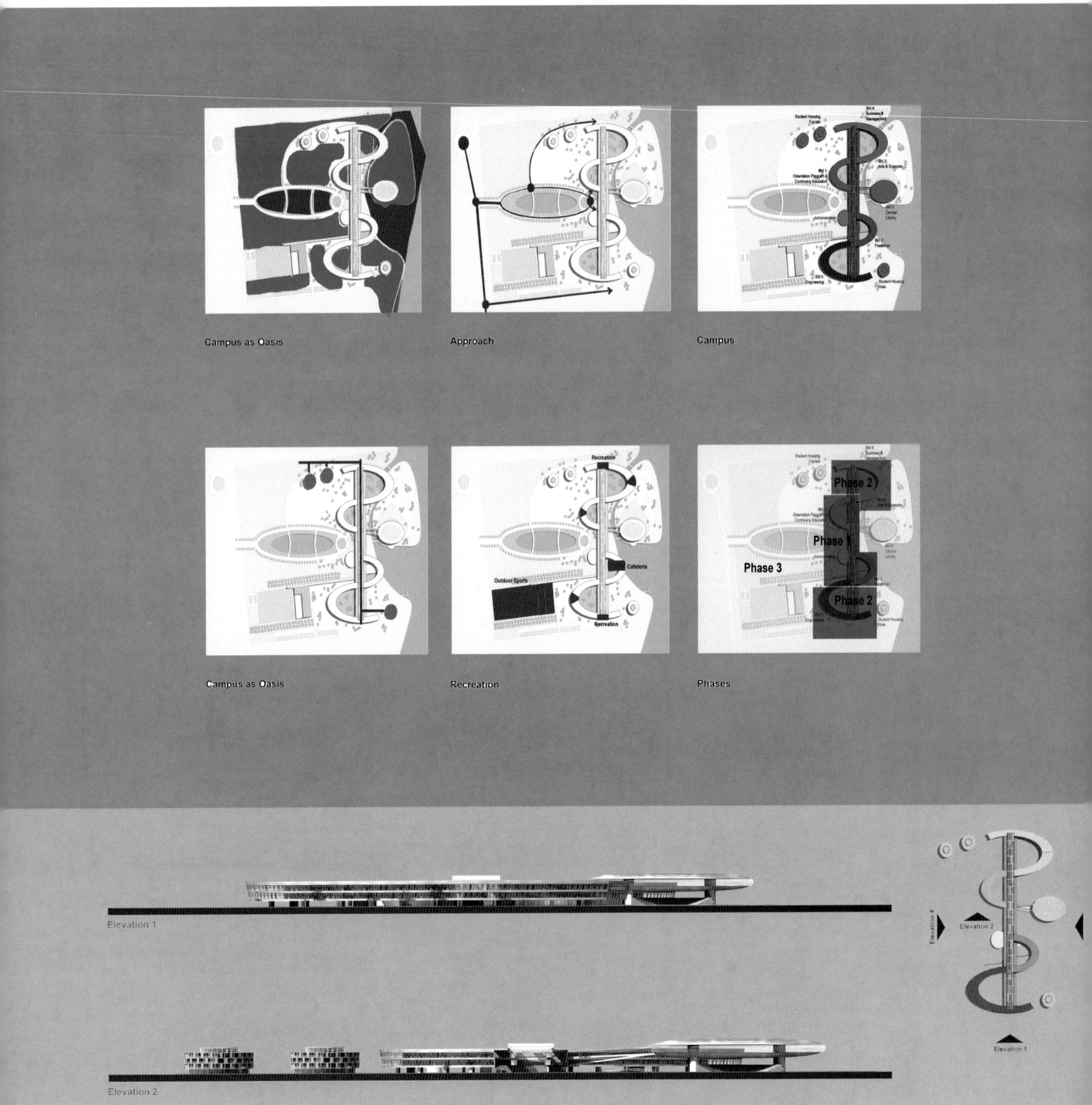

Konzeptpläne: unten: Ansichten | Concept plans; below: elevations

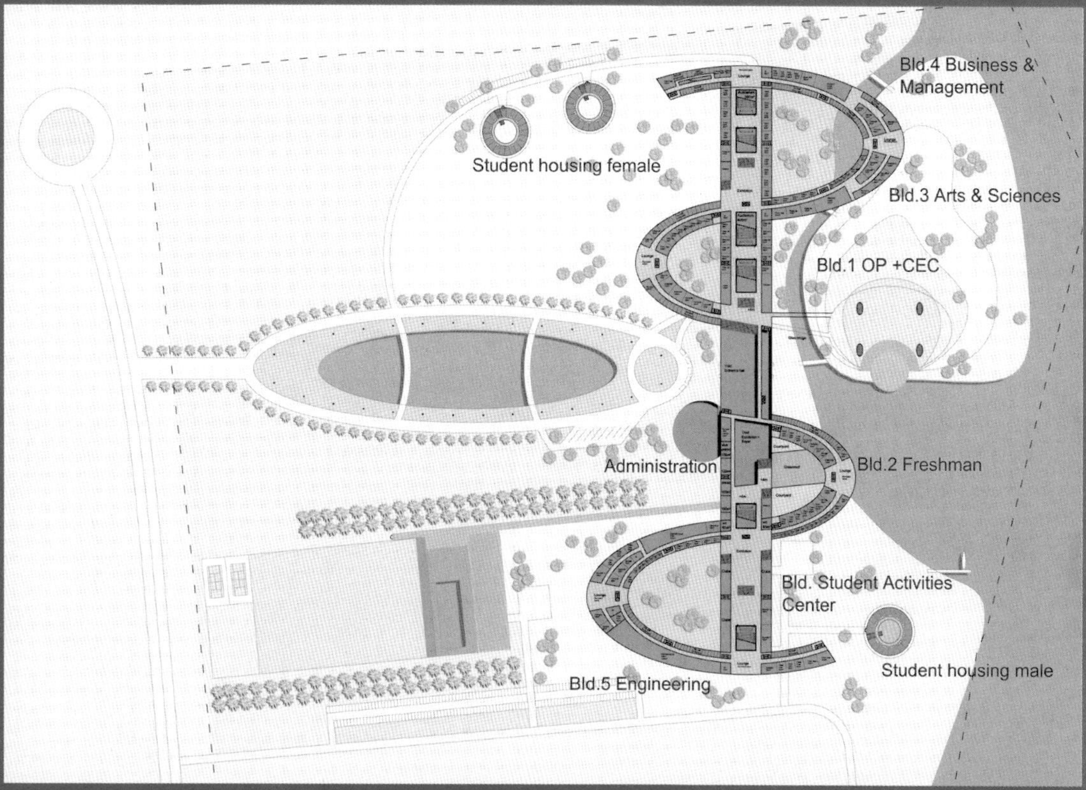

Elevation 3

Elevation 4

Gebäudeplan | Site plan

Studentenwohnungen | Dormitories

Eingangsbereich; unten: Achse Innen | Entrance area; below: interior axis

Gebäudeachse | Main axis

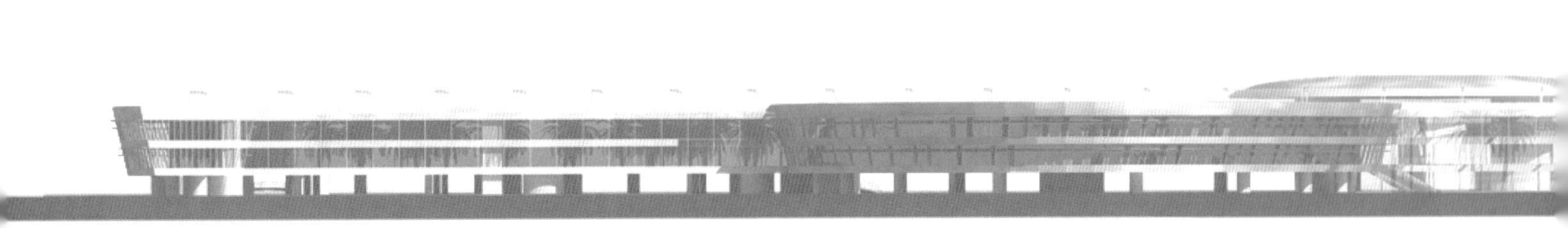

الجامعة الأمريكية

المهندسون
أوبرماير للاستشارات الهندسية، ميونخ

صاحب المشروع
دائرة الشؤون البلدية - بلدية أبو ظبي

المساحة
حوالي ٥٠ ألف متر مربع مساحة إجمالية لأرض المشروع

يمتاز التصميم الخاص بالحرم الجامعي الجديد للجامعة الأمريكية في أبو ظبي باحتوائه على مبنيين ضخمين: مبنى مستقيم حاد الأطراف وآخر ينقسم إلى جزأين مصممين على شكل حرف الـS. يميز القسم الأول المحور الرئيسي لمجموعة المباني، وعلى هذا المحور يلتف القسم الآخر بقسميه المصممين على شكل حرف الـS. تزداد دينامية هذين المبنيين اللذين يظهر شكلهما من الجو مثل علامتي دولار أمريكي موضوعتين فوق بعضهما، من خلال المرافق الخارجية التي تظهر بالشكل المنحني لاستدارة حرف الـ S وتتركز في شكل متوسط بيضاوي - في بحيرة اصطناعية. توفّر بالإضافة إلى ذلك المساحات والمرافق الخضراء للطلبة مكانًا للراحة واللقاء. تم اختيار موقع قريب جدًا من الشاطئ لمباني الحرم الجامعي ما بين جسر المقطع وجسر المصفّح، بغية الاستفادة من هذا الموقع القريب من الخليج. وبذلك تشرف معظم الغرف والقاعات الدراسية على مياه الخليج. يتميز تصميم المكتبة المعماري أكثر من ذلك بموقعها الجغرافي. تقع المكتبة منفردة على جزيرة يطلق عليها اسم جزيرة العلوم ويمكن الوصول إليها فقط من المبنى الرئيسي عبر جسر. يقابلها على الطرف الآخر المدخل الرئيسي وصالة المؤتمرات اللذان يشكّلا نظيرًا شكليًا لها. تم وصل المرافق الرياضية التي ضُمّت إلى المباني الرياضية الموجودة في الموقع مباشرة مع المبنى الرئيسي عبر ممرات زجاجية مكيّفة. تقع مباني سكن الطلبة في معزل عن هذه المباني. حيث تقع مباني السكن الطلابي المستقلة والمقسمة إلى سكنين منعزلين عن بعضهما أحدهما للطلاب وآخر للطالبات في الطرف المقابل من المبنى المصمم على شكل حرف الـS، أي في الأقسام الخارجية من الحرم الجامعي، بحيث يمكن من خلال ذلك ضمان أقصى درجة ممكنة من الأجواء الخصوصية لهذين السكنين الطلابيين.

New Gulf Hotel Waterfront Resort

Architekten
Stölzle-Sahihi Architekten, Stuttgart

Fachplanung
AEC, Maher Lamie, Abu Dhabi
AR + tiD
Francis Landscapes
Ian Banham and Associates, IBA
Medyan Acoustics Consultancy, MAC
Cyber Consult, Dubai
Abode AG

Bauherr
Abu Dhabi National Hotels (ADNH)

Fläche
etwa 155.000 m² BGF

Fertigstellung
voraussichtlich 2008

Im Auftrag der *Abu Dhabi National Hotels Organisation* entsteht eine neue Feriensiedlung auf einem 210.000 Quadratmeter großen Grundstück am Wasser. Nach Wünschen des Auftraggebers soll die Architektur der Siedlung an das bauliche Erscheinungsbild einer venezianischen Hafenstadt angelehnt sein. Die Hotelbucht, die zunächst auf ihre fünffache Größe erweitert wird, bildet mit dem um sie herum gelagerten, aus mehreren Einzelgebäuden zusammengesetzten Fünfsternehotel das Kernstück der Feriensiedlung. Die einzelnen Hotelgebäude sind halbkreisförmig an der Bucht angeordnet und auf zwei Ebenen miteinander verbunden. Oberhalb der Eingangsebene stehen sie jedoch – ganz italienisch – deutlich als einzelne, sich voneinander unterscheidende Bauten. Insgesamt werden sie etwa 350 Zimmer unterschiedlicher Größe beherbergen. Daneben werden noch etwa einhundert einzeln stehende, sennhüttenförmige Ferienhäuser gebaut. Sowohl das Haupthotel als auch die Ferienhäuser zeichnen sich durch ihre Wasserlage aus. Neben dem Hafen werden eine Vielzahl von Kanälen und Wasserwegen angelegt, die allen Besuchern den Zugang zum Wasser ermöglichen sollen. Zudem gibt es neben einem Jachthafen ein Wellness- und Gesundheitscenter, Kinderspielplätze sowie zahlreiche Restaurants und Strandbars. Um eine ruhige Atmosphäre der Ferienanlage zu garantieren, sind Autos auf dem Gelände nicht zugelassen. Sie werden in der unterirdischen Parkanlage untergebracht.

Taking its inspiration from an Italian port, a 210,000 square metres holiday resort development is planned. At its heart lies a bay extended to five times its original size around which the buildings of a five-star hotel complex are located. The individual buildings are arranged in a semi-circle, interconnected at two levels. Beyond that entrance level, however, in true Venetian style, the buildings take on identifiably separate and individual forms. The main buildings will hold some 350 guest rooms of varying sizes. This accommodation will be supplemented by 100 individual holiday chalets. The waterside location characterises the whole complex. Numerous canals and waterways ensure all visitors can access the water. The car-free resort also enjoys a yacht club, health and beauty spa, children's play area and many other facilities including restaurants and bars.

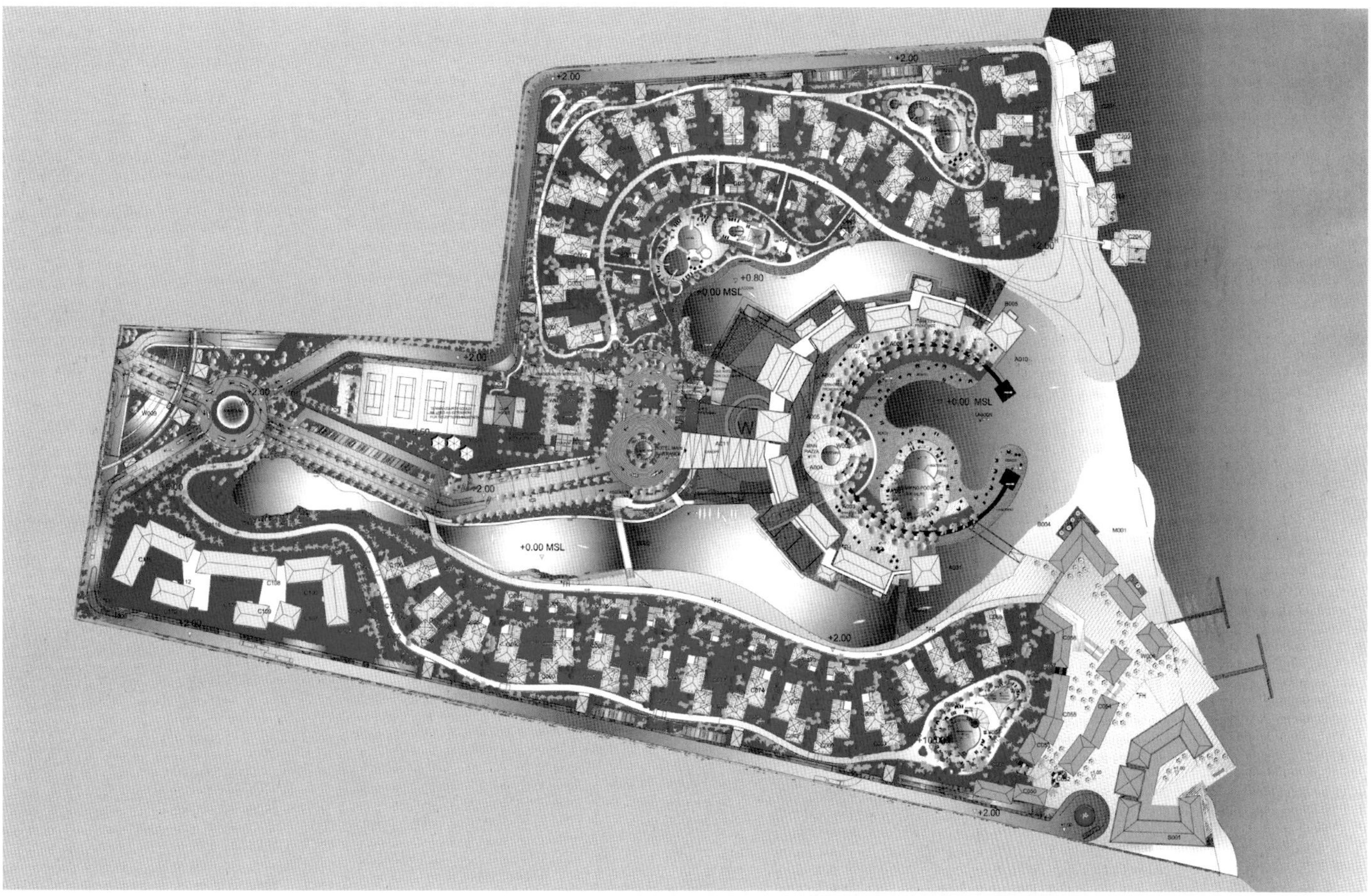

Umgebungsplan | Site plan

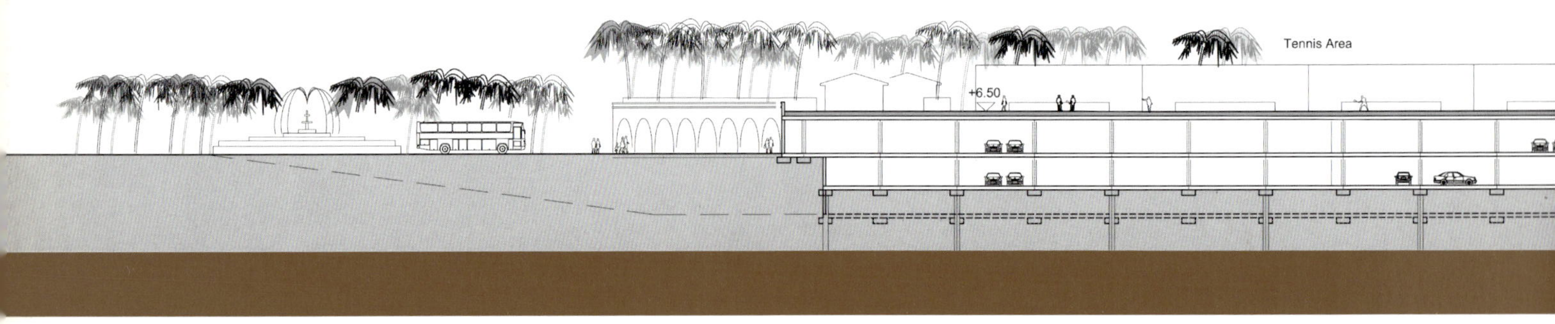

Sennhütten, Hotel, Grundriss Hotel , Schnitt | Chalets, hotel, floor plan hotel, section

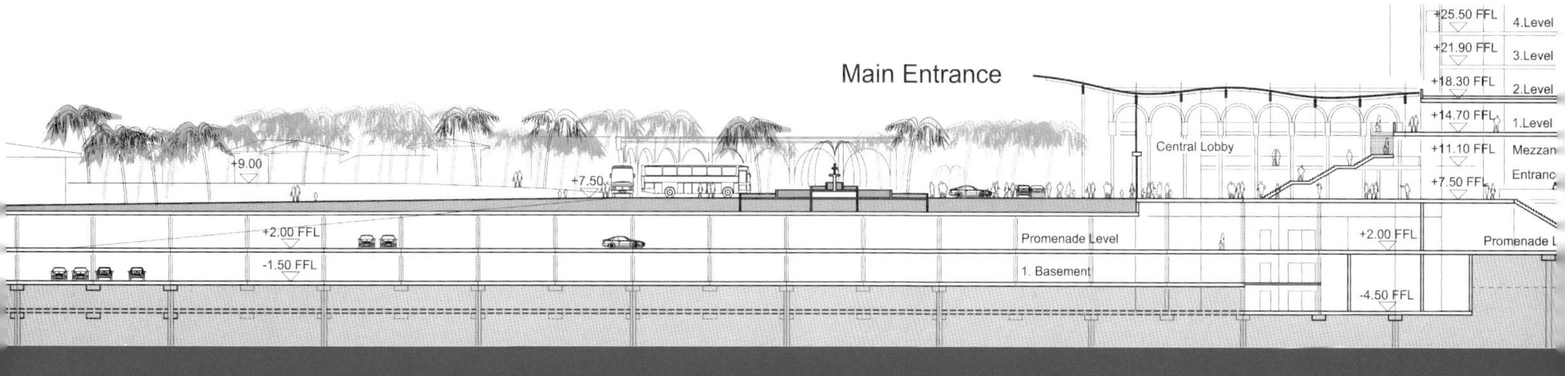

Gesamtaufsicht | General view

Nachtansicht | Night view

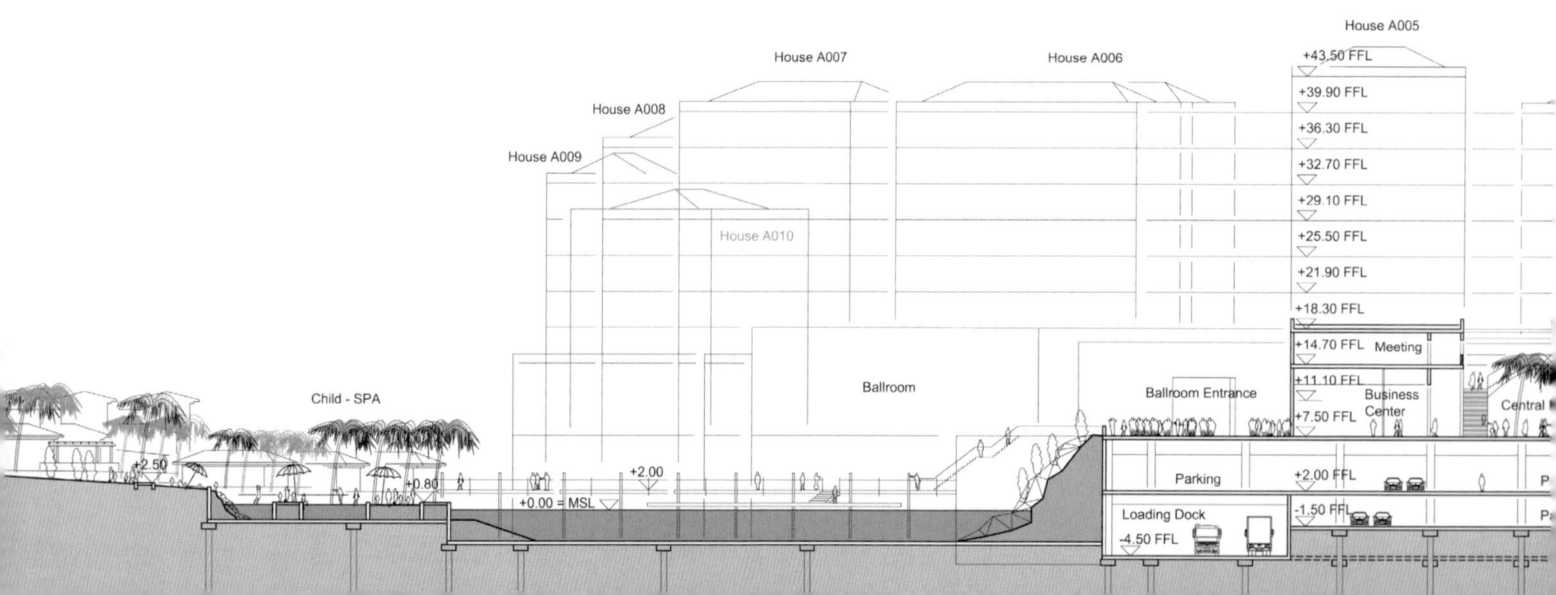
House A005
+43.50 FFL
House A007
House A006
+39.90 FFL
House A008
+36.30 FFL
House A009
+32.70 FFL
+29.10 FFL
House A010
+25.50 FFL
+21.90 FFL
+18.30 FFL
+14.70 FFL
Meeting
+11.10 FFL
Child - SPA
Ballroom
Ballroom Entrance
Business Center
Central
+7.50 FFL
+2.50
+2.00
+0.80
+0.00 = MSL
Parking
+2.00 FFL
Loading Dock
-1.50 FFL
-4.50 FFL

منتجع فندق الخليج الجديد على الواجهة المائية

المهندسون
شتولستله - صحيحي، شتوتغارت
المهندس ماهر لمعي، أبوظبي

التخطيط الفني
ميس إنترناشيونال
إي أر + تايد
فرنسيز للهندسة الطبيعية
آين بينهن وشركاؤه، آي بي إي للاستشارات الاعلامية السمعية، ماك ميديابلان
هونيك وشركاؤه
شركة أبودة

صاحب المشروع
شركة أبو ظبي الوطنية للفنادق

المساحة
حوالي ١٥٥ ألف متر مربع مساحة إجمالية لأرض المشروع

موعد الانجاز
يفترض في ٢٠٠٧

يتم بتكليف من شركة أبوظبي الوطنية للفنادق بناء منتجع سياحي على مساحة تبلغ ٢١٠,٠٠٠ مترًا مربعًا يطل على الواجهة المائية. تقرر بناء هذا المنتجع على غرار مدينة فينيسيا الإيطالية تلبية لرغبة صاحب العطاء. يشكّل فندق الخليج الذي سيتم توسيع مساحته إلى خمسة أضعاف ما كان عليه أساس هذا المنتجع السياحي: يتألف فندق ومنتجع الخليج من فندق بخمس نجوم يتكوّن من عدة مبانٍ منفردة. تتوزع مباني الفندق التي تتصل ببعضها من خلال طابقين حول الخليج بشكل نصف دائري. بيد أن هذه المباني تظهر مختلفة عن بعضها وشامخة أعلى طابق المدخل - بطراز معماري إيطالي مميز. تضم هذه المباني كلها حوالي ثلاثمائة وخمسين غرفة ذات مساحات مختلفة. سوف يتم إلى جانب ذلك بناء حوالي مائة شاليه تشبه أكواخ جبال الألب. كذلك يتميز الفندق الرئيسي والشاليهات بموقعها المطل على الماء. تم إنشاء العديد من القنوات المائية بالإضافة إلى مرفأ، بغية تمكين كل الزوار من الوصل إلى الماء. يوجد بالإضافة إلى مرفأ الزوارق مركز للرعاية الصحية ومنطقة ألعاب للأطفال والعديد من المطاعم وبارات الشاطئ؛ لا يسمح بدخول السيارات إلى أرض المنتجع، من أجل ضمان أجواء هادئة في المنتجع. خُصص للسيارات موقف يقع تحت أرض المنتجع.

The Rock Towers/FC-Towers I

Architekten
Stölzle-Sahihi Architekten, Stuttgart

Wettbewerb
3. Platz
Cityscape Architectural Review Awards in Dubai 2005

Fläche
390.000 m² BGF

Geschosse
55/55

Die Entwurfsidee: Zwei 266 Meter hohe Türme als städtebaulicher Abschluss des *Central Park District*, nach außen umhüllt von einer schlichten, vor der Hitze schützenden steinernen Fassade mit kleinen Öffnungen, stehen einander lotrecht gegenüber und erscheinen wie aus einem Stück geschnitten. Mit ihrem offenen, kristallinen Äußeren »sehen« sie einander an und »sprechen« förmlich zueinander. Zwei Türme, verschieden und doch ähnlich, die in ihren gemeinsamen Umrissen eine Einheit bilden. In ihrem offenen Zwischenraum geben die so genannten *Rock Towers* den Blick frei auf ihr geheimnisvoll funkelndes Inneres ebenso wie auf den dahinter liegenden *Central Park District* mit seiner Welt aus Hotels und Büros. Zudem mündet die städtebauliche Achse der *Retail Mall* in diesen Bereich und integriert die Zwillingstürme als unverkennbares städtebauliches Element des Finanzzentrums Abu Dhabis. Innerhalb des die Türme umgebenden Podiums ist ein elliptischer Platz eingelassen, der von einer diagonal verlaufenden Passage überlagert wird. Diese verbindet auf Straßenebene den nordöstlich liegenden Bereich des *Central Park District* mit der südwestlich vorbeiführenden *Western Avenue*. Neben der städtebaulichen Eingliederung versucht der Entwurf zudem weitestgehend auf die spezifischen klimatischen Bedingungen der Region einzugehen. Es wurde ein spezielles Fassadensystem entwickelt, das möglichst wenig Sonnenlicht in die Gebäude eindringen lässt und somit die Energie zur Kühlung der Türme minimiert. Diese Klimafassade mit ihrem Wechsel von Stein- und Glaselementen verstärkt zudem das außergewöhnliche Erscheinungsbild der *Rock Towers*.

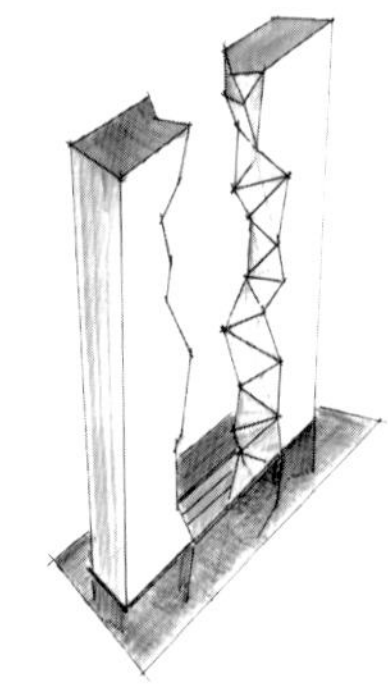

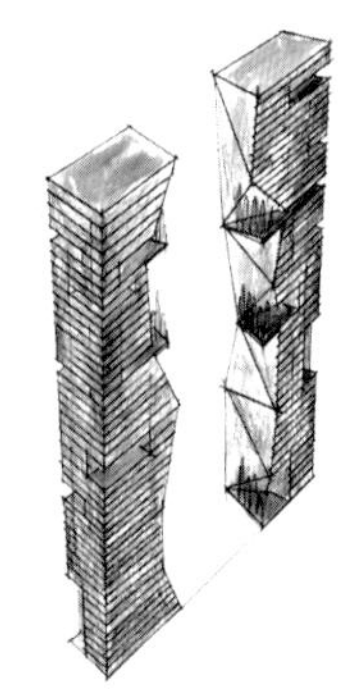

Two towers, each clad in a simple heat-protective stone façade perforated by small openings, two buildings standing vertically opposite one another, as if hewn from a single rock, contemplating the other's crystalline surface, two towers both different and yet similar forming a common whole – such is the design concept for the finale of the Central Park District. The space between the two buildings opens up a vista which takes in the towers' mysteriously sparkling interiors and the world of offices and hotels in the Central Park District beyond. The axis of the Retail Mall on reaching this site integrates the unmistakable image of the twin towers into the financial heart of Abu Dhabi. A diagonal passage at street level transversing the elliptical sunken plaza at the base of the towers links the Central Park District with Western Avenue. A special façade of stone and glass, designed to reduce air-conditioning costs, aims to take account of local climatic conditions.

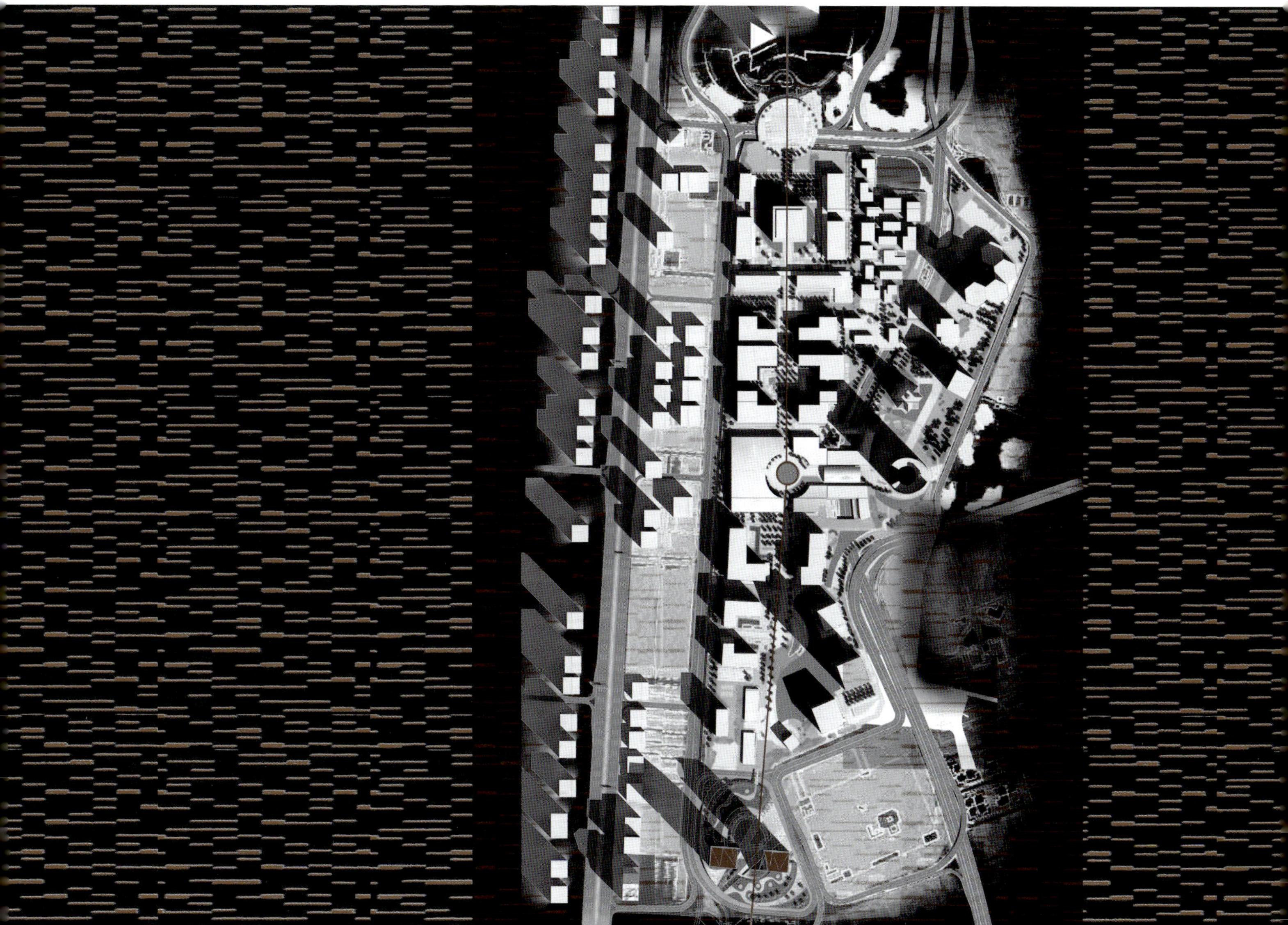

Umgebungsplan | Site plan

Grundriss und Schnitte | Floor plan and sections

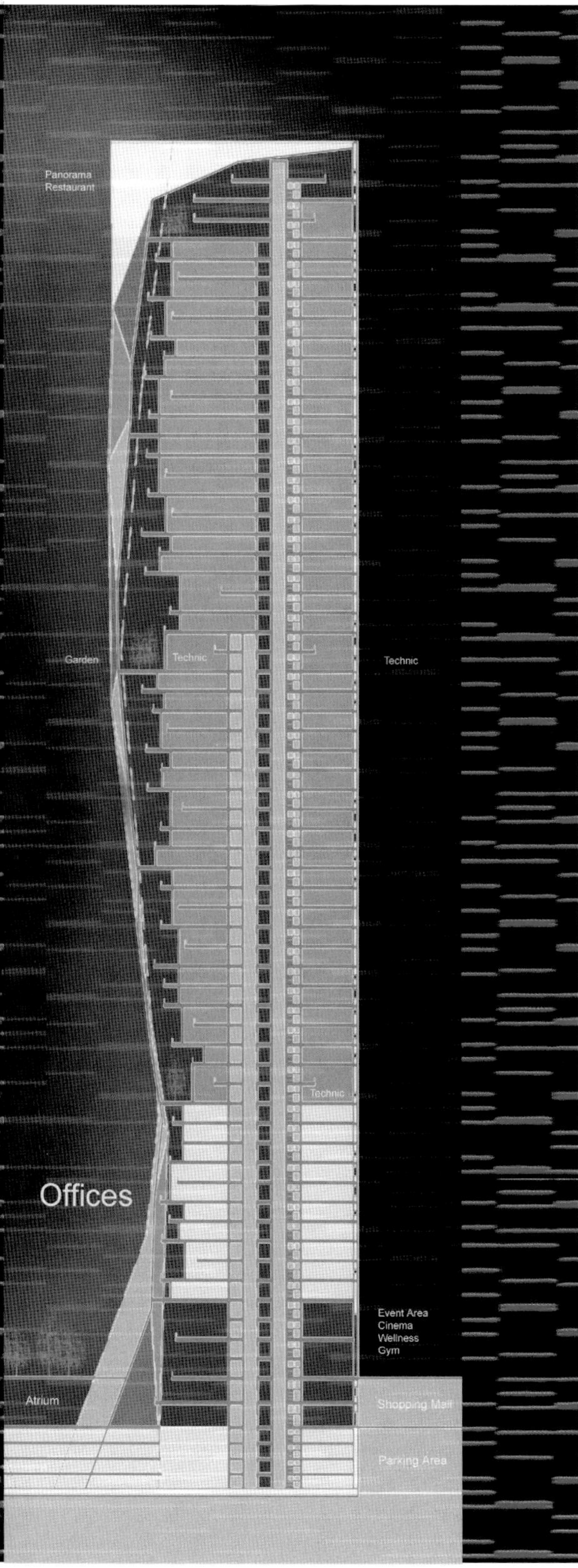

Perspektive | Perspective

Nachtansicht | Night view

برجا روك تاورز

المهندسون
شتولستله - صحيحي للاستشارات الهندسية، شتوتغارت

المسابقة
الجائزة الثالثة

المساحة
٣٩٠ ألف متر مربع مساحة إجمالية لأرض المشروع

الارتفاع
٢٦٦ متر

الطوابق
٥٣/٥٥ طابق

تتمثل فكرة هذا التصميم المعماري في برجين سوف تكتمل بهما منطقة السنترال بارك: برجان تغلفهما من الجهات الخارجية الثلاث واجهات بسيطة أقيمت بالحجارة لكي تقي البرجين من الحرارة فيها نوافذ صغيرة. يقف البرجان متقابلين بشكل عمودي ويبدوان كأنهما انفصلا عن قطعة واحدة. تشاهد واجهتاهما الكريستاليتان المفتوحتان كما تحاكيان بعضهما في شكلهما - برجان مختلفان لكنهما متشابهان يؤلفان وحدة متكاملة في كل معالمهما المشتركة. تتيح المساحة الفارغة الواقع بين برجي الروك تاورز المجال للنظر إلى داخلهما الغامض اللامع وكذلك إلى منطقة السنترال بارك التي تقع في الخلف مع عالمها المكوّن من الفنادق والمكاتب. زد على ذلك أن المحور المعماري لأسواق أبو ظبي مول يفضي إلى هذه المنطقة ويدمج البرجين في مركز أبو ظبي التجاري، باعتبارهما عنصرًا معماريًا لا يمكن اغفاله في مركز أبو ظبي التجاري. تركت في المنصة المحيطة بالبرجين ساحة إهليلجية الشكل، أقيم فيها ممر يمتد بشكل قطري. يصل هذا الممر الممتد على مستوى الشارع العام القسم الشمال شرقي من منطقة السنترال بارك مع الطريق الغربية المؤدية نحو الجنوب الغربي. تم تصميم البرجين بما يراعي الظروف المناخية الخاصة بهذه المنطقة بقدر الإمكان بالإضافة إلى محاولة دمجهما في معمار المدينة، إذ تم تطوير نظام واجهات خاص يسمح بدخول أقل قدر ممكن من أشعة الشمس إلى البرجين ويقلل من خلال ذلك الطاقة المستهلكة لتبريد وتكييف البرجين. تعمل هذه الواجهات المناخية المكوّنة من الحجارة والعناصر الزجاجية بالإضافة إلى ذلك على تعزيز شكل برجي الروك تاورز.

Eco Bay Project

Architekten
Ortner & Ortner Baukunst, Berlin/Wien

Fachplanung
INTEG GmbH, Berlin
Krebs & Kiefer, Darmstadt
ambrosius blanke, Bochum
Priedemann, Berlin
Büro Neumann Gusenburger, Berlin

Wettbewerb
3. Preis

Auslober
Sorouh Real Estate LLC, Abu Dhabi
Durchführung [phase eins]., Berlin

Fläche
etwa 50.000 m² BGF

Renderings
Archimation, Berlin

Ein ökologisch anspruchsvolles Mischquartier. Dies forderte der Auslober des Internationalen Wettbewerbs zur Bebauung eines Teilstücks von *Reem Island* in Abu Dhabi. Das *Eco Bay Project* des Büros Ortner & Ortner will die Idee des ökologischen Lebens nicht allein über eine umweltgerechte Haustechnik verdeutlichen, sondern auch durch die Integration von Anpflanzungen sowie eine bauliche Formgebung, die in Teilen der Natur entlehnt ist. Formal ist die Außenhaut von einem feinen Geflecht überzogen, das alle Bauteile optisch zusammenhält. Es gleicht einem Zellnetz, das sich an Zugängen und anderen Stellen mit besonderen Funktionen kreisförmig öffnet. Über dem Sockel der beiden Baublöcke, die durch eine Brücke großzügig verbunden sind, bilden hakenförmige Bauten in den Eckbereichen eine geschützte Innenzone. Einem Nest vergleichbar öffnen sich die Fassaden mit umlaufenden Balkonbändern zum zentralen Freiraum. In diesem Kernstück des Projekts befindet sich ein grüner Wald mit verschiedenen Baumarten, in dessen Mitte gläserne Kuppeln ein reiches Angebot an Freizeitmöglichkeiten bieten. In der kühlen Jahreszeit öffnen sich die Kuppeln wie Blüten. Geschlossen bleiben sie während der Sommerzeit; in klimatisierter Atmosphäre sollen sie das Erlebnis bieten, sich in einer Art Freiraum zu befinden. Im gesamten Fassadenbereich sorgen Beschattungsbänder für eine natürliche Reduktion der Sonneneinstrahlung. Bei den Balkonen im Innenbereich ist eine zweite, nach Bedarf zu öffnende Glashaut ein wirksamer Klimapuffer.

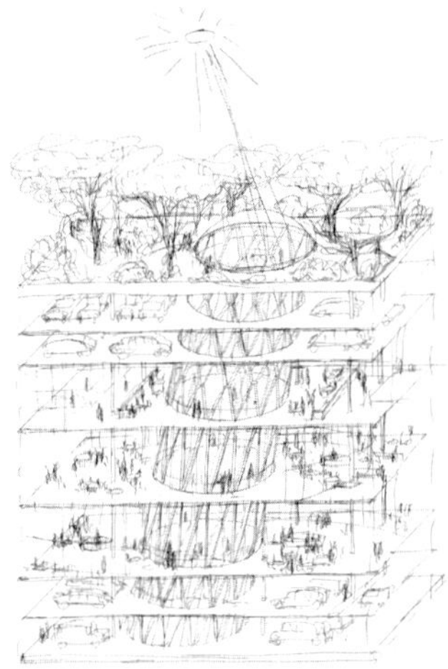

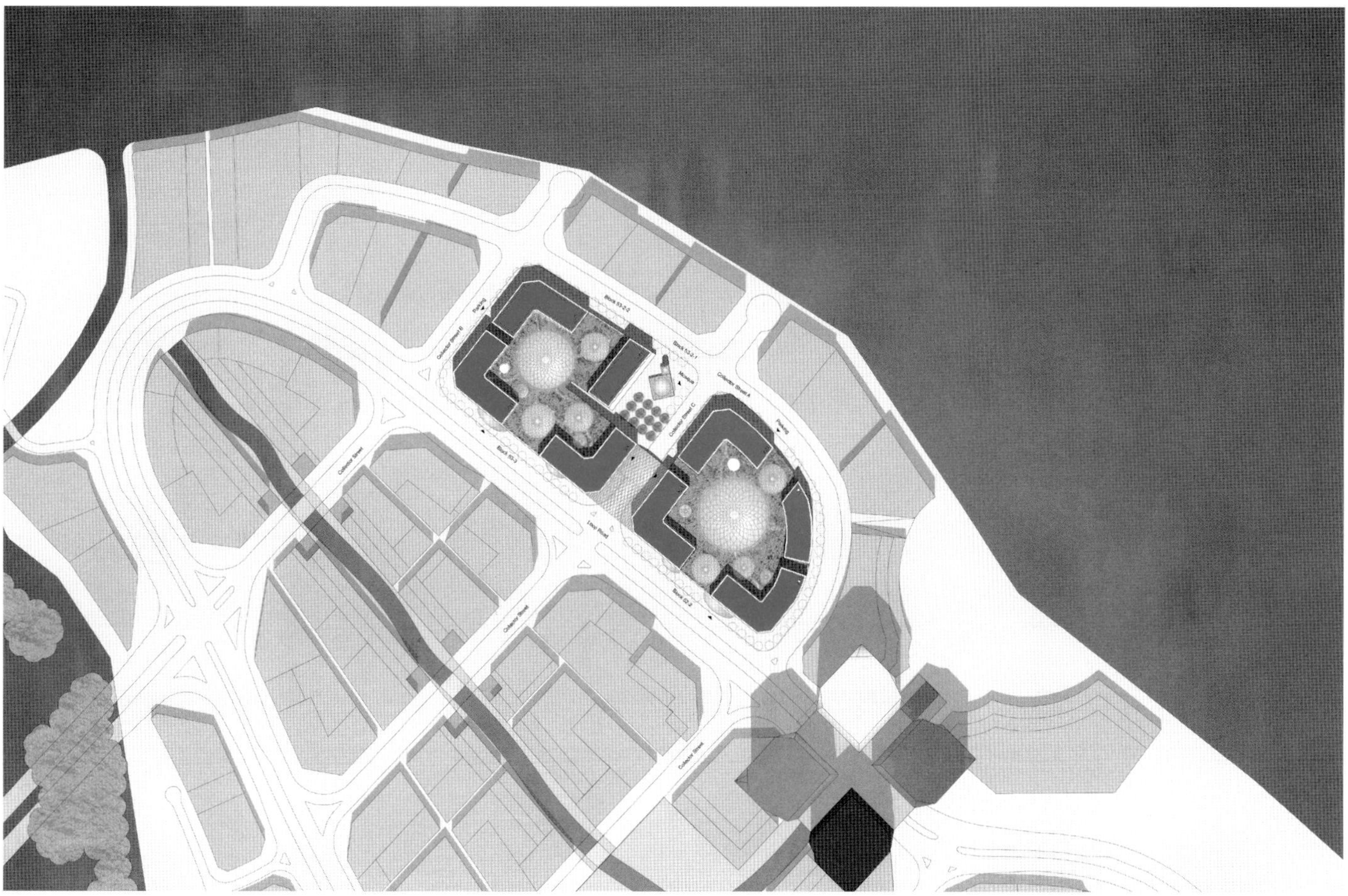

Umgebungsplan | Site plan

Additional GFA
on top of cooling substation: 48.255 sqm

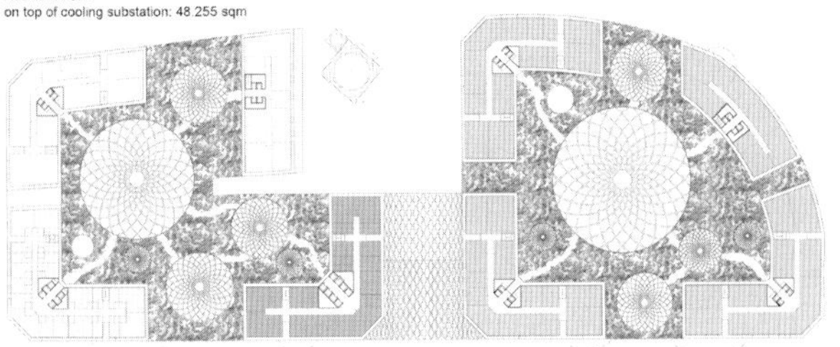

Tower Level
Residential
Offices
Hotel

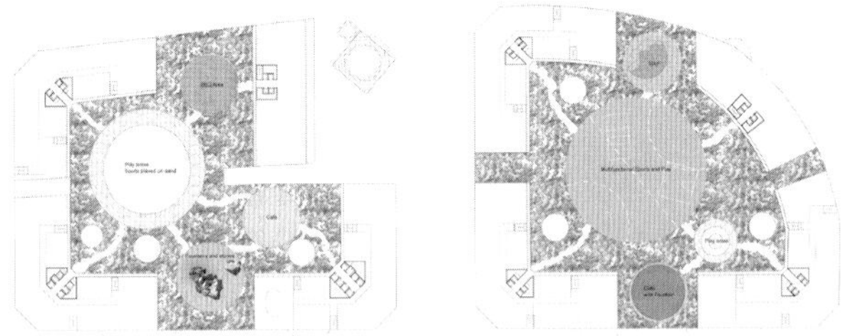

Roofgarden
Building Services

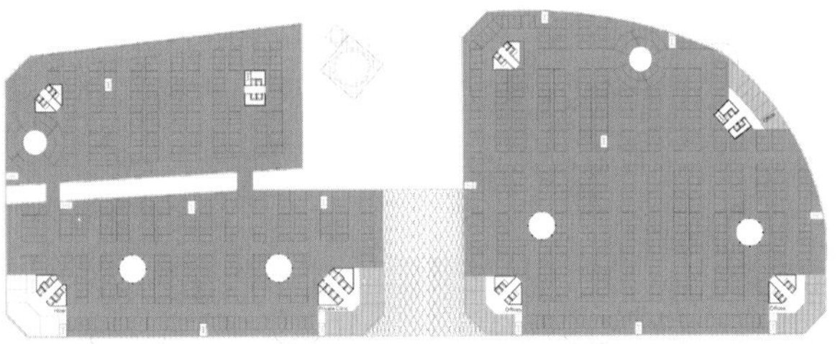

Podium Level 3 - 4
Parking
918 x 2 = 1836 Parking Spaces

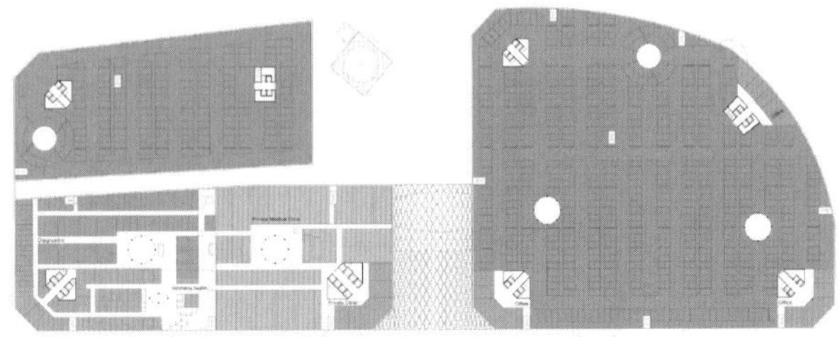

Podium Level 2 + 2a
Eco Clinic
Parking
697 x 2 = 1394 Parking Spaces

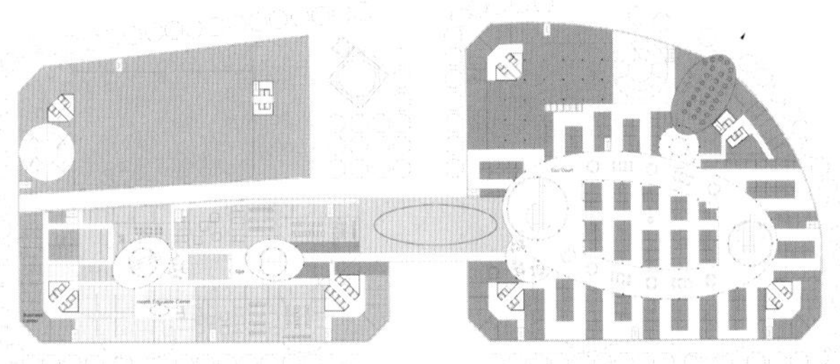

Podium Level 1
Eco Court
Spa

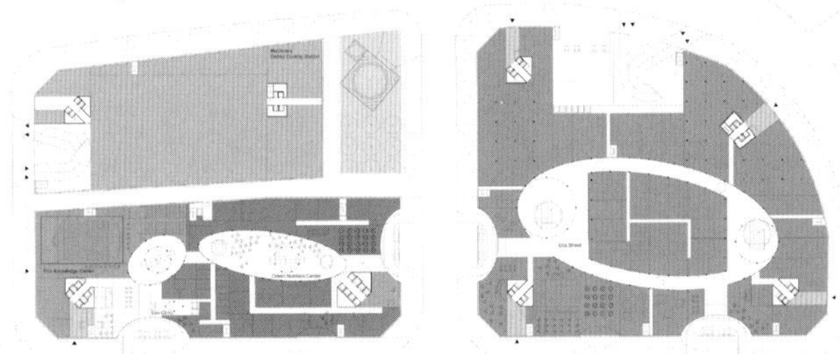

Entrance Level
Eco Street
Green Nutrition Center
Eco Knowledge Center

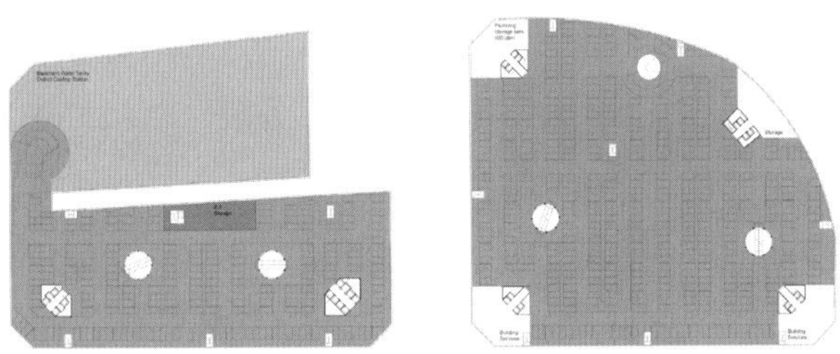

Underground Level -1
Parking
Building Services
Storage
698 Parking Spaces

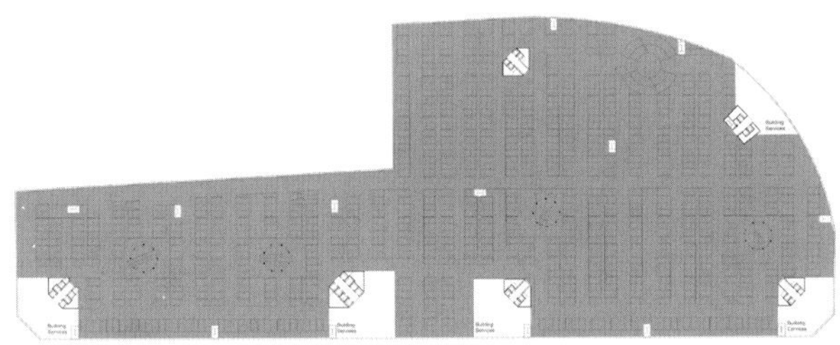

Underground Level -2
Parking
Buidling Services
831 Parking Spaces

Grundrisse | Floor plans

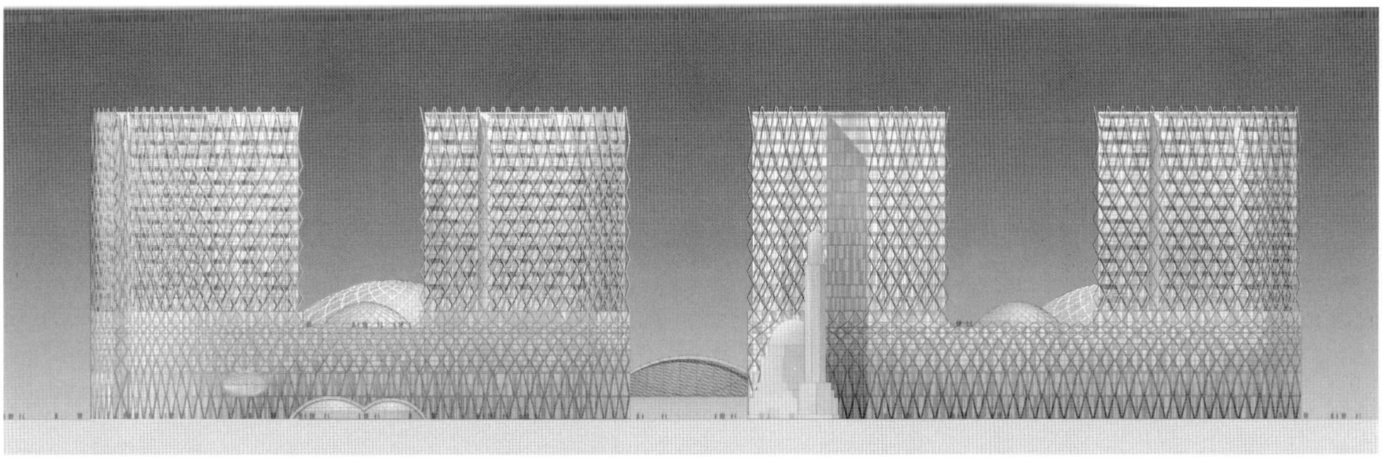

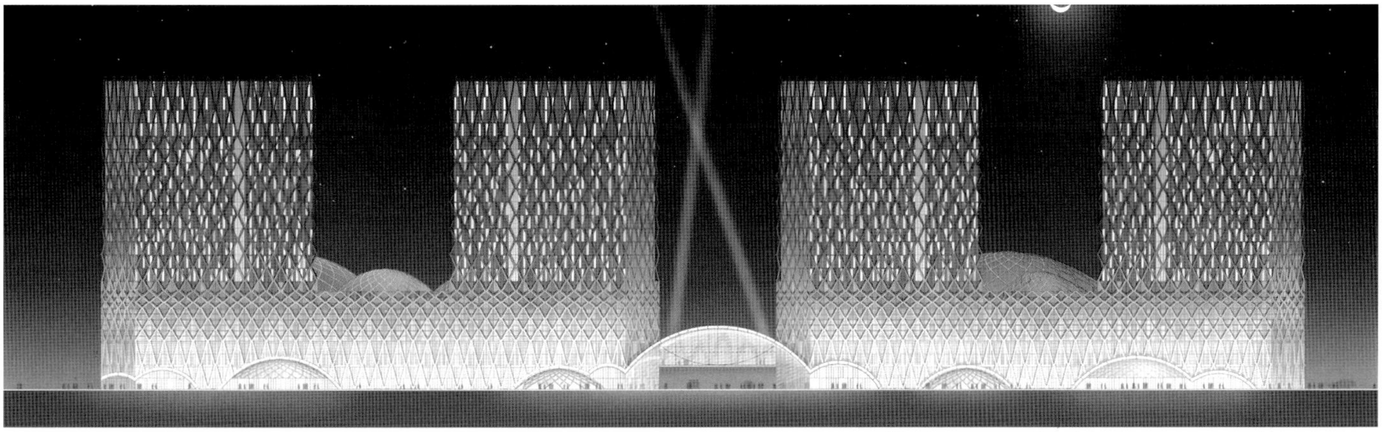

The challenge for this project was to design a mixed-use neighbourhood on a section of Reem Island in Abu Dhabi which meets high ecological standards. Ortner & Ortner's solution not only adopts environmentally-friendly construction techniques but also integrates greenery and built forms inspired by nature itself. For optical cohesion the exterior skin is covered with a fine mesh with circular openings at entrances and other key nodes. Hook-shaped buildings at the corners of the development's two linked sections give rise to an inner zone overlooked by ribbons of balconies. At the project's heart is a forest planted with numerous species of trees. Nestling amongst them are recreational glass domes. In winter, the domes open up like flower-petals, remaining closed in summer, creating the effect of an air-conditioned open space. Shade-generating bands reduce the sun's impact on the façade. Additional protection is provided by a second glass skin running across the interior balconies.

Ansicht | Elevation

Perspektiven Eingangsbereich und Kuppeln | Perspectives entrance area and glass domes

Vogelperspektive | Bird's eye view

Innenhöfe | Inner courtyards

مشروع الخليج الإيكولوجي

المهندسون
أورتنر للاستشارات الهندسية، برلين/فيينا

التخطيط الفني
إنتيغ الهندسية، برلين
كريبس وكيفر، دارمشتات
أمبروسيوس بلانكة، بوخم
بريدمانّ، برلين
نويمان غوسنبورغر، برلين

المسابقة
الجائزة الثالثة

صاحب العطاء
شركة صروح العقارية، أبو ظبي
تنفيذ المرحلة الأولى، برلين

المساحة
حوالي ٥٠ ألف متر مربع مساحة إجمالية لأرض المشروع

الأداءات
أرشيماتسيون، برلين

طالب طارحو المسابقة الدولية لإعمار قسم من جزيرة ريم في أبو ظبي ببناء حي إيكولوجي رفيع المستوى ومتعدد الوظائف. لا يهدف مشروع الخليج الإيكولوجي الخاص بمكتب أورتنر للاستشارات الهندسية والمعمارية إلى تأويل فكرة الحياة الإيكولوجية برؤية تعتمد فقط على تقنة المباني التي تراعي البيئة، بل كذلك إلى تأويلها من خلال دمج النباتات في التصميم المعماري بالإضافة إلى تشكيل المحيط المعماري الذي يعتمد على الطبيعة. يغطي القشرة الخارجية من حيث الشكل نسيج ناعم يجمع كل أجزاء البناء. يشبه هذا النسيج النسيج الخلوي الذي يتفتّح عند المداخل ومواقع أخرى من المباني بشكل دائري مع وظائف خاصة. تكوّن مبانٍ معقوفة الشكل في الأماكن الركنية منطقة داخلية محمية أعلى منصات مجموعتي المباني التي يوصل ما بينهما جسر فسيح. تنفتح الواجهات بشكل يمكن مقارنته مع عشٍّ متشابك على الفناء المركزي مع مجموعات من الشرفات. توجد في هذا الجزء المركزي من المشروع غابة خضراء تضم مختلف أنواع الأشجار وتتوسطها قباب زجاجية تقدم عروضًا ترفيهية متنوعة لشغل أوقات الفراغ. تتفتّح القباب في الفصول الباردة مثل أزهار، بينما تظل مغلقة في فصل الصيف كما ينبغي أن تُشعر زوارها في أجواء مكيّفة كأنهم في فضاء رحب. تقوم في كل الواجهات أشرطة للتظليل بتقليل طبيعي لأشعة الشمس. توجد فوق الشرفات المطلة على الأفنية الداخلية مظلة زجاجية ثانية يمكن فتحها حسب الحاجة من أجل الوقاية من أشعة الشمس.

Dubai Central Library

Architekten
'asp' Architekten
Arat – Siegel – Schust,
Stuttgart

Generalplaner
Obermeyer Planen +
Beraten, München

Ausführung
ACG Architectural
Consulting Group,
Abu Dhabi

Bauherr
Dubai Municipality

Fläche
50.000 m²

Fertigstellung
2009

Die Rahle ist ein schragenartig geformtes, zusammenlegbares Faltpult aus Holz, das in islamischen Ländern meist als Lesepult für den Koran genutzt wird. Die Form dieser traditionellen Buchablage diente dem skulpturalen Entwurf der *Dubai Central Library* als Gestaltungsvorlage. Durch Transformation und Abstraktion dieses Motivs konnte ein Bezug zur regionalen kulturellen Identität hergestellt werden, ohne dass auf die sonst häufig anzutreffenden ornamentalen Versatzstücke zurückgegriffen werden musste. Der Bibliotheksbau soll damit seiner Bedeutung als Hort traditionellen Erbes sowie als Zentrum akademischer Bildung und moderner Entwicklung gerecht werden. Die neue Bibliothek wird einen Bestand von 1,7 Millionen Bänden umfassen, davon 300.000 bis 400.000 in einer Freihandaufstellung. Die Bibliothekstechnik und die Informationssysteme sollen sich am neuesten Stand der Technik orientieren. Im Sockelbereich sind öffentliche Funktionen wie ein Konferenzzentrum, Ausstellungsräume, eine Buchhandlung, eine Kinderbibliothek sowie die Bibliotheksverwaltung untergebracht. Darüber erhebt sich der zentrale Bibliotheksbereich als mehrgeschossiger Großraum. Ein begrünter Garten bietet dem Besucher mit seinen schattenspendenden Kolonnaden einen Ort meditativer Ruhe. Nach Fertigstellung erhofft man sich in Dubai, eine in ihrer Bedeutung über die Grenzen des Emirats hinausreichende Zentralbibliothek geschaffen zu haben.

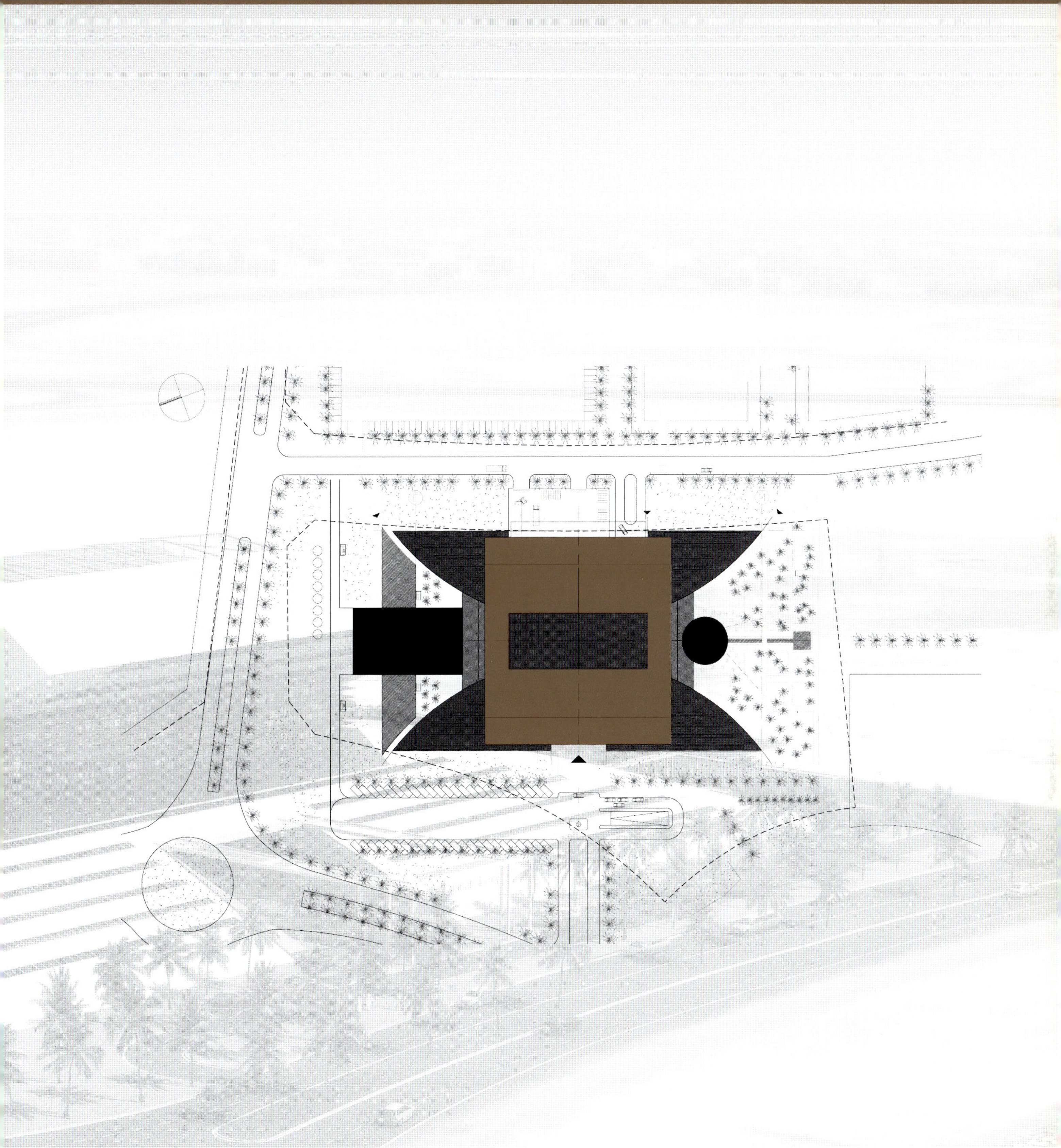

Umgebungsplan | Site plan

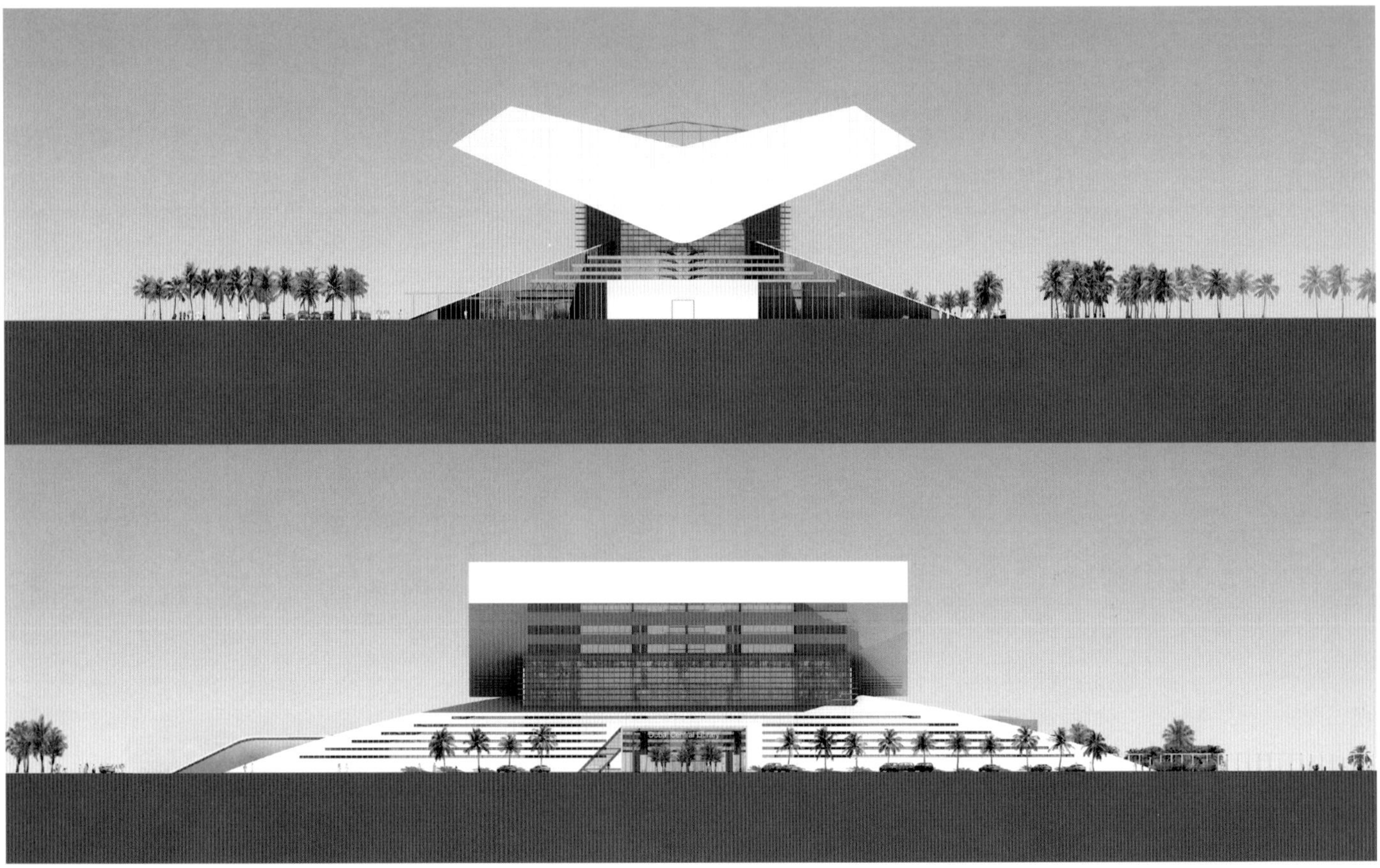

Ansichten Nord/West | Elevations North/West

Inspiration for the design is a folding, cross-legged wooden bookstand used in most Islamic countries as a Koran lectern. An abstracted and transformed version of that artifact provides a link to regional cultural identity without having to resort to the otherwise commonplace Islamic ornamentation. The resulting form is appropriate to the library's role as a custodian of tradition and as a centre of learning and development. The new library will hold 1.7 million volumes of which over 300,000 will be available on open access. State of the art information technology resources are foreseen. Public functions, such as meeting rooms, display areas, bookshop, children's library and library administration are located at the base level. Towering above and occupying several levels is the main library space. For quiet contemplation the visitor may retreat to the shady colonnades of the library garden. Dubai hopes that on completion in 2009 it will enjoy a new central library of international reknown.

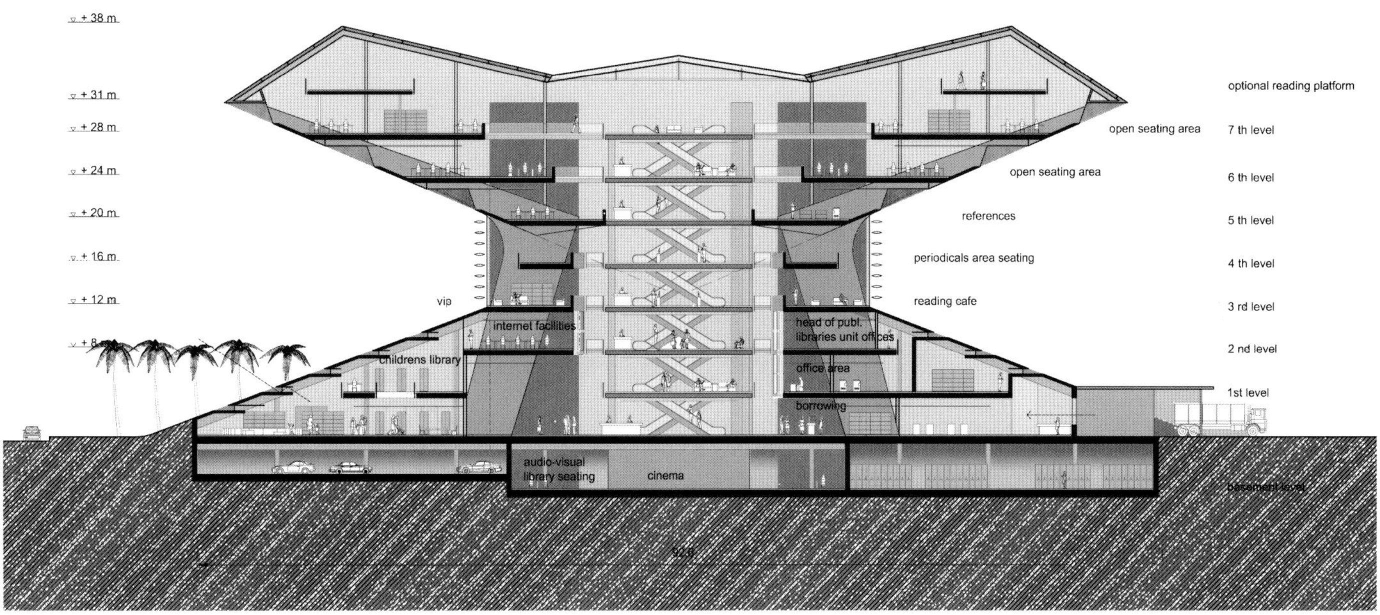

Schnitt | Section

Innenansicht Foyer | View into the foyer

Perspektive Südwest | Perspective South-west

Nachtansicht | Night view

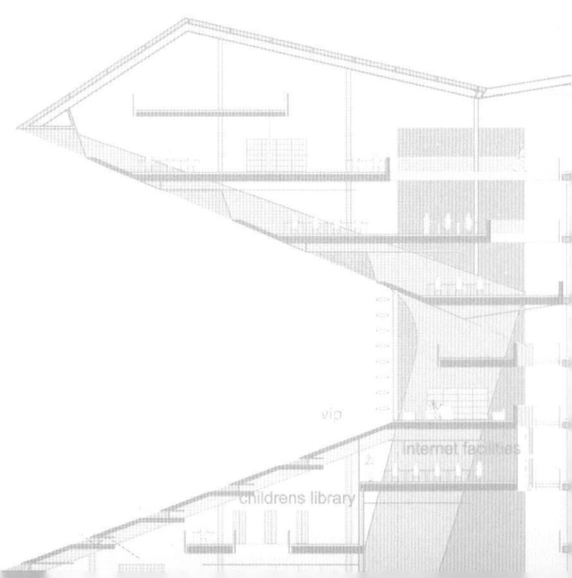

مكتبة دبي المركزية

المهندسون
أسب للاستشارات الهندسية آرات زيغل شوست، شتوتغارت

التخطيط العام
أوبرماير للاستشارات الهندسية، ميونخ

التنفيذ
إي سي جي - مجموعة الاستشارات المعمارية، أبو ظبي

صاحب المشروع
بلدية دبي

المساحة
٥٠ ألف متر مربع

موعد الانجاز
٢٠٠٩

تعتبر الرحلة منضدة يمكن طيها مصممة بشكل متقاطع من الخشب. غالبًا ما يتم استخدامها في البلاد الإسلامية كمنضدة للقراءة يوضع عليها المصحف. كوّن شكل هذه المنضدة التقليدية الأساس الذي اعتمد عليه التصميم المعماري الأشبه بتمثال لمكتبة دبي المركزية. لقد تسنّى من خلال عملية التحويل والتجريد لهذا النموذج إيجاد صلة للهوية الثقافية المحلية، من دون الاضطرار إلى الرجوع إلى القطع الزخرفية التي كثيرًا ما نجدها في الرحلة. يهدف هذا التصميم المعماري إلى منح المكتبة من خلال هذا المبنى ما تستحق من أهمية، باعتبارها كنزًا يحتضن الموروث التقليدي وكذلك مركزًا للتعليم الأكاديمي والتطور الحديث. سوف تحتوي المكتبة الجديدة على ١٫٧ مليون مجلد، خصصت منها ما بين ثلاثمائة ألف وأربعمائة ألف مجلّد لقسم الاستعارة. من المقرر أن تعتمد تقنية المكتبة والأنظمة المعلوماتية فيها على أحدث مستويات التقنية. توزعت في منطقة المنصة أقسام الخدمات العامة مثل مركز للمؤتمرات وصالات للعرض ومكتبة لبيع الكتب ومكتبة للأطفال بالإضافة إلى إدارة المكتبة. يرتفع فوق هذه المنصة قسم المكتبة المركزية في بهو كبير متعدد الطوابق. توفّر حديقة المكتبة المشجرة مع أروقتها التي تغطيها الظلال للزوار مكانًا للراحة والتأمل. من المحتمل الانتهاء من بناء المكتبة في صيف العام ٢٠٠٨؛ وبهذا يأمل الإماراتيون في أن يكونوا قد شيدوا مكتبة مركزية تتجاوز في أهميتها حدود الإمارات.

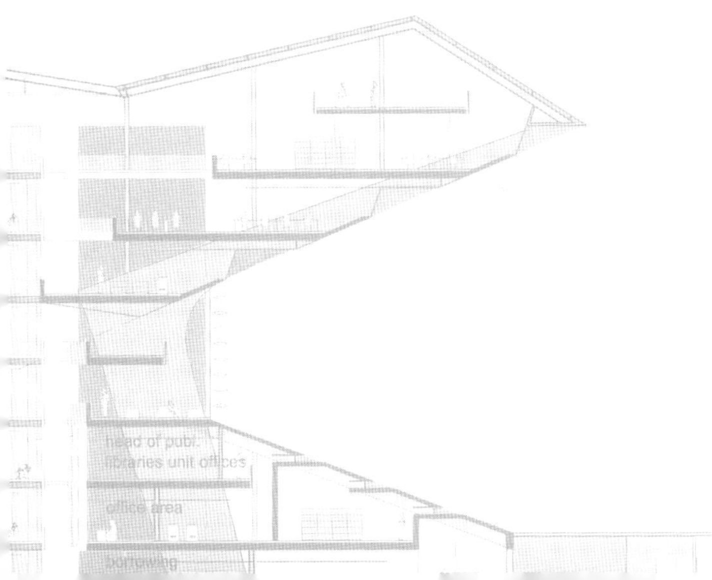

The Cube

Architekten
BRT Architekten – Bothe Richter Teherani, Hamburg

Fachplanung
Whitby & Bird, Dubai

Auftraggeber
BMG Middle East Development LLC, Dubai

Fläche
39.947 m² BGF

Fertigstellung
2008

Renderings
Homebase2, Hannover

Ein spannendes Gebäude: Um helle und moderne Wohnflächen in einem sehr tiefen Baufenster unterzubringen, wurde eine mäandrierende Form entwickelt, die von drei Seiten Lichteinfall in die innen liegenden Räume garantiert. Dabei entsteht ein nahezu skulpturaler Baukörper, der mit einer gläsernen Außenhaut und einer grünen inneren Außenfassade, die sich als Wicklung um den Mäander legt, elegant umhüllt wird. Boden-, Wand- und Dachflächen sind aus einem Material und verstärken den Entwurfsgedanken, gepaart mit dem Anspruch an die Funktionalität der Bauaufgabe. Dieses Wohnhochhaus, *The Cube*, wird auf einem Grundstück in der *Dubai Sports City* entstehen, in direkter Nachbarschaft zu den neuen Sportstadien, die im Nordosten angrenzen. Die voll verglaste Außenfassade mit Öffnungsflügeln ist horizontal gegliedert. Alle Wohneinheiten bekommen einen großen Balkon mit einer Glasbrüstung, deren Auskragungen einen guten Sonnen- und Blendschutz für die unteren Geschosse bilden. Die innere Außenfassade soll Ruhe ausstrahlen und ist entsprechend schlicht gehalten. An dieser semitransparenten oder opaken Fassade aus grünem Glas liegt der Erschließungsbereich, der räumlich durch die wellenförmigen Rückwände der Appartements belebt wird. Die Erschließung des Gebäudes erfolgt über eine Zufahrt im Südosten des Grundstücks, die in eine zweigeschossige Tiefgarage führt. Zudem sind die zentralen Hauptzugänge der Nord- und Südfassade durch eine interne Mall miteinander vernetzt. Zwei Treppenhäuser und vier Lifts verbinden die Ebenen untereinander, in denen die Studios und Appartementsuiten untergebracht sind. Auch die Sonderflächen mit Swimmingpool und Wellnessbereich, die sich in den siebengeschossigen Ausschnitten der Kubatur befinden, werden von hier erschlossen.

Umgebungsplan | Site plan

To achieve light and modern living spaces on a low-lying building plot in Dubai Sports City the building's design incorporates a meandering form ensuring incident light enters inward-facing rooms from three sides. The resulting near-sculptural form possesses an external glass skin and a green inward-facing façade elegantly wrapping around the meander. To improve functionality and reinforce the design's clarity, wall, floor and roof surfaces are all constructed of the same material. The fully-glazed exterior with opening sections is structured with horizontal elements. All units enjoy a large balcony with glass balustrade whose overhang shades the floors below from sun and glare. To encourage a feeling of calm, the inward-facing green glass exterior façade is kept suitably simple. Walkways along its length take on an interesting shape from the curves in the building. Vehicle access leads to a two-level underground carpark. Apartments, swimming pool and spa areas can be reached by stairs and lift.

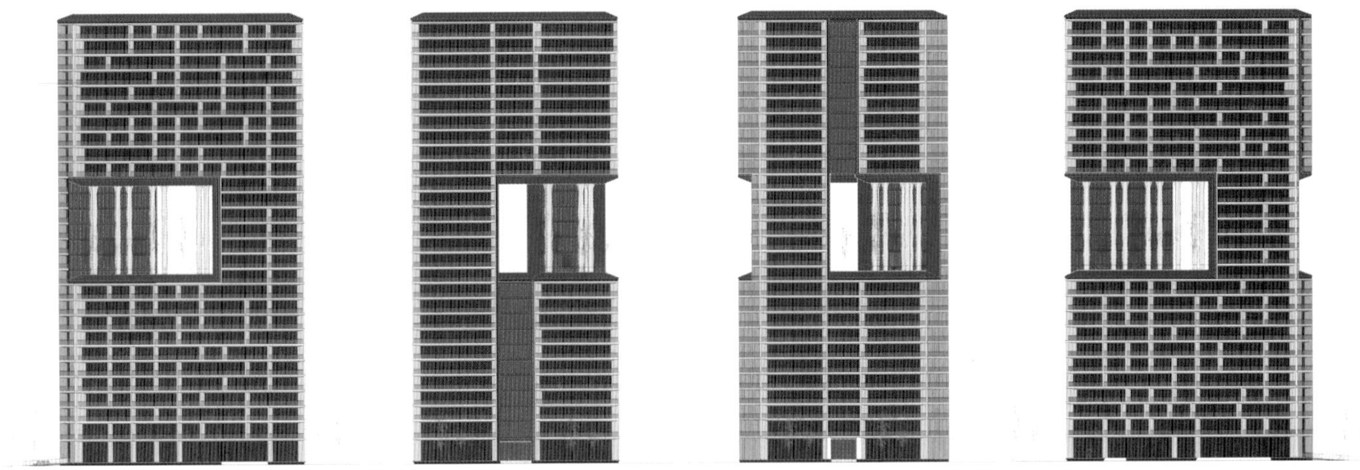

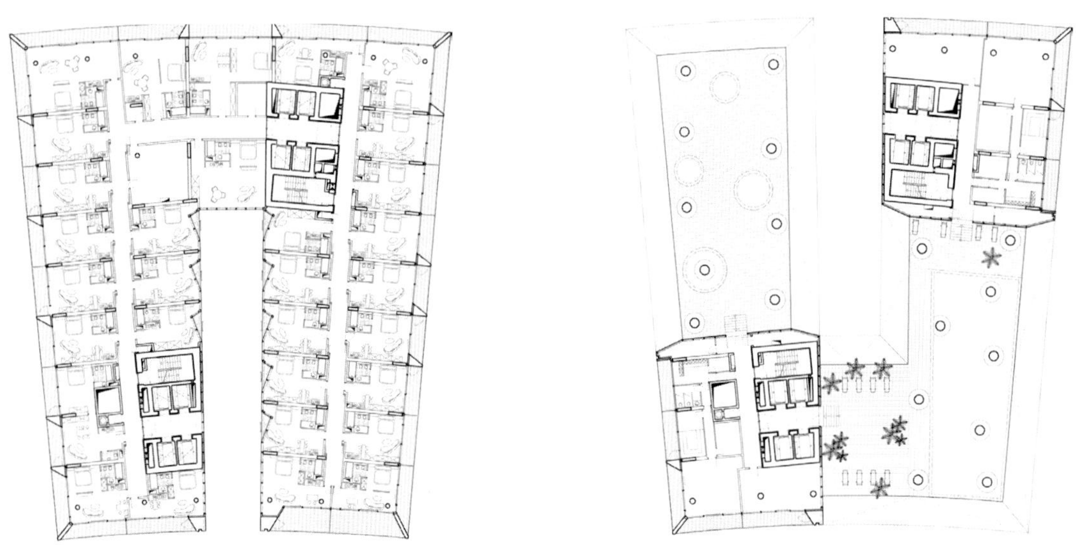

Ansichten und Grundrisse | Elevations and floor plans

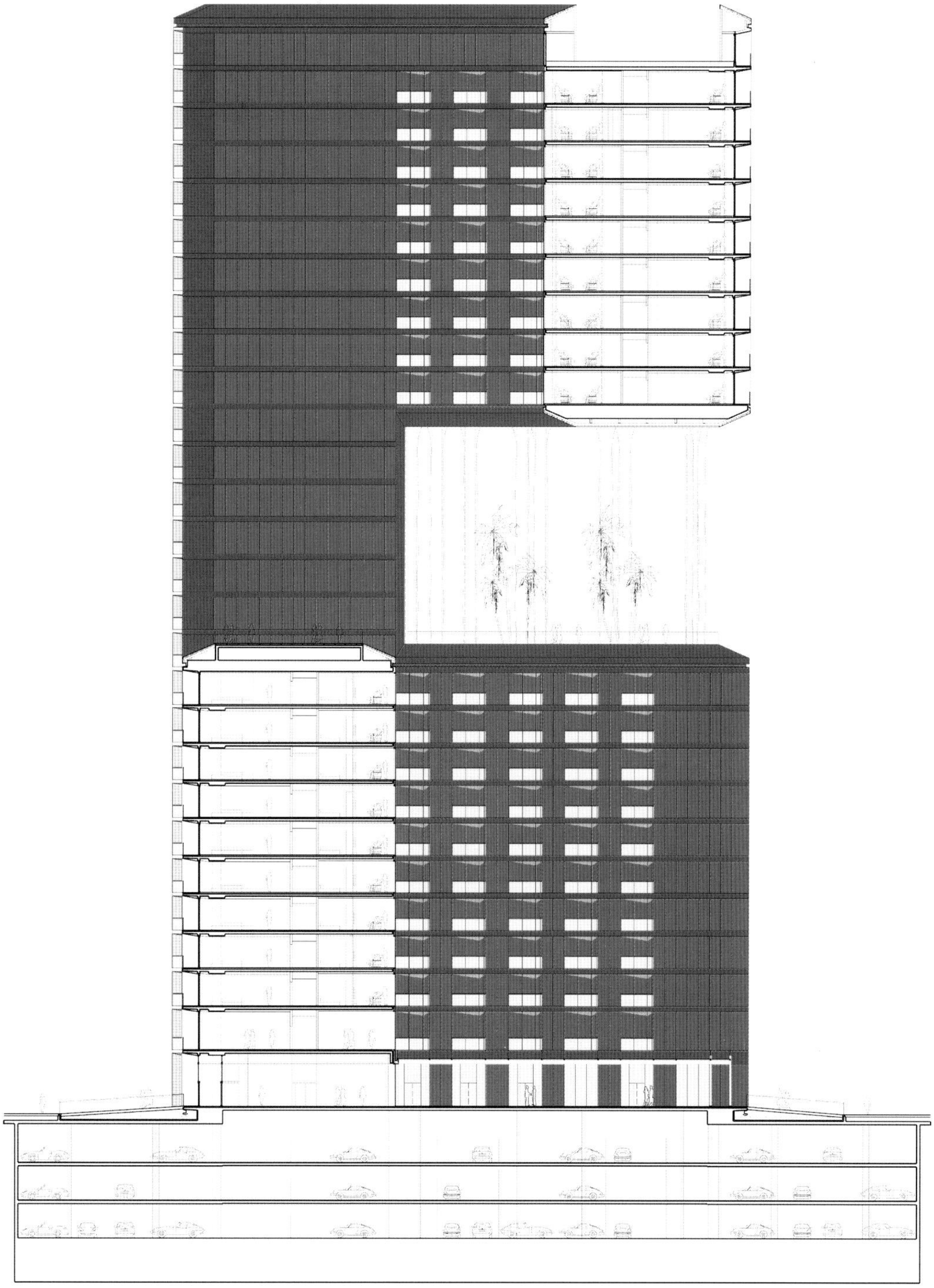

Schnitt | Section

Innenräume | Interior views

Perspektive | Perspective

Nachtansicht | Night view

المكعّب

المهندسون
بي إر تي للاستشارات الهندسية - بوته ريشتر تهراني، هامبورغ

التخطيط الفني
بروجكت منجمنت بي إم جي، برلين

صاحب العطاء
شركة بي إم جي الشرق الأوسط، دبي

المساحة
حوالي ٣٩.٩٤٧ متر مربع مساحة إجمالية لأرض المشروع

موعد الانجاز
يفترض في ٢٠٠٨

مبنى خلّاب: تم تصميمه على شكل منحني الأطراف يضمن دخول الضوء إلى داخل المبنى من ثلاث جهات، بغية إيجاد مساحات سكنية نيّرة وحديثة موزعة حول منور يمتد لمسافة طويلة جدًا في عمق المبنى. يتكوّن من خلال ذلك مبنى شكله المعماري أشبه بالتمثال. تم تغليفه بغلاف أنيق يتكوّن من واجهات خارجية زجاجية وواجهات خارجية خضراء تُغلّف الأطراف المنحنية في الداخل. تتكوّن سطوح الأرضيات والجدران والسقوف من نفس المادة وتعمل على تقوية فكرة هذا التصميم المعماري المرتبطة بما يتطلبه الأداء الوظيفي للمبنى. سوف يتم بناء هذا البرج السكني الذي يطلق عليه اسم المكعّب على أرض تقع في مدينة دبي الرياضية، مباشرة بالقرب من الملاعب الرياضية الجديدة التي تحده في جهة الشمال الشرقي. تم تقسيم الواجهة الخارجية التي يغطيها الزجاج بشكل أفقي إلى قسمين تتخللهما نوافذ أفقية. توجد في كل الوحدات السكنية شرفات واسعة زودت بدرابزين زجاجي. تعمل كل منها على وقاية الشرفات التي تقع أسفلها من الشمس والضوء الباهر. تتجلى وظيفة الواجهة الخارجية الموجودة في الداخل في خلق أجواء الراحة وهي بسيطة بما يتلاءم مع موقعها. يوجد عند هذه الواجهة النصف شفافة أو المعتمة المكوّنة من زجاج أخضر اللون ممر مشجر. تضفي عليه جدران الشقق والإستوديوهات السكنية المتموّجة لمسة من الحيوية والنشاط. يقع مدخل هذا البرج في الجهة الشمال شرقية من أرض المبنى: يؤدي هذا المدخل إلى موقف للسيارات يتكوّن من ثلاثة طوابق. يصل ممر داخلي ما بين المدخلين الرئيسيين الموجودين على الواجهتين الشمالية والجنوبية. كذلك تصل أربعة مصاعد ودرجان الطوابق التي توجد فيها الشقق والإستوديوهات السكنية. كما تصل هذه المصاعد والدرجان إلى الأقسام الخاصة الموجودة في جزء المكعّب المكوّن من سبعة طوابق والتي تحتوي على مسبح ومركز للياقة وللرعاية الصحية.

Twin Towers

Architekten
BRT Architekten – Bothe Richter Teherani, Hamburg

Fachplanung
Dimensions Engineering Consultant, Dubai

Bauherr
Ghassan Ahmad Saud al Khalid, Kuwait

Fläche
160.626 m² BGF

Fertigstellung
Ende 2007

Renderings
BRT Architekten, Hamburg

An der *Sheik Zayed Road*, der Hauptverbindung zwischen Dubai und Abu Dhabi, befindet sich der Bauplatz der *Twin Towers*. Die 269 Meter hohen Türme erheben sich über einem zweigeschossigen Sockel vom Dubai-Creek kommend rechterhand in direkter Nachbarschaft zum *Sheraton* und *Crowne Plaza Hotel* sowie schräg gegenüber dem *Emirates Tower*. Scharfkantig, Rücken an Rücken, stehen sich die Gebäudekörper gegenüber. Die abgeschrägten Turmspitzen wenden sich nach Norden und Süden. Horizontal gegliedert werden die schwarz abgetönten Glaskörper durch weiße Brüstungsbänder, die die gestapelte Struktur geschossübergreifend wie eine Naht verbinden. An den Schnittpunkten dieser wechselnd gegenläufigen Nähte öffnen sich versetzt angeordnete, doppelgeschossige Wintergärten, die durch ihre stark transparente Umkleidung die Gesamthöhe der Türme zusätzlich gliedern. Das Rückgrat an den Innenseiten der Türme, hinter denen sich in der Grundriss-Systematik die Erschließungskerne befinden, ist mit frei geordneten geometrischen Figuren überzogen. Diese werden wechselnd illuminiert und leuchten bis in die mit einem Glasdach bedeckte zentrale Lobby. Der südliche, 53-geschossige Turm, der von einer 50 Meter hohen Antenne gekrönt wird, beherbergt ein Fünfsternehotel auf Grundlage eines von *Acico Hotel* erarbeiteten Raumprogramms. Im nördlichen, um drei Geschosse niedrigeren Turm sind Büros und Wohnungen untergebracht. Die insgesamt 135 Wohneinheiten gliedern sich in Ein- bis Drei-Bett-Appartements in Größen von etwa 65 bis 135 Quadratmeter. Die Büroflächen von etwa 520 Quadratmeter pro Geschoss sind wie auch die zusätzlichen halböffentlichen Flächen für Flur, Toiletten und Teeküchen frei aufteil- und gestaltbar. In den Sockelgeschossen sind Läden sowie Dienstleistungsflächen platziert.

The towers rise from a two-storey plinth on the Sheik Zayed Road in Dubai. Their apexes shaven facing north and south, the buildings stand back to back, sharp edges outermost. The black-tinted glass bodies are layered horizontally by the thread of white balustrades which floor by floor sews the building blocks together. Where that thread changes direction, alternately positioned conservatories with strikingly transparent exteriors stretching across two floors enhance the towers' structured appearance. The backbone of each tower, hiding its utility service shaft, is covered with freely arranged geometrical figures. When illuminated, these shine into the glass-roofed central lobby below. The southern tower, crowned by a 50 metres high antenna, is earmarked for a hotel, the slightly shorter northern tower for offices and 135 apartments. Office space of 520 square metres per floor and attendant semi-public areas can be easily subdivided. Retail and service facilities are planned for the plinth.

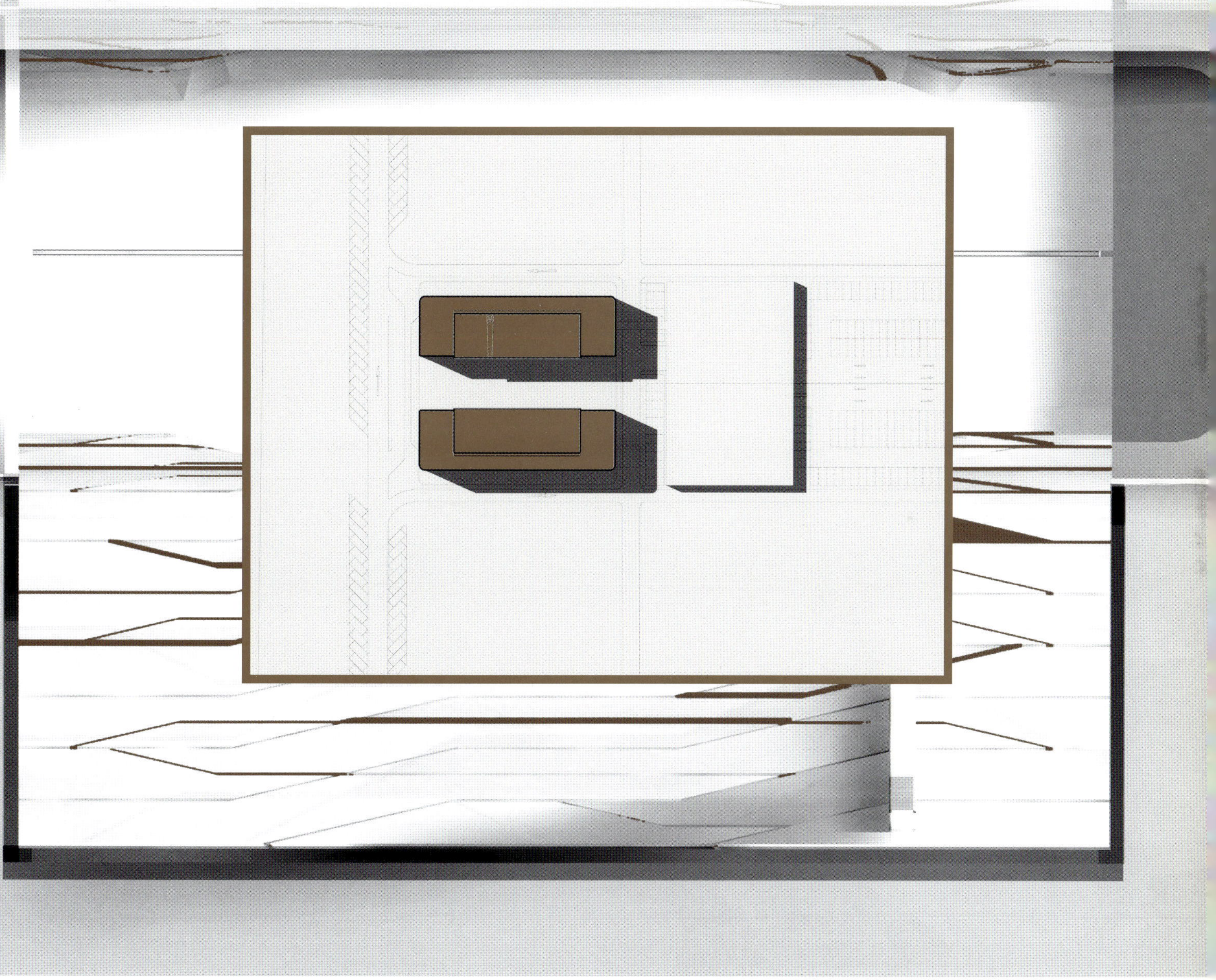

Umgebungsplan | Site plan

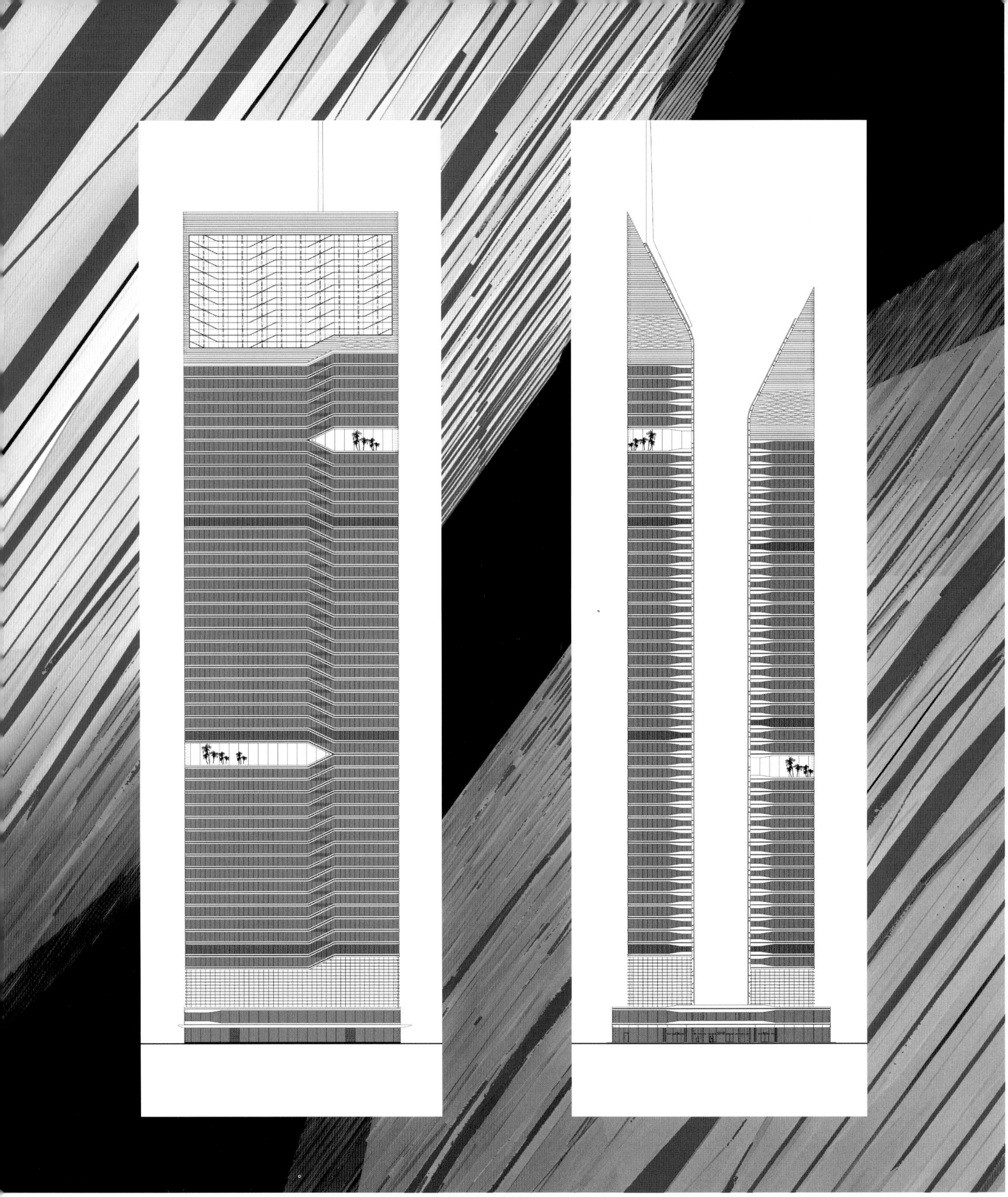

Ansichten | Elevations

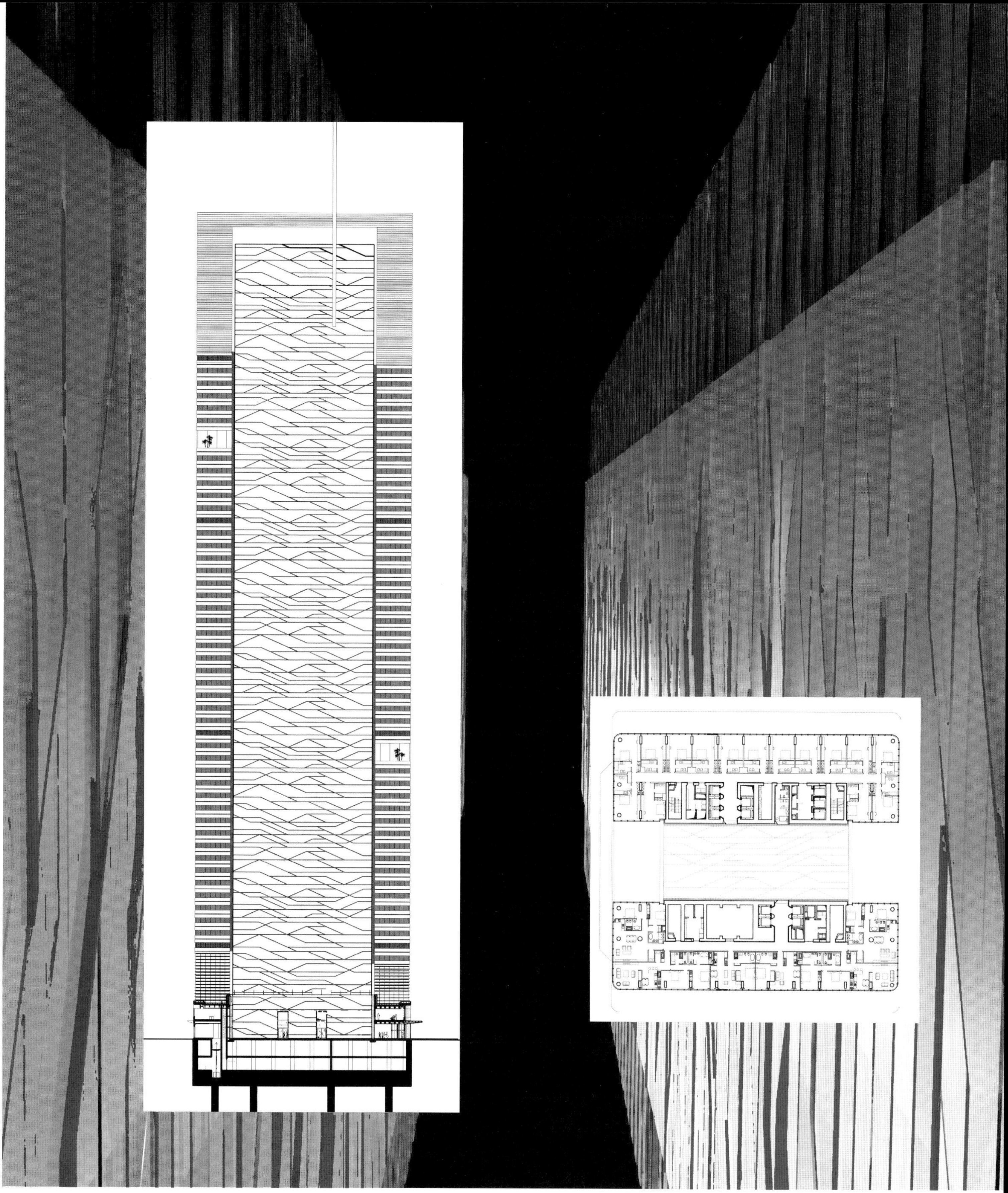

Schnitt und Grundriss | Section and floor plan

Perspektive | Perspective

البرجان التوأمان (توين تاورز)

المهندسون
بي إر تي للاستشارات الهندسية - بوته ريشتر تهراني، هامبورغ

التخطيط الفني
ديمنشيز للاستشارات الهندسية، دبي

صاحب المشروع
غسان أحمد سعود الخالد، الكويت

المساحة
حوالي ١٦٠،٦٢٦ متر مربع مساحة إجمالية لأرض المشروع

موعد الانجاز
٢٠٠٧

تقع أرض بناء البرجين التوأمين على شارع الشيخ زايد، أي على الشارع الرئيسي الذي يصل ما بين دبي وأبو ظبي. سوف يرتفع البرجان على الطرف الأيمن للقادم من عند فندق هيلتون خور دبي، مباشرة بالقرب من الشيراتون وفندق كراون بلازا في موضع يقابل بشكل منحرف فندق أبراج الإمارات، فوق منصة تتألف من ثلاثة طوابق. يتقابل البرجان بأطرافهما الحادة ظهرًا إلى ظهر ويتجه رأساهما المائلان نحو الشمال والجنوب. تم تقسيم الأسطح الزجاجية المائلة إلى السواد بشكل أفقي يظهر في قطاعات الدرابزين البيضاء مثل وصلات تربط أجزاء الواجهات الموزعة فوق بعضها بشكل يميز طوابق البرجين. تمتد مساحات خصصت للحدائق الشتوية على طابقين حيث تنفرج من عند نقاط التقاء هذه الوصلات التي تمتد بشكل متعاكس؛ وبالإضافة إلى ذلك تُقسّم هذه الحدائق الشتوية الارتفاع الكلي للبرجين من خلال تغليفها الزجاجي الشفاف. تغطي أشكال هندسية مقسمة تقسيمًا حرًا العمود الفقري الموجود في واجهتي البرجين الداخليتين اللتين تقوم خلفهما المراكز التي تصل الطوابق ببعضها في المسقط الأفقي. زُيّنت هذه الأشكال بأضواء متغيرة، يصل ضوؤها حتى البهو المسقوف بسقف زجاجي. يتكوّن البرج الجنوبي من ثمانية وخمسين طابقًا ويعلوه هوائي ارتفاعه خمسين مترًا؛ تم تصميم هذا البرج بناءً على نظام غرف تم إعداده من قبل شركة Acico من أجل فندق بخمس نجوم. أما البرج الشمالي الذي يقل ارتفاعه عن البرج الجنوبي بثلاثة طوابق فقد تم تخصيصه للمكاتب والشقق السكنية. تنقسم الشقق السكنية البالغ عددها ١٣٥ شقة ما بين شقق بغرفة نوم واحدة إلى شقق بثلاث غرف نوم تتراوح مساحاتها ما بين ٦٥ مترًا مربعًا و١٣٥ مترًا مربعًا. أما المساحات المكتبية التي تبلغ حوالي ٥٢٠ مترًا مربعًا لكل طابق فمن الممكن تقسيمها وتشكيلها حسب الرغبة، مثل المساحات الإضافية المشتركة المخصصة للممرات والمراحيض والمطابخ والمرافق الأخرى. صممت طوابق المنصة لتضم متاجر ومساحات للمحلات الخدمية.

Dubai Business Park

Architekten
Henn Architekten, München

Fachplanung
Werner Sobek Ingenieure, Stuttgart
HL-PP Consult, München
Atelier Dreiseitl, Überlingen

Bauherr
Dubai Properties

Fläche
etwa 88.000 m² BGF

Fertigstellung
voraussichtlich 2008

Während die meisten Geschäftsviertel Dubais vom Bau repräsentativer Bürohochhäuser geprägt sind, soll entlang des künstlich verlängerten Meeresarms Creek Dubai ein für diese Region eher untypisches Planungskonzept verwirklicht werden: eine urbane, verdichtete und multifunktionale Bebauung mit Bürogebäuden, Ladenpassagen, Hotels und Wohnquartieren. Diese Bebauung soll durch den räumlichen Bezug zur angrenzenden Meeresbucht sowie von durchgehenden Achsen und Blickbeziehungen geprägt werden. Zentrum des *Dubai Business Parks* ist ein spitz zulaufenden Dreieck. Auf diesem Grundstück werden drei Bürokomplexe durch eine gemeinsame Fußgängerzone, die zugleich die zentrale Sichtachse zum Meer aufnimmt, miteinander verbunden. Die geplante Bebauung des mittleren Komplexes besteht aus insgesamt vier Büro- und Geschäftsgebäuden. Diese definieren zum Straßenraum jeweils eine klare städtebauliche Kante. Im Inneren der Parzelle führen unterschiedlich dimensionierte Einzelbaukörper und leicht aus der Achse weichende Baufluchten zu einer urbanen Komplexität. Zwischen den siebengeschossigen Gebäuden befinden sich vier offene, von schattigen Arkadengängen flankierte Fußgängerpassagen sowie eine platzartige Freifläche. Dadurch entstehen sowohl stadträumliche Maßstäblichkeit als auch ein angenehmes Mikroklima. Die hohen Außentemperaturen werden zudem durch Wasserflächen und durch in Höhe der Dächer angebrachte Schattensegel gemildert. Über die Fußgängerpassagen erfolgt die Anbindung der vier Gebäude an das übergeordnete Wegesystem des *Dubai Business Parks*. Zusammen mit einer Vielzahl von straßenseitigen Zugängen zu den klimatisierten Innenhöfen wird eine hohe Durchlässigkeit innerhalb der Parzelle erreicht sowie die Voraussetzung zur intensiven Vernetzung mit den Nachbargrundstücken geschaffen.

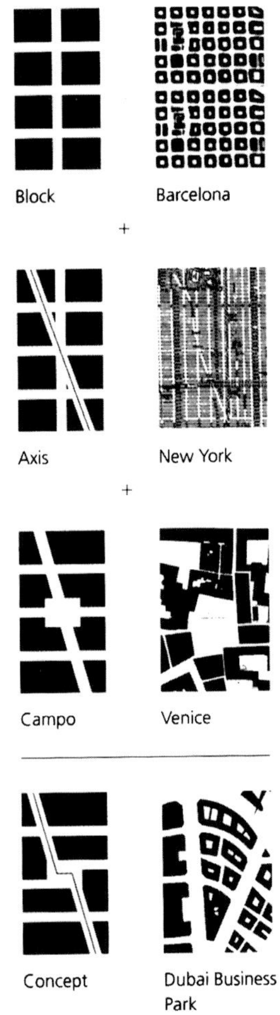

Whilst most of Dubai's commercial neighbourhoods are characterised by high-rise office buildings, a somewhat untypical dense urban development of office, retail, hotel and residential buildings, shaped by its proximity to the sea and uninterrupted lines of sight, is due to be constructed along the inlet of Creek Dubai. A pedestrian area connects three office complexes on a central triangular site. The middle complex consists of four commercial buildings which clearly define the street-edge. Within that bounded space a range of individual buildings set at slightly varying angles increases the urban complexity. Four pedestrian walkways flanked by shady colonnades and an open space fill the area between the buildings, generating both urbanity and a pleasant microclimate. Water features and shade-giving roof-level sails assist further in counteracting the heat. Neighbouring plots are easily accessible via pedestrian walkways linked into the Business Park route network.

Masterplan | Master plan

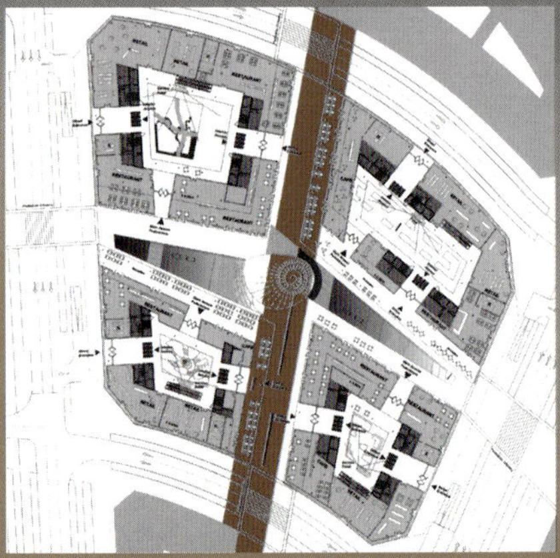

Perspektive Hofaufsicht, Grundriss | Perspective courtyard, floor plan

Eingangsbereich | Entrance area

Zentraler Platz | Central plaza

دبي بزنس بارك

المهندسون
هنّ للاستشارات الهندسية، ميونخ

التخطيط الفني
ڤرنر سوبيك للاستشارات الهندسية، شتوتغارت
إتش إل التقنية للاستشارات، ميونخ
أستوديو درايزايتل، أوبرلينغن

صاحب المشروع
دبي للعقارات

المساحة
حوالي ٨٨ ألف متر مربع مساحة إجمالية لأرض المشروع

موعد الانجاز
يفترض في ٢٠٠٨

يغلب على معظم الأحياء التجارية في دبي طابع معماري يتألف من أبراج مكتبية فخمة. تقرر ضمن هذا السياق تنفيذ تصميم مخطط معماري غير مألوف في هذه المنطقة، يمتد على طول خور دبي الذي تم توسيعه في امتداد اصطناعي: بناء مباني قريبة من بعضها ومتعددة الوظائف مع بنايات مخصصة للمكاتب والمحلات التجارية والفنادق والأحياء السكنية. يفترض أن يتم بناء هذه المباني بطابع معماري يعتمد على شكل خور دبي البحري المجاور وكذلك على محاور بصرية مباشرة واتصالات بصرية. يكوّن مركز دبي بزنس بارك مثلثًا يمتد بشكل مدبب. سوف يتم على أرض هذا المثلث بناء ثلاث مجموعات من المباني المكتبية تصل ما بينها طريق مشتركة للمشاة، يلتقط الناظر من عليها في نفس الوقت المحور البصري باتجاه البحر. تتألف مجموعات المباني المركزية المخطط بناؤها من أربع بنايات سكنية ومكتبية. تتميز كل بناية من هذه البنايات عن الشارع من خلال حوافها المعمارية الواضحة. تؤدي في داخل أرض المباني ممرات معمارية مختلفة الأبعاد وخطوط بناء منحرفة قليلاً عن المحور إلى مجموعة مباني. توجد بين البنايات المؤلفة من سبعة طوابق أربعة ممرات للمشاة مفتوحة تتاخمها أروقة يغطها الظل بالإضافة إلى مساحة مكشوفة تشبه الساحة. يؤدي هذا التشكيل في نفس الوقت إلى تكوين مقياس معماري كامل ومناخ محلي لطيف. يتم تطليف حرارة الجو الخارجية الحارة من خلال مساحات مائية ومن خلال مظلات شراعية مثبتة في أعلى الأسقف. ترتبط البنايات الأربعة من خلال ممرات المشاة مع منظومة طرق دبي بزنس بارك الرئيسية. يتم تحقيق نفاذية عالية إلى داخل أرض المباني من خلال المداخل الكثيرة جدًا المشرفة على الشوارع المؤدية إلى الأفنية، إلى جانب توفير شروط الربط الواسع مع المساحات المجاورة.

Park View Hotel

Architekten
Jo. Franzke Architekten,
Frankfurt am Main

Fachplanung
B+G Ingenieure Bollinger und Grohmann,
Frankfurt am Main
enco Ingenieurgesellschaft, Kassel

Bauherr
Khamas Group of Companies, Dubai

Fläche
18.767 m² BGF

Fertigstellung
2008

Visualisierung
studioA,
Frankfurt am Main

Der Blick aus der zweiten Reihe ist nicht immer der beste, wird er doch meist getrübt durch diejenigen, die sich zuvor in der ersten platzierten. Ein ähnliches Problem ergab sich auf einem Baugrundstück an der Küstenstraße *Al Mina Road* in Dubai. Das zu bebauende Areal ist zwar groß und soll später in einen Park umgewandelt werden, bietet jedoch keinen Blick auf das nahe gelegene Meer, da die Sicht auf das Wasser durch ein altes Hotel versperrt wird. Um dem Neubau einen Meerblick zu geben, ohne dabei den Altbau abzureißen, bietet der Entwurf eine besondere Lösung: Der Neubau erhebt sich und kragt mit den zuoberst gelegenen Zimmern über den Altbau hinaus. Damit steht das neue Hotel zwar in zweiter Reihe, bekommt aber neben seiner Situierung am Park zusätzlich noch den Bezug zum Wasser. Aus dieser Dialektik entwickelt sich zugleich die ungewöhnliche Gestalt des Gebäudes. Unterstrichen wird die individuelle Ästhetik des Hotels durch die gläserne Fassade. Diese zitiert in ihrer Bedruckung islamische Architekturmotive und wird mit einem mehrschichtigen Aufbau zur Minimierung der Sonneneinstrahlung den schwierigen klimatischen Bedingungen auf der Arabischen Halbinsel gerecht. Der zwölfgeschossige Hoteltrakt bietet 220 komfortable Zimmer mit Flächen zwischen 34 und 61 Quadratmeter an. Die größten Suiten sind in einem gläsernen Würfel untergebracht, der den Mittelpunkt des Hotelkomplexes bildet. Dieser ist zugleich das Auflager für den auskragenden Obergeschosstrakt, der neben einer *Sky Lobby* auch das große *Seaview Restaurant* beherbergt. Der luxuriöse Innenausbau soll dem auffallenden Äußeren des Hauses entsprechen: stuckierte Wände, die sich in marmornen Fußböden spiegeln.

The view from the second row is often obscured by those standing in the first row. A similar problem arose on a plot earmarked for a hotel and park development in Dubai where an old hotel blocks the sea view. The solution adopted, which allows for a sea view without destroying the old hotel, is a building whose uppermost rooms are set in a cantilevered section poised above the existing one. The hotel has thus a link both to the park and to the sea despite its second row location. A multi-layered glass façade printed with Islamic architectural motifs underlines its particular aesthetic form. The twelve-storey hotel section has 220 comfortable rooms sized between 34 and 61 square metres. The largest suites are located in a glass cube central section which also forms the base for the cantilevered upper section housing the Sky Lobby and the large Seaview Restaurant. Luxurious interior fittings, stucco-clad walls reflected in marble flooring, are a suitable counterpart to the striking exterior.

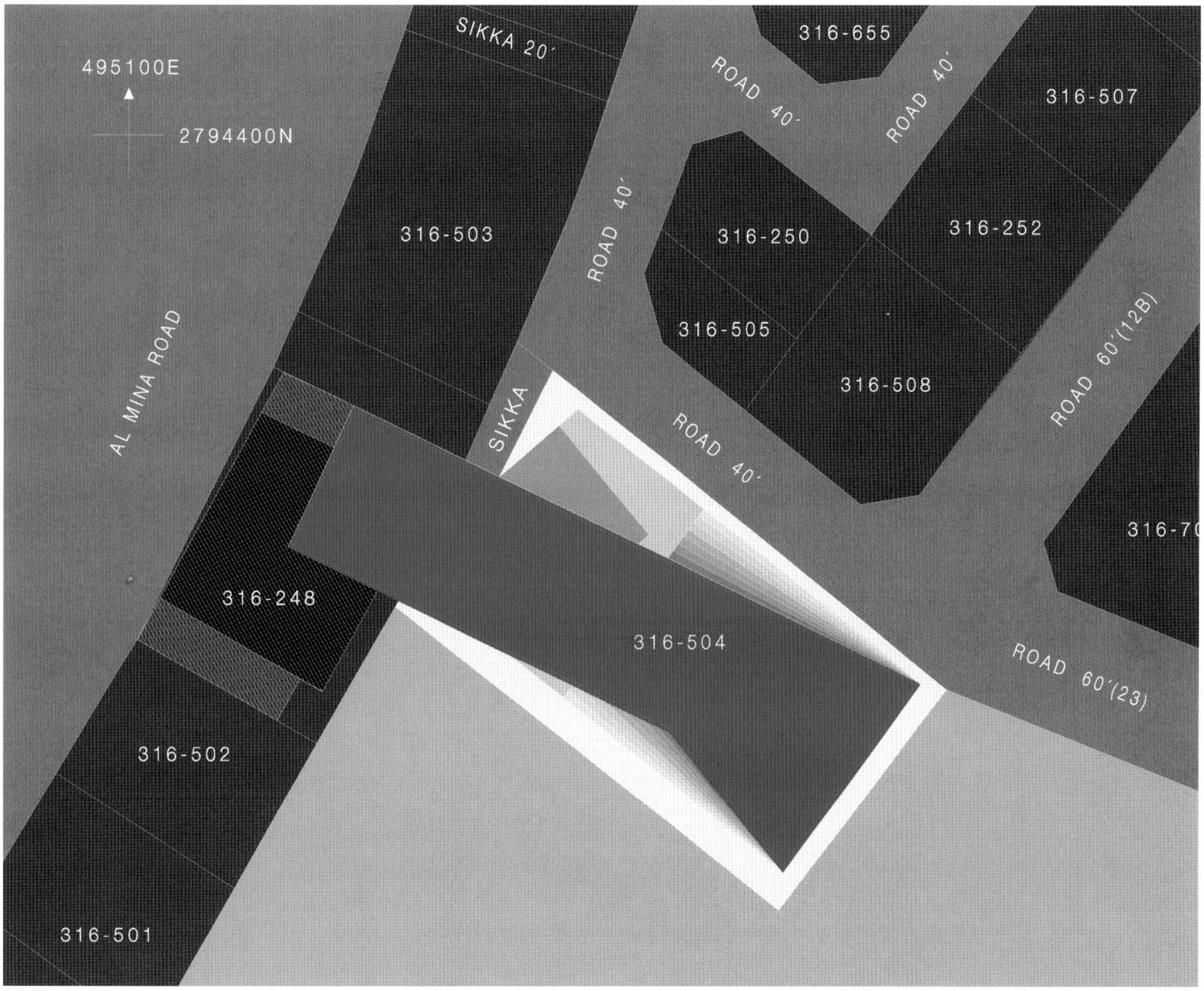

Umgebungsplan | Site plan

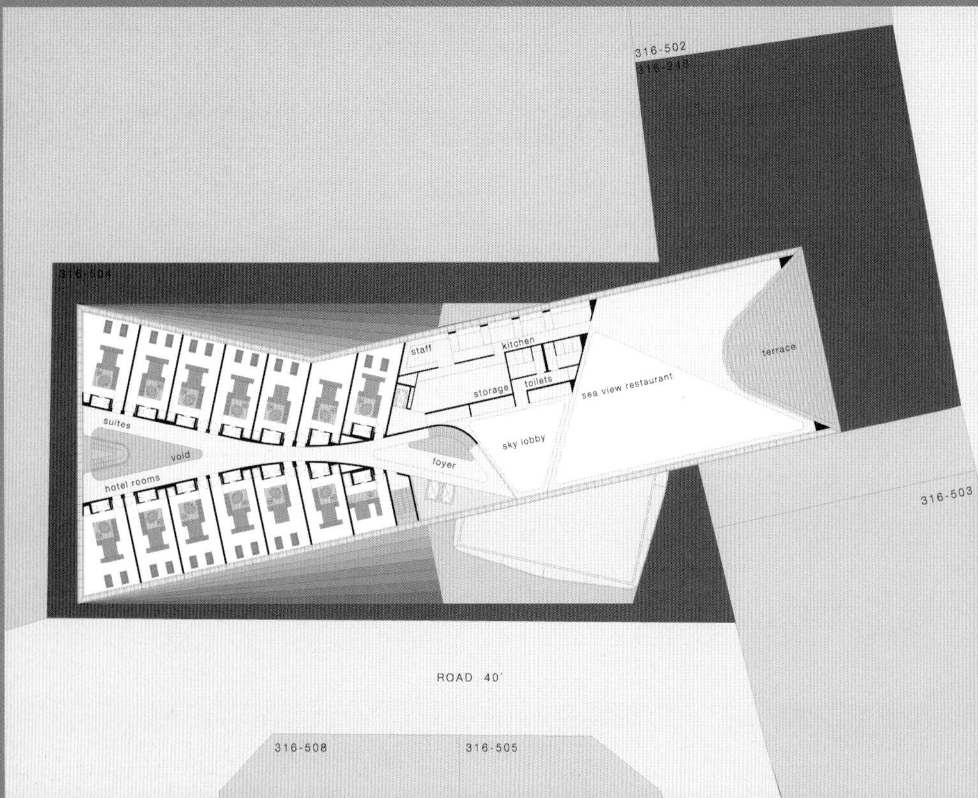

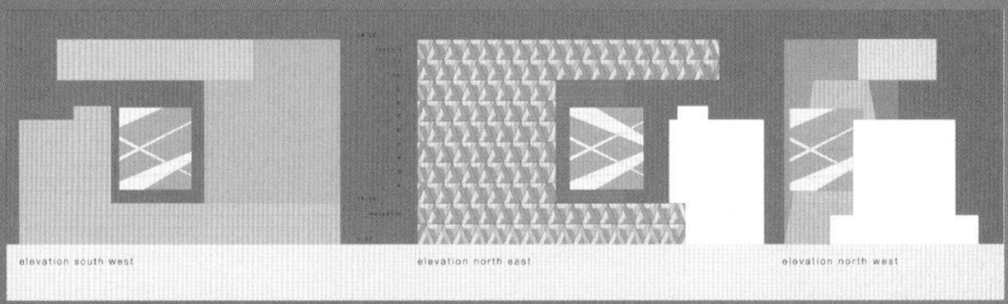

Grundriss und Schnitt | Floor plan and section

Ansicht von der Uferstraße | View from the quayside

Nachtansicht | Night view

فندق بارك فيو

المهندسون
يو. فرانسكه للاستشارات الهندسية، فرانكفورت

التخطيط الفني
بي+جي الهندسية بولّينغر + جرومانّ، فراكفورت
مؤسسة إيكون الهندسية، كاسل

صاحب المشروع
مجموعة خماس، دبي

المساحة
حوالي ١٨,٧٦٧ متر مربع مساحة إجمالية لأرض المشروع

موعد الانجاز
٢٠٠٨

تنفيذ الرسومات والمخططات
أستوديو إي

لا يعتبر المنظر من الصف الثاني دائمًا هو الأفضل، إذ أن الذين يجلسون في الصف الأول غالبًا ما يعكّرونه. كان هناك مشكلة مشابهة تمثلت في أرض مشروع تقع على شارع الميناء في دبي. صحيح أن مساحة أرض المشروع كبيرة ويفترض تحويلها في المستقبل إلى متنزّه، بيد أنها لا تتيح مشاهدة منظر البحر المجاور، وذلك بسبب وجود فندق قديم يحجب رؤية البحر. أوجد تصميم هذا المشروع حلاً خاصًا من نوعه لهذه المشكلة من دون اللجوء إلى هدم المبنى القديم: حيث يرتفع المبنى الجديد ممتدًا بغرفه العلوية فوق المبنى القديم. ومع أن المبنى الجديد يظل موجودًا في الصف الثاني، إلا أنه يكتسب بالإضافة إلى موقعه في المتنزّه إطلاطة على البحر. يتكوّن شكل هذا المبنى غير المألوف من هذه التركيبة التقنية. يتم إبراز اللمسات الجمالية الخاصة بفندق بارك فيو من خلال واجهة زجاجية. تم تركيب هذه الواجهة الزجاجية من عدة طبقات تعمل على تقليل أشعة الشمس بما يتناسب مع الظروف الجوية السائدة في شبه الجزيرة العربية، وقد تم نقل عناصر من العمارة الإسلامية إلى نقوش الواجهة. توجد في هذا الفندق المكوّن من ١٢ طابقًا ٢٢٢ غرفة مريحة تتراوح مساحاتها ما بين ٣٤ و٦١ مترًا مربعًا. تم إلحاق الأجنحة والشقق الفندقية الكبيرة في مكعّب زجاجي. يشكّل مركز مجموعة مباني فندق بارك فيو. يعتبر هذا المكعّب في نفس الوقت الموضع الذي يستند عليه جزء المبنى العلوي الذي يمتد فوق الفندق القديم ويضم مطعمًا واسعًا يشرف على البحر بالإضافة إلى البهو السماوي (السكاي لوبي). يتناسب التصميم الفاخر داخل الفندق مع منظره الخارجي المثير للانتباه: جدران مزخرفة تنعكس على أرضيات مبلطة بالمرمر.

Swiss Tower

Architekten
J.S.K. SIAT International Architekten und Ingenieure GmbH, Berlin/ Frankfurt am Main

Fachplanung
Eisenloffel Sattler + Partner, Berlin
GTD Gebäude-Technik Dresden, Berlin

Bauherr
Dubai Projects LCC

Fläche
46.300 m² BGF

Fertigstellung
voraussichtlich 2008

Visualisierung
SCOOP, Berlin

Modellfoto
Stefan Klonk, Berlin

Die Schweiz, komprimiert in einem gläsernen Turm! Umgesetzt wird diese Idee des baulichen Nationenbrandings aber nicht etwa in Zürich, sondern zwischen den 78 Türmen der *Jumeirah Lakes Towers* in Dubai. Der Entwurf des 40-geschossigen Büroturms macht es sich zur Aufgabe, neben der Umsetzung funktionaler Grundrisse und wirtschaftlich sowie energetisch optimierter Strukturen, die Schweiz zu thematisieren. Zur architektonischen Ausführung werden auf die zweischalige Fassade Bilder von Schweizer Landschaften gedruckt: Von saftigen Wiesen geht die Fassadengestaltung in eine Almlandschaft über und endet im mächtigen Massiv des Matterhorns unter blauem Himmel. Im Inneren des Gebäudes entstehen zwischen dem 22. und dem 36. Geschoss Wintergärten – aufgrund der Rautenform des einbeschriebenen Erschließungskerns im rechteckigen Gebäudegrundriss. Diese tragen zu einem angenehmen Gebäudeklima bei und sollen zudem mit einer regionalen Bepflanzung aus europäischen Baumarten die typische Schweizer Landschaft real erfahrbar machen. An der prismatischen Turmspitze stehen zwei Ebenen mit Luxusappartements und einer Poollandschaft zur Verfügung. Von hier aus wird sich ein fantastischer Ausblick auf die Stadt bieten. Entsprechend seiner thematischen Umsetzung soll der *Swiss Tower* später insbesondere Schweizer Unternehmen als Firmenstandort in Dubai dienen.

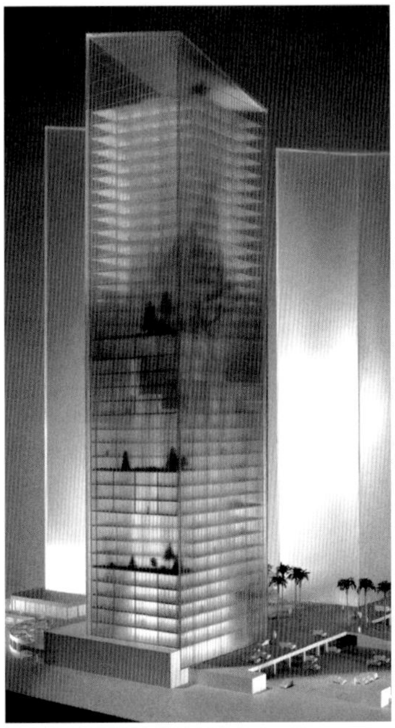

Imagine shrinking Switzerland to the size of a glass tower. Yet the project location is not Zurich, but Jumeirah Lake Towers development in Dubai. The design of the 40-storey office building aims not only to realise functional, commercial and energy-saving goals but also to capture Switzerland in architectural form. Images of Swiss landscapes, lush lowland pastures, upland alpine views through to the towering peak of the Matterhorn itself grace the dual-layered façade. Inward-facing conservatories located between the 22nd and 36th floors planted with European tree species assist in creating a pleasant microclimate and aim to ensure an authentic Swiss experience. The prismatic apex houses two floors of luxury apartments and a pool zone enjoying fantastic views over the city. As its thematic approach might suggest, the Swiss Tower's aim is to become the natural home for Swiss companies in Dubai.

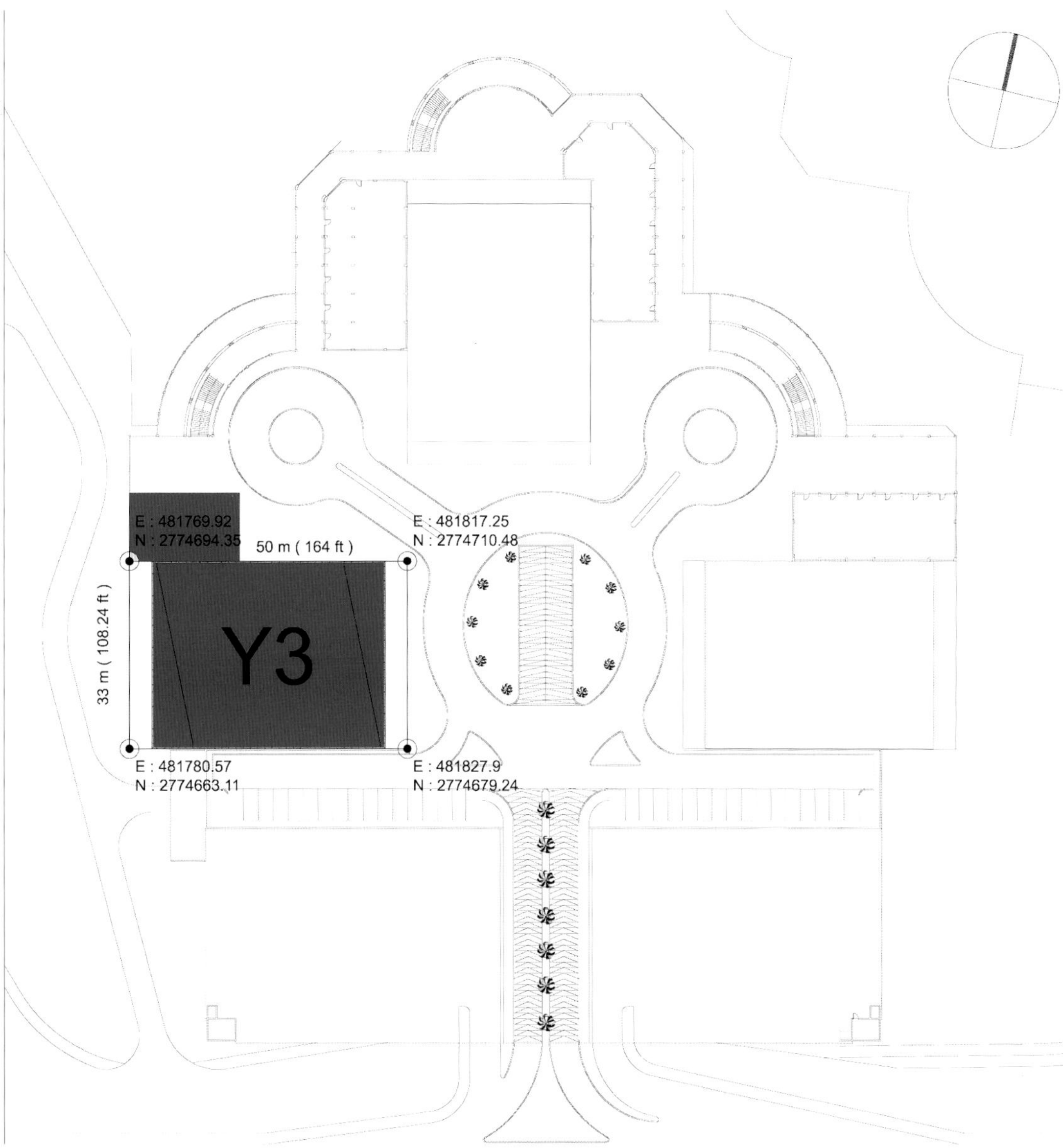

Umgebungsplan | Site plan

Ansicht Eingangsbereich | Entrance area

Eingangshalle | Lobby

Nachtansicht | Night view

برج سويسرا

المهندسون
يوت إس كا - سيات
الدولية معماريون
ومهندسون، برلين

التخطيط الفني
أيزنلوفلّ زاتلّر وشركاؤه،
برلين
جي تي دي لتقنيات
المباني، درسدن وبرلين

صاحب المشروع
مجموعة مشاريع دبي

المساحة
حوالي ٤٦،٣٠٠ متر مربع
مساحة إجمالية لأرض
المشروع

موعد الانجاز
يفترض في ٢٠٠٨

تنفيذ الرسومات والمخططات
سكوب، برلين

سويسرا مجمّعة في برج زجاجي! لن يتم تنفيذ هذه الفكرة المعمارية على سبيل المثال في زوريخ، بل في مشروع برج يقع بين أبراج بحيرة الجميرة البالغ عددها ٧٨ برجًا في دبي. تتجلى مهمة التصميم المعماري لهذا البرج بطوابقه الأربعين في معالجة موضوع سويسرا بالإضافة إلى وضع مخططات وظيفية وبنًى تم تصميمها بأحسن ما يكون على مستويي الاقتصاد والطاقة موضع التنفيذ. طُبعت على الواجهة ذات التغليف المزدوج صور من الطبيعة السويسرية وذلك من أجل تنفيذ فكرة التصميم المعماري: تبدأ الواجهة بالارتفاع من المروج الخضراء إلى المراعي الجبلية وتنتهي في قمة ماترهورن تحت سماء زرقاء. توجد في داخل المبرج بين الطابق الـ٢٢ والطابق الـ٣٦ حدائق شتوية، صمّم مكان هذه الحدائق بناءً على تسلسل المناظر الطبيعية المذكورة آنفًا. تساهم هذه الحدائق في تلطيف مناخ البرج كما يفترض أن تعمل على التعريف بالطبيعة الخاصة بسويسرا من خلال نباتات محلية وأنواع أشجار أوروبية. يتوفّر في قمة البرج المنشورية طابقان تم تخصيصهما للشقق السكنية الفاخرة وللمسابح. سوف يكون منظر المدينة من هنا رائعًا جدًا. من المفترض أن يستخدم برج سويسرا في المستقبل كمقرٍّ في دبي للشركات السويسرية بشكل خاص، بما يتناسب مع هذا الموضوع الذي يعالج طبيعة جبال الألب الأوروبية.

DAFZA Headquarter Building

Architekten
Kieferle & Partner Freie Architekten und Innenarchitekten BDA, Stuttgart
Al Hashemi Architects and Planners, Dubai

Bauherr
Dubai Airport Freezone Authority Government of Dubai

Fläche
etwa 17.000 m² BGF

Fertigstellung
Ende 2007

Rendering
gk4 Medienwerkstatt, Ludwigsburg

Eine der ersten und bedeutendsten Freihandelszonen im aufstrebenden Markt von Dubai ist die *Dubai Airport Freezone* am Internationalen Flughafen Dubai. Von der *Dubai Airport Free Zone Authority* (DAFZA) werden unter anderem hochwertige Büroflächen angeboten, um international agierende Firmen anzusiedeln. Aufgrund eines erhöhten Platzbedarfs wurde die bestehende Fläche der DAFZA um über 100.000 Quadratmeter erweitert und führte im Jahr 2004 zu dem Entschluss der Behörde, ein eigenes Hauptquartier zu errichten. In einem zu diesem Zweck geladenen Wettbewerb ging das Büro Kieferle & Partner in Kooperation mit Al Hashemi Architects and Planners als Sieger hervor. Entwurfsbestimmend waren die Nähe und der enge Bezug zum Flughafen, die klimatischen Bedingungen der Region sowie die Einbindung in ein städtebauliches Ensemble, das durch das DAFZA Headquarter einen Abschluss findet. Auffallend an dem Neubau ist vor allem sein schwebendes, weit auskragendes Dach, das sich in seiner Formensprache an der Tragfläche eines Flugzeugs orientiert. Das Gebäudeinnere wird durch ein achtgeschossiges Atrium geprägt, um das sich L-förmig die Büros gruppieren. Diese zweite Haut schafft ruhige Arbeitsplätze und signalisiert gleichzeitig Offenheit und Transparenz. Gläserne Aufzüge führen in die einzelnen Geschosse, die durch eine großzügige, geschwungene Treppe miteinander verbunden sind. Im Atrium spenden Wasserflächen und künstliche Wasserfälle Kühlung in den heißen Sommermonaten.

One of the most important free-trade zones in Dubai is the Dubai Airport Free Zone. Its operators (DAFZA) encourage international relocation to Dubai with a range of incentives including the provision of high quality office space. Following expansion, DAFZA took the decision in 2004 that it needed its own headquarters building. The winning design, submitted by Kieferle & Partner in cooperation with Al Hashemi Architects and Planners, takes account of DAFZA's close connection to the airport and the region's climatic features, aiming to incorporate the building within the existing urban ensemble. A striking element is the wide cantilevered roof outstretched like aircraft wings. At the building's heart is an atrium extending through eight floors around which the offices are arranged in an L-shaped form. Glass elevators provide access to the individual floors, also linked by generously curved stairs. In summer, water features located within the atrium generate a cooling effect.

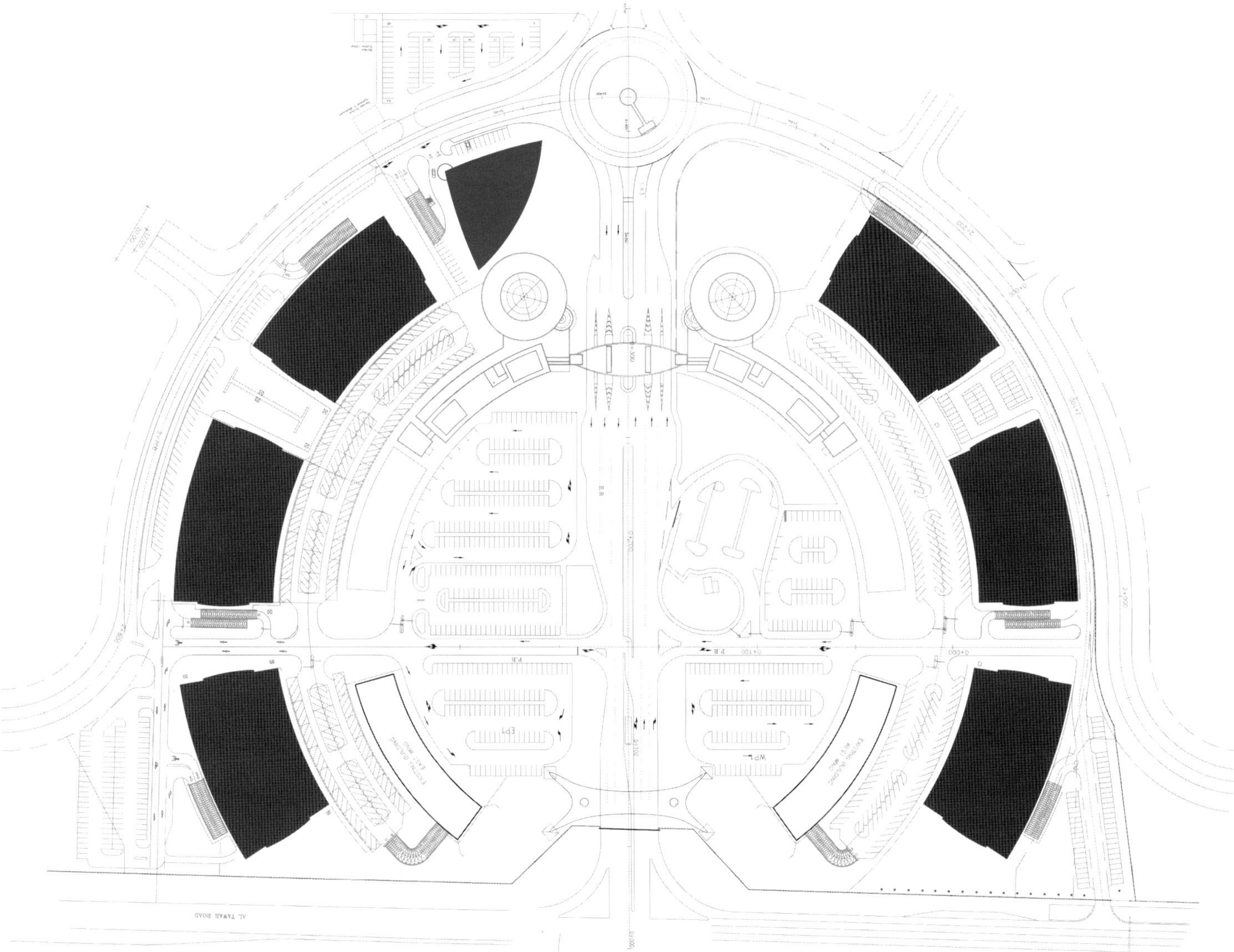

Umgebungsplan | Site plan

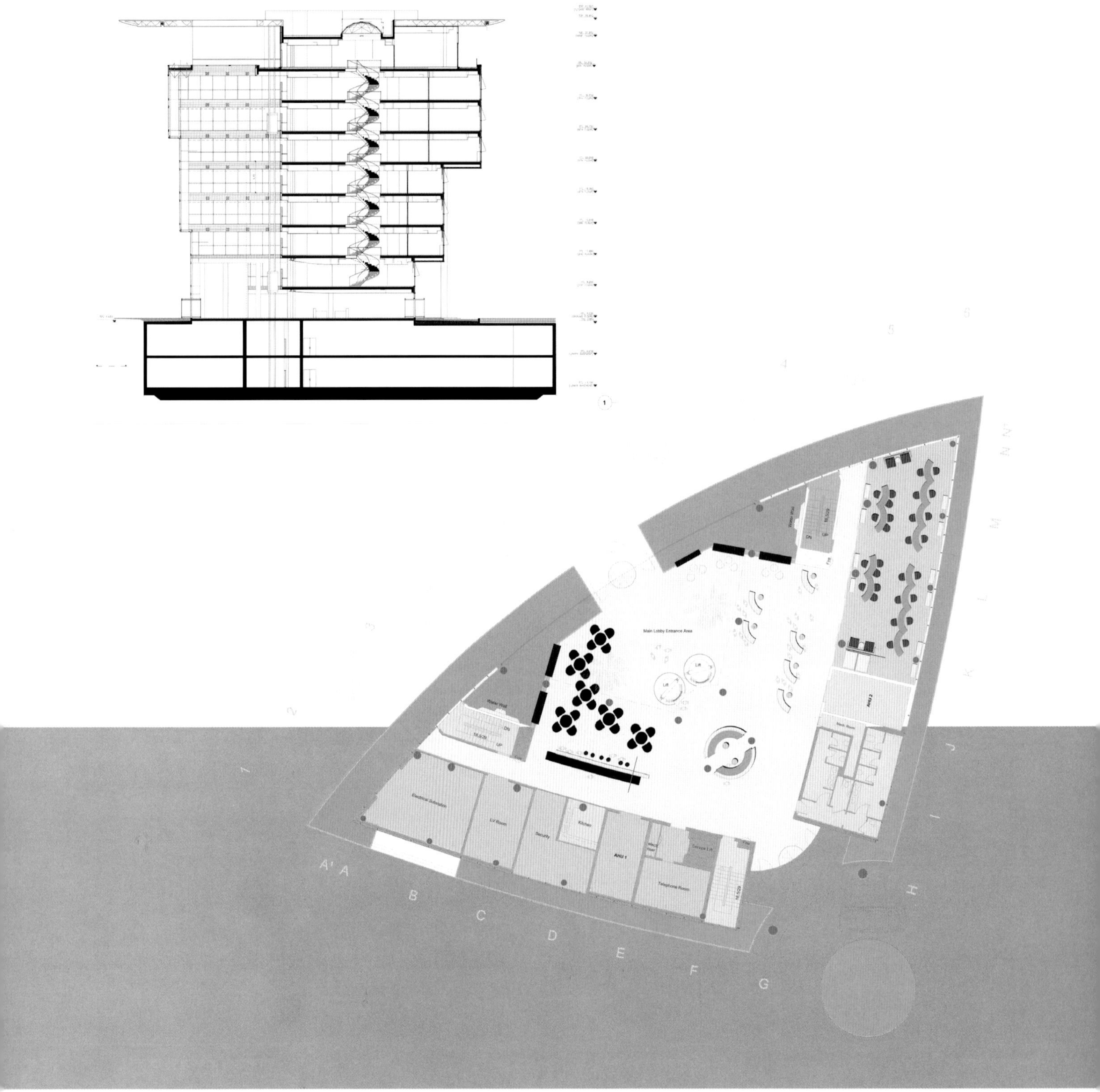

Schnitt, Grundriss Erdgeschoss | Section, ground floor plan

Perspektive; unten: Innenansichten | Perspective; below: interior views

Ansicht Eingangsbereich | Elevation entrance area

المقرّ الرئيسي لسلطة المنطقة الحرة بمطار دبي الدولي

المهندسون
كيفرله وشركاؤه
للاستشارات الهندسية
والتقنيات المعمارية،
شتوتغارت
الهاشمي للاستشارات
الهندسية والتصميم،
دبي

صاحب المشروع
سلطة المنطقة الحرة
بمطار دبي
حكومة دبي

المساحة
حوالي ١٧ ألف متر مربع
مساحة إجمالية لأرض
المشروع

موعد الانجاز
نهاية عام ٢٠٠٨

الأداءات
جي كي للورشات
الاعلامية، لودفيغسبورغ

تعتبر المنطقة الحرة بمطار دبي الدولي واحدة من أولى وأهم المناطق التجارية الحرة في سوق دبي الطموحة. تقدم سلطة المنطقة الحرة بمطار دبي عروضًا كثيرة منها المساحات المكتبية ذات القيمة العالية، من أجل توطين الشركات العالمية. تم توسيع المساحة الموجودة لدى سلطة المنطقة الحرة بمطار دبي بأكثر من عشرة آلاف متر مربع، بسبب تزايد الطلب على المساحات الموجودة، الأمر الذي حمل السلطة في العام ٢٠٠٤ على اتّخاذ قرار يقضي ببناء مقر خاص بالسلطة. فاز في المسابقة التي تم طرحها لهذا الغرض مكتب كيفرله وشركاؤه بالاشتراك مع مكتب الهاشمي للاستشارات الهندسية والتصميم. تميز هذا التصميم المعماري بقربه من المطار وبتناسبه مع الظروف المناخية السائدة في هذه المنطقة وبربطه مع مجموعة المباني، التي من المفترض إكمالها مع انتهاء مشروع مقر سلطة المنطقة الحرة بمطار دبي. إن أهم ما يلفت النظر في هذا المبنى الجديد هو سقفه المعلق والممتد بشكل واسع، والذي يعتمد في شكله التعبيري على شكل جناح طائرة. يتميز المبنى من الداخل برواق يمتد على ثمانية طوابق وتتوزع حوله مكتاب المبنى على شكل حرف «أ». يوفّر هذا التغليف الثاني أماكن وأجواء عمل هادئة ويشير في نفس الوقت إلى الانفتاح والشفافية. تؤدي مصاعد زجاجية إلى طوابق المبنى التي يصل ما بينها درج واسع وانسيابي. تعمل المساحات المائية والشلالات الاصطناعية داخل الرواق على تبريد حرارة الصيف الشديدة.

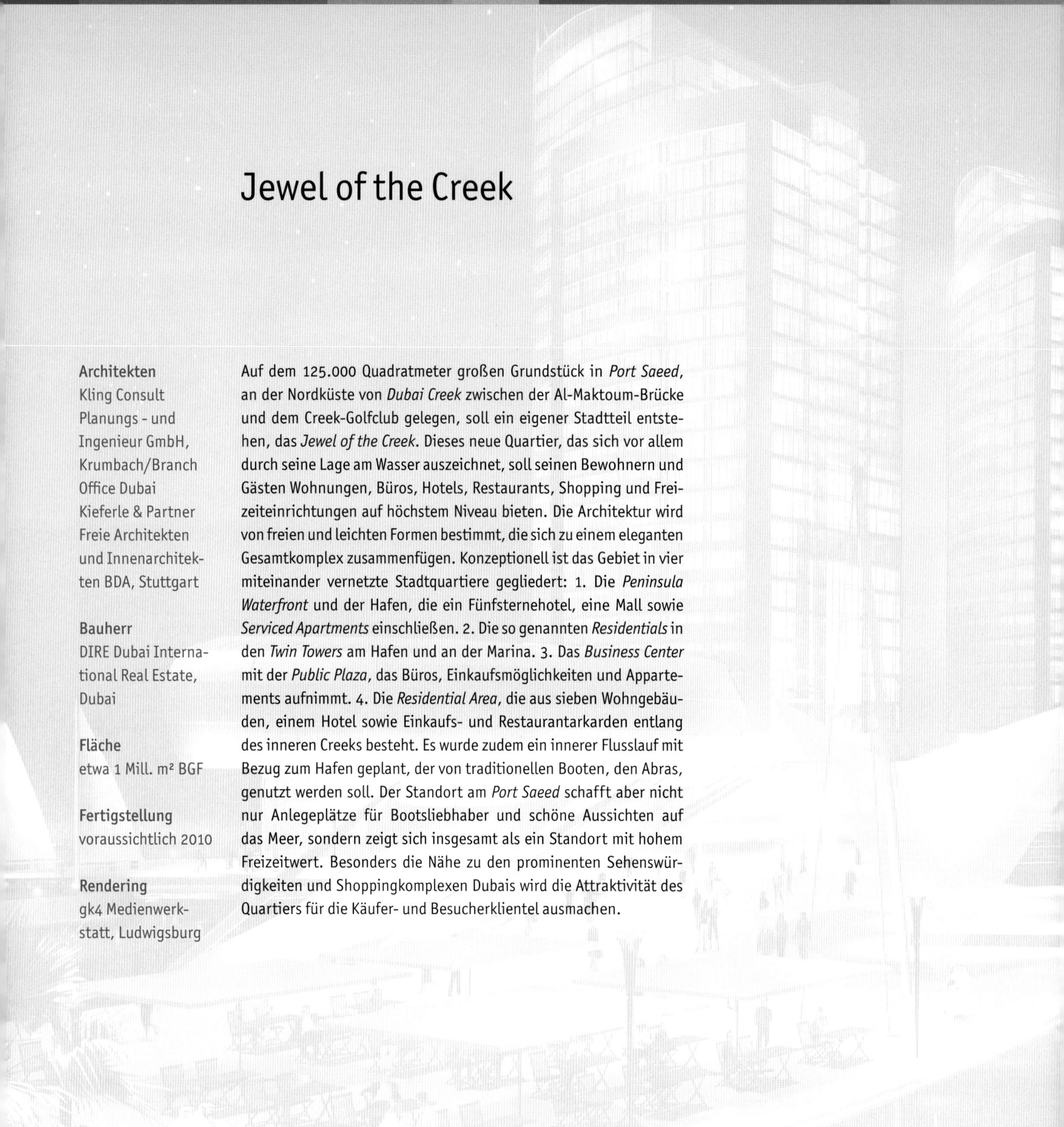

Jewel of the Creek

Architekten
Kling Consult Planungs - und Ingenieur GmbH, Krumbach/Branch Office Dubai
Kieferle & Partner Freie Architekten und Innenarchitekten BDA, Stuttgart

Bauherr
DIRE Dubai International Real Estate, Dubai

Fläche
etwa 1 Mill. m² BGF

Fertigstellung
voraussichtlich 2010

Rendering
gk4 Medienwerkstatt, Ludwigsburg

Auf dem 125.000 Quadratmeter großen Grundstück in *Port Saeed*, an der Nordküste von *Dubai Creek* zwischen der Al-Maktoum-Brücke und dem Creek-Golfclub gelegen, soll ein eigener Stadtteil entstehen, das *Jewel of the Creek*. Dieses neue Quartier, das sich vor allem durch seine Lage am Wasser auszeichnet, soll seinen Bewohnern und Gästen Wohnungen, Büros, Hotels, Restaurants, Shopping und Freizeiteinrichtungen auf höchstem Niveau bieten. Die Architektur wird von freien und leichten Formen bestimmt, die sich zu einem eleganten Gesamtkomplex zusammenfügen. Konzeptionell ist das Gebiet in vier miteinander vernetzte Stadtquartiere gegliedert: 1. Die *Peninsula Waterfront* und der Hafen, die ein Fünfsternehotel, eine Mall sowie *Serviced Apartments* einschließen. 2. Die so genannten *Residentials* in den *Twin Towers* am Hafen und an der Marina. 3. Das *Business Center* mit der *Public Plaza*, das Büros, Einkaufsmöglichkeiten und Appartements aufnimmt. 4. Die *Residential Area*, die aus sieben Wohngebäuden, einem Hotel sowie Einkaufs- und Restaurantarkarden entlang des inneren Creeks besteht. Es wurde zudem ein innerer Flusslauf mit Bezug zum Hafen geplant, der von traditionellen Booten, den Abras, genutzt werden soll. Der Standort am *Port Saeed* schafft aber nicht nur Anlegeplätze für Bootsliebhaber und schöne Aussichten auf das Meer, sondern zeigt sich insgesamt als ein Standort mit hohem Freizeitwert. Besonders die Nähe zu den prominenten Sehenswürdigkeiten und Shoppingkomplexen Dubais wird die Attraktivität des Quartiers für die Käufer- und Besucherklientel ausmachen.

The Jewel of the Creek development characterised by its waterside location in Port Saeed on the northern coast of Dubai Creek promises its residents and guests high quality living, dining, retail, leisure and commercial facilities. Spacious, airy forms are to be combined to produce an elegant ensemble. The site divides into four interconnected sub-areas: (1) Peninsula Waterfront and Harbour Area, incorporating a five-star hotel, mall and serviced apartments; (2) Residentials in the Twin Towers on the harbour and at the marina; (3) Business Centre and Public Plaza, home to offices, shops and apartments and (4) Residential Area, consisting of seven residential buildings, hotel and retail/dining arcades lining the inner creek. A river course plied by traditional water taxis (abras) is also planned. Easy access to Dubai's extensive leisure amenities coupled with new moorings for boat lovers and enchanting sea views together ensure that the development will attract shoppers and visitors alike.

Umgebungsplan | Site plan

Perspektive mit Kanal; unten: Schnitt | Perspective canal; below: section

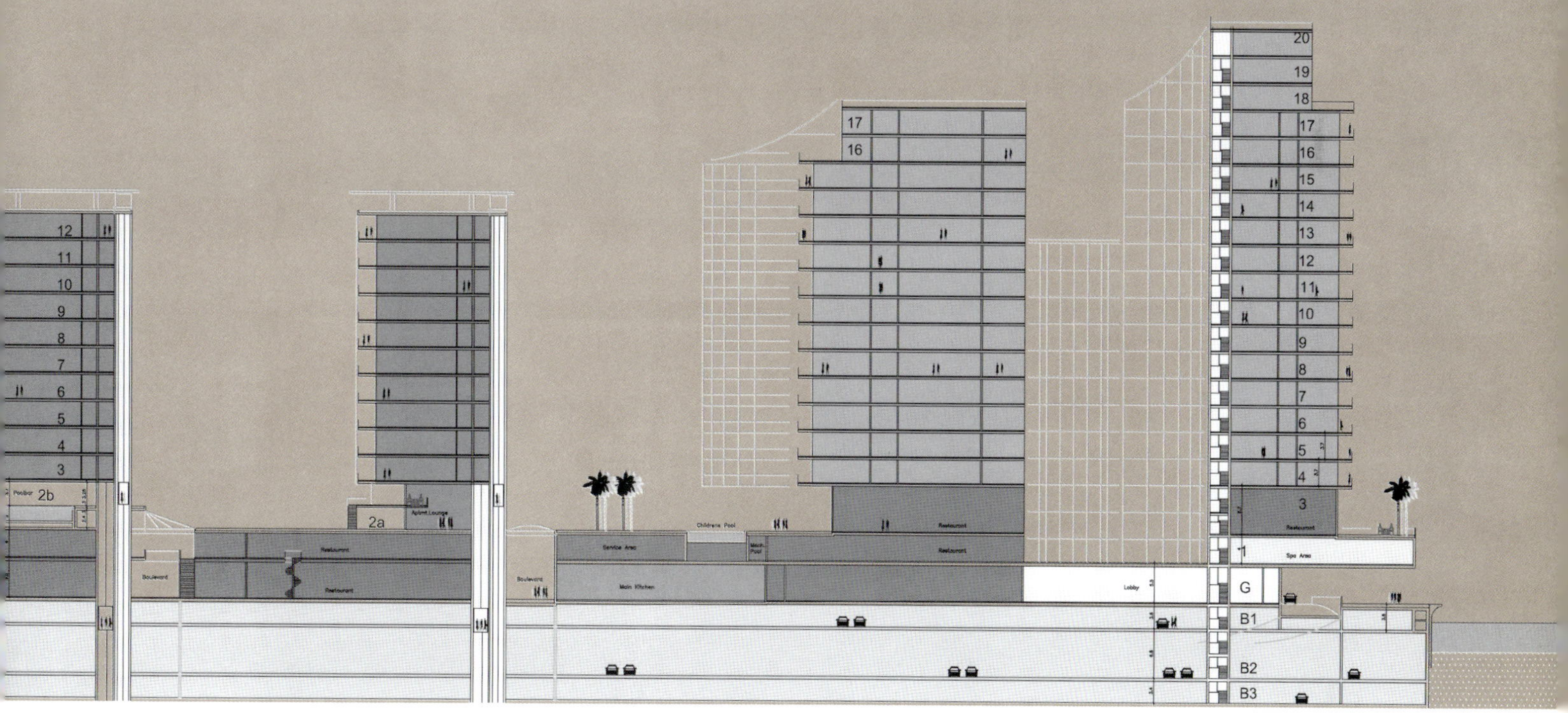

Vogelperspektive | Bird's eye view

Nachtansicht | Night view

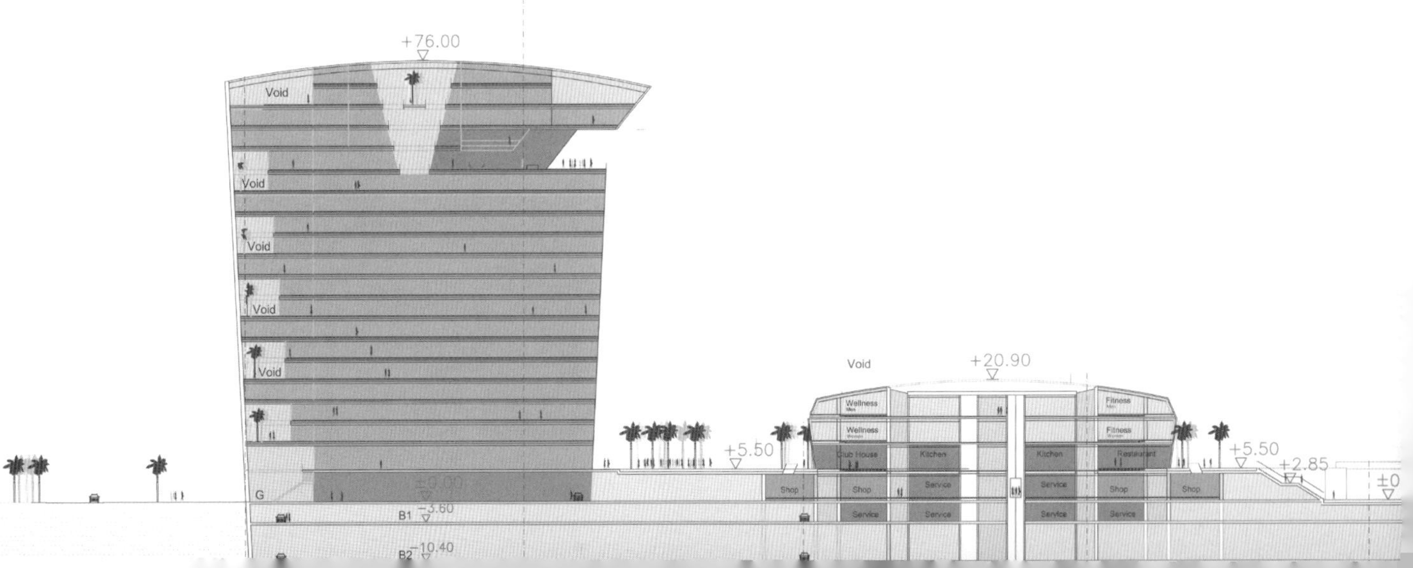

جوهرة الخليج

المهندسون
كلينغ للاستشارات
الهندسية والتخطيط،
كرومباخ
كيفرله وشركاؤه
للاستشارات الهندسية
والتقنيات المعمارية،
شتوتغارت

صاحب المشروع
الشيخ حمدان
دبي الدولية للعقارات

المساحة
حوالي مليون متر مربع
مساحة إجمالية لأرض
المشروع

موعد الانجاز
يفترض في ٢٠١٠

الأداءات
جي كي للورشات
الاعلامية، لودفيغسبورغ

من المقرر إنشاء حي في مدينة دبي يطلق عليه اسم جوهرة الخليج. في الأرض التي تبلغ مساحتها ١٢٥,٠٠٠ متر مربع وتقع في منطقة بور سعيد الواقعة على الساحل الشمالي من خور دبي ما بين جسر مكتوم ونادي الغولف. سوف يقدم هذا الحي الجديد الذي يتميز قبل كل شيء بموقعه المشرف على الماء لسكّانه وزواره شققًا سكنية ومكاتب وفنادق ومطاعم وأماكن للتسوّق ومرافق لقضاء أوقات الفراغ على أعلى مستوى. لا شك في أن عمارة المباني في هذا الحي سوف تتكوّن من أشكال وتصاميم فسيحة وبسيطة تؤلف مجموعة مباني أنيقة. ينقسم هذا الحي إلى أربع مناطق متشابكة: ١. شبه الجزيرة المطلة على الواجهة المائية والميناء، التي ستضم فندقًا بخمس نجوم وممشى مشجر وخدمات الشقق السكنية. ٢. المنطقة التي يطلق عليها اسم المنطقة السكنية في البرجين التوأمين المطلة على الميناء والمرسى. ٣. المنطقة التي تضم المركز التجاري مع الساحة العامة والمكاتب والمحلات والمتاجر والشقق السكنية. ٤. المنطقة السكنية التي تتكوّن من سبع بنايات سكنية وفندق وأروقة المتاجر والمطاعم على امتداد الخور. بالإضافة إلى ذلك تم تخطيط مجرى نهر داخلي يصل إلى الميناء، سوف تستخدمه القوارب التقليدية المعروفة باسم العَبرة. إن موقع بور سعيد لا يوفّر فقط المراسي لمحبي القوارب والمنظر الجميل المطل على البحر، بل يظهر بكامله كموقع له قيمة عالية من حيث شغل أوقات الفراغ. سوف يحدد بصورة خاصة موقعه القريب من أشهر معالم دبي الجديدة بالمشاهدة وأسواقها ومراكزها التجارية جاذبية هذا الحي بالنسبة لمجموعات المتسوقين والزوار.

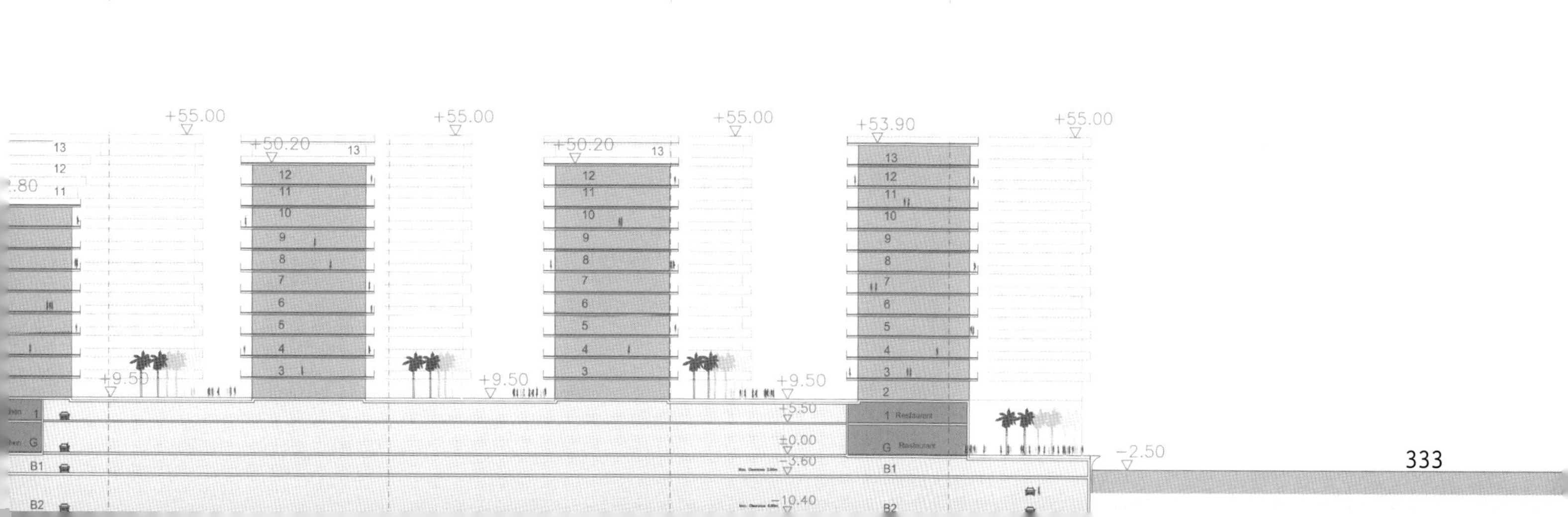

One@Business Bay

Architekten
Kling Consult Planungs- und Ingenieur GmbH, Krumbach, Branch Office Dubai

Projektentwickler
Omnyiat Properties, Dubai

Auftraggeber
Al Masa, Dubai

Fläche
79.000 m² BGF

Fertigstellung
2008

Am Eingang der *Dubai Business Bay*, gleich neben der *Sheikh Zayed Road* gelegen, entsteht auf einem der prominentesten Bauplätze ein 35-geschossiger Büroturm, *One@Business Bay* – ein schlanker gläserner Bau, der nach oben hin weit auslädt. Die nahezu futuristische Form soll nicht nur als Symbol einer hochtechnologisierten Zukunft stehen, sondern zugleich den Namen des Auftraggebers gestalterisch umsetzen: *Al Masa* ist arabisch und bedeutet »der Diamant«. Der dementsprechend auch als *Al Masa Tower* bezeichnete Turm ist in drei Untergeschosse, ein Podium von fünf Obergeschossen mit bis zu 1.000 Parkplätzen sowie 30 Bürogeschosse unterteilt. Die Grundfläche vergrößert sich kontinuierlich mit jedem Geschoss und verdoppelt sich von 774 Quadratmetern im ersten auf 1.420 Quadratmeter im 30. Oberschoss. Drei der oberen Geschosse werden zudem aus dem Gebäude herauskragen und für schwindelfreie Menschen spektakuläre Blicke auf den Vorplatz bieten. Insgesamt soll der Büroturm den Traum vieler Geschäftsleute realisieren: einen Arbeitsplatz, der zugleich eine Vielzahl von Erholungsräumen bietet und sich auch außerhalb der Bürozeit als lebendiger Ort gestaltet. So gibt es unter anderem einen Wellness- und Fitnessbereich sowie eine großzügige Terrassenlandschaft mit der Möglichkeit, draußen zu essen und spazieren oder einkaufen zu gehen. Kinder werden in einem eigenen Kindergarten versorgt, Gäste können in ein Bistro oder in eines der Restaurants ausgeführt werden. Selbst das Auto soll in einem so genannten *Car Spa* verwöhnt werden. Die Ausstattung ist voll technologisiert und von einem intelligenten System durchzogen, der *Cybertecture*. Damit soll ermöglicht werden, dass die Menschen und das Gebäude über modernste Technologie quasi miteinander kommunizieren können.

This elegant 35-storey office building at the entrance to Dubai Business Bay, its glass form gradually widening as it reaches for the sky, not only symbolises a high-tech future but also constitutes the architectural embodiment of the client's name, Al Masa (Arabic for diamond). The tower is divided into three underground floors, a five-storey podium with space for 1,000 cars, and 30 floors of office space. The floor space increases from floor to floor, doubling from 774 square metres on the first floor to 1,420 square metres on the thirtieth floor. A section of the building which extends out from three of the upper floors will offer fantastic views to the plaza below. The tower will surely satisfy the dreams of many business people. A place to work flanked by excellent leisure amenities, including gym, spa, dining and retail facilities will become reality. Even vehicles will get a pampering in the car spa. Building and users will be able to communicate with one another via the intelligent system of cybertecture.

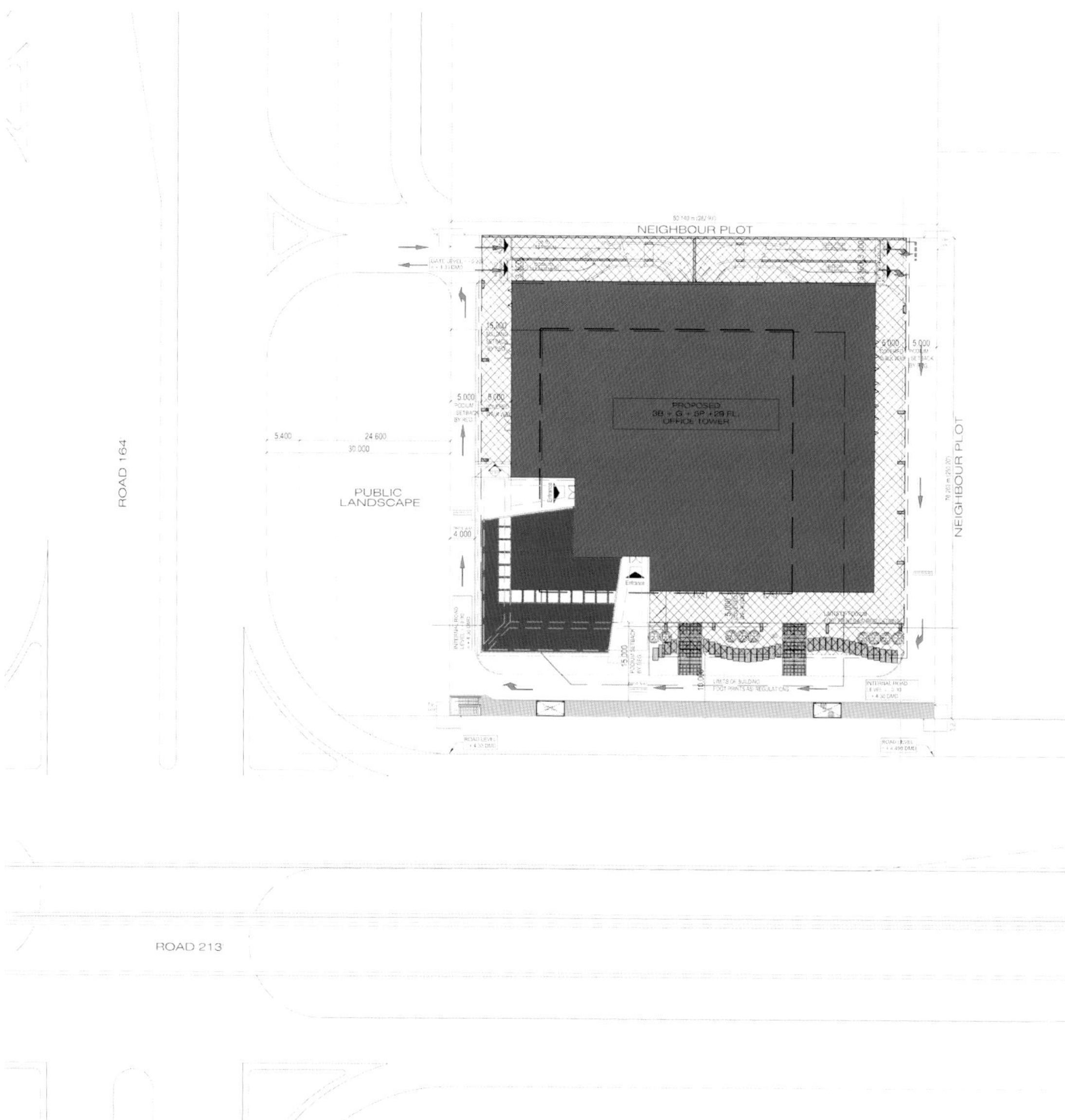

Umgebungsplan | Site plan

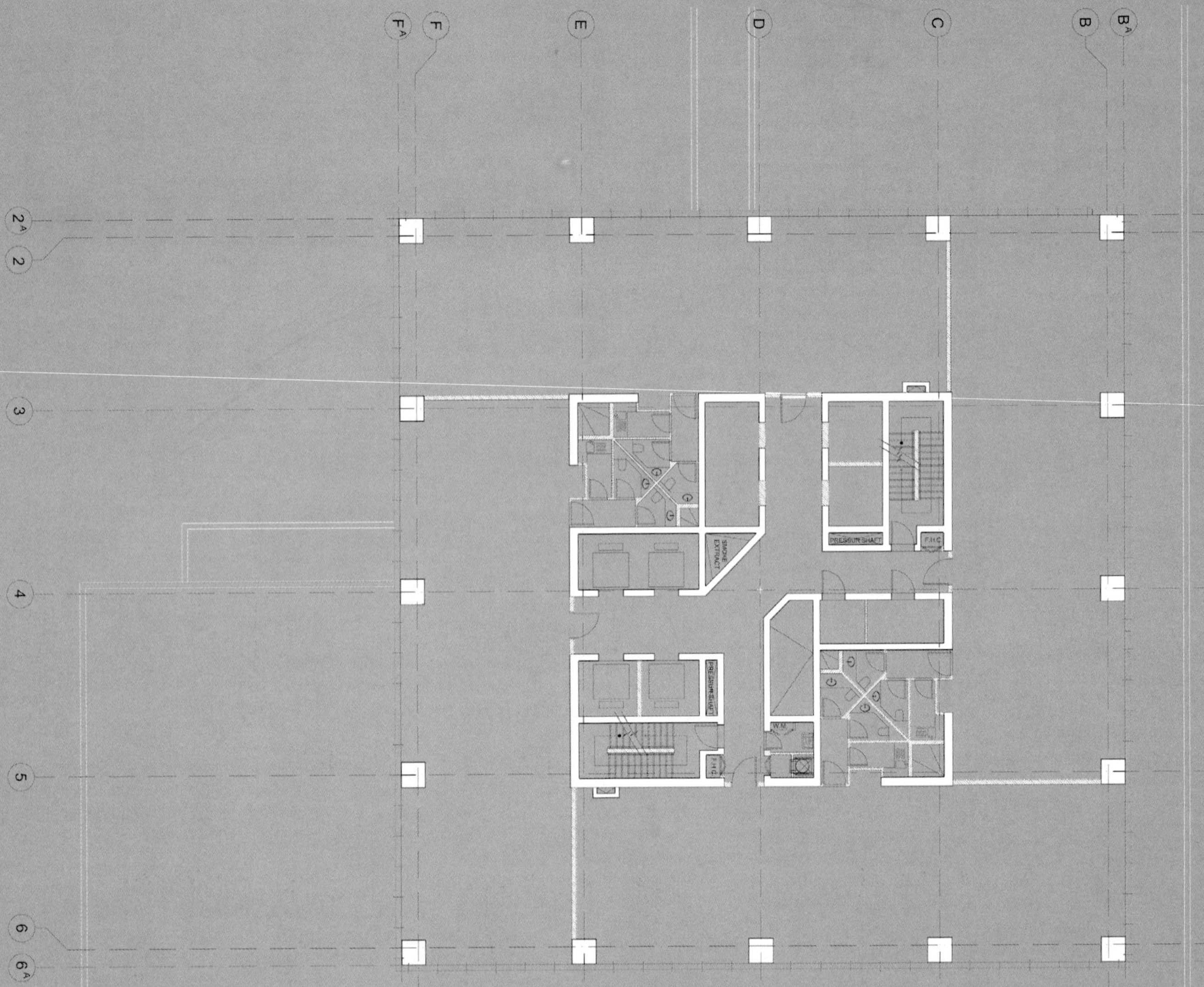

Grundriss; unten: Fitnessraum | Floor plan; below: gym

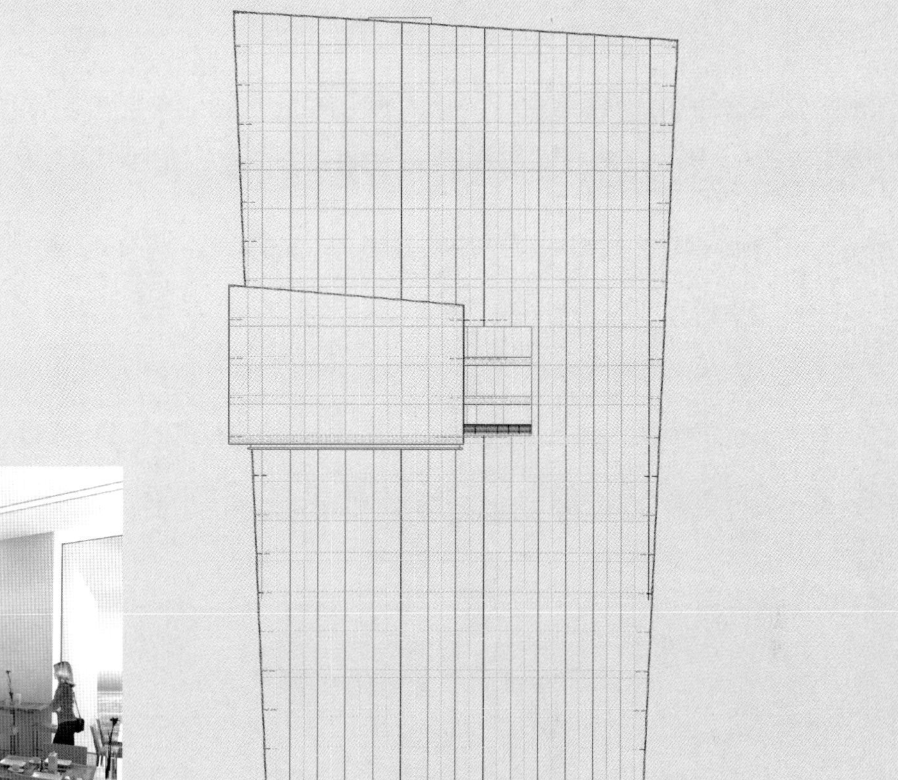

Café, Ansicht Nordwest | Cafe, elevation North-west

Perspektive | Perspective

برج «ون بيزنس باي»، برج الماسة

المهندسون
كلينغ للاستشارات
الهندسية والتخطيط،
كرومباخ

التخطيط الفني
كلينغ للاستشارات
الهندسية والتخطيط،
كرومباخ

مطوّر المشروع
شركة أمنيات للعقارات،
دبي

صاحب العطاء
مجموعة الماسة، دبي

المساحة
٧٩ ألف متر مربع
مساحة إجمالية لأرض
المشروع

موعد الانجاز
٢٠٠٨

يتم بناء برج تجاري مكتبي اسمه «ون بيزنس باي» أو برج الماسة بارتفاع خمسة وثلاثين طابقًا، في واحدة من أشهر أراضي المشاريع. تقع عند مدخل خليج دبي التجاري مباشرة بالقرب من شارع الشيخ زايد. يتألف هذا البرج من مبنى زجاجي نحيل يبرز عن بعد مرتفعًا إلى الأعلى. يفترض أن يرمز شكل هذا البرج الأقرب إلى المستقبلي ليس فقط إلى مستقبل عالي التقنية، بل كذلك إلى اسم صاحب مشروع هذا البرج: أي إلى شركة الماسة. ينقسم هذا البرج الذي يطلق عليه اسم برج الماسة كناية بشركة الماسة إلى ثلاثة طوابق سفلية تقع تحت مستوى الأرض ومنصة تتألف من خمسة طوابق مع مواقف للسيارات تتسع لحوالي ألف سيارة وثلاثين طابقًا مخصصة للمكاتب. تتسع مساحة الطوابق باستمرار مع كل طابق وتتضاعف بذلك من ٧٧٤ مترًا مربعًا في الطابق الأول لتصل إلى ١٤٢٠ مترًا مربعًا في الطابق الثلاثين. تمتد بالإضافة إلى ذلك ثلاثة طوابق من الطوابق العلوية بارزة عن البرج وتتيح لمن لا يعانون من الدوار منظرًا رائعًا يشرف على الساحة الأمامية. سوف يحقّق هذا البرج المكتبي حلم الكثيرين من رجال الأعمال: موقع عمل تتوفّر فيه العديد من أماكن الراحة والاستجمام ويعتبر كذلك موقعًا حيويًا خارج أوقات العمل. حيث روعي في تصميم البرج إيجاد مركز للرعاية الصحية واللياقة، بالإضافة إلى شرفة طبيعية مع إمكانيات للطعام في الخارج وللتنزّه أو التسوّق. توجد في البرج روضة لرعاية الأطفال كما يمكن اصطحاب الزوّار إلى واحد من المقاهي أو المطاعم. من المفترض أن يتوفّر في البرج مكان للعناية حتى بالسيارات، خدمة الـ «Car Spa». سيتم تزويد البرج بأحدث التجهيزات التقنية التي يصلها نظام ذكي، نظام الـ «Cypertecture». سوف يمكّن كل هذا الناس من التواصل مع مبنى البرج من خلال أحدث التقنيات.

Stargate

Architekten
Kling Consult Planungs - und Ingenieur GmbH, Krumbach, Branch Office Dubai

Fachplanung
Kling Consult, Dubai

Fläche
43.000 m² BGF

Fertigstellung
2007

Inmitten des *Zabeel Park*, nur unweit der *Sheikh Zayed Road*, ist *Stargate* entstanden, ein planetarischer Vergnügungspark mit weitreichendem Programm. Vor allem für Familien mit Kindern soll der zentral gelegene *Stargate Park* ein Magnet in Dubai werden. Hauptthema ist Edutainment. Das Angebot umfasst Spaß- und allerhand Spielanlagen, Playstations, ein großes Labyrinth sowie eine *Children's Academy*, deren Kursprogramm von Martial Arts bis Musikunterricht reicht. Auch die Fläche des unterirdischen Areals wird vollständig ausgenutzt und soll zur Bewegung einladen: Ein kreisrunder Jogging Track umläuft das Gebäude und eine Eisbahn soll für Abwechslung bei den Wüstenkindern sorgen. Selbstverständlich gibt es auch einen obligatorischen Food Court mit internationalen Imbissketten. Außen werden vom Gebäude hauptsächlich die fünf Kuppeln und die Pyramide des 43.000 Quadratmeter großen Vergnügungsparks zu sehen sein. Die so genannten *Domes*, die den Planeten Erde, Mars, Saturn und Pluto sowie einer fliegenden Untertasse nachempfunden wurden, werden nachts angeleuchtet und schweben wie versunkene Himmelskörper oder -flieger auf einer Plattform. Dieses Podium der Planeten ist frei zugänglich und landschaftlich gut in den *Zabeel Park* integriert: Ein fließender Übergang wird über Rasenflächen geschaffen, an deren Ende große Freitreppen auf das Podium hinaufführen.

THIS FAMILY EDUTAINMENT DEVELOPMENT AT THE HEART OF ZABEEL PARK, DUBAI, COMBINES A PLANETARY AMUSEMENT PARK WITH SPORTS AND EDUCATION FACILITIES. CHILDREN CAN CHOOSE BETWEEN PLAY AREAS, A MAZE, ACTIVITY COURSES COVERING MUSIC TO MARTIAL ARTS, A JOGGING TRACK FOR THE SPORTY ONES AND, NOTWITHSTANDING THE DESERT LOCATION, EVEN AN ICE-RINK. NATURALLY, THERE IS ALSO A FOOD COURT WITH INTERNATIONAL NAMES. FROM OUTSIDE, THE APPEARANCE OF THE COMPLEX IS DOMINATED BY THE FIVE DOMES (RESEMBLING THE PLANETS EARTH, MARS, SATURN AND PLUTO AND A FLYING SAUCER) AND THE PYRAMIDS HOUSING THE 43,000 SQUARE METRES EDUTAINMENT FACILITY. AT NIGHT, THE DOMES ARE LIT UP, HEAVENLY BODIES HALF-FLOATING ABOVE A PODIUM AREA. ACCESSIBLE TO ALL, THAT PLANETARY PODIUM AREA IS ALSO WELL-INTEGRATED INTO THE SURROUNDINGS OF ZABEEL PARK. GRASSY AREAS LINK UP WITH STEPS WHICH LEAD TO THE PODIUM.

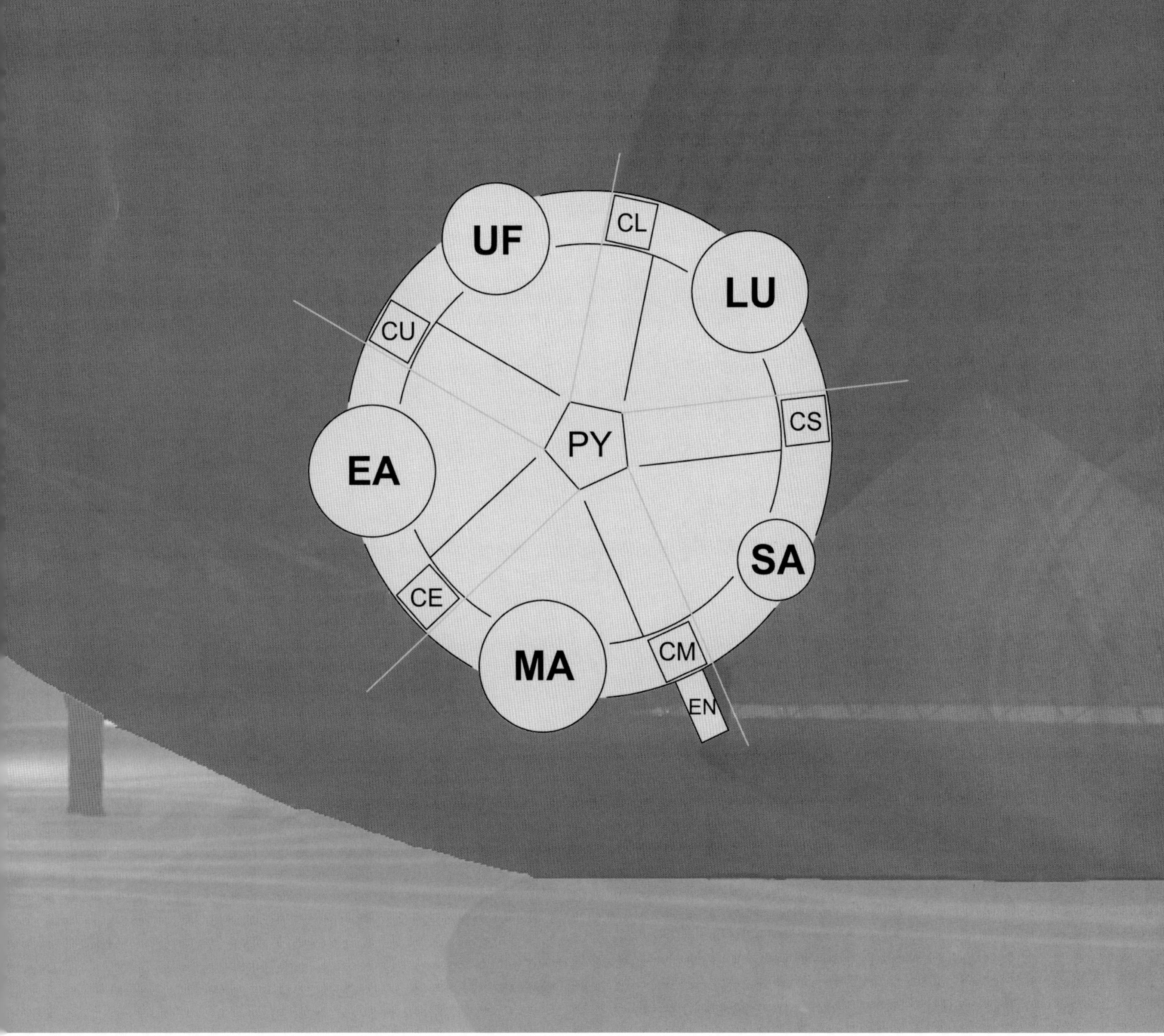

Umgebungsplan | Site plan

Grundriss | Floor plan

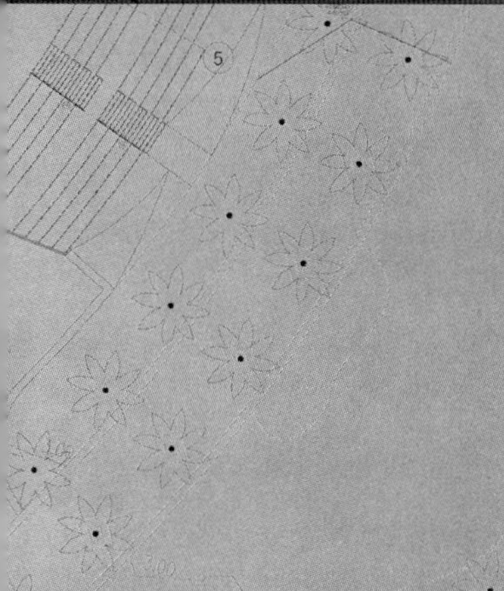

Vogelperspektive; unten: Innenansicht | Bird's eye view; below: interior view

Ansicht bei Nacht | Night view

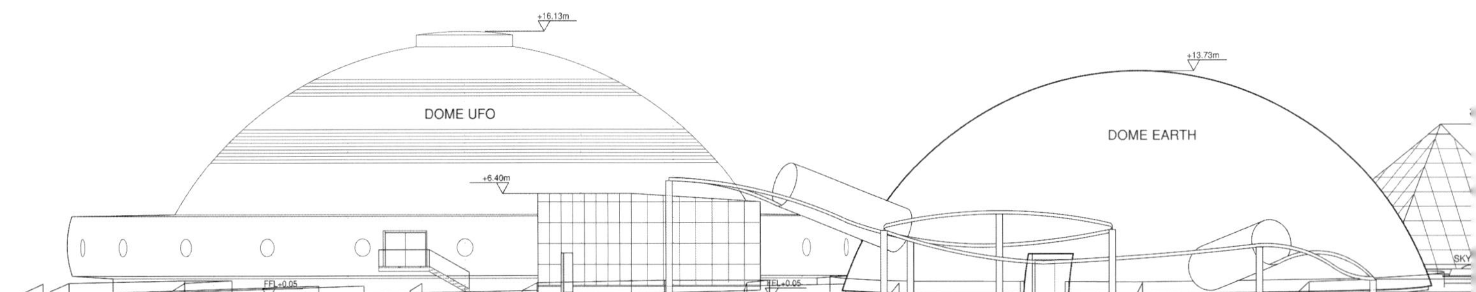

بوابة النجوم

المهندسون
كلينغ للاستشارات الهندسية والتخطيط، كرومباخ

التخطيط الفني
كلينغ للاستشارات، دبي

المساحة
٤٣ ألف متر مربع مساحة إجمالية لأرض المشروع

موعد الانجاز
٢٠٠٧

يتم إنشاء متنزّه بوابة النجوم في وسط حديقة زعبيل في موقع لا يبعد عن شارع الشيخ زايد. وبوابة النجوم هي عبارة عن متنزّه ترفيهي كوكبي يمتاز ببرنامجه الحافل. من المفترض أن يصبح متنزّه بوابة النجوم الذي يقع في موقع مركزي بمثابة مغناطيس يجتذب بالدرجة الأولى العوائل ذات الأطفال. يكمن الموضوع المعروض في هذا المتنزّه في منظومة التعليم والترفيه؛ توجد في بوّابة النجوم إلى جانب وسائل التسلية وكل وسائل ومرافق الألعاب وبرامج البلايستيشن الافتراضية ومتاهة كبيرة. كذلك أكاديمية للأطفال من المفترض أن يمتد برنامجها التعليمي من الفنون العسكرية إلى دروس الموسيقى. كذلك سيتم استخدام كل المساحة الواقعة تحت أرض هذا المشروع ويفترض أنها ستشجع على الحركة: إذ يفترض إنشاء مضمار للهرولة وساحة للتزلج من أجل التغيير لدى أطفال الصحراء. كذلك روعي بطبيعة الحال وجود نظام غذائي معروف مع مجموعة من المطاعم الدولية. تُشاهد من الخارج بالدرجة الأولى أجزاء المبنى البارزة مثل القباب الخمسة والهرم في هذا المتنزّه الترفيهي الذي تبلغ مساحته ٢٤ ألف متر مربع. أما القباب التي تمثّل كوكب الأرض والمريخ وزحل وبلوتو وكذلك الطبق الطائر، فسوف تتم إنارتها في الليل كما أنها تبدو معلّقة مثل أطباق طائرة أو أجرام سماوية غارقة في المنصة. إن منصة الكواكب هذه مفتوحة للجميع وقد تم تصميم مساحاتها الطبيعية على نحو يندمج في حديقة زعبيل: تحيط بالمنصة مساحات مزروعة بالعشب توجد في نهايتها مطالع درج خارجية واسعة تؤدي إلى أعلى المنصة.

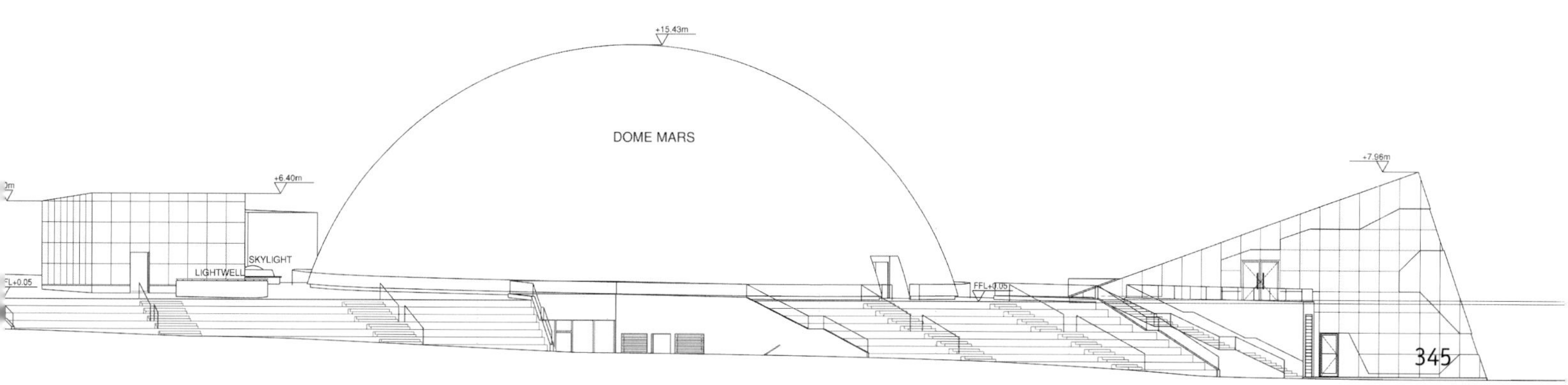

Grand Dubai Pyramid

Architekten
Koschany + Zimmer Architekten KZA, Essen

Fachplanung
Arup GmbH, Düsseldorf
Transsolar Energietechnik GmbH, Stuttgart

Bauherr
Al Moosa Investment Group, Dubai

Fläche
etwa 250.000 m² BGF

Renderings
]planlos Büro für visuelle Kommunikation, Bochum

Falconcity of Wonders. Hier werden sie gebaut, die Weltwunder, die wir so lange missen mussten. Die Hängenden Gärten der Semiramis von Babylon oder der Leuchtturm auf der Insel Pharos bei Alexandria; sie sind bald wieder anzuschauen. Neben diesen Reinkarnationen werden zudem noch eine Reihe existierender Bauwunder imitiert: von den Pyramiden von Gizeh in Ägypten, der Chinesischen Mauer und dem *Taj Mahal* in Indien bis hin zu Bauwerken des 20. Jahrhunderts wie dem Pariser Eiffelturm oder den *Central Park Towers* in New York. Sie alle werden vereint und sollen südwestlich von Dubai, in *Dubailand*, ihre zweite Heimat finden. Der städtebauliche Entwurf formiert diese Wunderwerke sowie eine Anzahl von weiteren Wohn-, Büro- und Erlebnisbauten zu der Grundrissform eines Falken, dem Wappentier Dubais. Den Eingang des neuen wunderlichen Stadtquartiers definiert die *Grand Dubai Pyramid*. Sie entspricht in ihren Maßen von 230,4 mal 230,4 Metern Grundfläche und mit einer Höhe von 140 Metern den Abmessungen ihres antiken Vorbildes. Außen ist sie jedoch nicht mit poliertem Kalksandstein verkleidet, sondern mit einer Glas-Solar-Fassade, die je nach Tageslicht unterschiedlich schimmert. Auch das Innere unterscheidet sich deutlich vom historischen Vorbild. Der luftige Innenraum der Pyramide ist hohl und beherbergt ein frei eingestelltes, 24-geschossiges Hotel- und Bürohochhaus mit Terrassengärten und einem Wasserfall. Das Untergeschoss umfasst eine dreigeschossige Shoppingmall mit Gartenlandschaften und einer großzügigen Wasserfläche. An der äußeren Fassade der Pyramide sind auf 16 Ebenen Apartmentröhren mit etwa 1.060 Wohnungen platziert. Sie haben einen Abstand von rund 3,5 Meter untereinander und ermöglichen durch ihre lamellenartige Anordnung, dass von allen Seiten gestreutes Tageslicht in das Innere der Pyramide fällt. Nahe der Pyramidenspitze befindet sich unterhalb der Restaurantzone eine großzügige Aussichtsplattform, die dem Besucher einen freien Blick auf Dubai, die wieder erstandenen Wunder und das Meer ermöglicht.

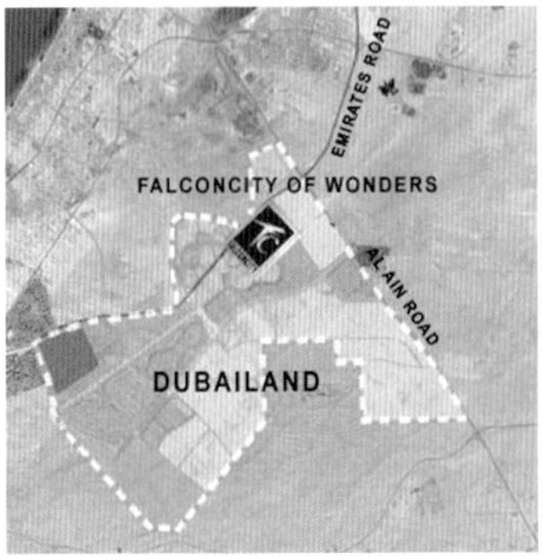

Falconcity of Wonders set within Dubailand will be home not only to wonders of the ancient world (hanging gardens of Babylon, the lighthouse of Alexandria, pyramids of Giza) but also to the Taj Mahal and more modern creations including the Eiffel Tower and New York's Central Park Towers. The entrance to this falcon-shaped development will be defined by the Dubai Grand Pyramid, a life-size copy of its ancient predecessor, although its exterior will not be of polished stone, but of solar glass. The capacious interior can easily hold the free-standing 24-storey hotel and office tower with terrace gardens and waterfall. The pyramid's base incorporates a three-level shopping mall with garden and water features. The exterior façade is home to over 1,000 apartments across 16 floors. Their slat-like arrangement, spaced around 3.5 metres apart, enables daylight to enter the pyramid's interior from all sides. A viewing platform, just below the apex, offers a clear view across the resurrected wonders and the city of Dubai.

FALCONCITY OF WONDERS

Modellausschnitt Falconcity of Wonders | Model Falconcity of Wonders, detail

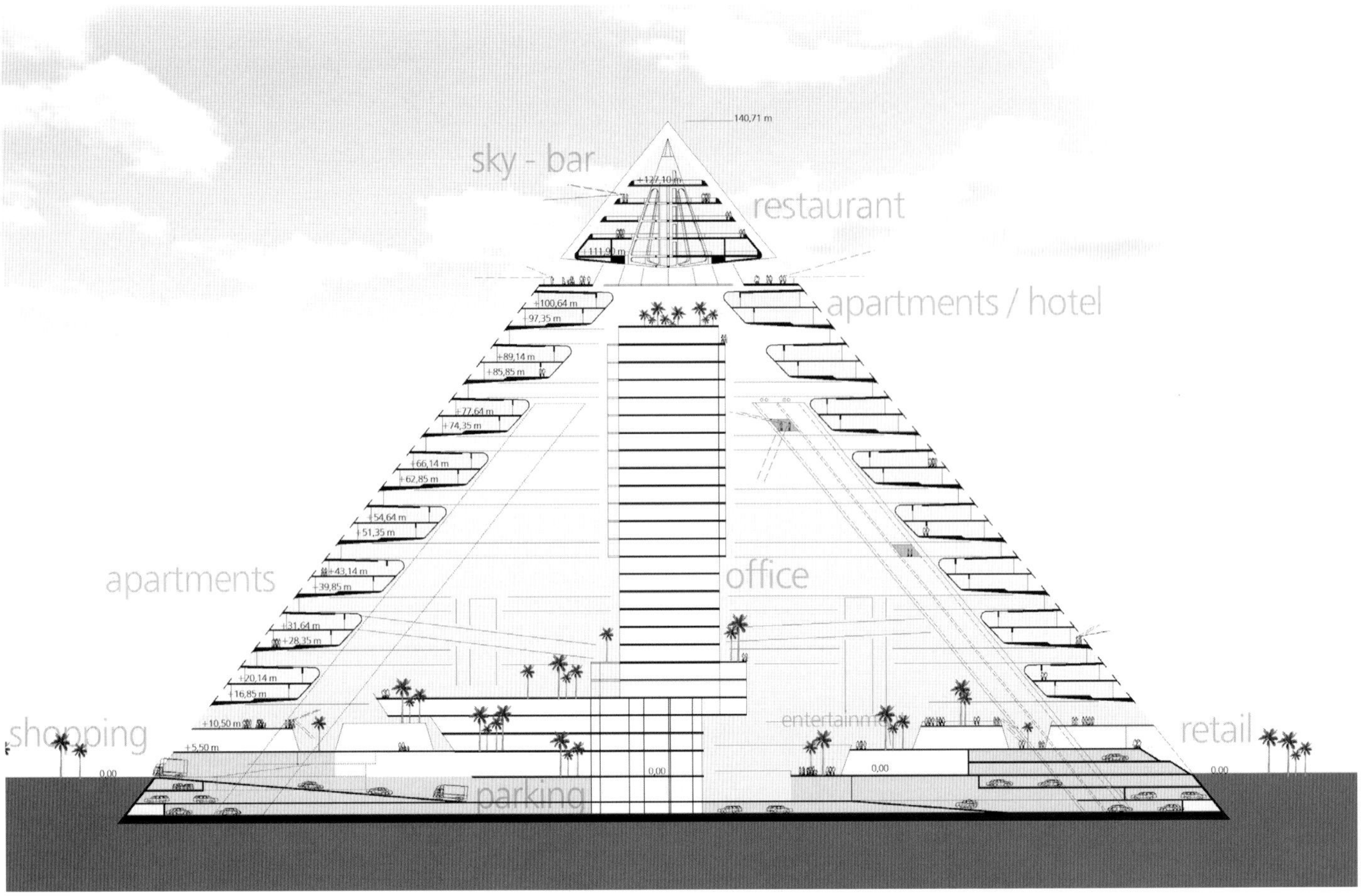

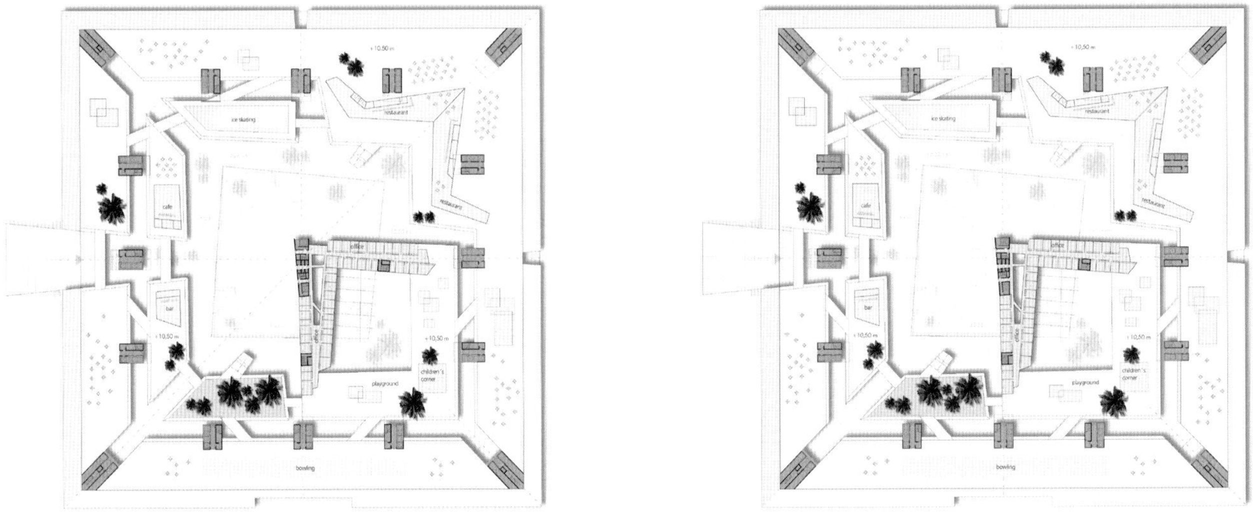

Schnitt; unten: Grundrisse | Section; below: floor plans

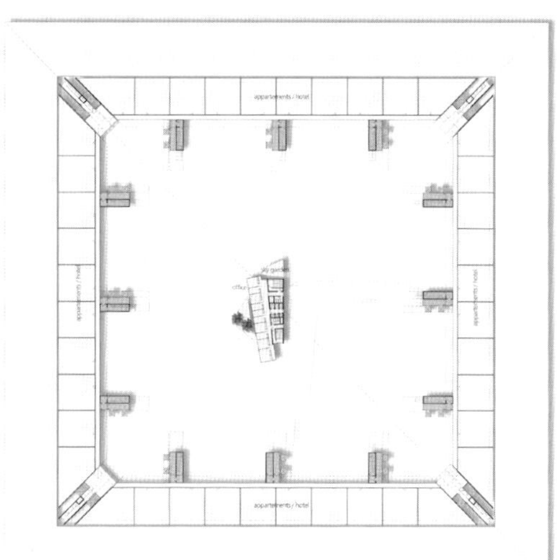

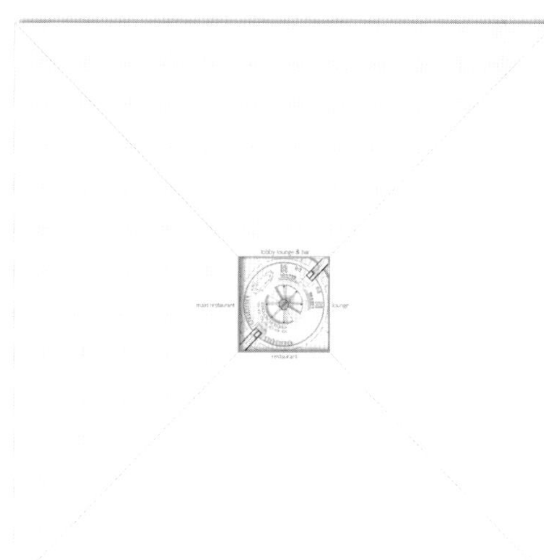

Innenansicht; unten: Grundrisse | Interior view; below: floor plans

Nachtansicht | Night view

هرم دبي الأكبر

المهندسون
كوشاني + تسيمر
للاستشارات الهندسية.
إسن

التخطيط الفني
أروب المساهمة المحدودة.
دوسلدورف
ترانس سولار إنرجيتشنك
المساهمة المحدودة.
شتوتغارت

صاحب المشروع
مجموعة الموسى
للاستثمار. دبي

المساحة
حوالي ٢٥٠ ألف متر مربع
مساحة إجمالية لأرض
المشروع

الإداءات
مكتب بلانلوس للاتصالات
البصرية. بوخوم

مدينة الصقر للعجائب. سوف يتم بناء عجائب الدنيا من جديد هنا في دبي. من الممكن قريبًا مشاهدة حدائق سميراميس بابل المعلّقة أو منارة الإسكندرية التي شيّدت على جزيرة فرعون. يتم في هذا المشروع إلى جانب إعادة تجسيم هذين الصرحين التاريخيين كذلك تقليد مجموعة من المباني العجيبة الموجودة: من أهرامات الجيزة في مصر وسور الصين العظيم وتاج محل في الهند إلى مباني القرن العشرين مثل برج إيفل في باريس أو أبراج سنترال بارك تاورز في نيويورك. سيتم الجمع ما بين كل هذه العجائب التي ستجد موطنها الثاني في منطقة «دبي لاند» الواقعة إلى الجنوب الغربي من دبي. صُمم هذا المشروع المعماري الذي يضم هذه العجائب بالإضافة إلى مجموعة من المباني بوحدات سكنية وأبراج مكتبية أخرى على شكل طائر الصقر الذي يرمز إلى دبي والإمارات العربية المتحدة. يميّز هرم دبي الأكبر مدخل مدينة العجائب الجديدة. تبلغ يبلغ طول هذا الهرم ٢٣٠.٤ متراً وعرضه ٢٣٠.٤ متراً وارتفاعه ١٤٠ متراً وتطابق مساحته بذلك أبعاد الهرم المصري القديم. لكن هذا الهرم لن يُلبّس من الخارج بحجارة كلسية مصقولة مثلما هي الحال في أهرام الجيزة. بل بواجهات زجاجية شمسية تلمع ببريق يختلف حسب اختلاف ضوء النهار. كذلك يختلف هذا الهرم من الداخل اختلافًا واضحًا. إذ أنه يضم في داخله المجوّف برجًا يبلغ ارتفاعه ٢٤ طابقًا يحتوي على فندق ومكاتب مع شرفات حدائق وشلّال ماء. يكوّن الدور الأسفل رواق متاجر للتسوّق بارتفاع ثلاثة طوابق مع مساحة حديقة طبيعة ومساحة مائية رحبة. توجد في واجهات الهرم وحدات سكنية تضم ١٠٦٠ شقة سكنية موزّعة على ١٦ طابقًا. تركت مسافة تبلغ حوالي ثلاثة أمتار ونصف ما بين الشقق السكنية التي تتيح من خلال توزيعها الذي يشبه الشرائح دخول ضوء النهار إلى داخل الهرم من كل الجهات. تمتد بالقرب من قمة الهرم منصة واسعة صُمّمت كالمرقاب أسفل منطقة المطاعم. تمكّن الزوار من مشاهدة دبي والبحر والعجائب الأخرى التي يعاد بناؤها.

Tulip Tower

Architekten
Koschany + Zimmer Architekten KZA, Essen

Bauherr
DAMAC Properties Co. LLC, Dubai

Fläche
31.000 m² BGF

Renderings
]planlos Büro für visuelle Kommunikation, Bochum

Als zukünftiges internationales Wirtschaftszentrum wird zurzeit auf einer Fläche von knapp sechs Millionen Quadratmetern die *Dubai Business Bay* entwickelt, wo neben zahlreichen Shoppingcentern, Hotels und Freizeiteinrichtungen etwa 230 Büro- und Apartmenttürme entstehen sollen. Im Rahmen eines eingeladenen Wettbewerbs nahm für diesen Standort auch der Entwurf des *Tulip Tower* Gestalt an. Er steht innerhalb einer Reihe von Türmen, deren Ensemble gemäß den Vorgaben des Masterplans die Neuinterpretation einer Ellipse ergeben soll. Gleichzeitig soll der Neubau auf einen zweiten, direkt benachbarten Turm des Investors mit gleicher Grundform reagieren. Ausrichtung und Eingangssituation des Gebäudes waren somit vorgegeben. Entsprechend diesen Vorgaben entstand das Konzept des *Tulip Towers*. Wie eine stilisierte Tulpenblüte entfalten sich die zwei Volumen des 20-geschossigen Turms auseinander. Räumlich verschnitten mit dem sechsgeschossigen Podium, entwickelt der 115 Meter hohe Bau von jedem Standpunkt aus ganz unterschiedliche Ansichten und Perspektiven. Während zur Straßenseite eine geschossweise geschuppte Glasfassade das Erscheinen des Turms mit seinem Eingang prägt, schiebt sich auf der dem Wasser zugewandten Hälfte mit jedem zusätzlichen Geschoss eine silbrig-metallische, glatte Seite aus der Tulpenblüte. Die leicht geschwungenen und nach oben zulaufenden Fassadenlinien beider Blütenblätter verleihen dem elliptischen Gebäude trotz seiner durch das Podium relativ geringen Höhe Dynamik und Eleganz.

The international commercial district of Dubai Business Bay, currently under development, should soon be home to some 230 office and apartment towers. One of these buildings is Tulip Tower. The starting point for its design was the district master plan which envisages a line of towers reinterpreting the form of an ellipse and, at the same time, the need to complement an adjacent tower of the same client. Supported by a common six-storey base, the two sections of the 20-storey building unfurl like a tulip bud, revealing distinctly different appearances according to the viewer's position. From the street, the tower and its entrance are characterised by the ribbed glass façade, whereas from the water, floor by floor a smooth silvery-metallic form forces its way out of the bud. Despite the tower's relative lack of height, the gentle curvature of the upwardly converging lines of the petals bestows its elliptical form with a dynamic elegance.

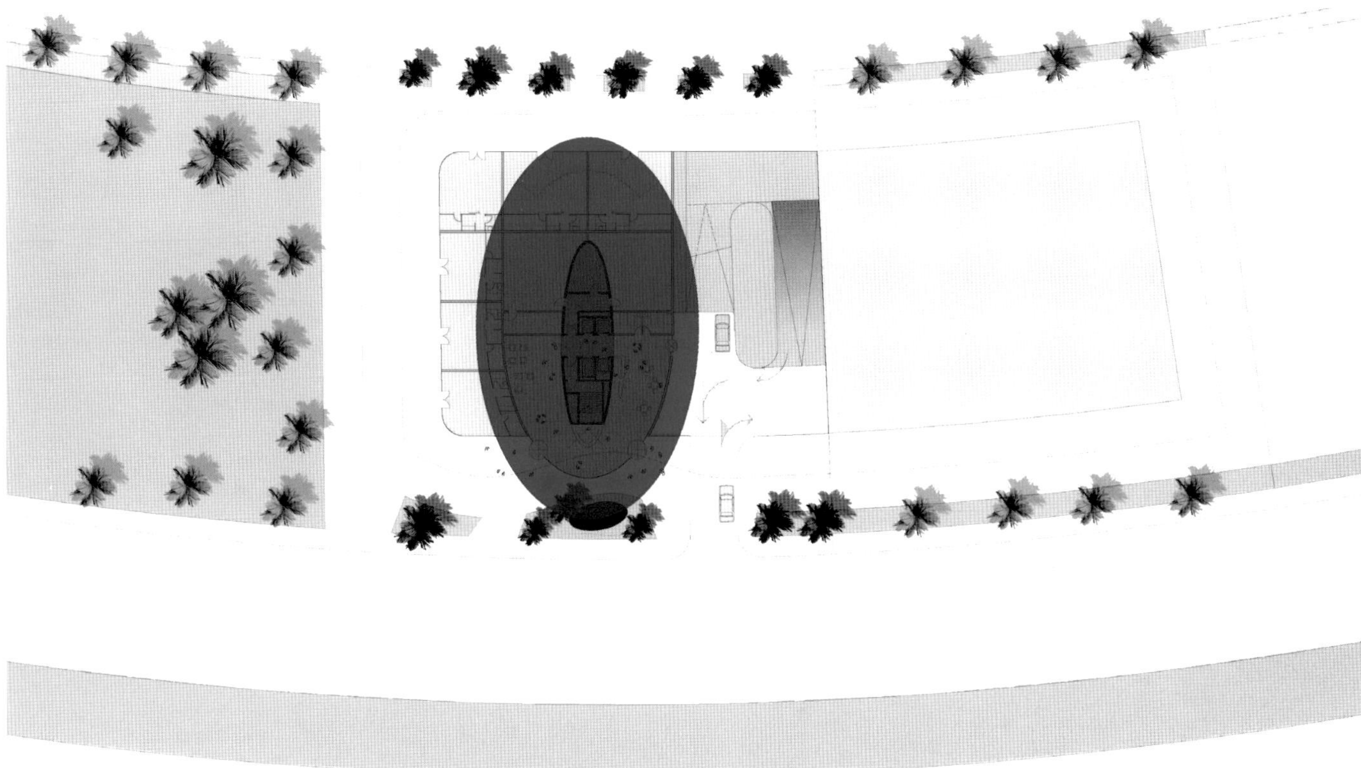

Umgebungsplan | Site plan

Grundriss Regelgeschoss | Standard floor plan

Seitenansicht Südwest | Elevation South-west

Ansicht vom Hafen | View from the harbour

برج الزنبق

المهندسون
كوشاني + تسيمر للاستشارات الهندسية، إسن

صاحب المشروع
شركة داماك للعقارات، دبي

المساحة
٣١ ألف متر مربع مساحة إجمالية لأرض المشروع

تنشأ حاليًا منطقة خليج دبي التجاري على مساحة تبلغ حوالي ستة ملايين متر مربع، كمركز اقتصادي عالمي ومستقبلي. حيث سيتم بناء ٢٣٠ برجًا للمكاتب والشقق السكنية إلى جانب العديد من مراكز التسوّق والفنادق والمرافق الترفيهية الخاصة بقضاء أوقات الفراغ. تم تصميم برج الزنبق ضمن إطار المسابقة التي أجريت من أجل وضع تصاميم لهذا الموقع. يقع برج الزنبق بين مجموعة من الأبراج يفترض أن تشكّل مجتمعة رؤية معمارية جديدة لشكل بيضاوي طبقًا للخطة العمرانية الشاملة. وفي نفس الوقت يفترض أن تتفاعل مع شكل برج آخر لنفس المستثمر يقع مباشرة بالجوار. وبهذا تم تحديد اتجاه وموضع مدخل البرج حسب تعليمات مسبقة. تم تصميم برج الزنبق بما يتناسب مع التعليمات المسبقة. تتفتّح واجهتا البرج المكوّن من عشرين طابقًا مثل زنبقة. يكوّن البرج بشكله المبتور مع المنصة المؤلفة من ستة طوابق مناظرًا وأشكالاً تختلف باختلاف الموقع الذي ينظر إليها منه. تبرز واجهة البرج المعدنية الفضية في النصف الآخر من البرج باتجاه الماء مستوية مع كل طابق إضافي. في حين تميز الواجهة الزجاجية المتدرجة حسب تدرج الطوابق منظر البرج مع مدخله من جهة الشارع. تضفي خطوط الواجهة المنسابة قليلاً والممتدة إلى أعلى من ورقتي الزنبقة على هذا المبنى البيضاوي لمسة دينامية وجمالية. على الرغم من ارتفاعه القليل نسبيًا بسبب منصته التي يبلغ ارفاعها ستة طوابق.

Dubai Pearl Project

Architekten
Mark Braun Architekten, Berlin
Werner Sobek Ingenieure, Stuttgart

Fläche
etwa 100.000 m² BGF

Rendering
Werner Sobek Ingenieure, Stuttgart

Gegenüber der künstlichen Inselgruppe *Palm Jumeirah* entsteht in direkter Nachbarschaft zu *Dubai Media City*, *Dubai Internet City* und dem *Knowledge Village* das Quartier *Dubai Pearl*. Auf Basis einer gegebenen Masterplanstudie wurde vom Büro Mark Braun Architekten in Kooperation mit Werner Sobek Ingenieure ein großflächiges Mischnutzungskonzept entwickelt, das sich aus neun bis zu 300 Metern hohen Hochhäusern, einer großflächigen Einzelhandels- und Messenutzung sowie einem Opernhaus zusammensetzt. Die Hochhauskonfiguration basiert auf Kreissegmenten, die durch unterschiedliche Einschnitte und Rücksprünge innerhalb der Gesamtgeometrie zusätzliche begrünte Indoor-Welten schaffen sollen. Das zentrale Operhaus, Kern des Komplexes und Krönung der Anlage, wird von diesen Hochhäusern kreisförmig umgeben. Den Opernbau selbst dominiert eine fahrbare Dachkonstruktion, die sich ähnlich einer riesigen Blüte öffnen lässt. Damit kann die Oper gleichzeitig zu einer Freiluftbühne umfunktioniert werden, die bei Nacht das gesamte Quartier mit ihrer beleuchteten Bühne erstrahlen lässt. Getragen wird das Gebäudeensemble von einem im Durchmesser 470 Meter langen Sockel, der die Zugangsbereiche sowie Stellplätze für 10.000 Fahrzeuge beinhalten soll. In den Obergeschossen des Sockels sind Nutzungen für Einzelhandel sowie Messebereiche vorgesehen.

Directly opposite the man-made island group of Palm Jumeirah the new district of Dubai Pearl is taking shape. Based on the existing master plan study, Mark Braun Architekten in cooperation with Werner Sobek Ingenieure developed a mixed-use concept for the site, incorporating nine high-rise buildings, extensive areas for retail and trade fair use and an opera house. The segment-like configuration of the tower buildings is intended through its use of varying cut-aways and offsets to create space for indoor greenery within the geometry of the site. The tower buildings ring the central opera house, the development's heart and crowning glory. The opera house itself will be dominated by its roof construction, capable of unfolding like giant flower petals, transforming the arena to an open-air stage and lighting up the night sky of the neighbourhood. Entrances and parking for 10,000 vehicles will be located in the ensemble's plinth with its upper floors available for retail/trade fair use.

Umgebungsplan | Site plan

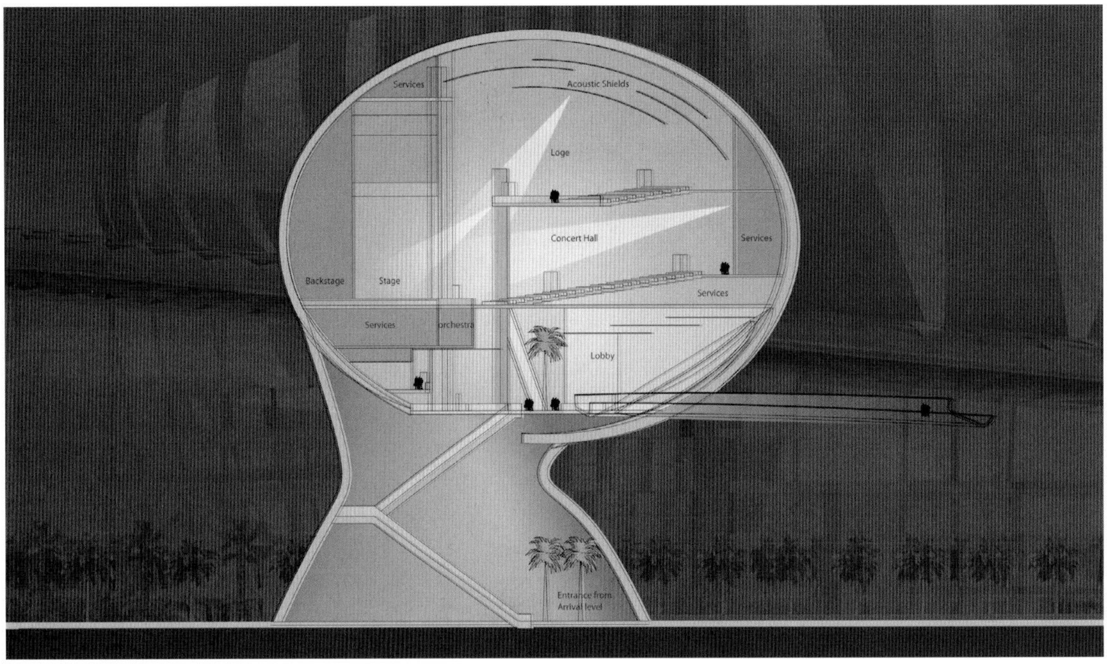

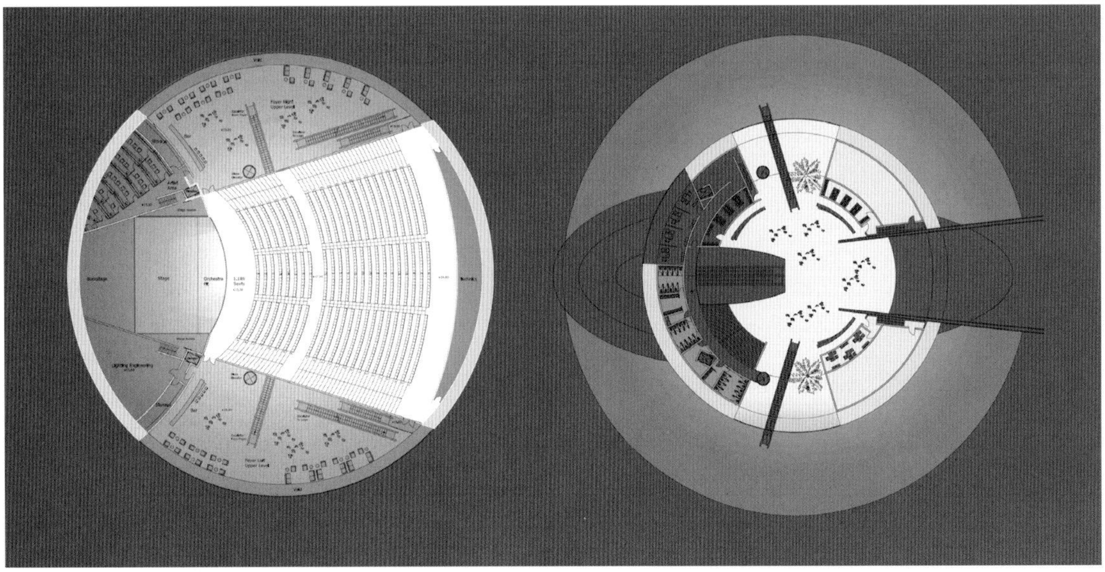

Schnitt, Grundrisse Opernhaus | Opera: section, floor plans

Ansicht von Süden | View from the South

Nachtansicht | Night view

مشروع لؤلؤة دبي

المهندسون
مارك براون للاستشارات الهندسية، برلين
ڤرنر سوبيك للاستشارات الهندسية، شتوتغارت

المساحة
حوالي ١٠ آلاف متر مربع مساحة إجمالية لأرض المشروع

الأداءات
ڤرنر سوبيك للاستشارات الهندسية، شتوتغارت

ينشأ مقابل جزيرة نخلة الجميرة الاصطناعية مباشرة بالقرب من مدينة دبي الاعلامية كل من دبي إنترنت ستي وقرية العلوم - مشروع لؤلؤة دبي. تم تطوير تصميم متعدد الوظائف من قبل مكتب مارك براون للاستشارات الهندسية بالتعاون مع مكتب ڤرنر سوبيك للاستشارات الهندسية؛ وضع هذا التصميم على أساس دراسة لخطة معمارية شاملة. يتكوّن هذا المشروع من تسعة أبراج تصل ارتفاعاتها إلى ثلاثمائة مترًا ومرافق بمساحات واسعة خصصت للمحلات التجارية والمعارض وكذلك دار أوبرا. يعتمد ترتيب الأبراج على محيط دائري يفترض أن تنشأ فيه عوالم داخلية إضافية مشجرة من خلال مقاطع وخطوط مختلفة في داخل الشكل الهندسي الشامل. تحيط هذه الأبراج بشكل دائري موزعة حول دار الأوبرا المركزية - التي تعتبر نواة لؤلؤة دبي وإكليلها. تتميز دار الأوبرا بالذات بسقف مركّب قابل للفتح والاغلاق. ويبدو بتفتُّحه مثل زهرة ضخمة. يمكّن هذا السقف من جعل الأوبرا مفتوحة على الهواء الطلق ويعمل إلى جانب ذلك في الليل على جعل كل هذا الموقع يشع نورًا من خلال الأوبرا المضاءة. سوف تحمل مجموعة المباني على منصة يبلغ قطرها ٤٧٠ مترًا. من المفترض أنها ستضم المداخل بمرافقها وعشرة آلاف موقف للسيارات. خصصت في الطوابق العلوية من المنصة أماكن وظيفية للمتاجر والمعارض.

Hydropolis

Architekten
Q3A+D Limited,
Baierbach

Design + Renderings
3deluxe trans-disciplinary design,
Wiesbaden

Developer
Crescent Hydropolis Resorts PLC,
Isle of Man
Crescent Hydropolis Holdings
LLC, New York

Overall Project Management
SIBC Industrial Building Consultants, München

Fläche
BGF Landstation
15.000 bis 95.000 m²
BGF Hydropalace
87.000 m² (Oman) bis
210.000 m² (Dubai)

Das erste Unterwasserhotel soll es werden, das Hydropolisprojekt der Firma *Crescent Hydropolis Resorts PLC*. Ein Luxushotel der Extraklasse im Meer vor Dubai. Es setzt sich aus drei Elementen zusammen. Der futuristische Bau der Landstation soll die Besucher willkommen heißen und den Eingang zum Verbindungstunnel unter Meer bilden. Von dort werden die Gäste mit einem Zug oder über Laufbänder durch den Tunnel zum Meereshotel geführt, das etwa 220 Suiten inmitten eines Unterwasserfreizeitkomplexes besitzen soll. Das Hotel wird unter anderem einen glasüberdachten, klimatisierten Strand erhalten, wo die Gäste auch noch bei über 50 Grad Außentemperatur sonnenbaden können. Neben einigen edlen Restaurants und Einkaufsmöglichkeiten sollen ein fluoreszierend erleuchteter Ballsaal mit Panoramafenstern sowie ein Wellnesszentrum in Gestalt eines Unterwasserdoms mit terrassenförmig angelegten Badepools entstehen. Zurzeit werden neben der Dubai-Variante des Hydropolishotels auch andere Varianten an anderen Standorten geplant. So gibt es zum Beispiel die Idee, an der Küste vor Oman ein Unterwasserhotel zu bauen, dass wesentlich weiter von der Küste entfernt liegt, als es in Dubai der Fall sein soll. Die Besucher würden dann nicht über einen Tunnel, sondern mit dem Boot das Gebäude erreichen. Das Hotel selbst würde fast einem Schiff gleichen, in dessen Rumpf man die Unterwasserwelt des offenen Meeres von seinem Bett aus erkunden kann.

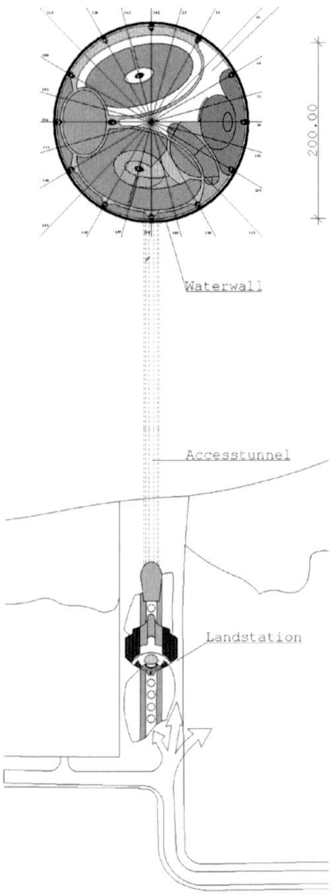

Crescent Hydropolis Resorts PLC aims to construct an underwater top-end luxury hotel hydropolis off the Dubai coast. On arrival, visitors will first encounter the land station with its entrance to the underwater connecting tunnel. Shuttle trains or moving walkways will ensure a seamless transfer to the hotel with its some 220 suites in an underwater recreation complex. Facilities are to include a glass-roofed air-conditioned beach where guests can sunbathe despite external temperatures over 50 degrees, a fluorescent ballroom with panoramic windows and a spa of terraced pools set beneath an underwater dome. Additional hydropolis hotels are projected for other locations, for example, below the sea off the coast of Oman. At that site the hotel is to be located further offshore with visitors arriving by boat. From there they can explore the underwater world of the open sea from the comfort of the bedroom.

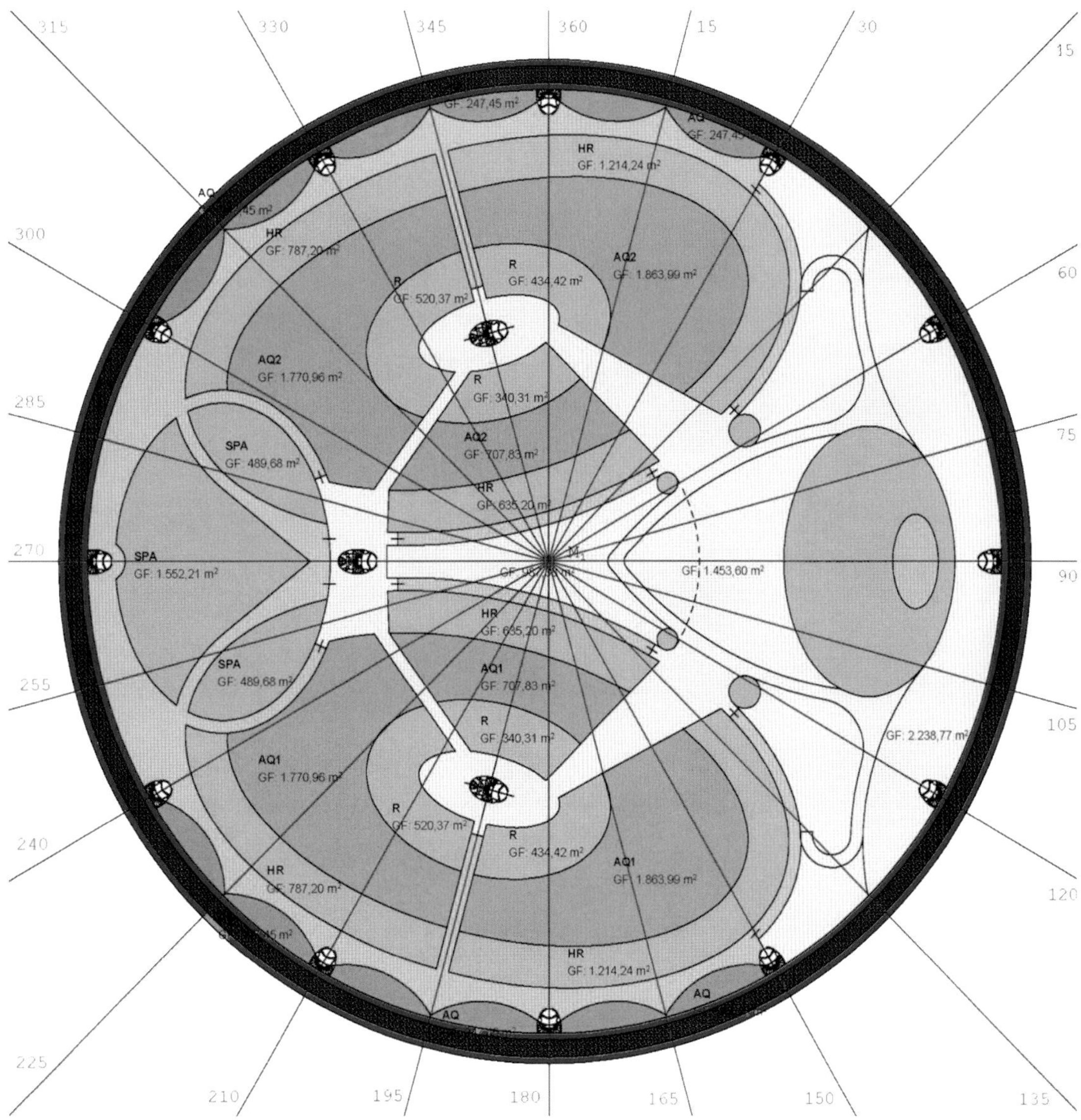

Grundriss | Floor plan

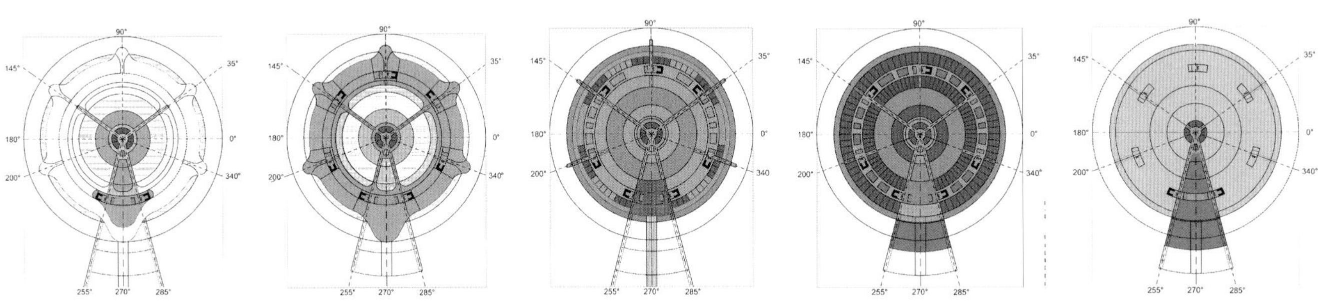

Image Variante Oman; unten: Konzeptskizzen | Development Oman; below: concept drawings

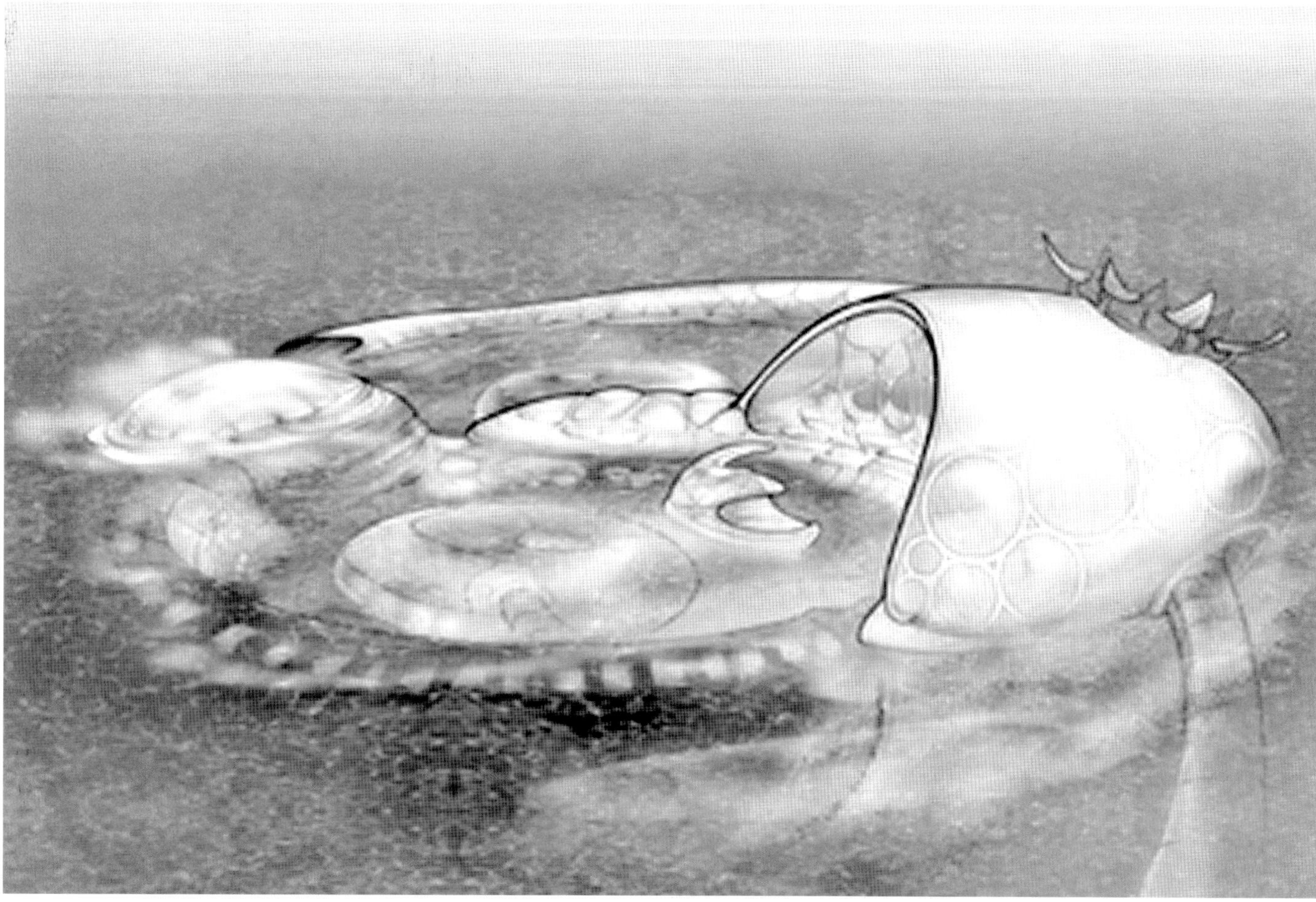

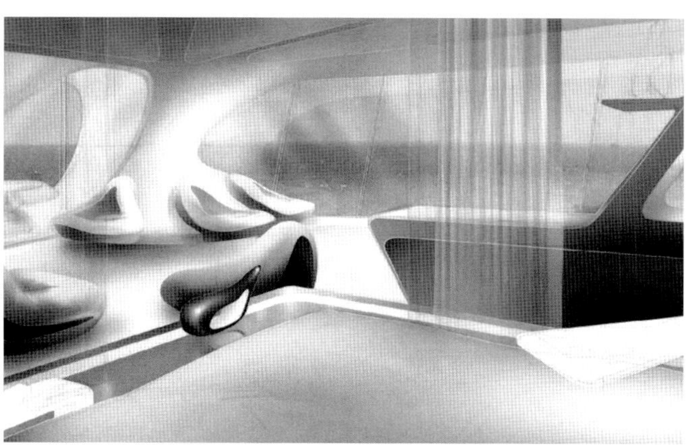

Image Hotel; unten: Innenansichten | Image hotel; below: interior views

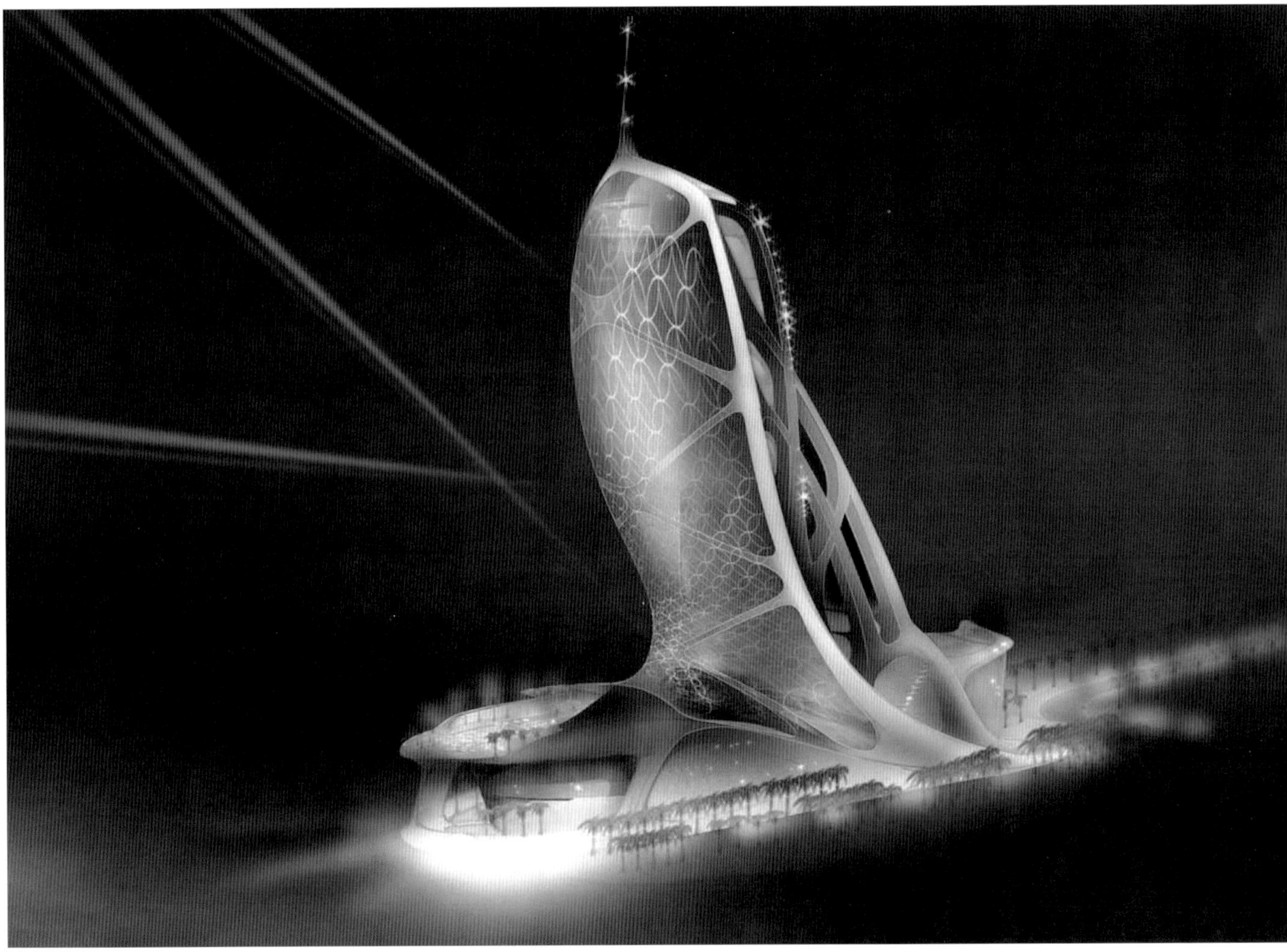

Nachtansicht Landstation | Land station, night view

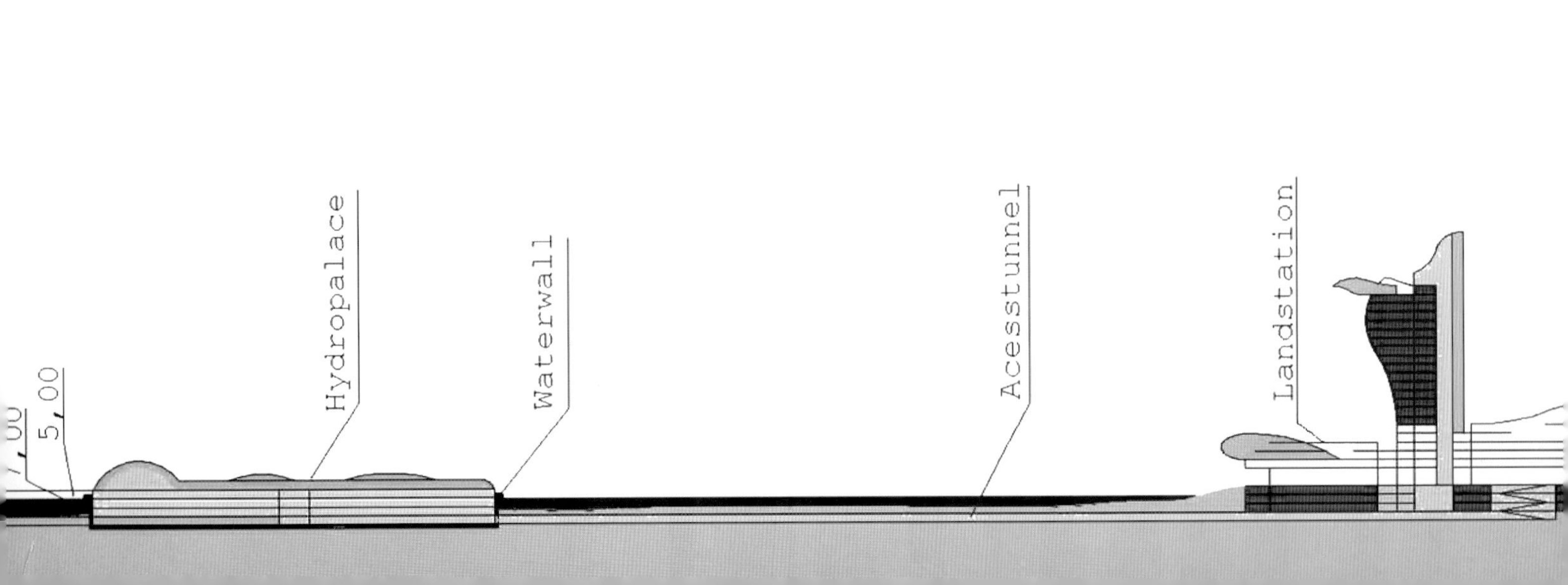

فندق هيدروبوليس بدبي

المهندسون
كيو3إي+دي ليميتد،
بايرسبارخ
3-ديلوكس، ڤيسبادن

التصميم والأداءات:
3-ديلوكس لتصميم
المجالات البيئية، ڤيسبادن

مطوّر المشروع
شركة منتجعات
هيدروبوليس الأهلية،
جزيرة مان
شركة منتجعات
هيدروبوليس الأهلية،
نيويورك

الإدارة العامة للمشروع
إس آي بي سي
لاستشارات المباني
الصناعية، ميونخ

المساحة
محطة أرضية: ٥٩/٥١
ألف متر مربع مساحة
إجمالية
محطة مائية: ٧٨ ألف/
١٢٠ آلاف متر مربع (عمان/
دبي) مساحة إجمالية

سوف يصبح هذا الفندق أول فندق تحت الماء - فندق هيدروبوليس بدبي الذي تقيمه شركة منتجعات هيدروبوليس الأهلية «Crescent Hydropolis Resorts PLC». فندق فاخر من الدرجة الخاصة في دبي. يتكوّن هذا الفندق من ثلاثة أقسام. المحطة البرية التي ستكون مدخلاً لاستقبال الزوار يؤدي إلى النفق الذي يوصل إلى الفندق. من هذه المحطة سيتم نقل الضيوف بقطار أو بواسطة ممشى متحرّك عبر النفق إلى الفندق المائي، الذي سيضم ٢٢٠ جناحًا في وسط مجمع ترفيهي يقع تحت الماء. من المفترض أن يزوّد الفندق بمرافق عديدة منها شاطئ مكيّف ومسقوف بالزجاج، يستطيع فيه الضيوف أخذ حمامات شمسية عندما تكون حرارة الجو الخارجية أعلى من خمسين درجة مائوية. من المقرر أيضًا إقامة صالة كروية مضاءة بالفلور مع شبابيك استعراض ومركز للرعاية الصحية على شكل قبة تحت الماء، مع مسابح مصممة بشكل شرفات متدرجة، بالإضافة إلى بعض المطاعم الفاخرة وأماكن التسوّق. يتم التخطيط حاليًا لإقامة فنادق مشابهة في مواقع أخرى بالإضافة إلى مشروع فندق هيدروبوليس بدبي. توجد على سبيل المثال فكرة إنشاء فندق تحت الماء يقع في ساحل عمان: من المفترض أن ينشأ هذا الفندق في موضع يقع في عرض البحر ويبعد عن الساحل أكثر من فندق دبي. لن يصل الزوار إلى مبنى الفندق بعد بنائه في عمان عبر نفق، بل بالقوارب. سوف يكون شكل الفندق تقريبًا مثل سفينة يستطيع الزوار من داخل هيكلها ومن فوق أسرّتهم مشاهدة عالم ما تحت الماء في عرض البحر.

Design Centre Dubai Airport

Architekten
Willen Associates Architekten, Wiesbaden

Fachplanung
Gross Consulting, Wiesbaden, Willen Associates GmbH, Wiesbaden

Bauherr
Spielmann Office-house GmbH, Eschborn

Fläche
etwa 41.500 m² BGF

Fertigstellung
voraussichtlich 2009

Speziell für Nutzer aus dem Bereich des Bauwesens ist das *Design Centre Dubai* konzipiert. Es befindet sich in direkter Nähe zum internationalen Flughafen von Dubai, *Jebel Ali*, und zum Messezentrum *World Trade Center*. Alle Mieter und Nutzer dieses Designcenters sollen dem Bereich Bauwesen angehören – sei es als Bauherr, Makler, Baufirma, Architekt, Lampenhersteller oder als sonstige im Baubereich tätige Unternehmen. Ziel ist, auf Dauer einen Messestandort zum Thema Architektur und Bauen zu schaffen. Um dem Bau eine bewegte Form zu verleihen, wurden in dem Entwurf für das Designcenter Elemente des Fliegens verarbeitet und interpretiert. Gleichzeitig soll das Gebäude wie eine Maschine wirken. Zu diesem Zweck werden Elemente der Haustechnik sichtbar hinter Glas präsentiert, sie sollen dem Bau ein technisiert anmutendes Erscheinungsbild verleihen. Die außen liegenden Lifte mit ihrer ebenfalls sichtbaren Technik unterstützen diese Wirkung. Der kontrollierte Zugang zu dem Gebäude erfolgt auf der Höhe des ersten Obergeschosses über eine große Piazza, die auch als öffentliche Präsentationsfläche genutzt werden kann. Sie ist über eine großzügige Freitreppe, Rampen und Lifte erreichbar. Die Außenhülle des Gebäudes ist so konzipiert, dass sich optimale Belichtungssituationen im Innenraum ergeben. Eine separate Außenhaut als Medienfassade ermöglicht es, Werbe- und Präsentationsflächen für die Mieter anzubieten. Nachts erhält das Gebäude durch ein ausgefeiltes Lichtsystem einen individuellen Charakter und soll so zum Eyecatcher des Geländes werden.

This building is especially intended for professional users and tenants drawn from the fields of construction and design, whether architects, lighting manufacturers or other construction-related business. The long-term aim is to develop the location's trade-fair potential. To give the building a sense of motion the design interprets and incorporates elements of flight. At the same time, exposing its technical machinery to view behind glass should ensure an industrial feel. Exterior-mounted lifts visibly displaying their workings enhance that effect. Controlled entry to the building is at the first-floor level via a large piazza which also doubles as a venue for public presentations. The building's exterior envelope aims to optimise internal lighting conditions. A separate exterior skin offers the potential for advertising and presentational use. The sophisticated lighting system renders the building's night-time appearance truly eye-catching.

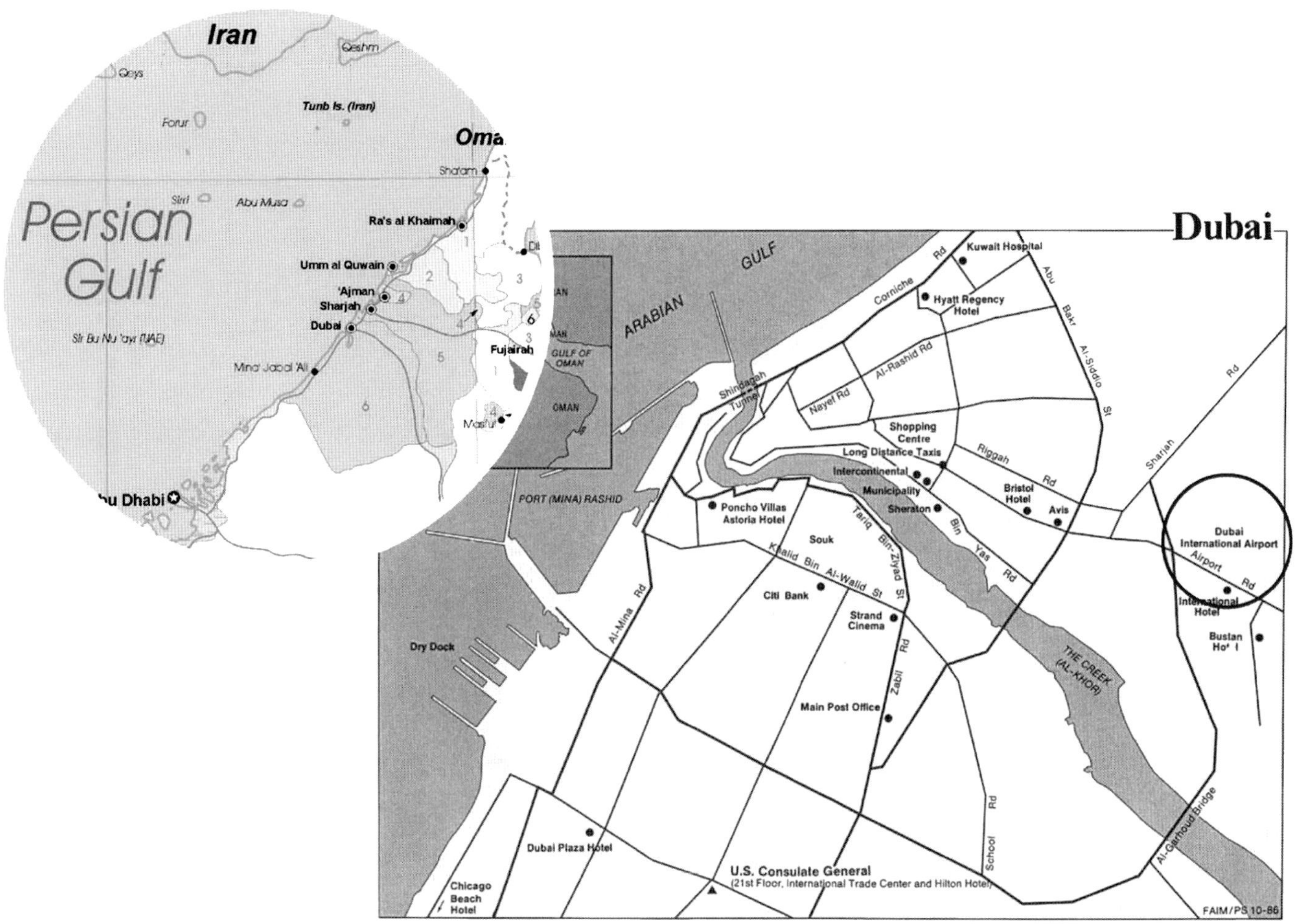

Umgebungsplan | Site plan

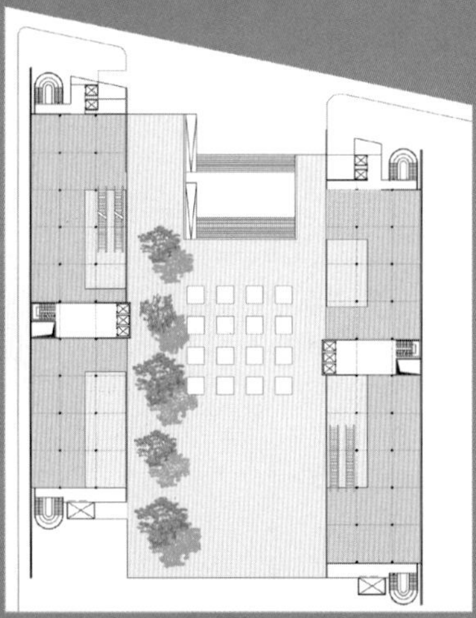

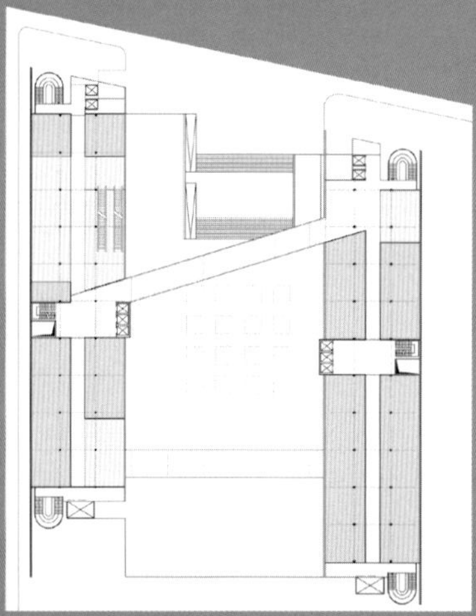

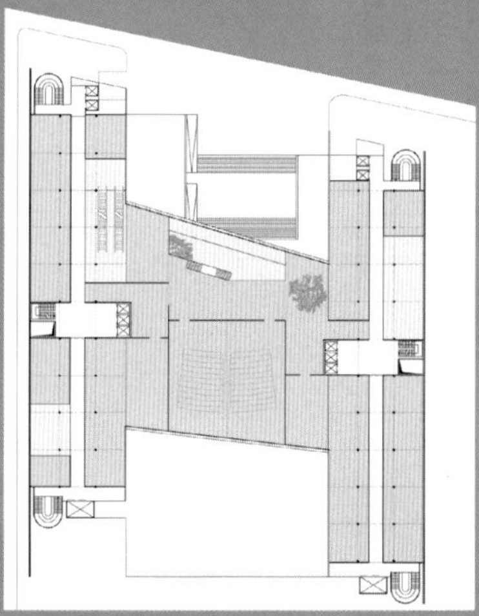

Ansichten; unten: Grundrisse 1., 3., 7. Obergeschoss | Elevations; below: floor plans level 1, 3, 7

Perspektive | Perspective

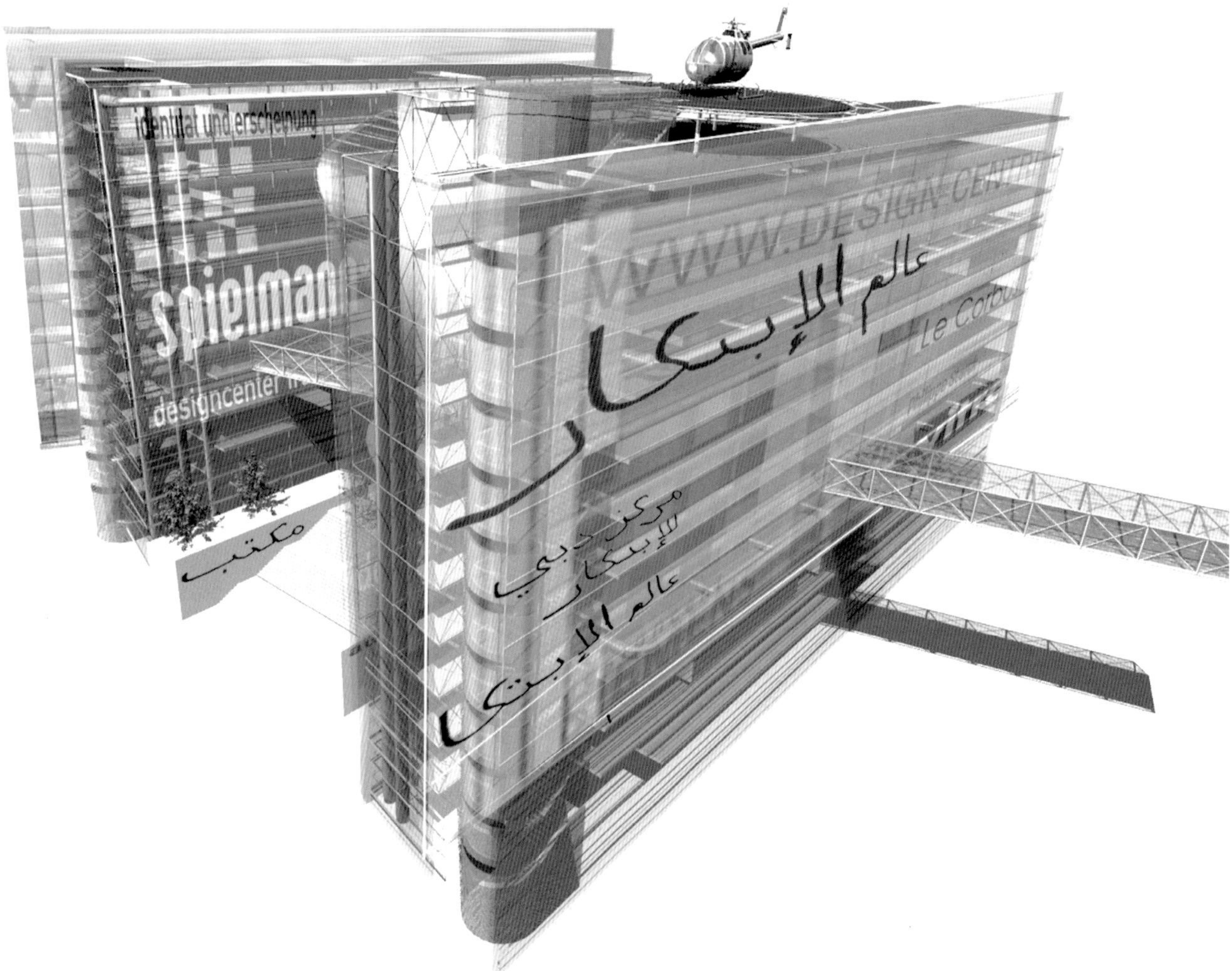

Drei-D-Modell | 3d model

ديزاين سنتر - مطار دبي

المهندسون
ڤيلّن أسوسياتس
للاستشارات الهندسية،
ڤيسبادن

التخطيط الفني
كروس للاستشارات،
ڤيسبادن
ڤيلّن أسوسياتس
للاستشارات الهندسية،
ڤيسبادن

صاحب المشروع
شركة شبيلمانّ
أوفسهاوس، إشبورن

المساحة
حوالي ٤١.٥٠٠ متر مربع
مساحة إجمالية لأرض
المشروع

موعد الانجاز
يفترض في ٢٠٠٨

تم تصميم مركز ديزاين سنتر بمطار دبي خصيصًا للعاملين في مجال البناء والعمارة. يقع مركز ديزاين سنتر مباشرة بالقرب من مطار دبي الدولي في جبل علي وبالقرب من مركز دبي التجاري العالمي. من المفترض أن يكون كل المستأجرين والمستخدمين في مركز ديزاين سنتر من العاملين في مجال البناء والعمارة، سواء أكانوا يعملون سماسرة أو في شركات للمقاولات أو مهندسين معماريين أو صانعي مصابح وأضواء أو في أي شيء آخر في مجال البناء. يهدف هذا المشروع إلى إيجاد موقع معرض دائم خاص بالبناء والعمارة. عولجت في التصميم المعماري الخاص بمبنى مركز ديزاين سنتر عناصر من الطيران، تم تأويلها برؤية معمارية. من أجل منح المبنى شكلاً مفعمًا بالحركة، من المفترض أن يظهر منظر البمنى مثل آلة ميكانيكية. تعرض من أجل هذا الغرض بعض العناصر والأجزاء من التقنيات المنزلية الداخلية بصورة مرئية خلف زجاج. يفترض أن تمنح المبنى شكلاً تقنيًا بارزًا. تزيد من تأثير هذا الشكل التقني المصاعد الموجودة في الخارج مع تقنياتها المكشوفة أيضًا. يقع مدخل البناية عند مستوى الطابق الأول أمام ساحة واسعة، يمكن استخدامها هي الأخرى كمساحة عامة للعرض. يمكن الوصول إلى هذه الساحة عبر درج واسع وأرصفة منحدرة ومصاعد. لقد تم تصميم الغلاف الخارجي للمبنى على نحو يتيح خلق أجواء ضوئية مثالية في داخل البناء. هناك تغليف خارجي منفرد يمكّن المستأجرين من إيجاد مساحات للعرض والدعايات. يتميز هذا البمنى أثناء الليل بميزة خاصة من خلال منظومة الأضواء المتطورة ومن المفترض أن يلفت الأنظار إلى أرض هذا الموقع.

الإمارات العربية المتحدة

أبو ظبي

دبي

Rendering Skyline Dubai mit dem Al Burj Tower | Rendering Dubai skyline with Al Burj Tower

دبي - منظر على أفق المدينة مع برج "البرج"

Rohbau Burj Dubai, Januar 2007 | Shell construction Burj Dubai, January 2007

هيكل برج دبي في كانون الثاني/يناير ٧٠٠٢

(٩) يكاد يكون الحصول على الجنسية الإماراتية أمرًا مستحيلاً - والبديل هو أن يكون باستطاعة الراغب في العيش في الإمارات اقتناء عقار على التراب الاماراتي. مما يتيح له الحصول على تصريح إقامة دائمة في الإمارات. وبذلك يحصل المرء تقريبًا على وضع يشبه وضع المواطنين أبناء البلاد. إذ أن السعي وراء الحقوق المدنية والقوانين الأساسية الغربية في هذه المنطقة يذهب أدراج الرياح.

(١٠) بإمكان من يقتني بيتًا في نخلة جميرا أن يجني ربحًا تبلغ نسبته في أغلب الحالات أكثر بكثير من مائة بالمائة.

(١١) راجع مايك ديفيز Mike Davis. «طموح وترف في دبي» Gier und Luxus in Dubai. في مجلة لتر إنترناتسونال. عدد ٧٥. شتاء عام ٢٠٠٦.

(١٢) راجع تقرير منظّمة مراقبة حقوق الإنسان (هيومان رايس ووتش)، عدد ٨. تشرين الثاني/نوفمبر ٢٠٠٦ بعنوان:
United Arab Emirates Building Towers, Cheating Workers Exploitation of Migrant Construction Workers.

(١٣) راجع مثلاً توماس م. كروغر في «منظر ثري». أسبوعية شبكة العمارة عدد ٢٠. Thomas Michael Krüger: Looking Rich, in: Baunetzwoche. حسب بيانات مقاول بناء عمل في برج دبي فإن هذا البرج «يعتبر من الناحية التقنية ... على مستوى الستينيات من القرن الماضي. حيث يبحث فيه المرء من دون جدوى عن أساليب البناء المستدامة التي تحافظ على مصادر الطاقة أو تصاميم مناخية ذكية».

(١٤) جورج كاودريتيز. «حاضرة دبي وتصاعد الخيال المعماري». في مجلة بدون. عدد ٤. خريف عام ٢٠٠٥.
George Katodrytis: Metropolitan Dubai and the Rise of Architectural Fantasy, in Bidoun, No 4, spring 2005.

تحذو في الحقيقة الكثير من المدن حذو دبي وقد انتشر الازدهار العمراني منذ فترة طويلة في مناطق أخرى من شبه الجزيرة العربية. تتاح هنا على الرغم من كل النقد فرص للمهندسين المعماريين من أجل التمكّن من تنفيذ رؤاهم في مشاريع بناء واقعية.

عن هذا الكتاب

يجب النظر إلى المشاريع الخمسين التالية الخاصة بمكاتب هندسية ألمانية ضمن سياق الرؤى العظيمة التي ترمز إلى سوق العقارات في دول الخليج العربي. تعدّ المساهمات الألمانية متواضعة وقليلة نسبيًا ضمن المشهد الكلي. فحتى الآن تمكّن الزملاء المهندسون الذين ينتمون إلى البلدان الإنجلوسكسونية من البروز بشكل أفضل بكثير ومن ترسيخ وجودهم. لقد اتجه معظم المهندسين المعماريين الألمان حتى الآن إلى الصين أو روسيا ولم يكتشفوا سوق البلدان العربية - التي لا تعتبر دائمًا سهلة - إلا بالتدريج. لكن ذلك صار يتغيّر حاليًا وبشكل سريع مثلما يعتبر هذا من طبيعة المنطقة.

يفترض ويمكن أن تعطي تشكيلة المشاريع الخمسين التالية انطباعًا أوليًا فقط عن نتاج المهندسين المعماريين الألمان. لا يجوز قطّ اعتبار هذه التشكيلة الأخيرة. لا سيما وأنه لم يكن بالإمكان إدراج الكثير من المشاريع في هذا الكتاب لأسباب مختلفة. كثيرًا ما لم تسمح حالة إنشاء وتطوير المشاريع بنشر أيّ شيء عنها بسبب أصحاب ووكلاء المباني. كذلك لا يزال القسم الأكبر من المشاريع المعروضة حتى الآن في مرحلة التنفيذ أو أنها تنتظر اكتشافها من قبل مموّل بناء سخي. كذلك لم يكن بالإمكان للمشاريع الألمانية إن تكون متنوّعة أكثر مما هي عليه. حالها في ذلك كحال جميع مشاريع البناء في شبه الجزيرة العربية: ملتزمة بتقاليد غربية أو شرقية وخيالية أو موضوعية وآيلة إلى الزوال أو مستدامة ومتواضعة فقط في حالات نادرة. لكنها دائمًا جديرة بالإهتمام. حتى وإن لم يكن في النهاية كل ما يلمع ذهبًا فمن الجدير على كل حال إلقاء نظرة خلف أسوار مواقع البناء.

الحواشي

(١) هناك تفصيل شامل لهذا الموضوع لدى: أويغن ڤيرت. «المدينة الشرقية في الشرق الأدنى وشمال إفريقيا». ط في ماينتز سنة ٢٠٠٠.
Eugen Wirth: Die Orientalische Stadt im islamischen Vorderasien und Nordafrika, Mainz 2000.

(٢) في الحقيقة تقع مدينة شبام التي يطلق عليها اسم «منهاتن الصحراء» في صحراء حضرموت على بعد عدة مئات من الكيلومترات عن العاصمة صنعاء.

(٣) وقفت اليمن وحدها من بين دول شبه الجزيرة العربية إلى جانب العراق الذي اجتاح الكويت.

(٤) لقد أخفقت فقط عملية نسف أبراج الكويت التي تعتبر المركز الرئيسي الذي يزوّد البلاد بالماء.

(٥) وصفت مجلة النيوز ويك مدينة الرياض بـ«أكبر ورشة بناء في تاريخ البشرية». كانت تصدر سنويًا في مدينة الرياض حوالي ١١,٥٠٠ رخصة بناء في الفترة الممتدة ما بين عام ١٩٧٧ وعام ١٩٨٦. راجع في هذا الصدد:
Saleh Al-Hathloul in: Riyadh Architecture in One Hundred Years www.csbe.org/e_publications/riyadh_architecture/index.htm ,

(٦) ارتفع عدد سكان الرياض من أربعة عشر ألف نسمة في العام ١٩٠٢ إلى ستمائة وسبعة وستين ألف نسيمة في العام ١٩٧٤ ومليونين وثمانمائة ألف نسمة في العام ١٩٩٢ وبلغ في العام ٢٠٠٦ أكثر من خمسة ملايين نسمة.

(٧) تعتبر أسعار الأراضي المجاورة للكعبة الأسعار الأغلى في العالم طبقًا لمعلومات مؤسّسة «غرفة التجارة والصناعة العربية الألمانية». حيث يبلغ سعر المتر المربع في بعض المناطق حوالي تسعين ألف دولار أمريكي للمتر المربع. وللمقارنة: يبلغ سعر المتر المربع في منطقة مايفير في لندن حوالي ٣٧,٥٠٠ دولار أمريكي وفي مانهاتن في نيويورك ١٩,٠٠٠ دولار أمريكي لكل متر المربع.

(٨) لكن في أبو ظبي على أساس استئجار ومن دون تملّك الأراضي وكذلك لا تزال الملكية للأجانب في دبي مقيّدة ببعض القيود العملية.

من خلاله منذ فترة طويلة باعتباره معلمًا دعائيًا. لقد وضع هذا الفندق حجر الأساس في صورة دبي: كل شيء ممكن هنا! فهكذا يُعلن حاليًا في دبي عن المشاريع الأكثر ظرافة وبعد ذلك بفترة وجيزة تبدأ الجرّافات بحفر الحفرة الأولى للبناء، أو بنفسها. إذ تحظى هنا مشاريع توفير المساحات اليابسة بأهمية بالغة. هذه المساحات التي تقام في البدء على شكل جزر في البحر ثم تبنى عليها كل أنواع المباني الممكنة من أحياء تضم منازل وفيلات حتى ناطحات السحاب الكبرى. تعتبر جزيرة نخلة جميرا التي تم انجازها أول جزيرة من نوعها[١٠] . تليها كل من جزيرة نخلة جبل علي وجزيرة نخلة ديرة. يتم حاليًا بالإضافة إلى ذلك إنشاء مشروع جزر العالم الذي يتكون من ثلاثمائة جزيرة يفترض أن تكوّن مجتمعة خارطة العالم. وحتى أن هناك بيت شِعر لأمير دبي الشيخ محمد بن راشد آل مكتوم سوف يتم تنفيذه في شكل جزر (يصف فيه أن ليس كل من ركب الخيل بخيّال) ومن الممكن التعرّف عليه وعلى كل الجزر الأخرى من الفضاء. غير أن هذه الجزر لا تمثّل سوى جزءٍ من المشاريع الرائعة في دبي: تنشأ حاليًا أعلى ناطحة سحاب وأكبر مركز للتسوّق وأوّل حلبة تزلّج في الصحراء. حيث تتحوّل الأحلام إلى حقيقة! زد على ذلك أنه يُنتظر في دبي تنفيذ مشاريع ضخمة أخرى مثل مشروع «بوادي» السياحي والترفيهي العملاق الذي سوف يضاعف طاقة الفنادق في المدينة. أو مشروع «واجهة دبي البحرية» التطويري الذي سيهيّئ بنية تحتية لحيّ يتسع لحوالي سبعمائة وخمسين ألف نسمة. سوف تكون «مدينة العرب» مركز هذا الحيّ الذي سوف تنشأ فيه بعد عشرة أعوام أعلى ناطحة سحاب في العالم أي مبنى البرج. سوف يطغى هذا البرج الذي من المقرر أن يبلغ ارتفاعه تسعمائة متر على «برج دبي» الذي يتم بناؤه حاليًا بارتفاع سبعمائة متر. ليصبح فقط ثاني أعلى مبنى في دبي. هناك مشروع تطويري عملاق آخر من المشاريع التي تقام في دبي، هو مشروع دبي لاند الذي ينقسم إلى حوالي ٤٥ مشروعًا معماريًا رئيسيًا ومائتي مشروع فرعي آخر: من هذه المشاريع مدينة دبي الرياضية التي تضم المرافق والمنشآت الرياضية والملاعب والعمارات السكنية بالإضافة إلى المدارس والمستشفيات. ومشروع أكوا دنيا الذي يضم واجهة بحرية وسوقًا تقليدية ومدينة الصقر للعجائب مع مجموعة من المباني المقلدة لمباني عجائب الدنى القديمة.

بينما يوجد خليج دبي التجاري وحدات سكنية بالإضافة إلى المباني المكتبية المخصصة للأعمال المصرفية الدولية يفترض توفير الأجواء الترفيهية في دبي فيستيفال ستي (مدينة مهرجانات دبي). كذلك تتألف مدينة مطار جبل علي من أحياء منفردة ومطار تتصل به منطقتان صناعيتان كما يفترض أن تتحوّل بعد حوالي عشرين عامًا إلى أكبر مركز لوجستي بحري وجوي في العالم. كذلك يتم توسيع موانئ دبي لتصبح أكبر موانئ موجودة في المنطقة.

الخلاصة

يتقارب الماضي من الحاضر والحلم من الحقيقة مع بداية القرن الحادي والعشرين في شبه الجزيرة العربية. يظهر هذا التقارب بصورة بارزة في فنّ العمارة المعاصر. وفي ذلك تثير قبل كل شيء الرؤى المعمارية التي يتم تنفيذها لدى كبار أقطاب النفط وفي مقدمتهم مدينة دبي التي تشهد ازدهارًا بديعًا الدهشة والإعجاب. تسحر هذه المدينة التي تعتبر من شرق ما بعد الغد معظم المهتمين - وكذلك تخيف الكثيرين بصورة متزايدة في ضخامتها وحجمها الهائل. ما من شكّ في ذلك: إذ أن كثرة ناطحات السحاب وعوالم الفنون والأمثلة «الأحسن في» العمارة العالمية تثير الروعة والإعجاب وتزيد السرعة التي تنشأ فيها.

لكن إلى أيّ مدى سوف تحمل تصاميم العمارات والمباني العملاقة التي تُنفّذ بسرعة فائقة هذه الأسطورة التي تحوّلت إلى خرسانة من ألف ليلة وليلة؟ إذ أنها لا تعتبر غير معقّدة من وجهة نظر التخطيط المدني وكذلك من وجهة نظر تقنيات المباني العالية. إن الفكرة المعمارية المدنية خيالية فقط في حجمها. بيد أن الحجم لا يرمز بالضرورة إلى التقدّم. فهكذا تذكّر دبي عالم الاجتماع المدني مايك ديفيز Mike Davis أكثر ما تذكّره بحلم مزعج من الماضي. توحّدت فيه العمارة الضخمة العملاقة ذات الطابع الإشتراكي القومي (النازي) مع عمارة ديزني الاصطناعية[١١]. إن التصاميم والتخطيطات المدنية التي تبوء بالفشل بسبب النقص في التمويل والتضخّم السكّاني الذي لا يمكن ضبطه غير مرغوبة سياسيًا في هذه المنطقة. لا يُنظر هنا إلى مجموعات العنابر السكنية التي تسكنها مئات الآلاف من عمال البناء الآسيويين، الذين يعيشون في البلاد تحت ظروف قاسية[١٢]. على أنها مشكلة. ففي آخر المطاف ينبغي لهم بعد انجاز العمل مغادرة البلاد وعدم ترك أيّة آثار في المدينة والبلاد بقدر المستطاع.

لكن لا يظهر فقط التخطيط (وعدمه) على مستوى الستينيات من القرن الماضي. بل يبدو كذلك أن أكثر البنايات لم تصل تقنيًا إلى القرن الحادي والعشرين[١٣]. زد على ذلك وجود القليل فقط من التصاميم المعمارية المستلهمة وكثيرًا ما يُشتكى من نقص الطيبة والرفق في أعمال البناء قياسًا بحجم البناء والإمكانيات الموجودة. وعلاوة على ذلك يجدر التساؤل - خاصة بالنظر إلى ارتفاع درجات حرارة الجو - عن جدوى إنشاء الكثير من الأبراج الزجاجية التي لا يوجد في معظمها واجهات مكيّفة في هذه البلاد بالذات التي يتم فيها تبريد المسابح في فصل الصيف. تثير هذه المباني الدهشة من خلال حجمها أو ارتفاعها بالإضافة إلى استهلاكها للطاقة. فضلاً عن موازنة الطاقة المستهلكة في حلبات التزلّج الداخلية ومختلف المراكز الجليدية الترفيهية المخطط إنشاؤها في الصحراء.
بيد أن الغالبية لا تستطيع البقاء بمنأى عن رونق وديناميكية ازدهار العقارات السريع والتضخّمي. تتم المضاربة بحماسة وإعجاب وبذلك تنمو المدينة نموًا سريعًا. حتى أن مخطّط المدن جورج كاودريتيز George Kaodrytis يعتبر المدينة بمثابة محدّد عالمي للاتجاه العام: «تعتبر دبي مثالاً لمدينة جديدة ما بعد عالمية. تؤجّج الأشواق لكنها لا تحل أيّة مشكلة. إذا كانت روما هي المدينة الخالدة ومانهاتن هي ذروة المعمار المدني الكثيف. فمن الممكن أن تعتبر دبي مدينة مثالية سبّاقة في القرن الحادي والعشرين: واحات بدوية اصطناعية الشكل في هيئة مدن معزولة تمتد فوق اليابسة والماء على حد سواء»[١٤].

العديد من مباني الوزارات والجامعات والبنايات السكنية بالإضافة إلى بعض الأحياء التي أقيمت بكاملها. على سبيل المثال الحي الديبلوماسي الذي تم تصميمه من قبل المكتب الاستشاري الهندسي الألماني ألبرت شبيير وشركاؤه. لكن صار من المتوقّع الآن أن يشهد قطاع البناء في المملكة العربية السعودية في السنين المقبلة ازدهارًا أكبر بكثير مما شهده في السابق. سوف تكون هناك حاجة في السنين المقبلة إلى بناء ما ينيف عن مليوني وحدة سكنية جديدة بسبب ارتفاع نسبة النمو السكاني في الرياض[1]. بالإضافة إلى ذلك يفترض تجديد وتطوير البنية التحتية وإقامة مراكز صناعية ومدن تجارية جديدة مثل «مدينة الملك عبد الله الاقتصادية» التي تمثّل أكبر مشروع تشهده المملكة العربية السعودية أو «مدينة الأمير عبد العزيز بن مساعد الاقتصادية» في حائل أو «مدينة المعرفة الاقتصادية» في المدينة المنورة. تسعى المملكة العربية السعودية من خلال هذه المشاريع إلى التواصل مع التطوّر الذي تشهده المنطقة وإلى تحديد أهداف مجدية للمستثمرين. زد على ذلك إنشاء منطقة تجارية ضخمة شمال الرياض. سوف تنافس المراكز التجارية الكبيرة الأخرى في العالم. تقام بالإضافة إلى ذلك مشاريع تطوير مدني كبيرة في مكة المكرمة والمدينة المنورة. من أجل استيعاب ملايين الحجّاج الذين يفدون إلى الحرمين الشريفين بأعداد متزايدة. يتم حاليًا تنفيذ خمسة وعشرين مشروعًا في وسط مكة، من بينها بعض الأبراج السكنية بالقرب من الكعبة التي تعتبر أقدس بيت في الإسلام[7]. سوف تصبح «أبراج آل البيت» بارتفاع ٤٨٥ مترًا أعلى بناية في المملكة العربية السعودية.

الإمارات العربية المتحدة

تأسست الإمارات العربية المتحدة في العام ١٩٧١ من اتحاد سبع إمارات خليجية: يترأسها أمير إمارة أبو ظبي الغنية التي تنفق على الإمارت الأربعة الصغيرة الشارقة والفجيرة ورأس الخيمة وعجمان وتدعمها بسخاء حتى يومنا هذا بدولاراتها النفطية. كانت إمارة دبي نفسها تحصل حتى عهد ليس ببعيد على معونات نفطية سخية. تتألّف حكومة الإمارات من المجلس الوطني الاتحادي وينص دستورها على أن رئيس البلاد هو دائمًا حاكم إمارة أبو ظبي ويعتبر حاكم دبي نائبه ورئيس الوزراء. لا يعتبر حكام الإمارات قادة سياسيين وحسب، بل يحدّدون كذلك المسارات الاقتصادية في إماراتهم بما في ذلك مشاريع التطوير العمرانية في عواصمهم. تشير كل المؤشّرات المستقرة من خلال عملية تحرير الاقتصاد التدريجية في الإمارات العربية المتحدة إلى مستوى قياسي بفضل أسعار النفط التي تحقّق أرقامًا قياسية. تتقدّم مسيرة التحديث والتنويع في الإمارات العربية المتحدة بمثابرة وحزم. وفي ذلك تعتبر التغيّرات في قوانين ولوائح الملكية والعقارات على قدر من الأهمية بالنسبة لمشاريع التطوير المدني. صار بوسع الأجانب للمرة الأولى على الإطلاق في أبو ظبي وكذلك في دبي إمتلاك عقارات ملكية تامة على الرغم من بعض الأمور غير الواضحة[8]. لوحظت هذه التغيّرات بسرعة في أسواق العقارات التي صارت تعمل فيها الآن أعداد متزايدة من المستثمرين الأجانب.

استطاعت الإمارات العربية المتحدة أن تصبح في وقت قصير البلد الذي يشهد أكبر نمو في قطاع البناء - إلى جانب الصين. لكن لا تقام في الإمارات مبانٍ لمواطنين يزيد عددهم عن مليار نسمة، بل فقط لثلاثة ملايين وأربع مائة ألف نسمة منهم ٨٠ بالمائة أجانب ينبغي أن لا يتم دمجهم في الدولة نزولا عند رغبة الحكّام[9].

تحتل إمارتا أبو ظبي ودبي مكان الصدارة في الازدهار المعماري الذي تشهده البلاد. في حين لا تزال أبو ظبي قادرة على الاعتماد على احتياطاتها من النفط لفترة طويلة الأمد - تعقد الآمال في أبو ظبي بالإضافة إلى ذلك على تطوير الصناعات الثقيلة والخفيفة ويسعى القائمون عليها إلى جعلها موقعًا ثقافيًا في الإمارات العربية المتحدة. تعقد دبي آمالها في المقابل بمثابرة وحزم على تطوير مكانتها كموقع عالمي للخدمات والأعمال المالية والسياحة.

لم يكن يعيش حتى الستينيات من القرن العشرين في أبو ظبي أكثر من خمسة آلاف نسمة تقريبًا، معظمهم في أكواخ من سعف النخيل من دون كهرباء أو مجار. لم تتغيّر هذه الحال إلاّ مع البدء في إنتاج النفط الذي جلب الكثير من الإماراتيين وكذلك الأجانب إلى هذه المدينة. تطوّرت أبو ظبي حتى يومنا هذا وصارت مدينة يبلغ تعداد سكّانها أكثر من مليون نسمة. بيد أنها عجزت عن مجاراة رونق وازدهار دبي - الأمر الذي يفترض أن يتغيّر في المستقبل. حدّدت الخطط الموضوعة للسنين المقبلة مجموعة من المشاريع الضخمة من أجل العاصمة أبو ظبي. تتمثل أروع هذه المشاريع في «مشروع شاطئ الراحة» وكذلك مشروع «جزيرة ريم». حدّدت في كلا المشروعين التطويريين وظائف متعدّدة، وهما يضمّان العديد من المرافق السياحية والمكاتب والمنازل كما صمّم المشروع الأول لحوالي ١٢٠،٠٠٠ نسمة والثاني لحوالي ١٠٠،٠٠٠ نسمة. إن استثمارات أبو ظبي في بناء الجامعات وإقامة أكبر حيّ ثقافي في العالم أثارت إهتمامًا واسعًا على مستوى العالم. تأسّس في نهاية عام ٢٠٠٦ فرع جديد لجامعة السوربون الباريسية في أبو ظبي ومن المفترض إنشاء أربعة صروح مخصصة للفنون حتى العام ٢٠١٨ في جزيرة السعديات: «متحف غوغنهايم أبو ظبي» للمهندس فرانك جيري Frank O. Gehry و«المتحف البحري» للمهندس تداو آندو Tadao Ando و«متحف الفنون الكلاسيكية» للمهندس جان نوفيل Jean Nouvel و«دار المسارح والفنون» للمهندسة زهـاء حديد.

دبي - نادرًا ما ازدهرت مدينة ما في مثل هذه السرعة من قرية صحراوية إلى عاصمة لامعة. في عام ١٩٥٦ بنيت فيها أوّل عمارة خرسانية. وبعد خمسين عامًا صار يوجد فيها ثلاثمائة ناطحة سحاب. لا توجد أيّة سوق عقارات في العالم تسير بمثل هذا النشاط. تقوم منذ فترة طويلة إمارة دبي التي تعتبر احتياطاتها من النفط قليلة بالمقارنة مع جارتها أبو ظبي بالدعاية بصورة غير معهودة في هذه المنطقة ومنفتحة على العالم كما تجذب بمنطقتها التجارية الحرة رجال الأعمال من كل أرجاء العالم. يعتبر «فندق برج العرب» الرائع الذي تم انجازه في العام ١٩٩٩ أول مشروع معماري أقيم في رمال دبي. سوف يبدأ هذا الفندق حسب تقديرات الخبراء بإدرار الأرباح بعد خمسين عامًا شريطة أن يبقى محجوزًا بكل طاقته. بيد أن مدينة دبي جنت أرباحًا

Altstadt Sanaa | Old City of Sana'a

مدينة صنعاء القديمة

Felsenpalast Dar Al-Hajjar | Dar Al-Hajjar Rock Palace

قصر دار الحجر على صخرة في اليمن

الوطني أيضًا في مجالات أخرى. فهكذا تستثمر قطر استثمارات ضخمة في مجالات عديدة مثل قطاع البناء. يُصرف الجزء الأكبر من المعونات المالية على إقامة منشآت صناعية جديدة، ولكن أيضًا على البنية التحتية ومشاريع البناء. فهكذا أنفقت قطر على سبيل المثال في العام ٢٠٠٦ حوالي مليار دولار أمريكي على استثمارات معمارية أقيمت من أجل الألعاب الآسيوية، التي تعتبر ثاني أكبر حدث رياضي عالمي بعد الألعاب الأولومبية. تخطّط قطر حاليًا لبناء مطار الدوحة الدولي الجديد، الذي يفترض أن يضم العديد من المرافق مثل المنطقة التجارية الحرة. يعتبر مشروع تطوير لوسيل العمراني واحدًا من بين مشاريع البناء المدنية الكبيرة؛ وهو عبارة عن مدينة ساحلية جديدة تحتوي على مبانٍ للسكن ومكاتب وفنادق ومنشآت ومرافق للترفيهية ولقضاء أوقات الفراغ. يفترض أن تستقر في مركزها شركات مختصة بالطاقة. من المخطط إقامة «مدينة التعليم» على حدود مدينة الدوحة بالإضافة إلى مشروع الوعب. بالإضافة إلى ذلك يتم تشييد العديد من المشاريع الخاصة، من بينها بعض ناطحات السحاب الرائعة مثل برج المدينة الرياضية الذي يبلغ ارتفاعه ثلاثمائة مترًا وبرج كويبكو الذي يبدو شكله مثل اعصار أو مشروع البرج الذي تقيمه أبراج دبي في الدوحة. هذا البرج الذي يفترض أن يصبح بارتفاعه البالغ ٤٤٥ مترًا أعلى مبنى في قطر. زد على ذلك أن قطر تخطط أيضًا لإقامة عالم جزيرتها الاصطناعية: جزيرة اللؤلؤة. من المفترض أن يتم في هذه الجزيرة إنشاء حوالي ثمانية آلاف فيلاّ ساحلية وعمارات وشقق سكنية لحوالي ثلاثين ألف نسمة، إلى جانب الفنادق الفاخرة والمرافق المخصصة لقضاء أوقات الفراغ والمدارس. بالإضافة إلى ذلك تسعإ الدوحة من خلال المباني الثقافية التي تبنى من قبل مهندسين ومعماريين مشهورين دوليًا إلى رفع جاذبيتها. يتم حاليًا بناء العديد من المباني مثل مكتبة قطر الوطنية من تصميم المهندس آراتا إيسوزاكي Arata Isozaki ومتحف قطر للتصوير الفوتوغرافي من تصميم المهندس سانتياغو كالاترافا Santiago Calatrava ومتحف الفنون الإسلامية من تصميم المهندس آي إم بي I. M. Pei.

الكويت

تعتبر دولة الكويت المستقلة منذ العام ١٩٦١ إمارة حكمها وراثي مع مشاركة برلمانية. كما تعدّ حالها كحال جيرانها من أكبر الدول المصدّرة للنفط في العالم. كان اقتصادها الوطني منهارًا إلى أبعد حدّ نتيجة لحرب الخليج الثانية في عامي ١٩٩٠ و١٩٩١. إذ قامت القوّات العراقية التي اجتاحتها بتهديم كل البنية التحتية تقريبًا في هذا البلد أثناء انسحابها منه. فقد قاموا بهدم بنايات مهمة ونقلوا معهم الأموال وأضرموا النار بأكثر من سبعمائة بئر نفط[٤]. لقد سارت عملية إعادة إعمار هذا البلد بعد نهاية الحرب بسرعة. هذا يعني أنه تم إطفاء آبار النفط وبناء الشوارع بالإضافة إلى إعادة بناء المنشآت الصناعية والمباني.

لا يزال تجديد قطاع النفط يتصدّر مشاريع البناء الكبيرة. بيد أن الكويت تهتم أيضًا بالإضافة إلى ذلك بالتخطيط لمشاريع كبيرة وبتنفيذها. تغيّر منظر البلاد في السنين الأخيرة على سبيل المثال من خلال بناء العديد من المباني التي تتألّف من خمسين طابقًا. يفترض أن تتبعها في المستقبل بنايات تتألّف من سبعين طابقًا. وعلاوة على ذلك من المخطط إنشاء مدن جديدة مثل مشروع عريفجان السكني أو مدينة خيران السكنية، أو أحياء ومحلات مثل مشروع الفحيحيل ومشروع المدينة الطبية أو جزيرة فيلكا السياحية على الساحل الكويتي وبالإضافة إلى مشروع ميناء جزيرة بوبيان اللوجستي.

عمان

لا تعتبر سلطنة عمان التي يحكمها السلطان قابوس بن سعيد حكمًا مطلقًا من ضمن أهم الدول المنتجة للنفط في شبه الجزيرة العربية. لكن على الرغم من ذلك فإن اقتصادها مرتبط بالنفط كما أن تطوّرها يخضع بشكل تام لأسعار النفط ولكميّات النفط المنتجة. بيد أن الدولة تسعى إلى التقليل من اعتماد اقتصادها على النفط. تعدّ البنية التحتية في عمان متطوّرة جدًا ومن المفترض توسيع القطاع السياحي بصورة خاصة إلى جانب إنشاء منشآت صناعية جديدة. يفترض في السنين المقبلة العمل على زيادة طاقة الفنادق لتصل على الأقل إلى الضعف كما يفترض أن تجذب المشاريع العملاق الفخمة المزيد من السيّاح العالميين إلى البلاد. تحتوي المنشآت والمرافق السياحية الكبيرة مثل مشروع الموجة ومشروع منتجع برّ الجصة (Shangri La's Resort) على فنادق وأقسام للراحة والاستجمام. يعتبر مشروع المدينة الزرقاء أكبر مشروع يقام حاليًا في السلطنة. من المفترض أن يحتوي مشروع التطوير المدني هذا، الذي يبعد عن مسقط حوالي مائة كيلومتر ويفترض إنجازه حتى العام ٢٠٢٠، على منشآت ومرافق سياحية بالإضافة إلى العديد من المراكز الاقتصادية وكذلك وحدات سكنية تتسع لأكثر من مائتي ألف إنسان على مساحة تبلغ ٣٥ كيلومتر مربع.

المملكة العربية السعودية

تعتبر المملكة العربية السعودية أكبر وأقوى دولة في شبه الجزيرة العربية؛ كما أنها أكثر دولة محافظة من بين الدول العربية. نظام حكمها ملكي مطلق. تلتزم أسرة آل سعود التي تحكمها بالدعوة الإسلامية السنية الوهابية. يوجد تحت رمال الصحراء السعودية الجزء الأكبر من احتياطيات النفط في العالم. يعتمد اقتصاد السعودية كونها أكبر منتج للنفط في العالم اعتمادًا قويًا على التطوّرات في سوق النفط. إذ أن حوالي ٩٠ بالمائة من دخلها الوطني يرد من عائدات النفط والمنتجات البتروكيماوية. حقّقت المملكة العربية السعودية في العام ٢٠٠٦ أكبر فائض غير مسبوق في ميزانيتها بلغ أكثر من ٧٠ مليار دولار أمريكي. من المقرر تمويل مجموعة من المشاريع التنموية في المملكة من بين الكثير جدًا من المشاريع الأخرى. صحيح أن فترة السبعينيات والثمانينيات شهدت ازدهارًا عمرانيًا خاصة في العاصمة الرياض[٥]. شارك فيه مهندسون ومعماريون عالميون. فقد تم في تلك الفترة إنشاء

سوف يتم - بغية مراعاة هذا الوضع - فيما يلي وبإيجاز وصف أحدث التطوّرات المعمارية الخاصة بالدول، بما يتطابق مع تقسيم المشاريع في الكتاب.

البحرين

تعتبر مملكة البحرين أصغر دولة من دول شبه الجزيرة العربية. تتكوّن مساحتها - التي تبلغ أصغر من برلين بربع - من مجموعة جزر تضم ثلاث وثلاثين جزيرة تقع في خليج يتفرّع من الخليج العربي يطلق عليه اسم خليج البحرين. كانت البحرين إمارة حتى العام ٢٠٠٢ تتوارث ولاية عهدها أسرة آل خليفة. أما حاليًا فهي مملكة دستورية. بدأ استخراج النفط فيها في العام ١٩٣٢ وقد كانت أول دولة في المنطقة يستخرج منها النفط على الإطلاق. صارت حاليًا كميات النفط التي تستخرج منها قليلة نسبيًا بالمقارنة مع جيرانها. كذلك أصبحت أهمية الصناعات النفطية في البحرين تتضاءل باستمرار، لا سيما وأن هذه المملكة نجحت في توطيد مكانتها كمركز مالي دولي وكموقع سياحي. تقرّر إنشاء مجموعة من مشاريع البناء الضخمة إلى جانب حلبة البحرين الدولية لسباق الدرجة الأولى التي بدأت نشاطها في العام ٢٠٠٤ والتي تجذب سنويًا جماهيرًا من دول العالم، من أجل رفع مستوى جاذبية البلاد بالنسبة للسيّاح. تخطط البحرين - حالها في ذلك كحال باقي دول المنطقة - لإقامة مشاريع عديدة من بينها عوالم جزر اصطناعية: جزيرة الأمواج وجزيرة درّة البحرين اللتان تؤلّفان مجموعة جزر عددها ثلاث عشر جزيرة مرجانية أو مستوية الشكل وتشكّل مجتمعتة هلالاً. هناك مشروع سياحي ضخم آخر يتم تطويره في منطقة العرين في جنوب البحرين. يفترض أن يضم هذا المشروع موقعًا للسباحة مع عدد من الفنادق والمرافق المخصصة لقضاء أوقات الفراغ وللراحة والاستجمام وكذلك مجموعات مباني سكنية. يفترض بالإضافة إلى ذلك دفع عملية توسيع مركز البحرين المالي إلى الأمام من خلال مشروع مرفأ البحرين المالي ومشروع مركز البحرين العالمي للتجارة ومشروع خليج البحرين.

اليمن

كانت اليمن في العهود القديمة تعرف باسم بلاد العرب السعيدة. بيد أن مكانتها صارت في يومنا هذا على الأقل من الناحية الاقتصادية متراجعة عن دول مجلس التعاون الخليجي، الذي يضم كل دول شبه الجزيرة العربية سوى اليمن. اتحد شطري اليمن في العام ١٩٩٠ بعدما كانت مقسمة إلى «جمهورية اليمن الديموقراطية الشعبية» الاشتراكية في الجنوب و«الجمهورية العربية اليمنية» في الشمال والتي اعتمدت في سياستها البنى التقليدية الإسلامية. تعتبر اليمن من أفقر بلدان العالم على عكس الدول المجاورة لها. صحيح أن اكتشافات النفط أعطت أيضًا هذا البلد أملاً في ازدهار اقتصادي، بيد أن إبعاد أكثر من مليون عامل يمني عن المملكة العربية السعودية ودول الخليج الأخرى بسبب الموقف اليمني في حرب الخليج الثانية[3] أدّى إلى تفاقم الأوضاع الاقتصادية التي لا تزال تعاني منها البلاد حتى يومنا هذا.

كذلك لم يتطوّر قطاع السياحة في اليمن بما يتناسب مع تراثها الثقافي ومواقعها الأثرية الكثيرة. تراجعت كثيرًا أعداد السيّاح الذين يقصدون اليمن في السنين الأخيرة نتيجة للحرب الانفصالية في العام ١٩٩٤ ونتيجة للكثير من عمليات خطف السيّاح. إذًا ما تغيّرت هذه الحال فعندها سيكون لا بد بدون شك من بناء وإعادة بناء الكثير من المباني؛ على أمل أن لا يضر ذلك بمادة البناء القديمة. تعتبر منظّمة اليونسكو مدينتي صنعاء وشبام القديمتين إرثًا ثقافيًا عالميًا وتتمتّعان من خلال ذلك بأرفع مستويات الحماية. بيد أن معظم المدن والمباني الأخرى تعاني بعجز من خطر اندثارها وانتهاكها. إذ يتم هدمها من خلال نشاطات أعمال البناء التي يقوم بها السكّان والتي يترتّب عليها تشييد مساكن شعبية رخيصة تبنى بالخرسانة. لا توجد حاليًا في قطاع البناء أيّة مشاريع كبيرة يتم طرحها ضمن مناقصات ومسابقات دولية. ليس هناك سوى بعض الفنادق والمساجد التي تم بناؤها أو التخطيط لها. يتعلّق أيّ تطوّر آخر بالنمو الاقتصادي وبالاستقرار السياسي في البلاد. يبقى أن نأمل في أن يتمكّن اليمن من المحافظة على كنزه العظيم من المباني التراثية.

قطر

تعد دولة قطر التي نالت استقلالها في العام ١٩٧١ من أغنى عشر دول في العالم طبقًا لمقاييس بنك النقد الدولي؛ ويعتبر نظام حكمها حسب الدستور أميريًا تتوارثه سلالة آل ثاني. إن احتياطات النفط المثبت وجودها في قطر تكفي لخمسين عامًا شريطة أن يبقى معدّل الانتاج على ما هو عليه. بيد أن ثروتها المستقبلية تكمن في مكان آخر: تتمتّع قطر بفضل حقل الغاز الذي يطلق عليه اسم الحقل الشمالي بأكبر مخزون متكامل من الغاز في العالم.

يبلغ عدد سكان قطر ستمائة ألف نسمة يعتبر حوالي ربعهم فقط مواطنين قطريين. يتمتّع المواطنون القطريون بمجموعة من الامتيازات، بحيث يعتبر على سبيل المثال الضمان الصحي والكهرباء والماء المحلّى من مياه البحر مجانًا بالنسبة لهم - وبالنسبة لمواطني دول مجلس التعاون الخليجي الخمس. كذلك تضمن العديد من القوانين لرجال الأعمال القطريين امتيازات وتصعّب الأمور على المنافسين الأجانب. لكن صدر في العام ٢٠٠٠ قانون مكّن الأجانب للمرّة الأولى في بعض القطاعات مثل السياحة والزراعة والصحة والتربية من امتلاك شركات بنسبة مائة بالمائة. كذلك صدر مؤخرًا مرسوم أميري يسمح للأجانب امتلاك عقارات «بالإيجار» في مساحات مخصصة لهذا الغرض في الدوحة.

تسعى حكومة قطر على الرغم من دخلها المتزايد باستمرار بناءً على ارتفاع أسعار النفط وكذلك بسبب زيادة صادراتها من الغاز الطبيعي - إلى توسيع اقتصادها

جيزا شونبرغ

بناء فوق رمال الصحراء

«الرمل يتحول إلى ذهب». لا يعود هذا القول الواعد إلى قصص ألف ليلة وليلة، بل هو شعار دعائي يحيط بأسوار مواقع البناء في إمارة دبي. تعتبر هذه الإمارة حاليًا بلد العجائب المعمارية في العالم العربي، إذ لا تقام مشاريع في أي مكان آخر تقريبًا بهذا الكم والحجم والتكاليف مثلما هي الحال في هذا البلد الواقع على الخليج العربي. لكن دبي ليست المكان الوحيد الذي ينظر إليه العالم بدهشة وإعجاب، إن الثراء والغنى في كل منطقة الخليج العربي وسعيها الدؤوب إلى إقامة مشاريع بناء مدهشة يجذب من كل بلدان العالم الكثير من الناس الذين يبحثون عن حظّهم في رمال الصحراء العربية.

بيد أن منطقة شبه الجزيرة العربية كانت تعتبر لردح طويل من الزمن منطقة صحراوية قاحلة وقليلة السكّان، لم تكن تشكّل نقطة جاذبية بالنسبة للمستثمرين والمهندسين أو لغيرهم من المغامرين في قطاع البناء. لا تعدّ دول الخليج العربي على مر التاريخ بالضرورة في عداد البلدان التي كانت سبّاقة في فن العمارة الإسلامية. صحيح أن أقدس مدينتين إسلاميتين - مكّة المكرّمة والمدينة المنوّرة - موجودتان في شبه الجزيرة العربية وأن أهميتهما لا يمكن أن تقدّر بما تستحقّان من تقدير بالنسبة للعالم الإسلامي، إلاّ أن المراكز الثقافية الإسلامية في العصور الوسطى مثل دمشق وإسطنبول وبغداد أو القاهرة كانت تقع جميعها خارج هذه المنطقة. كان يوجد في شبه الجزيرة العربية القليل فقط من المدن الكبرى وعادة ما كانت هذه المدن موجودة في المناطق الساحلية. احتلت المناطق المأهولة في اليمن مكانة خاصة. كان يوجد هنا في بلاد العرب السعيدة، في اليمن، قبل الميلاد بحقبة طويلة من الزمن حضارات راقية لم تقيم مدنًا مدهشة وحسب، بل كذلك سدودًا بطول كيلومترات من أجل ري البلاد. بيد أن سبب ازدهار جنوب شبه الجزيرة العربية في العصور القديمة لا يعود إلى كثرة المحاصيل الزراعية - يبلغ منسوب الأمطار في بعض المناطق الجبلية في جنوب الجزيرة العربية ضعفي المطر الذي يهطل مثلاً في هامبورغ، بقدر ما يعود إلى طريق التجارة القديمة، أي طريق البخور. كانت تعتبر هذه الطريق التجارية البعيدة بالنسبة للعالم القديم بمثابة مكان حافل بالغموض، كانت تنقل عبرها بضائع فاخرة وكماليات مثل البخور والذهب والمرّ (المكّاوي). بعدما فقدت طريق البخور أهميتها مع نهاية القرن الأول - إذ تم تغيير طريق نقل البضائع عبر البحر الأحمر - فقدت كذلك الممالك الكبيرة في جنوب غرب شبه الجزيرة العربية ومدنها الكبرى أهميتها. لم يعد يوجد في يومنا هذا إلاّ القليل من المدن القديمة؛ ومع أن هذه المدن تغيّرت تغيرًا بالغًا خاصة بعد نشر الإسلام في المنطقة، لكن لا يزال بوسع من يتجوّل في أحياء مدينة صنعاء القديمة أن يشاهد الشرق القديم عن كثب. فهنا لا يزال من الممكن أيضًا التعرّف على الخواص المميّزة الأقرب لمدينة شرقية، مثل تنظيم الأحياء وتخطيط الطرق والأزقة المسدودة[1]. لكن لا توجد هنا أية بيوت بفناء داخلي كبير، مثلما نجدها في الكثير من المدن القديمة الشرقية الأخرى، بل بنايات تتألف من عدة طوابق مبنية بالطابوق لملاءمتها مع المناخ الحار في هذه المنطقة[2].

أما السؤال عن نوع المباني والمكان الذي تبنى فيه فهذا أمر لا يتعلّق فقط بالمناخ، بل بالعديد من العوامل الأخرى؛ على سبيل المثال بمواد البناء. لم تكن حجارة البناء متوفرة بكميات كافية مثلما هي الحال في صنعاء إلاّ في مناطق قليلة من شبه الجزيرة العربية. إذ أُقيمت معظم المباني ذات الطابع المعماري المحلي بالطابوق المجفّف أو الطابوق الناري. جرت عادة بناء المباني بسعف النخيل في العديد من المناطق الساحلية وقبل كل شيء في الواحات الكبيرة التي تكثر فيها أشجار النخيل. كانت مساحة المناطق المأهولة ترتبط في الغالب مع طرقها التجارية. اعتمدت مدن الموانئ مثل مسقط أو عدن على أساطيلها المزدهرة. كذلك اعتمدت المناطق المأهولة الواقعة على الساحل المتصالح (المعروف اليوم باسم الإمارات العربية المتحدة) على القرصنة وفيما بعد على تجارة اللؤلؤ، واعتمدت جدّة على وفود الحجّاج الذين كانوا يقصدون مكة والمدينة. تطوّرت هذه المناطق تطورًا مناسبًا. وفي المقابل كانت المناطق الداخلية موحشة في أغلب الحالات، كما أنها لم تكن شديدة الحرارة وحسب بل كذلك جافة قاحلة بحيث أنها لم تكن ذات أهمية باعتبارها مناطق صالحة للاستيطان. في العادة كانت القبائل البدوية هي الوحيدة القادرة على العيش هنا. امتاز البدو بالترحال وقد ارتبطت حياتهم بالجمال التي كانوا يستخدمونها وسيلة للنقل ومصدرًا للغذاء إذا اقتضت الضرورة. تتكوّن البيوت الخاصة بالبدو من خيام سوداء مغزولة من شعر الماعز، تسمّى بالعربية بيوت الشَعَر. تقي هذه البيوت سكّانها من الماء والرياح كذلك من الممكن إعادة بنائها وتقسيمها بسهولة. استمر بناء بيوت الشعر البدوية حتى يومنا هذا في الكثير من المناطق العربية، إذ يتم بناؤها من ناحية بشعر الماعز ومن ناحية أخرى يتمّ نقلها بدافع الحنين إلى الماضي أو تحويلها برؤية مستقبلية في بنايات حديثة.

أدى اكتشاف حقول النفط الضخمة إلى حدوث هذا التغيير الكبير في شبه الجزيرة العربية - على المستوى الاقتصادي ونتيجة لذلك في المدن والمناطقة المأهول والمباني. يوجد أكثر من ربع المخزون العالمي الاحتياطي من النفط تحت التراب العربي حسب أحدث التقديرات. تختلف أحجام مخزونات النفط الموجودة في كل واحدة من الدول. وعلى العموم يمكن القول إن الدول الخليجية الستة على الأقل والتي اتحدت في العام ١٩٨١ في مجلس التعاون الخليجي قد حقّقت منذ اكتشاف «الذهب الأسود» تطوّرًا عظيمًا. بيد أن الدولارات النفطية كانت تستخدم حتى التسعينيات من قبل الشيوخ في أغلب الأحوال من أجل تكديس وجمع الثروات الضخمة. تم بما فيه الكفاية تناقل كليشيه «شيوخ النفط الأثرياء» الذين يقتنون الكثير من السيارات والنساء والقصور. غير أن هذه الصورة تغيّرت على أبعد تقدير مع بداية القرن الجديد. لا يزال كبار أقطاب النفط أثرياء بما لا يتصوره الخيال؛ بيد أن هذه الثروة صارت تستخدم (أيضًا) في مجالات أخرى وصار يتم مؤخرًا استثمارها في دول أصحابها. كذلك يستفيد من هذه الاستثمارات قطاع البناء الذي يشهد منذ ذلك في شبه الجزيرة العربية ازدهارًا فائقًا، إلا أن هذا الازدهار غير ملحوظ في كل مكان بشكل متساوٍ، لا سيما وأن ثروتي النفط والغاز غير متوفّرتين في كل الدول بهذا الحجم الكبير.

جيزا شونبرغ

عمارة معاصرة في شبه الجزيرة العربية

مشاريع ألمانية في شبه الجزيرة العربية